포크를 생각하다

포크를 생각하다
식탁의 역사

비 윌슨

김명남 옮김

CONSIDER THE FORK
A History of How We Cook and Eat
by Bee Wilson

Copyright © Bee Wilson, 2012
Illustrations copyright © Annabel Lee, 2012
All rights reserved.
Translation copyright © Kachi Publishing Co., Ltd., 2013
This Korean translation published by arrangement with Bee Wilson c/o
United Agents Ltd. through Milkwood Agency.

이 책의 한국어판 저작권은 밀크우드 에이전시를 통해서 United Agents Ltd.와 독점계약한 (주)까치글방에 있습니다. 저작권법에 의해서 한국 내에서 보호를 받는 저작물이므로 무단전재 및 무단복제를 금합니다.

역자 김명남(金明南)
한국과학기술원 화학과를 졸업하고 서울대학교 환경대학원에서 환경정책을 공부했다. 인터넷 서점 알라딘 편집팀장을 지냈고, 전업 번역가로 일하고 있다. 역서로는 「새로운 무의식」, 「신기한 수학 나라의 알렉스」, 「현실 그 가슴 뛰는 마법」, 「몸에 갇힌 사람들」, 「다중인격의 심리학」, 「지상 최대의 쇼」, 「시크릿 하우스」 등이 있다.

포크를 생각하다 : 식탁의 역사

저자 / 비 윌슨
역자 / 김명남
발행처 / 까치글방
발행인 / 박후영
주소 / 서울시 용산구 서빙고로 67, 파크타워 103동 1003호
전화 / 02·735·8998, 736·7768
팩시밀리 / 02·723·4591
홈페이지 / www.kachibooks.co.kr
전자우편 / kachibooks@gmail.com
등록번호 / 1-528
등록일 / 1977. 8. 5
초판 1쇄 발행일 / 2013. 12. 10
    4쇄 발행일 / 2019. 1. 25
값 / 뒤표지에 쓰여 있음

ISBN 978-89-7291-557-7 03900

이 도서의 국립중앙도서관 출판시도서목록(CIP)은 서지정보유통지원시스템 홈페이지(http://seoji.nl.go.kr)와 국가자료공동목록 시스템(http://www.nl.go.kr/kolisnet)에서 이용하실 수 있습니다. (CIP 제어번호 : 2013024460)

어머니에게

차례

서론   9

1 냄비와 팬   27
  밥솥

2 칼   74
  메찰루나

3 불   108
  토스터

4 계량   151
  에그 타이머

5 갈기   191
  넛멕 그레이터

6 먹기   228
  집게

7 얼음   260
  틀

8 부엌   301
  커피

참고 문헌   337
더 읽을 만한 책들   354
감사의 말   360
역자 후기   362
인명 색인   365

서론

나무 숟가락은 부엌에서 사용하는 도구들 중에서 가장 믿음직하고 사랑스러워서 우리가 보통 이해하는 의미의 '기술(technology)'과는 정반대에 있는 것만 같다. 나무 숟가락은 스위치로 작동되지 않고, 괴상한 소리를 내지도 않는다. 특허나 보증서도 없고, 미래주의적이거나 번쩍거리거나 기발한 점도 없다.

그래도 하나를 쥐고 살펴보자(여러분에게도 하나쯤 있을 것이다. 나무 숟가락이 없는 부엌은 본 적이 없다). 질감을 느껴보자. 밤나무로 만든 공장제 제품인가, 좀더 단단한 단풍나무나 올리브나무로 만든 공예품인가? 형태도 살펴보자. 타원인가, 둥근가? 구멍이 났는가, 아닌가? 우묵한가, 평평한가? 팬 구석의 덩어리를 긁어내기 편하도록 한쪽 모서리가 뾰족할지도 모른다. 손잡이는 아이에게 알맞도록 굉장히 짧을 수도 있고, 뜨거운 팬에서 손을 안전하게 지키도록 굉장히 길 수도 있다. 그 물건을 만드는 과정에는 디자인과 응용공학뿐 아니라 사회경제적 요소들을 아우르는 수많은 결정이 투입되었고, 그런 요소들은 이후 우리가 그 도구를 사용하는 방식에 영향을 미친다. 나무 숟가락은 수많은 요리에 조화롭게 끼어드는 선수이기 때문에 우리는 그 사실을 당

연하게 생각한다. 우리는 나무 숟가락으로 달걀을 풀고 초콜릿을 녹이고 양파가 타지 않도록 휘저으면서도 그런 작업에 대한 나무 숟가락의 공을 인정하지 않는다.

 나무 숟가락은 딱히 세련된 물건으로 보이지 않는다. 오죽하면 경쟁에서 진 꼴찌에게 주는 상품으로 자주 쓰이겠는가. 그러나 나무 숟가락에도 과학이 담겨 있다. 나무는 마모시키는 성질이 없어서 팬에 부드럽게 닿는다. 때문에 금속 표면이 상할지도 모른다는 걱정 없이 박박 긁어도 된다. 나무는 반응성도 없기 때문에 음식에 금속 맛이 남을까 걱정할 필요도, 산성 시트러스나 토마토와 닿았을 때 숟가락 표면이 변질될까 걱정할 필요도 없다. 나무는 또한 열 전도율이 낮다. 그래서 손이 델 걱정 없이 뜨거운 수프를 저을 수 있다. 이런 기능들을 차치하더라도, 우리가 나무 숟가락을 사용하는 이유는 무엇보다도 늘 그래왔기 때문이다. 나무 숟가락은 우리 문명의 일부이다. 도구란 처음에는 어떤 필요를 만족시키거나 특정 문제를 해결해주기 때문에 채택되지만, 도구에 대한 우리의 애착은 시간이 흐를수록 문화에 좌우되기 마련이다. 현대는 스테인리스스틸 팬의 시대이므로, 우리는 사실 금속 숟가락으로도 팬을 망가뜨리지 않고 저을 수 있다. 그러나 그러면 왠지 잘못된 기분이 든다. 금속 숟가락의 딱딱한 모서리는 세심하게 썬 채소들을 으깨버리고, 손잡이는 손아귀에 아늑하게 들어맞지 않는다. 나무 숟가락은 톡톡 부드러운 소리를 내지만 금속 숟가락은 거슬리게 쨍그랑거린다.

 현대는 또한 플라스틱의 시대이므로, 우리는 합성물질로 된 주걱을 선택할 수도 있다. 나무 숟가락은 식기세척기에 맞지 않기 때문에 더 그렇다(나무를 식기세척기로 자주 씻으면 갈수록 물렁해지고 갈라진다). 그러나 대부분의 사람들은 여전히 나무 숟가락을 선택한다. 나는 요전 날 주방용품 가게에서 '실리콘 나무 숟가락'이라는 괴상한 물건이 평범한 밤나무 숟가락의 여덟 배 가격에 팔리는 것을 보았다. 그것은 알록달록하고 무거운 플라스틱 숟가락으로, 모양 외에는 나무 숟가락과 손톱만큼도 관계가 없었다. 그런데도 제조업체는 나무를 암시하는 이름을 붙여야만 우리의 마음과 부엌에 한자리를 차지할 수 있다고 판단한 모양이다.

우리는 요리할 때 참으로 많은 일을 당연하게 생각한다. 저을 때는 나무 숟가락을 쓰지만 먹을 때는 금속 숟가락을 쓴다(옛날에는 먹을 때도 나무를 썼다). 뜨겁게 낼 음식과 날것으로 먹을 음식을 엄격하게 구분한다. 어떤 재료는 끓이고 어떤 재료는 얼리거나 튀기거나 빻는다. 이런 행동은 대개 본능적이거나 레시피에 충실한 행동이다. 이탈리아 요리를 만드는 사람은 누구나 리소토는 물을 조금씩 나누어 부으면서 익혀야 하지만 파스타는 많은 물에 재빨리 끓여야 한다고 알고 있다. 그런데 왜?[1] 요리를 구성하는 요소들은 첫눈에는 당연해도 뜯어보면 그렇지 않은 것이 많다. 늘 다른 방법이 존재한다. 어떤 이유로든 채택되지 못한 도구는 또 얼마나 많은가. 수력을 이용한 거품기, 자기력을 이용한 꼬챙이 회전기. 저차원적 기술의 나무 숟가락이 믹서, 냉동실, 전자 레인지와 공존하는 현대의 훌륭한 부엌이 만들어지기까지는 크고 작은 수많은 발명들이 존재했지만, 그 역사를 드러내어 칭송한 사람은 거의 없었다.

전통적인 기술사(技術史)는 음식에 별로 관심을 쏟지 않는다. 바퀴와 배, 화약과 전신, 비행선과 라디오 등 산업적, 군사적으로 굵직한 발전들에만 집중한다. 음식을 언급하더라도 가정의 부엌일보다는 농업의 맥락에서 경작과 관개 체계를 논한다. 그러나 알고 보면 호두까기에도 총알 못

---

[1] 리소토는 크림처럼 걸쭉해야 하지만 파스타는 녹말이 물에 약간 씻겨나가야 매끄러워진다고 대답하는 사람이 있을 것이다. 그래도 의문은 남는다. 파스타도 리소토처럼 포도주와 육수를 조금씩 더하면서 익혀도 맛있다. 좁쌀을 닮은 파스타인 오르초(orzo)를 쓴다면 더욱. 거꾸로 쌀로 리소토를 만들 때, 처음에 물을 가득 넣고 요리해도 얼마든지 맛있다. 스페인의 요리 파에야를 떠올려보라/저자 주

지않게 많은 발명이 깃들어 있다. 군사용으로 발명된 기술이 훗날 부엌에서 더 유용해진 경우도 많다. 1913년에 셰필드 출신의 해리 브리얼리가 스테인리스스틸을 발명한 것은 총신을 개량하기 위해서였지만, 뜻밖에도 그는 세상의 식기를 개량했다. 전자 레인지를 만든 미국인 퍼시 스펜서는 원래 해군의 레이더를 연구했지만, 어쩌다 보니 새로운 요리법을 탄생시켰다. 부엌은 과학에 많은 빚을 지고 있다. 불 위에서 이것저것 섞는 요리사는 실험실의 화학자와 크게 다르지 않다. 우리는 적양배추의 색을 보존하기 위해서 식초를 넣고, 케이크 속 레몬의 산성을 중화시키기 위해서 중탄산나트륨을 넣는다. 그런데 기술은 과학적 사고의 응용에 불과하다는 생각은 잘못이다. 기술은 그보다 더 근원적인 것이다. 세상에는 우주에 대한 조직적 지식의 한 형태로서 기원전 4세기에 아리스토텔레스로부터 시작된 활동이라는 의미의 형식적 과학이 존재하지 않는 문화도 있었다. 관찰, 예측, 가설로 구성된 체계에서 실험이 일익을 맡는 현대적 의미의 과학은 17세기가 되어서야 등장했다. 반면에 요리의 문제를 해결하는 기술은 까마득한 과거로 역사가 올라간다. 날카로운 석기로 날음식을 잘랐던 초기 석기시대 이래 인류는 늘 어떻게 하면 더 잘 먹을까 하는 문제에 창의력을 발휘해왔다.

기술을 뜻하는 영어 단어 'technology'는 예술, 솜씨, 기예를 뜻하는 그리스어 'techne'와 무엇인가를 연구한다는 뜻의 'logia'를 합친 것이다. 기술은 로봇 공학 따위만이 아니라 아주 인간적인 무엇이다. 기술은 때로 도구 자체를 뜻하고, 도구를 고안한 창의적 노하우를 뜻하기도 하며, 사람들이 다른 도구가 아니라 그 도구를 사용한다는 사실을 뜻하기도 한다. 과학적 발견은 사용도에 따라 유효성이 달라지지 않지만 기술은 그렇다. 사용되지 않는 장치는 유효하지 않다. 아무리 기발하게 설계된 거품기라도 누군가 그것을 들고 달걀을 휘젓지 않는 한 목적을 완수하지 못한다.

이 책은 부엌 도구들이 우리가 먹는 음식, 음식을 먹는 방식, 음식에 대한 감정에 미친 영향을 살펴본다. 음식은 인류의 보편조건이다. 세상에서 확실한 것은 죽음과 세금뿐이라고들 말하지만, 사실은 죽음과 음식이라고 바꾸어야 한다. 세금을 내지 않는 사람이 얼마나 많은가! 섹스도 인생의 기본 요소이지만, 섹스 없이 사는 사람도 있다. 그러나 누구도 음식을 벗어날 수는 없다. 음식은 연료이고, 습관이고, 고급한 쾌락이자 저급한 욕구이고, 일상에 리듬을 부여하는 요소이자 부족할 때는 고통을 안기는 요소이다. 거식증 환자처럼 음식에서 벗어나려고 노력하는 사람은 있어도 인간이 살아 있는 한 허기에서 탈출할 도리는 없다. 우리는 누구나 먹는다. 그런데 이 필수적인 인간적 욕구를 충족시키는 방법은 때와 장소에 따라 극단적으로 다르다. 그중에서도 가장 큰 차이는 도구들이다.

나의 아침 식사는 보통 커피, 토스트, 버터와 마멀레이드, 그리고 아이들이 다 마셔버리지 않았다면 오렌지 주스로 구성된다. 이렇게 구성만 나열하면 이 식사는 과거 350년의 어느 시점에도 어울렸을 것 같다. 영국인은 17세기 중반부터 커피를 마셨다. 오렌지로 주스와 마멀레이드를 만든 것은 1290년부터였다. 토스트와 버터는 고대의 음식이다. 그러나 여기에서 중요한 것은 세부이다.

나는 커피를 어떻게 만들까. 내가 1810년에 살았다면 물에 커피를 풀어 20분 끓인 뒤 아이징글라스(isinglass, 생선 부레에서 얻은 일종의 젤라틴)로 여과했겠지만, 지금의 나는 그러지 않는다. 1850년처럼 '과학적 럼퍼드 여과기'로 만들지도 않는다. 에드워드 시대풍으로 나무 숟가락과 주전자로 뜨거운 가루에 찬물을 부어 가라앉히지도 않는다. 내가 미국에 산다면 아직 전기 커피메이커를 쓸지도 모르겠지만, 그것도 아니다. 학생 때처럼 쓰기만 한 인스턴트 가루에 뜨거운 물을 붓지도 않는다. 1990년대에는 프렌치 프레스를 썼지만 요즘은 보통 그것도 아니다. 나는 21세기의 커피 중독자답게(그러나 최신식 일본제 사이폰 여과기에 투자할 만큼 중독되지는 않았다) 그라인더로 원두(공정무역 제품)를 곱게 간 뒤, 카푸치노 기계와 다양한 도구들(커피 스쿱, 탬퍼, 우유를 데우는 용도의 스테인리스스틸 컵)을 써서 플랫화이트(에스프레소에 데운 우유를 부은 것)를 만든다. 운이 좋은 날에는 10분쯤 집중해서 공을 들이면 기술이 잘 작동하여 커피와 우유가 맛있게 녹아든 거품 음료가 탄생한다. 운이 나쁜 날에는 도중에 뭔가 터져서 바닥에 엎질러진다.

토스트와 버터와 마멀레이드는 엘리자베스 시대부터 사랑받았다. 그러나 셰익스피어는 나처럼 제빵기로 구운 통밀빵을 한 조각 잘라 4구식 전기 토스터에 구운 뒤 식기세척기용 흰 도자기 접시에 담은 토스트를 먹지는 않았다. 그는 잘 발리는 버터와 과일 함량이 높은 마멀레이드도 즐기지 못했다. 두 음식은 우리 집에 크고 잘 돌아가는 냉장고가 있다는 사실을 암시한다. 게다가 셰익스피어의 마멀레이드는 오렌지가 아니라 퀸스[*]로 만들었을 것이다. 내 버터는 산패하지 않았고 딱딱하지도 않다. 그런데 내가 아이였던 1970년대와 1980년대에는 거의 모든 버터가 그랬다. 나는 금속성 뒷맛을 남기지 않고 마멀레이드 속 과당과 반응하지도 않는 스테인리스스틸 나이프로 버터를 바른다.

오렌지 주스는 어떨까. 주스의 과학은 지극히 단순해 보인다. 그냥 오렌지를 가져다가 즙을 짜면 되지 않는가. 그러나 알고 보면 현실은 무척 복잡할 것이다. 오렌지를 원뿔형 유리 스퀴저에 힘들게 눌러 짰던 에드워드 시대의 주부와는 달리, 나는 (1963년 테트라 브릭이라는 상표로 처음 출시된) 팩 용기에서 주스를 따른다. 성분표시에는 100퍼센트 오렌지라고 적혀 있지만, 사실 이 주스에는 황당하리만치 많은 산업 기법이 적용되었을 것이

---

[*] quince, 마르멜로(marmelo)의 열매로 주로 잼을 만드는 데에 쓴다/역주

다. 모종의 효소로 과일을 찌그러뜨린 뒤 모종의 정화제로 즙을 여과했을 것이고, 살균과 냉각을 거쳐 이 나라에서 저 나라로 운송했을 것이다. 내 즐거운 아침을 위해서 그렇게 많은 기술이 쓰였다.

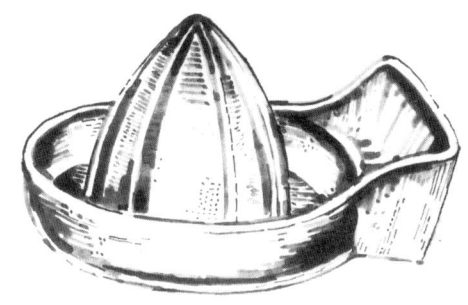

주스가 써서 절로 얼굴이 일그러지는 일도 없다. 그것은 1970년대에 쓴맛을 내는 리모닌(limonin) 성분을 줄이는 기법을 개발하여 '쓴맛 제거' 특허를 4개나 받았던 여성 발명가 린다 C. 브루스터 덕분이다.

　이런 음식을 이런 방식으로 먹을 수 있었던 기간은 역사에서 짧은 순간에 지나지 않았다. 우리가 먹는 음식은 우리가 사는 시대와 장소를 말해주고, 우리가 사용하는 요리 및 식사 도구에 대해서는 더 많은 것을 들려준다. 사람들은 현대를 '기술의 시대'라고 말한다. 보통은 컴퓨터가 여기저기 널렸다는 뜻으로 하는 말이다. 그러나 어느 시대에나 그 나름의 기술이 있다. 그 기술이 꼭 미래주의적일 필요는 없다. 포크도 냄비도 단순한 계량컵도 기술이다.

　어떤 도구는 단순히 먹는 즐거움을 향상시키기 위해서 쓰인다. 그러나 요리 도구가 중차대한 생존의 문제일 때도 있다. 약 1만 년 전 냄비가 없었던 시절의 유골들을 보면, 치아가 몽땅 빠진 사람이 성인기까지 살아남은 예는 하나도 없었다. 씹기는 필수불가결한 기술이었다. 씹지 못하면 굶었다. 그러나 토기가 발명되자, 선조들은 죽이나 수프처럼 씹지 않고 마셔도 될 만큼 걸쭉한 혼합물을 만들 수 있었다. 그리하여 역사상 처음으로 이가 하나도 없는 성인의 유골이 나타나기 시작한다. 냄비가 그들을 살렸다.

가장 다재다능한 기술은 가장 기본적인 기술일 때가 많다. 가령 절구는 수만 년의 역사를 헤아린다. 절구는 원래 곡물 가공용 도구로 쓰였지만, 이후 프랑스의 피스투*에서 타이의 커리 페이스트**까지 온갖 소스를 만드는 도구로 성공리에 변모했다. 반면에 어떤 도구는 훨씬 덜 유연하다. 치킨 브릭***은 1970년대에 반짝 유행했지만 사람들이 닭구이에 질린 뒤에는 쓰레기장에 버려지는 처지가 되었다. 숟가락이나 전자 레인지처럼 전 세계에서 쓰이는 도구가 있는가 하면, 특정 장소에서만 쓰이는 도구도 있다. 한국 사람들은 돌솥이라는 뜨거운 돌냄비에 비빔밥을 담는다. 비빔밥은 밥과 잘게 썬 채소와 날달걀이나 달걀 프라이를 섞어 먹는 음식으로, 돌솥의 지글거리는 열 때문에 바닥에 깔린 밥이 바삭바삭 눌어붙는다.

나는 이 책에서 첨단기술들을 소개하겠지만, 사람들이 그다지 신경 쓰지 않는 도구와 기법도 이야기할 것이다. 음식의 기술은 우리가 그 존재를 알아채지 못하는 순간에도 늘 존재한다. 인류가 불을 길들인 이래 우리가 의식하든 의식하지 못하든 모든 음식의 이면에는 기술이 있었다. 모든 빵 뒤에는 오븐이 있고, 모든 수프 뒤에는 냄비와 숟가락이 있다(캔이라는 또다른 기술에서 나온 수프가 아니라면). 모든 근사한 거품 뒤에는 아산화질소를 쓰는 휘핑기가 있다. 2011년에 문을 닫기 전까지 세계에서 가장 각광받는 레스토랑이었던 페란 아드리아의 엘불리는 수비드(sous-vide) 기계, 원심분리기, 탈수기, 파코젯(Pacojet) 없이는 메뉴의 음식들을 제공하지 못했을 것이다. 그런 새로운 도구에 대해서 경각심을 느끼는 사람도 많다. 새 기술이 등장하면 으레 옛 방식이 최고였다고 주장하는 목소리가 있기 마련이다.

---

* pistou, 으깬 바질, 마늘, 올리브 오일의 혼합물로 소스 혹은 양념으로 쓴다/역주
** paste, 과일, 채소, 견과류, 육류 등 식품을 갈거나 체에 으깨어 부드러운 상태로 만든 것/역주
*** chicken brick, 닭을 통째 굽도록 만든 점토 용기/역주

요리사들은 보수적이다. 그들은 별다른 변화가 없는 작업을 매일, 심지어 매년 묵묵히 반복적으로 해내는 데에 뛰어난 사람들이다. 때로는 특수한 조리 방식을 둘러싸고 문화 전체가 형성된다. 진정한 중국 요리는 중국식 식칼과 웍*이 있어야만 만들 수 있다. 넓적하게 생긴 칼이 모든 재료를 한 입 크기로 썰면 웍이 그것을 재빨리 볶는다. 둘 중 무엇이 먼저였을까? 볶음 요리? 웍? 둘 다 아니다. 중국 요리를 이해하려면 먼저 연료를 살펴보아야 한다. 웍으로 잽싸게 볶는 기법은 원래 땔감이 부족해서 생긴 방법이었다. 그러나 시간이 흐르면 도구와 음식이 하나로 얽혀 닭이 먼저인지 달걀이 먼저인지 말할 수 없게 된다.

요리사가 부엌의 혁신을 자신에 대한 공격으로 받아들이는 것은 더없이 자연스러운 일이다. 불평의 내용은 늘 같다. 새로운 방법 때문에 우리가 익숙하고 좋아하는 음식이 망쳐진다는 것이다. 19세기 말에 상업화된 냉장 기능은 소비자나 식품 산업 모두에 큰 이득이었다. 냉장고는 우유처럼 쉽게 상하는 음식을 보관하는 데에 특히 유용했다. 그전에는 전 세계 대도시에서 상한 우유 때문에 목숨을 잃는 사람이 매년 수천 명이었다. 냉장은 유통업자에게도 유익했다. 식품의 판매기간을 늘려주었기 때문이다. 그런데도 판매자와 구매자를 가릴 것 없이 많은 사람들이 이 신기술을 두려워했다. 소비자는 냉장된 음식을 미심쩍어했고, 유통업자는 유통업자대로 냉기를 어떻게 이용해야 할지 몰랐다. 1890년대 파리 레알 시장의 판매자들은 냉장이 식품을 손상시킨다고 생각했다. 일면 옳은 생각이었다. 상온에 둔 토마토와 냉장고 속 토마토를 비교해본 사람은 알 텐데, 전자는 (좋은 토마토라면) 향이 달콤하고 즙이 풍부하지만 후자는 퍼석하고 금속 맛이 나고 밍밍하다. 모든 신기술은 득과 실이 있다. 얻는 것이 있으면

---

* wok, 우묵하고 큰 중국 전통 냄비/역주

잃는 것이 있다.

가끔은 잃는 것이 지식일 때도 있다. 푸드 프로세서(food processor)가 있는 사람은 칼질이 뛰어날 필요가 없다. 가스나 전기 오븐, 전자 레인지가 있으면 불을 지피고 유지하는 방법을 알 필요가 없다. 100여 년 전만 해도 불씨 관리는 인간의 중요한 활동이었지만, 이제 그런 시절은 갔다(매일 몇 시간씩 힘들게 매달려야 했고 그 때문에 다른 활동은 포기했다는 점을 고려하면 잘된 일이다). 그러나 더 큰 의문은 인간의 노동력 투입을 최소화하는 기술들이 정말로 요리 실력의 종말을 가져왔는가 하는 점이다. 2011년 영국의 18-25세 인구 2,000명을 조사한 결과, 과반수는 볼로네제 스파게티처럼 간단한 요리조차 할 줄 모르는 채 독립했다고 응답했다. 전자 레인지와 간편식품의 결합은 버튼만 몇 번 눌러도 먹고살 수 있는 자유를 제공했다. 그러나 그 때문에 우리가 손수 마련하는 식사의 의미를 깡그리 잊는다면, 그다지 대단한 발전이라고 할 수 없다. 거꾸로 신기술 덕분에 옛 기술을 더 음미하게 될 때도 있다. 나는 블렌더를 쓰면 홀란데이즈 소스*를 30초 만에 만들 수 있다는 사실을 알고 난 뒤로 중탕기와 나무 숟가락을 써서 버터를 달걀 노른자에 조금씩 추가하는 옛 방식을 오히려 더 음미하게 되었다.

부엌 용품의 역사는 음식의 역사에 비하면 하찮아 보일 수 있다. 상차림과 젤리 틀에 대해서 시시콜콜 법석을 피우는 것은 좋지만, 인간의 기본적인 허기와 비교한다면 그것이 무슨 소용이겠는가? 지금까지 음식의 역사에서 부엌 용품이 무시된 것은 그 때문일지도 모른다. 요리의 역사는 지난 20년 동안 각광받는 주제로 부상했다. 그러나 그동안 등장한 역사적 서술들은 소수의 예외를 제외하고는 압도적으로 기법보다 재료, 즉 **어떻게가**

---

* hollandaise sauce, 달걀 노른자, 버터, 레몬즙, 식초를 넣어 만든 소스/역주

아니라 **무엇을** 요리하느냐에 집중했다. 그동안 감자, 대구, 초콜릿에 대한 책이 나왔고 요리책, 식당, 요리사들에 대한 역사책이 나왔다. 그러나 부엌과 도구에 대한 이야기는 거의 없었다. 이야기의 절반이 사라진 셈이다. 이것은 중요한 문제이다. 사람들은 서로 다른 도구와 기법으로 재료를 손질함으로써 음식의 질감, 맛, 영양, 문화적 의미를 바꾸기 때문이다.

그뿐만 아니라 부엌 기술은 인류를 바꾸었다. **무엇을** 먹느냐는 물론이고 **어떻게** 먹느냐까지. 부엌 용품의 변화가 폭넓은 사회적 변화와 나란히 가는 것은 사실이지만, 그렇다고 해서 단순히 '꿈꾸던 부엌을 가지게 되어 인생이 달라졌어요' 하는 뜻만은 아니다. 가령 노동력 절감 도구와 하인의 관계를 생각해보자. 그것은 기술 정체(停滯)의 이야기였다. 잘사는 집안들이 부엌일을 맡길 노동력을 얼마든지 구할 수 있었던 시대에는 사람들이 요리를 덜 고되게 만드는 일에 별 관심이 없었다. 푸드 프로세서와 블렌더는 정말로 해방적인 도구이다. 덕분에 키베*를 만드는 레바논 사람도 생강-마늘 퓌레**를 만드는 인도 사람도 더 이상 팔을 혹사할 필요가 없다. 한때 고통의 양념을 듬뿍 쳐야 했던 음식들이 요즘은 고통 없이 만들어진다.

부엌 용품은 우리의 몸도 바꾸어놓았다. 현대인의 비만 위기는 부분적으로나마 음식의 종류 때문이 아니라 가공방식 탓이라는 증거가 있다(물론 종류도 대단히 중요하다). 이 현상을 '칼로리 망상(Calorie Delusion)'이라고도 부른다. 2003년 일본 규슈 대학교의 과학자들은 한 그룹의 쥐들에는 딱딱한 먹이를 주고 다른 그룹에는 부드러운 먹이를 주는 실험을 했다. 다른 면에서는 똑같은 먹이로 영양도 칼로리도 같았다. 그런데 22주일 뒤, 부드러운 먹이를 먹은 쥐들만 비만이 되었다. 이것은 음식의 질감이 체중 증가에 중요한 요인임을 보여준 결과였다. 비단뱀을 대상으로 한 후

---

* kibbe, 밀가루, 다진 고기, 다진 양파, 향신료를 섞어 반죽하여 익힌 아랍 지역 요리/역주
** purée, 채소나 콩 등 여러 재료들을 삶고 이겨 걸쭉하게 만든 형태/역주

속 실험도 결과가 같았다(갈아서 익힌 고기를 먹은 뱀들 대 날고기를 먹은 뱀들). 덜 가공되어 더 많이 씹어야 하는 음식은 소화에 더 많은 에너지가 들기 때문에, 몸이 취하는 칼로리가 적어진다. 명시된 칼로리는 같더라도 익힌 사과 퓌레를 먹으면 아삭한 사과를 생으로 먹을 때보다 에너지를 더 많이 흡수하는 것이다. 칼로리라는 조악한 단위(영양학자 앳워터의 제안에 따라 19세기 말에 협의된 체계)로 영양 정보를 보여주는 식품 성분표는 아직 이 문제를 해결하지 못했다. 어쨌든 이 사례는 요리 기술의 중요성을 단적으로 보여준다.

음식의 역사는 많은 면에서 기술의 역사였다. 불이 없으면 요리도 없다. 인류는 불을 지피는 방법을 발견하고 나아가 요리의 기예를 익힘으로써 유인원에서 호모 에렉투스로 진화했다. 초기 수렵채집인에게는 요리 보조 기구나 전기 그릴은 없었지만 나름의 부엌 기술이 있었다. 그들은 뭉툭한 돌로 음식을 찧었고, 날카로운 돌로 음식을 썰었다. 두 손을 날렵하게 사용함으로써 독과 벌레를 용케 피하면서도 먹을 수 있는 견과와 열매를 땄다. 높은 바위 틈에서 꿀을 거두었고, 바다표범 구이에서 흐르는 기름을 홍합 껍데기로 받았다. 다른 것은 몰라도 창의성만큼은 부족하지 않았다.

이 책에서 나는 우리가 먹을 것을 입에 넣겠다는 일념으로 어떻게 불과 얼음을 다스렸는지, 거품기와 숟가락과 강판과 매셔*와 절굿공이를 휘둘렀는지, 손과 치아를 써왔는지 이야기하려고 한다. 부엌에는 우리의 요리와 식사 방식에 영향을 미친 인류의 지혜가 숨어 있다. 이 책은 농업 기술에 관한 책이 아니다. 레스토랑 요리의 기술에 대한 책도 아니다. 그것은 독자적인 다른 영역이다. 이 책은 우리가 집에서 매일 먹는 음식에 대한 이야기이고, 다양한 도구들이 그 과정에 제공한 편의에 대한 이야기이다. 물

---

* masher, 음식을 으깨는 데에 쓰는 기구/역주

론 위험에 대해서도 이야기할 것이다.

　우리는 부엌 기술이 지금도 생사의 문제라는 사실을 곧잘 잊는다. 썰고 익힌다는 요리의 기본 메커니즘은 둘 다 위험천만한 활동이다. 대부분의 인류 역사에서 요리는 대체로 끔찍한 작업이었다. 덥고 매캐하고 비좁은 공간에서 위험을 감수하는 활동이었다. 세계 여러 지역에서는 아직도 그렇다. 세계보건기구의 추산에 따르면, 주로 실내에 피운 취사용 불 때문에 전 세계 개발도상국들에서 매년 150만 명이 질식사한다고 한다. 유럽에서도 과거 수백 년 동안 노출된 화덕은 제일가는 사망 원인이었다. 특히 여자들이 위험했다. 풍성한 치맛자락과 끌리는 소맷자락, 그리고 가마솥이 부글거리는 노출된 불꽃이라는 위태로운 조합 때문이었다. 17세기까지 부잣집의 전문 요리사는 거의 예외 없이 남자였고, 그들은 찜통 같은 열기 때문에 홀딱 벗거나 속옷만 입은 채 일했다. 여자는 치마가 문제가 되지 않는 유제품실이나 식기실에서만 일했다.

　영국 부엌의 위대한 혁명 중 하나는 16세기와 17세기에 폐쇄형 벽돌 굴뚝과 난로 쇠살대가 등장한 일이었다. 새로운 열원 통제기법과 더불어 완전히 새로운 부엌 기구들이 등장했다. 부엌은 더 이상 매연과 기름투성이 장소가 아니었고, 반짝거리는 놋쇠와 백랍 냄비가 새카만 무쇠 냄비를 대체했다. 사회적 영향도 엄청났다. 드디어 여자들이 자기 몸에 불을 붙이지 않고도 요리를 할 수 있었다. 영국에서 폐쇄형 오븐레인지가 표준이 되고서 한 세대쯤 지난 뒤에 여자가 여자를 위해서 쓴 최초의 요리책들이 나온 것은 우연이 아니었다.

　부엌 용품은 단독으로 등장하지 않고 떼를 지어 등장한다. 기구 하나가 발명되면 그것을 보조하는 다른 기구가 필요해진다. 전자 레인지가 탄생하자 전자 레인지용 그릇과 랩이 생겨났다. 냉동실이 등장하자 얼음 틀이 필요해졌다. 음식이 들러붙지 않는 논스틱(non-stick) 코팅이 된 프라이팬이 나타나자 코팅을 긁지 않는 주걱이 필요해졌다. 옛날의 개방형 화덕 요리에도 그것과 연관된 기술들이 잔뜩 있었다. 장작이 굴러떨어지는 것을 앞뒤에서 막는 쇠살대(앤드아이언과 브랜드아이언), 빵 굽는 석쇠, 불 앞에 세워서 요리 속도를 높이는 금속 덮개(헤이스너), 고기를 구울 때 쓰는 갖가지 꼬챙이 돌리는 기구, 손잡이가 무진장 긴 금속 국자와 포크. 개방형 화덕 요리가 막을 내리자 이런 도구들도 함께 사라졌다.

절구처럼 면면히 이어진 기술 뒤에는 가뭇없이 사라진 기술이 훨씬 더 많았다. 우리에게는 이제 사과술 단지, 고기 거는 갈고리, 살점 찢는 포크, 약초 단지, 가마솥 걸이, 머핀에 설탕 치는 통 따위가 필요 없다. 그러나 우리에게 오일 뿌리는 통, 전기 허브 분쇄기, 아이스크림 스쿱이 쓸데없는 잉여물이 아니듯이 옛날 사람들에게는 그런 물건이 필요했을 것이다. 자잘한 부엌 용품은 그 사회가 무엇에 집착하는지를 보여준다. 조지 왕조 사람들은 구운 골수를 좋아했기 때문에 골수를 파먹는 전용 은 숟가락을 만들었다. 마야인들은 조롱박에 한껏 재주를 부려서 그것으로 초콜릿을 마셨다. 요즘 부엌 용품 가게를 구경해보면 현재 서구인들이 집착하는 것은 에스프레소와 파니니와 컵케이크라는 결론을 내리게 될 것이다.

기술은 가능한 것들로 구현된 예술이다. 더 맛있는 컵케이크를 먹고 싶다는 욕망이든 단순히 생존하겠다는 욕망이든 기본적으로는 인간의 욕망이 기술의 원동력이지만, 기술은 당시 주어진 재료와 지식에도 좌우된다. 캔에 음식을 저장하는 기법은 캔을 쉽게 이용하는 기법보다 한참 앞서서 개발되었다. 니콜라 아페르가 혁신적인 캔 보존기법으로 특허를 낸 것은 1812년이었고, 런던 버몬지에 최초의 캔 공장이 세워진 것은 1813년이었다. 그러나 최초의 캔 따개는 그로부터 50년 뒤에 등장했다.

새로운 장치가 탄생하면 사람들은 그 신선함이 사라질 때까지 광적으로 남용하곤 한다. 20세기 경영이론의 권위자인 에이브러햄 매슬로는 망치를 쥔 사람의 눈에는 온 세상이 못으로 보인다고 말했다. 부엌에서도 그렇다. 방금 전기 블렌더를 구입한 여자의 눈에는 온 세상이 수프로 보인다.

모든 발명품이 예전에 비해서 명백히 발전된 물건인 것은 아니다. 우리 집 찬장은 사그라진 열정들의 묘지이다. 내가 생활이 달라지리라고 믿고 구입했지만 씻기 번거롭다는 사실을 깨달은 전기 주스기, 1년은 멀쩡했지만 이후로는 밥을 하는 족족 태워버린 전기 밥솥, 저녁 파티에 호화로운 크렘브륄레*를 낼 수 있으리라 상상하고 샀지만 그런 파티를 한번도 열지 않아 처박힌 분젠 버너(Bunsen burner). 누구나 별 의미가 없는 듯한 조리 기구들을 떠올릴 수 있을 것이다. 멜론 속을 파는 기구, 아보카도 자르는 기구, 마늘 까는 기구. 대신 숟가락, 칼, 손가락으로 안 될 것이 없지 않은가? 세상에는 우리의 요리를 도우면서도 노고를 인정받지 못하는 공학적 발명이 많지만, 다른 한편으로는 문제를 해결하기보다 일으키는 물건들이 있는 것도 사실이다. 또 어떤 기구들은 기능을 완벽하게 수행하기는 하지만 그 대가를 요구한다.

"기술은 좋지도 나쁘지도 않다. 중립적이지도 않다." 기술사학자들이 크란츠버그 제1법칙이라고 부르며 곧잘 인용하는 명제이다(멜빈 크란츠버그가 1986년의 기념비적 에세이에서 썼던 말이다). 이 말은 부엌에서도 틀림없는 사실이다. 도구는 중립적이지 않다. 도구는 진화하는 사회적 맥락에 발맞추어 변한다. 절구는 주인의 쾌락을 위해서 몇 시간씩 재료를 찧어 철저히 섞었던 고대 로마의 노예에게, 그리고 순전히 재미로 페스토**를 만드는 내게 전혀 다른 물건이다.

---

* crème brûlée, 아래에 부드러운 커스터드를 깔고 위에 설탕 층을 입힌 뒤 불로 가열하여 캐러멜화한 차가운 디저트/역주
** pesto, 바질, 마늘, 잣, 파메르산 치즈나 로마노 치즈, 올리브 오일을 섞어서 간 소스/역주

우리가 한 시점에 소유한 도구들은 절대적인 의미에서 반드시 음식을 더 맛있게 만들고 삶을 더 편하게 만드는 것은 아니다. 우리는 주머니가 감당하고 사회가 인정하는 도구만 가질 수 있다. 1960년대부터 역사학자들은 과거 40년 동안 그토록 많은 기술적 발전이 시장에 나왔는데도 미국 여성들이 요리를 포함하여 가사에 들이는 시간이 1920년대 중반 이래 늘 일정하다는 역설을 지적했다. 식기세척기, 믹서, 음식물 찌꺼기 분쇄기가 생겼는데도 여성들의 노동량은 줄지 않았다. 왜일까? 그 과정을 분석하여 대대적 반향을 일으켰던 책 『엄마에게 더 많은 노동을(More Work for Mother)』(1983)에서 루스 슈워츠 카원은 순전히 기술적인 측면만 따진다면, 미국에서 여러 가정들이 공유하는 공동 부엌을 시도하지 못할 이유가 없다고 말했다. 그러나 그것은 널리 시도되지 않았다. 사회가 공동 부엌의 발상을 수용하지 못했기 때문이다. 다른 나라 사람들과 마찬가지로 미국인들도 보통 작은 가족 단위로 살아가는 것을 선호한다. 그것이 아무리 비합리적인 방식일지라도 말이다.

  부엌 용품은, 특히 쇼핑 채널에서 판매하는 화려하고 값비싼 종류들은 생활을 바꾸어놓을 물건이라는 문구로 선전된다. 그런데 실제로는 생활이 기대하지 않았던 방식으로 바뀔 때가 많다. 우리가 전기 믹서를 샀다고 하자. 믹서를 쓰면 대단히 쉽고 빠르게 케이크를 만들 수 있다. 그래서 우리는 케이크를 꼭 **만들어야 한다**고 느끼게 된다. 믹서를 사기 전에는 케이크 만들기가 워낙 번거로워서 사 먹고 말았는데 말이다. 그렇다면 믹서가 시간을 아껴주기는커녕 빼앗은 셈이다. 믹서 놓을 자리를 마련하느라고 귀중한 조리대 공간을 몇 센티미터나 포기해야 하는 부작용도 있다. 컵과 부속물을 씻는 시간, 믹서가 사방에 흩뿌린 밀가루를 훔치는 시간도 있다.

  어떤 기술이 세상에 존재한다고 해서 우리가 반드시 그것을 써야 하는 것은 아니다. 아무리 기본적인 도구라도 세상의 누군가는 '번거롭게 그런 것까지 쓸 필요는 없어' 하며 무시할 수도 있다. 그러나 물론 대개의 부엌들은 실제 필요한 것보다 훨씬 더 많은 물건으로 채워져 있다. 당신의 서랍이 밀개, 강판, 뒤집개 따위로 꽉 차서 열리지 않을 지경이라면 몇 가지 기술을 버릴 때가 된 것이다. 숙련된 요리사는 극단적인 경우라면 날이 선 칼, 나무 도마, 스킬렛,* 숟가락, 모종의 열원만 가지고도 그럭저럭 꾸려갈 수 있다.

그러나 당신은 그러고 싶은가? 요리의 재미 중 하나는 먹을 것을 입에 넣는 이 만고불변의 사업이 시대에 따라 미묘하게 변한다는 점이다. 장담하건대 앞으로 10-20년이 더 지나면 나의 아침 식사는 달라져 있을 것이다. 여전히 커피, 토스트, 버터, 마멀레이드, 주스라는 메뉴를 고집하더라도 말이다. 과거를 참고하여 예측하자면, 한때 너무 당연하다고 느꼈던 방법들 중 몇 가지는 돌연 적당하지 않은 방법으로 느껴질 것이다. 나는 제빵기를 산 것을 벌써 후회하고 있다. 생김새가 흉물스러운 데다가 한가운데 주걱 같은 부품 때문에 빵 중앙에 늘 구멍이 뚫린다. 그래서 빵집에서 괜찮은 발효빵을 사거나 손으로 직접 만드는 옛 방식으로 회귀하고 있다. 나의 에스프레소 기계는 이 책을 쓰는 동안 드디어 고장이 났다. 그런데 마침 나는 에어로프레스(AeroPress)라는 놀라운 기구를 발견했다. 공기 압력을 이용해서 잉크처럼 진한 커피를 만들어줄 뿐만 아니라 값도 싼 수동기구이다. 마멀레이드로 말하자면, 자동 잼 기계를 사볼까 고민하는 중이다.

---

* skillet, 프라이팬과 거의 동의어로 쓰이지만 만들어진 재질에 따라서 오븐 요리도 가능한 것이 있는 등, 좀더 범위가 폭넓다/역주

다른 문제들도 있다. 내가 이 안락한 아침 식사를 몇 년 뒤에도 즐길 수 있다고 누가 장담할 수 있을까? 어쩌면 급등하는 에너지 수요를 충족하고자 미국의 오렌지 농장들이 풍력 농장으로 전환되는 바람에 플로리다 오렌지를 더 이상 구하지 못할지도 모른다. 땅을 더 효율적으로 이용하기 위해서 목장을 밭으로 전환하는 바람에 버터를 더 이상 구하지 못할지도 모른다(제발 그런 일은 없기를). 어쩌면 맷 그레이닝이 만화 『퓨처라마(Futurama)』에서 상상했던 것처럼, 미래의 첨단기술 부엌에서는 모두들 '카페인 든 베이컨'이나 '베이컨 맛 자몽'으로 식사할지도 모른다.

확실한 것도 하나 있다. 우리가 요리라는 기술 자체를 넘어서는 일은 영영 없을 것이라는 점이다. 스포크가 왔다 가고 전자 레인지가 유행했다 사라지더라도, 인류에게는 언제까지나 부엌 도구가 있을 것이다. 불과 손과 칼. 우리는 언제까지나 이것들을 가지고 살 것이다.

1
냄비와 팬

"익혀라, 작은 냄비야, 익히려무나."
그림 형제, 「달콤한 죽」, 1819

"끓인 음식은 생명이고 구운 음식은 죽음이다."
클로드 레비스트로스, 『식사 예절의 기원(The Origin of Table Manners)』, 1978

내가 가장 자주 쓰는 냄비는 전혀 근사하지 않다. 신혼 초기, 일요 신문에서 냄비 10개 세트를 특별가에 판다는 광고를 보고 주문했을 때 끼어왔던 물건이다. 학생 때 쓰던 잡다하고 이 빠진 법랑 냄비들 대신 반짝이는 세트를 개비하다니 왠지 어른이 된 느낌이었다. 그것은 스테인리스스틸 세트였다. "지금 주문하시면 00파운드를 절약하고 밀크팬*도 공짜로 받을 수 있습니다!" 광고에서 그렇게 말하기에 나는 주문했다. 그 냄비들은 오랫동안 우리 곁에 머물렀다. 덤으로 딸려왔던 밀크팬도 오래 잘 썼다. 나는 딸이 아침에 먹을 시리얼용 우유를 그것으로 데웠는데, 주둥이가 따로 없어서 매번 우유를 조리대에 조금씩 쏟았다. 그러다가 어느 날 아침 손잡이가 뚝 떨어졌다. 그래도 전반적으로 튼튼한 냄비들이었다. 13년이나 되었는데도 못 쓸 정도로 망가진 것은 하나도 없다. 냄비들은 탄 리소토, 방

---

* milkpan, 간단히 우유 등을 데울 때 쓰는 뚜껑 없는 손잡이 하나짜리 작은 냄비. '냄비(pot)'는 주로 양쪽에 손잡이가 달린 것을 말하고, '팬(pan)'은 손잡이가 하나에 높이가 낮아 주로 볶는 데에 쓰는 도구를 말한다. 우리나라에서는 팬이 주로 불 위에서 쓰는 프라이팬을 가리키지만 사실 오븐에 넣는 것, 높이가 있는 것 등 다양한 종류를 통칭한다/역주

치된 스튜, 끈끈한 캐러멜을 견뎠다. 스테인리스스틸은 구리만큼 열 전도율이 높지 않고, 무쇠나 도기만큼 열을 오래 유지하지도 않는다. 법랑만큼 아름답지도 않다. 그러나 세척에서만큼은 진가를 발휘한다.

그중에서도 우리에게 충직하게 봉사했던 것은 작은 고리형 손잡이가 두 개 달리고 뚜껑이 있는 중간 크기 냄비였다. 전문용어로는 소스 냄비라고 부르는 것 같지만 그보다 프랑스어로 '페투(fait-tout)'라는 이름이 더 낫겠다. 정말이지 만능 냄비이기 때문이다. 나는 아침에 포리지*를 끓일 때 그 냄비를 불에 얹었고, 저녁에 밥을 지을 때도 얹었다. 냄비는 커스터드와 쌀푸딩의 걸쭉하고 담백한 맛을, 커리의 맵고 뜨거운 맛을, 초록색 묽은 물냉이 수프부터 매콤한 미네스트로네**까지 셀 수 없이 많은 수프의 맛을 알았다. 나는 그 냄비를 일상적으로 사용했다. 파스타나 수프 스톡을 끓이기에는 작았지만 내가 거의 기계적으로 해치우는 다른 끓이는 작업들은 전부 도맡았다. 주전자를 켠다. 끓인 물을 냄비에 붓는다. 소금을 더한다. 잘게 썬 브로콜리, 줄기콩, 옥수수를 넣는다. 내키는 대로 뚜껑을 닫거나 열어둔다. 몇 분 끓인다. 콜랜더(colander)에 거른다. 끝! 이 과정에는 어렵거나 놀라운 요소가 하나도 없다. 프랑스인은 이런 요리법을 경멸하면서 '영국식(à l'anglaise)'이라고 부르는데, 프랑스인이 영국 요리를 어떻게 생각

---

* porridge, 납작귀리에 물이나 우유를 부어 끓여 먹는 죽과 비슷한 아침 식사용 요리/역주
** minestrone, 이탈리아의 대표적인 수프로 베이컨, 양파, 셀러리, 토마토 페이스트 등을 볶아 육수로 끓인 요리/역주

하는지 감안할 때 이것은 당연히 모욕적인 표현이다. 프랑스의 과학자 에르베 티스는 이 조리법을 '지적 빈곤'이라고까지 비난했다. 프랑스인은 대신 당근 같은 채소를 약간의 물과 버터로 익히는 브레이즈* 기법을 선호한다. 아니면 라타투이**처럼 뭉근히 끓이거나 수프 스톡 혹은 크림을 더해 오븐에서 그라탱으로 구움으로써 단맛을 농축시킨다. 삶는 것은 가장 따분한 방법으로 간주한다. 아마 옳은 생각일 것이다.

그러나 기술의 한 형태로서 삶기는 결코 뻔하지 않다. 냄비는 요리의 가능성을 변혁시켰다. 무엇인가를 액체에 담가 끓인다는 것은—액체가 풍미를 더하든 말든—불만 쓰는 것에 비해서 장족의 발전이었다. 우리는 냄비 없는 부엌을 상상하지 못하기 때문에 얼마나 많은 음식들이 이 기초적인 기구에 달려 있는지 잘 깨닫지 못한다. 냄비는 먹을 수 있는 재료의 폭을 엄청나게 넓혔다. 냄비가 없을 때는 유독하거나 소화하기 힘들었던 식물들이 몇 시간 끓이게 되고부터는 먹을 수 있는 음식으로 바뀌었다. 냄비는 단순한 가열에서 요리로의 도약을 뜻한다. 인위적 용기 속에서 재료들을 침착하게 계산적으로 섞는 것을 뜻한다. 최초의 요리법은 로스팅이나 바베큐였다. 로스팅의 흔적은 수십만 년 전부터 등장한다. 대조적으로 토기 냄비의 역사는 9,000년 혹은 1만 년 전부터이다. 중앙 아메리카 테우아칸 계곡에서 발굴된 석기 냄비들도 기원전 7000년경의 것이다.

날고기가 불꽃을 만나 변하는 과정이라고 설명할 수 있는 로스팅은 직접적이고 분명한 조리법이다. 반면 끓이거나 볶는 것은 간접적 방법이다. 불 외에도 방수가 되고 불을 견디는 용기(容器)가 있어야 한다. 이때 음식은 매개물을 통해서 불의 열기를 전달받는데 볶을 때는 기름이, 끓일 때

---

* braise, 재료를 먼저 기름에 살짝 볶은 다음 재료가 잠길 정도로 물을 붓고 푹 끓이는 조리 방법/역주
** ratatouille, 다양한 채소와 허브를 넣어 만든 프랑스 프로방스 지방의 전통적인 채소 스튜/역주

는 물이 매개물이다. 이 방법은 재료를 불에 직접 대는 것보다는 발전이다. 달걀처럼 섬세한 재료를 요리할 때에는 특히 그렇다. 달걀을 삶을 때는 달걀을 불의 습격으로부터 막아주는 장벽이 셋이나 존재한다. 달걀의 껍질, 냄비의 금속, 보글거리는 물. 문제는 자연에서는 끓는 물을 자주 접할 수 없다는 점이다.

아이슬란드, 일본, 뉴질랜드에는 지열 온천이 있으나 상당히 희귀하다. 온천이 지금까지도 자연의 경이로 여겨지는 것은 그 때문이다. 산업시대 이전에 온천 가까이 사는 것은 뒷마당에 호수만 한 사모바르*를 가진 것과 마찬가지였을 것이다. 그것은 누구나 쉽사리 누릴 수 없는 호사였다. 펄펄 끓는 화카레와레와 온천 근처에 살았던 뉴질랜드 마오리족은 예부터 그 물에서 요리를 했다. 뿌리채소나 고기 같은 갖가지 음식을 아마(亞麻) 주머니에 넣어서 물에 담가 익혔을 것이다. 아이슬란드의 지열(地熱) 발생지역에서도 수백 년 전부터 비슷한 풍습이 있었다. 요즘도 아이슬란드에서는 흑호밀빵과 비슷한 전통 빵을 만들 때 반죽을 깡통에 담은 뒤 온천 근처 뜨거운 땅에 묻어서 증기로 익히는 방법을 쓴다(보통 24시간쯤 걸린다).

고고학적 증거는 분명하지 않지만, 지난 수천 년 동안 간헐천 근처에서 살았던 사람들은 틀림없이 그 용솟음치는 증기에 식재료를 익히는 방법을 시험했을 것이다. 음식이 익으면 쉽게 꺼낼 수 있도록 작대기나 끈에 매달았을 것이다. 적어도 계획은 그러했으리라. 선조들이 우리보다 손재주가 더 뛰어나지 않았던 이상, 푹 익은 음식은 퐁듀 냄비로 투둑투둑 떨어지는 빵 조각처럼 조각조각 부서져서 끓는 물속으로 사라졌을 테니까.

그래도 간헐천 요리는 직화 요리에 비해서 이점이 많다. 우선 품이 덜 든다. 열원을 만드는 노동을 면할 수 있기 때문이다. 그리고 재료를 더 부

---

* samovar. 러시아 전통 차를 끓이는 주전자로, 주전자 아래에 연료를 넣어 직접 가열하여 위에서 물을 끓인다/역주

드럽게 다루는 방법이다. 직화에서는 겉은 그을고 속은 덜 익는 문제를 피하기 어렵지만 뜨거운 물에 삶을 때는 충분히 오래 익힐 수 있다. 몇 분 더 두거나 덜 두어도 절박한 문제가 되지는 않는다.

그러나 대부분의 사람들은 온천이라고는 눈 씻고 찾아봐도 없는 장소에서 산다. 평생 찬물만 본 사람이 어떻게 그것을 데워서 요리에 쓴다는 생각을 하겠는가? 물과 불은 상극이다. 당신이 땔감을 모으고 부싯돌을 비비고 장작을 쌓아서 몇 시간 만에 겨우 불을 붙였다면, 그 귀중한 불꽃 근처에 물을 가져가는 위험을 감수하겠는가? 쉽게 점화되는 레인지와 전기 주전자를 거느린 우리에게는 끓이기가 더없이 시시한 활동으로 보인다. 우리는 냄비에 익숙하다. 그러나 평생 무엇인가를 끓여보지 않았던 사람에게는 끓는 물에 요리를 하는 행위가 지극히 자연스러운 다음번 발전 단계로 떠오르지 않았을 것이다.

난생처음으로 일부러 무엇인가를 끓인다는 것은 창의성의 도약이 필요한 작업이었을 것이나. 아무것도 없는 상태에서 무엇인가를 담아 요리할 용기를 만든다는 것은 엄청나게 창조적인 기예이다. 지열 요리에서도 이런 저런 주머니와 끈을 썼겠지만 그것이 꼭 필요하지는 않다. 땅 자체가 끓는 물을 담은 냄비가 되어주기 때문이다. 그러나 온천이 없는 상황에서는 용기가 있어야만 끓일 수 있다. 열을 견딜 만큼 강하고 음식이 새지 않는 용기가 말이다.

최초의 도공이 최초의 단지를 빚기 전에도 일부 음식들은 그 자체를 용기로 이용해서 요리할 수 있었다. 갑각류와 다양한 파충류, 특히 거북은 냄비 같은 껍데기를 몸에 달고 있다. 갑각류 껍데기는 요즘도 음식을 담거나 먹는 도구로 쓰인다. 김이 나는 홍합 요리를 먹을 때, 우리는 먼저 껍데기 하나를 간편한 집게처럼 쥔 뒤 그것으로 다른 홍합의 살을 발라 먹는다. 티에라델푸에고의 토착민인 야간족은 홍합 껍데기를 국물받이처럼 써서 바다표범을 구울 때 나오는 기름을 받았다. 어떤 인류학자들은 홍합 껍데기를 그렇게 쓰는 데에서 한발짝만 더 나가면 용기에 담아 요리하는 단계로 갈 수 있었을 것이라고 본다. 껍데기는 인공적 냄비로 가는 단계였다는 것이다. 정말 그랬을까?

사실 홍합은 너무 작아서 제 살 외의 다른 것을 끓이거나 볶기에 적합하지 않다. 기름받이는 냄비라기보다 숟가락과 비슷한 역할을 한다. 아메리카 원주민들은 예부터 조개껍데기를 숟가락으로 쓰고 날카롭게 깎은 홍합 껍데기를 칼처럼 써서 생선을 잘랐지만, 우리가 아는 한 그것을 냄비로 쓰지는 않았다. 진주처럼 반짝거리는 홍합 냄비라니 상상만으로도 근사하지만, 그것은 쥐의 식탁에나 어울릴 크기이다. 더 큰 연체동물이나 파충류는 어땠을까? 여러 아마존 부족들의 거북 요리는 토기가 발명되기 한참 전부터 끓이기가 '가능했다'는 주장의 증거로 간주된다. 거북 껍데기에 요리를 한다니 낭만적인 발상이기는 하다. 그러나 거북 껍데기에서 거북 말고 다른 것도 요리했는가 하는 것은 전혀 다른 문제이다.

껍데기에서 눈을 돌리면, 최초의 용기로 쓰였음직한 더 유력한 후보들이 있다. 선사시대 사람들은 껍질이 질긴 조롱박 종류로 간편한 그릇, 병, 단지를 만들었다. 식물을 이용한 또다른 용기는 아시아 전역에서 쓰였던 대나무이다. 그러나 대나무와 조롱박은 특정 지역에서만 자란다. 인류가 동물의 살을 익히면 좋다는 사실을 발견한 이래로 그보다 더 보편적으로 쓰였던 용기는 동물의 창자였다. 창자는 방수성인 데다가 열도 어느 정도 견디는 천연 용기이다. 스코틀랜드 사람들이 사랑하는 요리, 해기스(haggis)는 양의 위에 그 내장을 담아 익힌 것으로, 동물의 내장을 위에 담아 익혔던 고대 전통을 따른 음식이다. 기원전 5세기 역사학자 헤로도토스는 스키티아 유랑민이 동물의 살을 동물의 위에 넣고 끓였다고 기록했다. "소든 다른 어떤 제물이든 그 방법을 쓰면 기발하게도 다른 준비물 없이 끓일 수 있다." 기발하다는 표현이 딱이다. 창자 요리의 전통은 냄비도 팬도, 테플론 철판도, 고리에 대롱대롱 매달려 깔끔하게 늘어선 구리 냄비 일습도 없을 때조차 인간들은 더 나은 조리기법을 찾아내는 데에 총명했음을 시사한다.

뜨거운 돌로 요리하는 기술은 적어도 3만 년 전부터 전 세계에서 시행되었다. 그것은 정말이지 기발한 방법이었다. 오랫동안 직화 구이만 했던 사람들이 이윽고 증기나 물을 써서 간접적으로 음식을 익히는 방법을 알아냈던 것이다. 이 변화는 근대 이전에 식사 준비 분야에서 벌어진 최고의 기술적 혁신으로 일컬어진다.

구덩이 오븐은 이렇게 만든다. 땅에 큰 구멍을 파고 그 속에 돌멩이를 둘러 물이 대충 새지 않게 한다. 그리고 구덩이에 물을 채운다. 구덩이를 지하수면보다 낮게 팠다면, 이 단계는 건너뛰어도 된다. 그때는 물이 저절로 차오를 테니까(아일랜드에는 지하수가 있는 토탄지에 구덩이를 파서 뜨거운 돌을 두른 이런 오븐의 흔적이 수천 개 남아 있다).

그 다음에는 돌을 더 가져다가—큼직한 강돌이 좋다—불에 넣어 뜨겁게 달군다. 요리용 돌멩이는 최고 500도까지 달구었는데, 이것은 피자 오븐보다 더 뜨거운 수준이다. 손이 데지 않도록 나무 집게 같은 것을 써서 그 돌들을 구덩이로 옮겨 물에 빠뜨린다. 돌이 충분히 들어가면 물이 부글거리기 시작할 테니 그때 음식을 넣는다. 마지막으로 위를 뗏장, 나뭇잎, 가죽, 흙 따위로 뚜껑처럼 덮어 단열한다. 물이 식으면 뜨거운 돌을 더 넣어가면서 계속 끓여 음식을 마저 익힌다.

뜨거운 돌을 이용한 요리법은 다양한 형태로 변형되었다. 돌을 지면의 불에서 굽는 대신 구덩이 속에서 달구기도 했다. 이때는 구덩이를 두 칸으로 나누어 한쪽에는 물을 담고 다른 한쪽에는 불과 돌을 담았다. 음식을 삶지 않고 찌기도 했다. 뿌리채소나 고깃덩이를 물에 담그는 것이 아니라 나뭇잎으로 싼 다음, 뜨거운 돌과 함께 구덩이에 착착 쌓는 것이다. 이때 흙구덩이는 솥보다 오븐에 가까웠다.

요즘도 뉴잉글랜드에서는 조개 구이 파티를 할 때 뜨거운 돌 요리법을 쓴다. 갓 잡은 조개를 해변에서 바로 굽는데, 구덩이에 뜨거운 돌과 나뭇가지와 해초를 담은 뒤 그 위에 조개를 쌓는다. 그러면 조개의 즙이 고스란히 보존된다. '루아우(Luau)'라고 불리는 하와이의 연회에서도 그런 방법을 쓴다. 바나나 잎이나 토란 잎으로 싼 돼지를 '이무(imu)'라는 뜨거운 구덩이에 묻어 하루쯤 둔 뒤, 다 익으면 파내어 한껏 즐기며 논다. 그러나 이른바 구대륙에서는 토기의 등장 이래 돌멩이를 이용하는 방법이 그다지 오래 살아남지 못했다.

그렇다 보니 우리는 돌멩이 요리법이 냄비 요리법에 비해서 확연히 더 열등하다고 생각하기 쉽다. 정말 그럴까? 물론 식사를 따뜻하게 내는 방법으로서 불편하고 번거롭기는 하다. 또한 요즘 우리가 일상적으로 끓이는 음식들에 대해서는 구덩이 요리법이 아무런 대책이 없을 것이다. 파스타와 감자와 쌀은 진흙 속으로 사라질 것이고, 불과 몇 분만 삶으면 되는 달걀과 아스파라거스 따위에 쓰기에는 한심하리만치 비효율적이다.

그러나 옛날 요리사들이 사용했던 여러 용도에 대해서는 뜨거운 돌 요리법이 탁월한 기술이었다. 루아우의 통돼지 요리에서 알 수 있듯이, 부피가 큰 음식을 익히는 방법으로는 훌륭했다. 두드러진 장점은 다른 방법으로는 거의 먹을 수 없었던 많은 야생 식물을 먹을 수 있게 했다는 점이다. 옛날 사람들이 구덩이 오븐의 습하고 뭉근한 열로 익혔던 음식 중에는 이눌린(inulin)이라는 탄수화물이 풍부하게 든 구근이나 덩이뿌리 종류가 많았다. 사람은 이눌린을 소화하지 못한다(예루살렘 아티초크[돼지감자]가 악명 높은 방귀 효과를 내는 까닭은 이눌린이 많이 들어 있기 때문이다). 그런데 뜨거운 돌 요리법은 그런 식물을 변형시킴으로써 가수분해를 통해서 이눌린을 소화 가능한 과당(果糖)으로 바꾸었다. 어떤 경우에는 장장 60시간을 익혀야만 가수분해가 일어났다. 습기를 가해 오래 익히기 때문에 맛없는 야생 구근이 환상적인 달콤한 맛으로 변하는 것은 즐거운 부수 효과였다.

  어떤 사람들은 흙구덩이에서 찌고 삶는 기법에 깊은 애착을 느낀 나머지 용기가 더 우월하거나 꼭 필요한 물건이라고 보지 않았다. 초기 기독교 시대 폴리네시아인—기원후 첫 1,000년 동안 동태평양 제도들을 여행하여 사모아와 통가에서 하와이, 뉴질랜드, 이스터 섬으로 이주한 사람들—은 1,000년 동안 냄비를 써놓고도 도로 그것을 버린 시기한 사례였다. 폴리네시아인은 기원전 800년경부터 다양한 토기를 만들었다. 흙에 조개껍데기나 모래를 섞은 뒤 저온에서 구운 토기가 전형적이었다. 그런데 그들은 기원후 100년경 마르키즈 제도에 도달한 뒤 갑자기 토기 제작을 버리고 용기 없이 요리하는 방법으로 돌아갔다.

  이 수수께끼에 대한 기존의 학설은 폴리네시아인이 새로 정착했던 섬에는 점토가 없었기 때문에 토기 제작을 그만두었다는 것이다. 그러나 그것은 사실이 아니다. 조금 외진 고지대이기는 해도 그 섬들에도 점토가 있었다. 지금으로부터 30년 전에 폴리네시아인의 수수께끼에 대해서 새롭고 급진적인 설명을 제안한 사람은 뉴질랜드 인류학자 헬렌 M. 리치였다. 리치는 그들이 용기를 버린 것은 용기로 요리할 필요가 없었기 때문이라고 주장했다. 그들의 주식이 쌀이었다면 사정이 달랐으리라. 그러나 폴리네시아인의 식단에서는 얌, 토란, 고구마, 빵나무 열매처럼 녹말기 많은 채소가 주식이었고, 그것들은 모두 용기보다 뜨거운 돌로 요리하는 편이 더 낫다.

요컨대 냄비 없이도 끓이는 것은 얼마든지 가능하다. 폴리네시아인이 토기를 버렸던 일화는 우리에게 너무나 중요해 보이는 부엌 기술조차 언제나 보편적으로 채택되지는 않는다는 사실을 일깨운다. 어떤 사람들은 집에 프라이팬을 두기를 거부한다(프라이팬을 가지고 있기만 해도 지방을 몸에 해로울 정도로 많이 섭취하게 된다는 듯이). 생식주의자는 불을 거부한다. 세상 어딘가에는 칼을 사용하지 않고 요리하는 사람도 있을 것이다. 실제로 어린이용 요리책은 칼 대신 가위를 쓰라고 권한다. 나로 말하자면 폴리네시아인과 정반대 입장이다. 내게 냄비와 팬은 필수불가결한 부엌 도구이고, 내 눈에 그것들은 으스대지 않는 가정의 수호신이다. 내게 하루 중 가장 행복한 시간은 냄비를 불에 올리면서 곧 저녁이 보글보글 끓어서 온 집 안을 맛있는 냄새로 채울 것이라고 기대하는 순간이다. 나는 냄비 없는 삶을 상상할 수 없다.

일단 냄비가 기술로서 자리를 잡자, 사람들은 그것에 강렬한 감정을 품게 되었다. 도기는 대단히 개인적이다. 요즘도 우리는 냄비에 인간적 특징들이 있는 것처럼 묘사한다. 냄비에 입술과 입이 있다고 말하고, 목과 어깨, 배와 궁둥이가 있다고 말한다. 아프리카 카메룬의 도와요족은 사람마다 제각각 다른 형태의 도기를 쓰고(아이의 그릇은 미망인의 그릇과는 다르게 생겼다), 남의 그릇으로 음식을 먹는 것은 금기시한다.

우리 중에도 특정 용기를 고집하는 사람이 있다. 이 머그나 저 접시에 집착하는 것이다. 나는 포크라면 어떤 포크든 상관없고, (충분히 깨끗하다면) 이전에 누가 그 포크를 썼어도 개의치 않는다. 도기는 다르다. 나는 역대 미국 대통령이 죄다 그려진 큼직한 머그를 가지고 있었다. 남편이 워싱턴에 다녀오면서 사다준 컵이었다. 나는 매일 아침 그 머그로 차를 마셨다. 다른 컵으로 마시면 같은 맛이 나지 않았다. 그 머그는 아침마다 치르는 의식의 중요한 요소였다. 대통령들의 얼굴은 차츰 바래서 체스터 아서와 그로버 클리블랜드를 구분하기 어려웠다. 그럴수록 나는 그 머그에 더 깊이 애착을 느꼈다. 다른 사람이 그 머그로 마시는 것을 보면 내심 내 영역을 침범당한 기분이었다. 결국 머그는 식기세척기에서 깨졌는데, 그때 나는 왠지 모를 안도감마저 들었다. 똑같은 컵을 다시 구하지는 않았다.

도자기 파편, 즉 사금파리는 문명이 남긴 가장 영속적인 흔적일 때가 많다. 사금파리는 그것을 사용했던 사람들이 무엇을 가치 있게 여겼는지 말해주는 최고의 단서이다. 그래서 고고학자들은 옛 사람들을 명명할 때 그들이 남긴 도기의 이름을 딴다. 대략 기원전 3000년부터 2000년까지 살았던 비커족은 이베리아 반도와 중부 독일까지 온 유럽을 누비면서 기원전 2000년경 영국에도 도달했다. 쌀때기 비커 문화, 줄무늬 토기족의 뒤를 이어 등장했던 비커족은 음료를 마시는 데에 쓰던 종 모양의 적갈색 비커 토기를 가는 곳마다 남겼다. 우리는 그들을 수석 단검족이나 돌망치족으로 부를 수도 있지만(그런 물건들도 썼으니까) 어째서인지 토기가 그들의 문화를 더 잘 환기시키는 것처럼 느껴진다. 비커족은 망자를 묻을 때 종종 발치에 비커를 놓았다. 사후 세계에서 먹고 마시는 데에 필요하다고 생각해서였을 것이다. 오늘날 우리의 문화는 이런저런 **물건**을 넘치도록 가지고 있기 때문에 예전만큼 도기를 중요하게 생각하지 않지만, 그래도 여전히 도기는 누구나 보편적으로 소유하는 몇 안 되는 물건 중 하나이다. 만일 수백 년 뒤 모종의 대참사로 인해서 우리 문화가 일시에 파묻힌다면, 훗날 잔해를 파헤친 고고학자들은 아마도 우리를 머그 사회라고 명명하리라. 우리는 알록달록한 도자기 컵을 좋아했던 사람들로 비쳐질 것이다.

그 컵은 마음을 달래는 카페인 음료를 잔뜩 담을 만큼 커야 하고, 무엇보다도 식기세척기 사용이 가능해야 한다.

도기의 존재는 인류 문화의 발달에서 몹시 중요한 기술적 단계를 뜻한다. 도공은 무정형의 질척한 점토에 물을 타고, 다른 재료를 섞고, 형태를 잡은 뒤, 불로 구워서 영구적인 형상으로 굳힌다. 이것은 돌, 나무, 뼈를 깎는 것과는 차원이 다른 창조 작업이다. 점토 단지에는 인간의 손이 닿은 흔적이 남아 있다. 도기 제작과정에는 마술적인 측면이 있으며 실제로 초기 도공들은 공동체에서 샤먼의 역할도 겸하곤 했다. 예리코에서 기원전 7000년경의 사금파리를 무수히 캔 고고학자 캐슬린 케년은 도기의 시작을 '산업혁명'이라고 표현했다.

인간은 자연 재료를 단순히 다듬어서 인공물을 만드는 대신 자신이 재료를 바꿀 수 있다는 사실을 발견했다. 점토, 모래, 짚을 섞어 고온에 구움으로써 재료의 성질을 변형시키고 새로운 특성을 부여했던 것이다.

쓸 만한 단지를 만들려면 아이들이 놀이 삼아 진흙으로 파이를 빚듯이 점토 덩어리를 적당히 빚기만 해서는 안 된다. 점토 자체부터 세심하게 골라야 한다(모래가 많으면 잘 빚어지지 않고 모래가 적으면 불을 견디지 못한다). 기원전 7000년의 도공은(여성도 많았으리라) 점토에 물을 적당히 타서 미끄럽게 만들어야 한다는 사실을 알았을 것이고, 그렇다고 너무 물을 많이 타면 손에서 흘러내리거나 가마에서 갈라진다는 사실도 알았을 것이다. 불은 작열하듯이 뜨거워야 한다. 아마 900도에서 1,000도까지 올라가야 했을 텐데, 그런 온도는 특수 제작한 가마로만 얻을 수 있다. 요리용으로 적합한 단지를 만들기는 더 어렵다. 방수가 되어야 하고 열 충격을 견딜 만큼 강해야 하기 때문이다. 허술하게 만들어진 단지는 열을 받으면 서로 다른 재료가 서로 다른 속도로 팽창함으로써 그 응력(stress, 應力) 때문에 산산이 깨진다.

　요리사들은 누구나 열 충격을 한 번쯤 경험하기 마련이다. 라자냐 그릇이 뜨거운 오븐에서 느닷없이 쪼개져서 식사 계획을 망치거나, 분명 내화성이라고 했던 토기 냄비가 불에 올렸더니 갈라져서 내용물을 온 바닥에 흩뜨린다. 음식 전문 작가 나이절 슬레이터는 그릇이 "깊게 금이 가기보다는 산산조각 나는 편이 낫다"고 말했다. "갈라진 그릇을 아껴 쓸 수는 있겠지만 그러면 겪지 않는 편이 좋은 위험 요소를 안고 살게 된다.……오븐 문을 열 때마다 접시가 두 동강 나서 마카로니 치즈가 오븐 바닥에서 지글거리고 있으면 어쩌나 하는 불안감을 품고 살아야 한다."

　최초의 단지가 정확히 언제 만들어졌는지는 알 도리가 없다. 도기 제작은 멀리 떨어져 살았던 사람들이 동시에 탁월한 발전을 이룬 희한한 사례에 해당한다. 기원전 1만 년 무렵이나 그보다 약간 이른 시점에 남아메리카와 북아프리카에서, 그리고 일본의 조몬 부족에게서 갑자기 토기가 출몰하기 시작했다. '조몬(繩文)'은 일본어로 '새끼줄 무늬'를 뜻한다. 조몬 토기는 사람들이 굉장히 일찍부터 도기 제작에 예술성을 발휘했다는 사실을 보여준다. 좋은 단지를 만드는 것만으로는 충분하지 않았다. 아름다움까지 갖추어야 했다. 조몬 도공들은 토기를 빚은 뒤에 그냥 끈이나 엮은 끈, 대나무 막대기나 조개껍데기로 축축한 점토에 장식을 새겼다. 조몬 토기들은 초기부터 대개 요리에 쓰였던 것 같다. 현재 남은 파편들로 보아 바닥이 둥글고 깊은 꽃병 모양이었을 것이므로 무엇인가를 푹 끓이기에 알맞았을 것이다.

　이상하게도 다른 지역 사람들은 토기를 요리에 사용한 조몬 부족을 따라하지 않았다. 한때 학계에서는 인류가 요리에 쓸 요량으로 토기를 만들기 시작했다는 가설이 정설이었지만, 지금은 그 견해가 의문시된다. 옛날 사람들이 토기로 요리를 했는지 여부를 어떻게 알까? 요리용 단지의 파편이라면 불에 노출되어 그을렸거나 얼룩덜룩해진 자취가 있을 것이다. 음식물 흔적이 남았을 수도 있다. 그리고 열 충격을 극복하기 위해서 대개 모래 함량이 높은 점토를 저온에 구웠을 것이다.

그리스 펠로폰네소스 반도에는 프랑크티 동굴이 있다. 그곳에서 기원전 6000년-기원전 3000년의 것으로 추정되는 사금파리가 100만 조각 넘게 발견되었다. 그리스에서 가장 오래된 농경지에 해당하는 그곳 사람들은 렌즈콩, 아몬드와 피스타치오, 귀리와 보리를 길렀고, 생선도 먹었다. 한마디로 그들은 충분히 요리용 단지를 썼을 법한 사람들이었다. 따라서 프랑크티의 사금파리가 요리용, 저장용 단지에서 나온 것이 아닌가 추측할 만한데, 고고학자들이 가장 오래된 파편들을 조사한 결과 그것들이 불을 겪었다는 명백한 흔적은 없었다. 검댕이 묻거나 그을지 않았고, 오히려 반들반들 윤이 흐르는 섬세한 물건인 데다가 생김새도 각이 져서 불에 얹기에는 어려울 것 같았다. 증거로 보자면 그 토기들은 요리가 아니라 모종의 종교의례에 쓰인 물건이었다. 참 알 수 없는 일이다. 고대 그리스의 정착민은 요리용 단지를 만들 기술을 죄다 가지고 있었는데도 그것을 상징적 용도로만 사용했다. 왜일까? 어쩌면 과거에 단지로 요리해본 사람이 아무도 없었기 때문에 그냥 그런 생각이 떠오르지 않았을 것이다.

단지를 요리에 이용한다는 것은 엄청난 혁신이었다. 프랑크티의 그리스인은 오랫동안 토기를 장식용이나 상징적 용도로만 쓴 뒤에야 그 속에서 음식을 요리할 생각을 떠올렸다. 요리용 토기가 흔해진 것은 기원전 3000년쯤 되는 후대에 와서였다. 비로소 프랑크티 토기들은 더 둥글어졌고, 더 거칠어졌고, 다양한 작업에 맞도록 갖가지 간편한 형태를 취했다. 크기가 다양한 스튜 냄비, 치즈 단지, 토기 체, 오븐처럼 생긴 커다란 솥. 마침내 사람들은 냄비와 팬으로 요리하는 즐거움을 발견했다.

그리스인은 세상에서 가장 유명한 도공들일 것이다. 검은 바탕에 붉은 무늬, 아니면 붉은 바탕에 검은 무늬로 전투, 신화, 기병, 춤꾼, 연회를 묘사한 전형적인 장식용 단지들이 주로 우리의 시선을 집중시키지만, 소박한 요리용 단지들도 많은 것을 알려준다. 요리용 단지들의 이야기는 덜 극적일지는 결코 몰라도 덜 흥미롭지는 않다. 그리스인의 부엌용 단지는 그들이 무엇을 어떻게 먹었는지, 어떤 음식을 높이 쳤고 그 음식을 어떻게 다루었는지를 알려준다. 그리스인은 수많은 저장용 단지들을 남겼다. 치즈용, 올리브용, 포도주용, 기름용, 무엇보다도 곡물용이 많았다. 벌레를 막기 위해서 뚜껑을 단 튼튼한 테라코타 단지에는 주로 보리를 담았다. 그리스의 도공들은 거칠고 모래가 많이 섞인 점토로 프라이팬, 소스팬, 조리한 채로 식탁에 내놓을 수 있는 서양식 찜냄비인 캐서롤도 만들었다. 기본 형태는 암포라처럼 둥그런 '키트라(chytra)'였다. 세 발 달린 작은 단지도 있었고, 캐서롤과 이동식 화로를 결합한 것처럼 용기와 열원을 함께 설계한 편리한 세트도 있었다. 그들은 다양한 요리법을 아는 사람들이었다.

도기는 요리의 성격을 극적으로 바꾸었다. 소쿠리, 조롱박, 코코넛 껍질 등 기존에 존재했던 용기들과 달리 점토는 어떤 크기와 형태로도 빚을 수 있었다. 게다가 점토 단지는 먹을 수 있는 음식의 범위를 엄청나게 넓혔다. 그 현상은 '포리지'라는 한마디로 표현할 수 있다. 단지는 농경이라는 새로운 과학(역시 약 1만 년 전에 등장했다)과 합심하여 인류의 식단을 영원히 바꾸어놓았다. 점토 단지를 쓰면 밀, 옥수수, 쌀처럼 조만간 세계 인류의 주식이 될 녹말성 곡물의 낟알들을 쉽게 끓일 수 있었다. 인류는 고기, 견과, 열매를 먹던 수렵채집인 식단에서 곤죽 같은 곡물에 찬을 곁들이는 현재의 농민 식단으로 넘어왔다. 요즘 우리도 그 혁명의 결과를 경험하면서 살고 있다. 우리가 가장 큰 냄비를 꺼내 스파게티를 한 그릇 삶을 때, 무심히 밥솥 스위치를 켤 때, 속이 따뜻해지는 폴렌타*에 버터와 파르메산 치즈를 넣고 저을 때, 우리는 밭에서 일부러 길러서 냄비에서 요리한 부드러운 녹말성 곡물로 배를 채우는 방법을 처음 발견했던 최초의 농부들과 교감하는 셈이다.

그냥은 독성이 있어서 먹지 못하는 식물을 점토 단지 덕분에 먹게 된 경우도 많았다. 카사바가 좋은 예다. 매니악 혹은 유카라고도 부르는 카사바는 남아메리카 토착의 녹말성 덩이줄기 식물로, 오늘날 세계 탄수화물 공급원 중 세 번째를 차지한다. 자연 상태의 카사바에는 시안화물이 소량 들어 있기 때문에 제대로 익히지 않거나 날것으로 먹으면 콘조(konzo)라는 마비성 질환에 걸릴 수 있다. 그러나 단지에서 카사바를 삶게 되고부터 그것은 쓸모없는 독성 식물에서 귀중한 주식으로, (단백질은 거의 없지만) 칼슘과 인과 비타민 C를 공급하는 달콤하고 과육이 풍부한 음식으로 변모했다. 나이지리아, 시에라리온, 가나 등에서는 삶은 카사바가 주요 에너지 공급원이다. 보통은 간단히 삶은 뿌리를 곤죽처럼 으깬 뒤 향신료를 몇 가지 더해서 먹는다. 그것은 배를 불리고 마음을 따스하게 해주는 고전적인 냄비 요리이다.

캐서롤 요리의 매력은 무엇보다도 그 국물이다. 허브와 포도주와 육수가 잘 섞인 그 맛. 단지가 도입된 순간부터 요리사는 다른 방식으로는 불에 몽땅 떨어졌을 국물을 지킬 수 있었다. 단지는 갑각류를 많이 먹는 사람들에게 특히 유용했다. 맛있는 조개 즙을 보존해주기 때문이다. 도기가 위대한 돌파구였던 이유는 또 있다. 직화 요리에 비해서 음식을 태울 일이 훨씬 더 적다는 점이었다(여러분도 알겠지만, 그렇다고 해서 불가능하지는 않다). 단지 속 국물이 바싹 졸도록 내버려두지 않는 한, 음식이 숯덩

---

* polenta, 옥수수 가루로 끓인 죽/역주

이가 될 일은 없다.

 기록에 남은 최초의 레시피는 메소포타미아(현재의 이라크, 이란, 시리아 지역)의 것이다. 석판 3장에 설형문자로 쓰여 있는 약 4,000년 된 레시피들은 메소포타미아인의 요리 방식을 감질나게나마 엿보게 하는 자료이다. 그 레시피들 중에는 단지 요리가 압도적으로 많은데, 대개 묽은 수프나 쿠르 부용*이다. "모든 재료를 단지에 넣어라"라는 지시가 자주 나온다. 단지 덕분에 요리는 비로소 세련되고 섬세한 작업이 되었다. 게다가 솥 요리가 직화 구이보다 쉽다. 양고기를 물에 삶은 뒤 리크, 마늘, 허브를 조금 이겨서 넣고 한참 더 끓이는 것은 별로 어려운 일이 아니었다. 메소포타미아 레시피들의 기본 패턴은 이렇다. 물을 준비하고, 지방과 소금을 넣어서 간을 한다. 고기, 리크, 마늘을 넣는다. 단지에서 끓인다. 경우에 따라 신선한 고수나 박하를 넣는다. 상에 낸다.

 도기와 함께 갖가지 새로운 기법들이 가능해졌다. 가장 중요한 기법은 끓이기였지만 도기로 불판을 만들어서 얄팍한 옥수수 케이크, 카사바 케이크, 납작빵을 구울 수도 있었다. 큰 단지로는 알코올 음료를 양조하고 증류했다. 뚜껑 달린 마른 단지로 곡물을 구울 수도 있었는데, 특히 눈에 띄는 예는 중앙 아메리카의 튀긴 옥수수였다. 팝콘 말이다!

 사람들은 점토 단지가 음식 맛을 살려준다는 이유에서도 좋아했다. 오늘날 우리는 냄비 표면이 내용물과 섞인다는 생각은 거의 하지 않는다. 오히려 냄비 표면이 내용물과 가급적 적게 반응하기를 바란다. 스테인리스스틸의 장점이 바로 그것이다. 1970년대 치킨 브릭이나 타이의 점토 단지와 같은 소수의 예외를 제외하고는 조리 도구가 음식과 반응하여 유익한 결과가 나올 것이라는 가능성을 아예 생각하지 않는다. 그러나 다공성

---

* court bouillon, 주로 생선 또는 고기를 삶는 데에 쓰려고 물에 각종 채소, 포도주, 식초 등을 넣고 끓인 국물로서 보통 육수보다 간단히 끓여서 만든다/역주

점토 단지로 요리했던 옛 문화들은 점토의 수용성 염(鹽)이 배어나와서 음식에 맛을 더하는 현상을 좋게 받아들였다. 히말라야 카트만두 계곡 사람들은 피클을 반드시 점토 단지에 보관한다. 그래야 망고, 레몬, 오이 피클에 가외의 맛이 밴다는 것이다.

점토의 그 특별한 성질은 많은 요리사들이 위대한 다음 단계인 금속으로 도약하기를 거부했던 이유였을지도 모른다. 금속 가마솥은 급속한 기술 변화의 시기였던 청동기시대(기원전 3000년경부터)의 산물이었다. 초창기 문자 체계(상형문자와 설형문자), 파피루스, 납 가공, 유리 제작, 바퀴와 대충 같은 시기였다. 늦어도 기원전 2000년 무렵부터는 이집트, 메소포타미아, 중국에서 금속 가마솥이 쓰였다. 만드는 비용이 비쌌기 때문에 처음에는 특별한 잔치나 종교의식에만 쓰였다. 혹은 죽은 사람이 사후 세계로 가져가는 음식을 담는 데에 쓰였다.

금속 가마솥은 토기에 비해서 실용적인 이점이 많았다. 가마솥은 모래나 재로 박박 씻을 수 있지만 유약을 칠하지 않은 토기는 그럴 수 없으므로 미세한 구멍 속에 이전 음식의 자취가 남기 마련이었다. 또한 금속은 점토보다 열을 잘 전달하므로 음식을 효율적으로 익힐 수 있었다. 무엇보

다도 큰 장점은 불에 바로 올려도 열 충격으로 갈라지거나 이가 빠질 염려가 없었다는 점이다. 심지어 떨어뜨려도 멀쩡했다. 고고학자들이 발굴한 점토 단지는 대개 파편이지만, 금속 가마솥은 종종 온전한 전체가 발굴된다. 영국박물관에 전시된 배터시 가마솥이 좋은 예이다. 기원전 800-700년 석기시대의 표본인 그 가마솥

은 19세기에 템스 강에서 건져졌다. 방패처럼 청동판 7개를 리벳으로 조립해 만든 호박 모양의 근사한 솥이다. 옛 영광을 고스란히 간직한 그 도구는 경외감을 일으킨다. 그것을 보노라면 옛날 사람들이 왜 유언으로 솥을 물려주곤 했는지 납득이 된다. 그것은 훌륭한 공학적 산물이었다.

금속으로 조리 도구를 만들 수 있게 되자, 냄비와 팬의 다양한 형태들이 금세 생겨났다. 고대 로마인은 오늘날의 프라이팬과 크게 다르지 않은 '파텔라(patella)'를 만들었다. 기름을 약간만 둘러 생선을 굽는 금속 팬이었다. 스페인의 파에야와 이탈리아어로 팬을 뜻하는 '파델라'는 모두 이 이름에서 온 단어들이다. 기름으로 지지는 능력은 조리에 새로운 차원을 열어주었다. 지방은 물보다 훨씬 더 높은 온도까지 올라간다. 그래서 기름을 쓰면 물을 쓸 때보다 음식이 더 빨리 익는 것은 물론이고 가장자리가 노릇노릇 구워진다. 그것은 단백질과 당이 고온에서 상호작용을 하는 마이야르 반응(Maillard reaction)의 결과인데, 우리가 유혹적으로 느끼는 맛은 그 반응에서 나오는 것이 많다. 프렌치프라이의 황금색 껍질도, 숟가락 가뜩 담긴 짙은 메이플 시럽도 그렇다. 프라이팬은 가지고 있으면 좋은 물건이다.

고대 로마인은 아름다운 금속 콜랜더, 풍로 딸린 청동 단지, 납작하고 큰 접시인 파티나, 놋쇠와 청동으로 된 큼직한 가마솥, 각양각색의 장식적인 패스트리 틀, 생선을 통째 익히는 냄비, 소스를 따르기 쉽게 주둥이가 있고 착착 접히는 손잡이가 있는 프라이팬 등도 만들었다. 지금까지 살아남은 물건들을 보면 황당스러울 정도로 현대적이다. 1853년에 유명 요리사 알렉시 수아예도 로마의 다양한 금속 조리 기구에 깊은 인상을 받았다. 수아예는 특히 '아우텝사(authepsa)'에 감탄했다. 무슨 첨단장비의 이름처럼 들리는 이것은 현대적인 찜기처럼 2개의 층으로 구성된 코린트풍 청동 용기였다('아우텝사'는 '스스로 끓는다'라는 뜻이다). 수아예는 아우텝사의 위쪽 칸에서 "디저트에 알맞은 가벼운 진미들"을 부드럽게 찔 수 있다고 말했다. 아우텝사는 대단히 귀한 물건이었다. 키케로가 전하는 일화에 따르면, 어느 경매에서 아우텝사가 하도 비싸게 팔리는 바람에 지나가던 행인은 농장 전체가 팔린 줄 알았다고 한다.

  기술적인 측면에서 로마의 금속 조리 기구는 적층 금속판 팬이 등장하는 20세기 말까지 달리 경쟁자가 없었다. 로마인은 오늘날에도 팬 설계자의 근심거리인 과열점 문제까지 해결하려고 했다. 로마 제국 시절 영국에서 만들어진 한 금속 팬은 바닥에 동심원이 여러 개 나 있는데, 열을 느리고 균일하게 퍼뜨리려는 목적이었던 것 같다. 실제로 과학자들이 바닥에 골이 진 냄비와 매끄러운 냄비를 비교 실험한 결과, 바닥에 요철이 있으면 열 응력이 낮아졌다(동심원들이 구조를 강화하기 때문에 팬이 고온에서 덜 틀어진다). 요리사의 통제력도 높아진다. 요철 있는 팬은 열이 느리게 전달되기 때문에 음식이 성가시게 끓어넘칠 우려가 적다. 1985년 서큘론 사(社)는 바닥에 비슷한 동심원 무늬가 있는 제품들을 선보였다. 광고에 따르면, '독특한 요철'이 표면 마모를 줄이고 내구성과 논스틱 성질을 강화한다고 했다. 사실 그 기술은 송수관, 직선 도로, 아치형 다리, 책처럼 로마인이 가장 먼저 알아낸 것이었다.

로마인의 창의성에도 불구하고, 청동기시대부터 18세기까지 가정의 요리사들은 보통 콜드론(cauldron)이라고 불린 큰 가마솥 하나로 모든 일을 해야 했다(케틀, 키틀이라고도 불렀다). 가마솥은 북부 유럽의 부엌에서 단연코 가장 큰 도구였고, 모든 요리 활동은 그것을 중심으로 조직되었다. 로마 제국의 몰락과 함께, 다양했던 조리 기구는 기본적인 것들로 축소되었다. 어떤 상황에서든 솥 하나만 썼으므로 한 솥 요리가 다시금 지배적인 요리 양식이 되었다. 재료가 무엇이든 가마솥이 먹는 방식을 결정했다. 주로 삶고 끓이고 졸이는 것이 답이었다(물론 뚜껑을 덮어 굽거나 쪄서 빵을 만들 수도 있었다). "뜨거운 완두콩 죽, 차가운 완두콩 죽, 가마솥에 있는 아흐레 된 완두콩 죽"이라는 노래 가사도 있듯이 솥에 담기는 내용물은 상당히 반복적이었다. 평균적인 수준의 중세 부엌은 칼 한 자루, 국자 하나, 도기 팬 하나, 종류를 불문하고 꼬챙이 하나, 가마솥 하나쯤을 갖추었다. 요리사는 칼로 재료를 썰어서 물과 함께 솥에 넣고 몇 시간 끓인 뒤에 완성된 수프나 '포타주'를 국자로 퍼냈다. 그 밖에는 그릇으로 쓰는 싸구려 도기 단지 몇 개, 프라이팬 하나, 가마솥보다 훨씬 더 작고 긴 손잡이가 달려 우유나 크림을 데우는 데에 쓰는 팬이 하나쯤 더 있었다.

그 외에 부엌 도구가 더 있다면, 대개 가마솥을 거드는 부속품이었다. 무쇠 기중기나 가로대는 고리에 걸린 무거운 솥과 내용물을 불에 올렸다 내렸다 하는 데에 쓰였으며, 아름답게 장식된 물건도 있었다. 그것은 조금 위험하기는 해도 스위치를 탁 켜는 것만큼 즉각적인 온도 조절기법이었다. 그렇게 정밀한 장치를 소유할 여력이 없었던 집은 기발하게 고안된 작은 삼발이 한두 개로 솥을 불에서 약간 들어올렸다. 끓는 국물 위에 고기를 걸어두거나 솥 바닥에 있는 고기를 건지는 데에 썼던 갈고리와 포크도 가마솥 부속품이었다.

가마솥의 형태와 크기는 다양했다. 영국에서는 보통 (배가 불룩한 형태가 아니라) '바닥이 퍼진' 형태를 청동이나 철로 만들었다. 불길을 잘 견디기 위한 설계였다. 다리가 셋 달린 솥은 잉걸불에 바로 얹도록 설계한 것이었다. 더 작고 배가 볼록한 솥은 불 위에 걸어두도록 손잡이가 달려 있었다. 물론 손잡이는 손을 댈 수 없을 만큼 뜨거웠으므로, 막대기나 집게로 조작했다. 한 솥 요리는 재료들이 몽땅 섞여 이상한 조합을 빚어낼 수

냄비와 팬 47

있었다. 수돗물과 세제가 없던 시절에 사람들이 솥을 얼마나 자주 닦았는지는 모르겠다. 대개는 지난 식사의 부스러기가 바닥에 남아 다음 식사의 양념이 되었다.

유럽 설화에는 텅 빈 가마솥에 대한 공포가 끈질기게 등장한다. 그것은 텅 빈 냉장고의 옛 형태였고, 속수무책의 굶주림에 대한 상징이었다. 켈트 신화에서 가마솥은 영원한 풍요와 절대적인 지식을 불러낸다고 이야기된다. 솥은 있지만 담을 음식이 없다는 것은 비참하기 짝이 없는 일이었다. 유명한 "돌멩이 수프" 이야기를 들어보았을 것이다. 어떤 방랑자들이 빈 솥을 가지고 마을에 도착하여 음식을 달라고 부탁한다. 마을 사람들이 거절하자, 방랑자들은 돌멩이 하나를 꺼내고 물을 길어서 '돌멩이 수프'를 만들겠다고 선언한다. 그러자 사람들도 흥미를 느껴 저마다 이런저런 재료를 조금씩 솥에 넣는다. 채소 조금, 양념 조금. 결국 '돌멩이 수프'는 카술레(cassoulet) 같은 풍성한 스튜가 되어 모두가 함께 먹고 즐긴다.

가마솥은 상당히 비쌌다. 런던에서 살던 존 콜과 그의 아내 줄리아나의 1412년 소유물 목록에는 4실링의 가치가 있는 7킬로그램짜리 가마솥이 있다(당시 토기 단지는 1페니쯤 했고 12페니가 1실링이었다). 돈을 주고 사거나 물물교환한 솥은 몇 번이고 수리하여 수명을 연장했다. 구멍이 뚫리면 땜장이에게 돈을 주고 때웠다. 1857년 다운 카운티의 늪지에서 발굴된 청동 가마솥에는 수리한 자국이 여섯 군데나 있다. 작은 구멍은 리벳으로 메웠고 큰 구멍은 녹인 청동을 부어 수리했다.

가마솥이 모든 요리에 이상적인 용기는 아니었을 것이다. 그러나 일단 가마솥이 생기면 매 끼니의 패턴이 그것에 맞추어 결정되었다(작은 토기 냄비 한두 개로 보완하기도 했다. 물론 그런 것이 있었다면 말이다). 모든 민족에게는 전통적인 한 솥 요리가 있고, 그 요리에 쓸 특수한 솥도 다양하게 전해진다. 포토푀,* 아일랜드 스튜, 도브라다,** 코시도.*** 한 솥 요리는 연료, 도구, 재료의 결핍에서 비롯된 요리였다. 한 솥 요리는 낭비를 모른다. 빈민 구제용 음식이 거의 늘 수프 형태였다는 것은 우연의 일치가 아니다. 모두에게 돌아가기에 양이 부족하다면 언제든 물을 부어 한 번 더 끓이면 되니까.

요리사들은 한 솥의 한계를 극복할 지혜로운 방안을 짜냈다. 채소, 감자, 푸딩을 제각각 모슬린 주머니에 넣어 담그면 솥 하나로도 한 번에 하나 이상의 재료를 익힐 수 있었다. 푸딩에 양배추 맛이 배고 양배추에 푸딩 맛이 배겠지만 적어도 지겨운 수프에서는 벗어나지 않는가. 플로라 톰프슨의 『캔들퍼드로 날아오른 종달새(Lark Rise to Candleford)』에는 밭일을 하던 남자들이 귀가하면서 만들어 먹었던 '티'****가 이렇게 묘사되어 있다.

모든 것을 한 솥에 끓였다. 각자 겨우 맛만 볼 정도의 베이컨 조각, 다른 그물망에는 양배추나 다른 채소, 또다른 그물망에는 감자, 그리고 천에 감싼 롤리폴리. 가스와 전자 레인지가 있는 오늘날 우리에게는 어쩌면 이렇게 막무가내의 방법이 다 있나 싶겠지만, 사실 그 방법은 목적을 충분히 만족시켰다. 재료를 넣는 타이밍을 세심하게 정하고 부글거리는 솥을 계속 잘 조절하면 음식들이 제각각 온전하면서도 먹음직하게 완성되었다.

1930년대 나치는 한 솥 요리의 검약한 이미지를 이데올로기적으로 사용했다. 1933년 히틀러 정부는 모든 독일인이 10월부터 3월까지 일요일에는

---

* pot-au-feu, 소고기와 채소를 오래 끓인 프랑스 전통 수프/역주
** dobrada, 소 위와 콩, 소시지, 채소, 토마토로 끓인 포르투갈 전통 수프/역주
*** cocido, 각종 고기와 채소를 끓인 포르투갈과 스페인 전통 수프/역주
**** tea, 영국에서는 이른 저녁 식사를 티라고도 부른다/역주

냄비와 팬 49

반드시 '아인토프(Eintopf)'라고 불리는 한 솥 음식만 먹어야 한다고 공고했다. 그렇게 아낀 돈을 가난한 사람들에게 기부할 수 있으리라는 발상이었다. 새 정책에 발맞추기 위해서 서둘러 요리책들이 출간되었다. 어떤 책은 아인토프를 69종 넘게 소개했다. 마카로니, 굴라시, 아일랜드 스튜, 세르비아 쌀 수프, 양배추가 들어가는 수많은 잡탕 요리, 독일 전통 감자 수프까지.

나치의 아인토프 장려는 일종의 교활한 프로파간다였다. 독일인은 아인토프를 궁극의 검소한 식사, 희생과 고통의 음식으로 보는 경향이 있었다. 사람들은 독일이 1871년에 프랑스를 이길 수 있었던 것은 군인들이 에르브스부르스트(Erbswurst)라는 음식으로 배를 채우며 싸웠기 때문이라고 말했다. 에르브스부르스트는 완두콩 가루와 소고기 지방을 섞은 한 솥 요리였다. 아인토프는 그 아득한 향수를 끄집어냈던 것이다.

사실 나치의 아인토프 찬양은—다른 나라에서처럼 독일에서도—대부분의 부엌이 이미 한 솥 요리를 넘어섰음을 시사했다. 파시즘의 여느 상징들처럼 아인토프는 고대로 돌아가려는 발상이었다. 그러나 아인토프가 검소한 요리로 생각되는 것은 식사 준비에 솥을 하나 이상 쓰는 사회에서나 그렇다. 나치는 갈고리에 걸린 가마솥 하나로 모든 것을 요리했던 동화 같은 농민적 삶의 이상을 되살림으로써 도리어 가마솥의 시절은 끝났음을 보여주었다. 독일의 1930년대처럼 험난한 시절에도 대부분의 요리사는, 즉 대부분의 주부는 하나가 아니라 갖가지 냄비와 팬으로 요리하는 것을 당연시했다.

서식스의 펫워스 저택은 잉글랜드에서 가장 큰 장원 중 하나이다. 1150년부터 에그리먼트라는 귀족 가문이 계속 소유했던 저택이지만 지금의 건

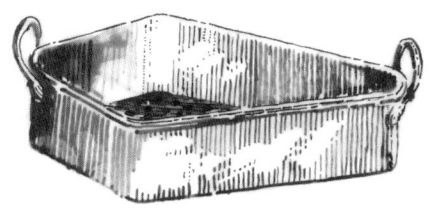

물은 17세기에 지어졌다. 700에이커 넓이의 사슴 사냥터에 지어진 대저택은 현재 내셔널트러스트가 관리한다. 그곳을 방문한 관람객은 부엌에 전시된 반짝거리는 구리 '바트리 드 퀴진(batterie de cuisine)', 즉 냄비 일습에 감탄을 금치 못한다. 냄비는 다 합쳐 1,000개가 넘는다. 거대한 찬장 여러 개에 티끌 한 점 없는 수많은 소스팬과 스튜팬이 꼭 맞는 뚜껑과 함께 큰 것부터 작은 것까지 한 줄로 정렬되어 있다. 그 부엌을 보면 비턴 여사가 말했던 "모든 것에 제자리가 있고 모든 것이 제자리에 놓여 있는" 부엌이 어떤 것인지 이해된다. 펫워스의 요리사에게는 각각의 요리마다 꼭 맞는 냄비가 있었을 것이다.

　펫워스의 조리 기구로는 탕관처럼 아래에 꼭지가 있어서 뜨거운 물을 내는 스톡 냄비, 상상할 수 있는 온갖 크기의 스튜팬과 소테팬과 오믈렛팬, 뚜껑 윗면이 움푹 파여서 그 속에 잉걸불을 담아 음식을 위와 아래에서 동시에 익혔던 큰 브레이즈팬 등이 있다. 생선용 팬은 아예 또다른 세상이다. 좋았던 옛 시절에는 서식스 해안에서 질 좋은 생선이 잡혔을 테고, 펫워스의 요리사들은 그것을 제대로 요리해야 했을 것이다. 펫워스의 부엌에는 생선 냄비(구멍 뚫린 물 빠짐 판이 있어서 데친 생선을 형태를 망가뜨리지 않고 들어올릴 수 있다)와 튀김기(뚜껑 없는 둥근 냄비로 철망 석자가 딸렸다)는 물론이고 가자미 전용 팬(가자미처럼 다이아몬드 모양으로 생겼다)과 더 작은 고등어용 팬도 여러 개 있다.

　펫워스의 부엌이 늘 그렇게 잘 갖추어진 것은 아니었다. 음식 전문 역사학자 피터 브리어스는 그곳 요리사들이 썼던 '이동 가능 물품'을 냄비 하나 팬 하나까지 꼬치꼬치 기록한 재고목록을 조사해보았다. 최초의 목록은 1632년에 작성되었고 두 번째는 1764년, 마지막은 1869년에 작성되었다. 그 문서들은 영국 부잣집 부엌들이 어떤 조리 기구를 썼는지를 세기별로 보여주는 스냅숏이다. 특히 눈길을 끄는 사실은 스튜어트 왕조 시대였던 1632년에 그토록 부유했던 펫워스에조차 스튜팬과 소스팬이 하나도 없었다는 점이다. 당시 끓이는 도구는 크고 고정된 '코퍼'(거대한 구리 보일러로 요리에만 쓰인 것이 아니라 온 집에 온수를 공급했다) 1개, 스톡 냄비(혹은 가마솥) 9개, 난로용 무쇠 팬 하나와 생선 냄비 몇 개, 불에 바로 올릴 수 있도록 다리가 3개 달린 작은 청동 스킬렛 5개뿐이었다. 그런 부엌에서는 홀란데이즈나 에스파뇰 소스*를 만들 수 없다. 푹 끓이고 데치고 삶을 수는 있어도 그 이상의 기교를 부릴 수는 없다. 그런 부엌의 초점은 끓이기가 아니라 로스팅이었다. 1632년의 부엌에는 꼬챙이 21개, 국물받이 6개, 고기에 육즙이나 소스를 끼얹는 용도의 국자 3개, 석쇠 5개가 있었다.

1764년은 상황이 확 달라졌다. 이제 펫워스는 꼬챙이를 조금 떨쳐내고 (9개 남았다), 큰 스튜팬 24개, 작은 스튜팬 12개, 뱅마리(중탕기)와 소스팬 9개를 갖추게 되었다. 팬이 대대적으로 늘고 다양해진 것은 새로운 요리 스타일을 반영한 현상이었다. 전통적이고 무겁고 맵싸한 중세의 레시피가 물러나고 좀더 신선하고 버터 냄새 나는 레시피가 자리잡았다. 1764년의 귀족은 1632년의 귀족이 듣도 보도 못 했을 요리들에 익숙했다. 거품이 인 초콜릿과 바삭한 비스킷, 프랑스 누벨 퀴진(nouvelle cuisine)의 시큼한 시트러스 소스와 송로를 넣은 라구** 요리. 새 요리에는 새 장비가 필

---

* espagnole sauce, 소뼈를 고은 갈색 육수에 볶은 채소와 밀가루를 버터에 볶은 '루'를 넣어 끓여 만든 갈색 소스/역주
** ragout, 고기, 생선 등에 물이나 포도주를 넣어 약한 불에서 걸쭉하게 끓인 프랑스 스튜/역주

요하다. 18세기 유명 요리 작가였던 해나 글라스는 버터를 녹일 때 올바른 팬을 쓰는 것이 중요하다고 믿었고(걸쭉하게 녹인 버터를 소스처럼 고기나 생선에 두루 곁들이는 풍습이 막 등장한 시기였다), 은제 팬이 최선이라고 조언했다.

1869년에는 펫워스에 팬이 더 많이 생겼다. 피터 브리어스에 따르면, 빅토리아 시대의 요리사에게 1764년의 풍부한 장비들은 '턱없이 부적절하게' 느껴졌을 것이다. 부엌의 초점은 이미 로스팅에서 벗어났다. 중요한 활동은 증기로 가열한 불판 위의 구리 팬에서 다 벌어졌다. 이제는 삶지 않고 더 부드럽게 다루어야 하는 재료를 위한 찜기가 3개 있었다. 스튜팬과 소스팬은 45개였던 것이 96개로 늘었다. 빅토리아 시대의 요리에 엄청나게 다양하고 풍부한 소스, 글레이즈,* 가니시**가 필요했음을 시사하는 증거이다.

말이 나왔으니 말인데, 스튜팬과 소스팬의 차이는 무엇일까? 마땅한 답은 없다. 18세기에는 소스팬이라고 하면 더 작은 것을 뜻했는데, 에멀션***이나 글레이즈를 잽싸게 섞기에 적합한 기구였다. 뚜껑은 꼭 필요하지는 않았다. 스튜팬에서 만들어 체로 걸러둔 소스나 그레이비****를 간단히 데우는 데에 주로 쓰였기 때문이다. 스튜팬은 더 크고 뚜껑이 있었다. 자고새 여러 마리, 아니면 소 볼살과 적포도주와 당근이 담길 정도였다. 닭고기 프리카세*****도 새끼 양의 췌장과 아스파라거스를 재료로 한 섬세한 스튜도 담겼다. 식탁에 식사를 올려주는 것은 스튜팬이었다. 그러나 세월이 흐르자 소스팬이 득세했다. 1844년 『가정학 백과사전(An Encyclopaedia of Domestic Economy)』의 토머스 웹스터는 소스팬은 "작고 둥글고 손잡이가

---

* glaze, 케이크에 시럽을 바르듯이 음식에 광택을 내려고 위에 바르는 재료/역주
** garnish, 음식을 장식하고 맛을 더하기 위해서 곁들이는 것/역주
*** emulsion, 물이나 기름처럼 본래 서로 섞이지 않는 두 액체를 잘 저어 혼합한 혼합물/역주
**** gravy, 육류를 철판에 구울 때 생긴 육즙에 스톡을 적당히 넣고 가열한 소스/역주
***** fricassee, 고기를 살짝 구운 뒤 채소와 화이트 소스를 끓여 스튜처럼 만든 요리/역주

하나이고 끓일 때 쓰는" 기구인데 비해서, 스튜팬은 뚜껑과 팬에 각각 손잡이가 달린 기구라고 말했다. 스튜팬은 더 두껍고, 씻기 편하도록 바닥이 각지기보다는 둥근 편이라고 덧붙였다. 그러나 요즘은 스튜팬이라는 단어를 쓰지 않는다. 뚜껑이 있든 없든 일상적으로 쓰는 모든 팬을 소스팬으로 통칭한다. 소스는커녕 통조림 콩 데우기보다 더 고상한 작업은 하지 않더라도 말이다.

요즘도 많은 부엌은 소박한 방식으로나마 '바트리 드 퀴진'을 추구한다. 그것은 냄비 보관대에 착착 끼워진 법랑 냄비 삼총사일 수도 있고, 작은 것부터 큰 것까지 가지런히 늘어선 르쿠르제 냄비들일 수도 있다. 바트리 드 퀴진은 계몽과 혁명의 18세기에 등장한 새로운 개념이었다. 그 이면에는 한 솥 요리의 한계와 정반대되는 발상이 있었다. 요즘도 프랑스어로 '고급 요리'를 뜻하는 오트 퀴진(haute cuisine)을 추구하는 사람들이 열렬히 추종하는 그 발상은 요리의 각 요소마다 그에 맞는 특수한 용기가 있다는 생각이다. 옆면이 경사진 프라이팬에서는 소테를 할 수 없고, 옆면이 각진 소테팬에서는 흔들어 볶을 수 없으며, 가자미 냄비 없이는 가자미를 데칠 수 없다는 것이다. 작업마다 맞는 도구가 따로 있다는 생각은 18세기 요리에 새롭게 등장한 전문가주의와 프랑스의 영향을 반영한 것이었다.

프랑스 파리에는 E. 드힐레랑이라는 아주 오래된 부엌 용품 가게가 있다. 지금도 그곳에 가면 구리로 만들어진 조리 기구들의 신전에 경배할 수 있다. 초록색 전면의 가게에 들어서면 당신이 미처 필요하다고 생각하지 못했던 용품들이 잔뜩 쌓여 있다. 달팽이 마늘 요리를 위한 달팽이 접시, 더없이 화려한 파이 틀과 케이크 틀, 진짜 소스용으로 쓰이는 작디작은 소스팬, 오리 편육을 만들 때 오리를 으깨어 내장 즙을 빼내는 압축기, 라구 요리용 뚜껑 달린 팬, 스톡 냄비, 그리고 물론 펫워스의 것과 아주 비슷한 가자미 팬도 있다. 그 가게에는 줄리아 차일드의 영혼이 깃들어 있는 듯하다. 차일드가 『프랑스 요리의 기술(*Mastering the Art of French Cooking*)』(1961)에서 한 첫마디는 "냄비를 아끼지 말라"는 엄한 조언이었다. "냄비를 아끼는 요리사는 스스로를 방해하는 사람이다. 팬과 그릇과 도구를 필요한 만큼 마음껏 꺼내 써라."

18세기 서식스의 루이스에서 화이트하트 여인숙의 주인과 주방장을 겸했던 윌리엄 버럴은 1759년에 요리책을 냈다. 그는 "허름한 스튜팬 하나"와 자기 "모자처럼 새까만" 프라이팬 하나로 모든 일을 해내는 부엌을 싫어했다. 그에게는 "재료를 담아 요리할 적절한 도구들이 없이는 맛있는 식사를 깔끔하고 예쁘게 만들 수 없는" 것이 자명했다. "크기가 다양한 괜찮은 스튜팬들"과 오믈렛팬과 수프 냄비 따위가 꼭 있어야 했다. 버럴은 "스튜팬 딱 하나를 잘못 쓰는" 바람에 "성대한 만찬을 절반이나" 망친 적이 있었다고 말한다.

영국인이 18세기부터 팬에 까탈을 부린 것은 영국 구리 산업의 부활에 힘입은 바가 컸다. 그전에는 구리를 스웨덴에서 수입했다. 그러다가 1689년에 스웨덴의 독점이 끝났고, 영국에서 훨씬 더 싼 비용에 대량으로 구리가 생산되기 시작했다. 중심지는 브리스틀이었다. 덕분에 구리 팬이 꽉꽉 들어 찬 찬장으로 가는 길이 열렸다. 19세기 초부터 조리 기구를 일컫는 보편적 용어로 자리잡은 프랑스어 '바트리 드 퀴진'은 어원이 구리 팬에 있다. '바트리'는 구리라는 뜻이고, 말 그대로 때려서('바터') 모양을 잡는다고 해서 붙여진 이름이다.

빅토리아 시대의 구리 '바트리'는 기나긴 냄비와 팬의 역사에서 나름대로 한 정점을 이루었다. 솜씨 좋은 장인, 품질 좋은 금속, 요리마다 맞는 도구를 만들겠다는 자세, 다양한 도구를 꼼꼼히 관리하는 데에 필요한 한 무리의 요리사들이 상주하는 부유한 부엌. 이 조합에 필적할 상대는 20세기 고급 프랑스 요리 레스토랑들 외에는 없을 것이다. 그러나 얄궂게도, 환상적으로 갖추어진 부엌에도 불구하고 빅토리아 시대 사람들은 영국 요리를 망쳤다는 평을 듣는다. 그들이 모든 음식을 원저 수프 같은 갈색 곤죽으로 바꾸어놓았다는 것이다. 어떤 역사학자들은 그것이 근거 없는 비난이라고 반론하지만, 적어도 채소에 대해서는 발뺌할 수 없을 것이다. 빅토리아 시대와 섭정 시대의 레시피는 채소를 삶을 때 우리가 정석으로 아는 시간보다 훨씬, 훨씬 더 오래 삶으라고 지시한다. 브로콜리는 20분, 아스파라거스는 15-18분, 당근은(가장 끔찍하다) 45-60분. 제아무리 최신식 팬을 가지고 있더라도 채소 삶기의 기본도 모르면 무슨 소용인가?

그런데 어쩌면 빅토리아 시대 사람들이 우리의 생각만큼 채소를 홀대하지는 않았을 수도 있다. 이 문제에 대한 일반적인 해설은 당시 사람들이 그 문제를 별로 고민하지 않았기 때문이라는 것이다. 그러나 어쩌면 정반대로, 그들이 지나치게 고민해서였을 수도 있다. 19세기 요리책 작가들은 질감에 민감했던 것만큼이나—그들도 우리처럼 채소가 '부드러워질' 때까지 익히려고 했다—어느 정도로 팔팔 끓일 것인가 하는 점에 민감했다. 예부터 모든 요리사가 그랬듯이 빅토리아 시대 사람들도 채소를 덜 익히면 소화하기 어려울 것이라고 걱정했다. 고대 그리스의 체액론(體液論) 이래 사람들은 늘 생채소를 해로운 음식으로 생각했다. 그러나 빅토리아 시대 사람들도 한편으로는 채소를 지나치게 익혀 요리를 망칠까봐 염려했다. 『요리사의 신탁(The Cook's Oracle)』에서 윌리엄 키치너는 아스파라거스를 데칠 때 "시간을 정확히 지켜서 연해지자마자 건져야만 본연의 맛과 색이 유지되며, 그보다 1-2분이라도 더 삶으면 맛과 색이 모두 망가진다"고 조언했다. 이것은 채소 곤죽을 추구하는 사람이 할 법한 말이 아니다. 키치너가 앞에서는 아스파라거스를 20-30분 삶으라고 지시했기 때문에 더 이상하게 들린다. 더구나 그는 아스파라거스들을 묶어서 데치는데, 그러면 낱낱으로 풀어서 데칠 때보다 훨씬 더 오래 걸린다.

오래 끓이는 습관은 생각 없이 나온 것이 아니었다. 우리는 옛 사람들도 최선의 조리법을 알아내고자 머리를 쥐어짰다는 사실을 교만하게 잊곤 한다. 19세기 요리책 작가들도 대부분은 '과학적'이거나 적어도 '합리적'인 증거를 기반으로 조언하려고 했다. 그들이 아는 한, 무엇인가를 끓이는 작업에서 가장 중요한 사실은 끓는 물이 100도 이상 올라가지 않는다는 점이었다. 그 이상 끓여보았자 물이 증기가 될 뿐 더 뜨거워지지는 않는다. 럼퍼드 백작을 비롯한 과학자들은 펄펄 끓는 물로 요리하는 일은 연료 낭비라고 한탄했다. 온도가 더 높아지지도 않는데 무슨 짓인가? 에너지 낭비일 뿐. 1815년에 연료 경제 전문가인 로버트슨 뷰캐넌은 물이 끓는점에 도달하면 "아무리 더 세게 끓여도 온도가 일정 수준으로 유지된다"고 지적했고, 요리책 저자들은 그의 말을 자주 인용했다. 윌리엄 키치너는 직접 온도계로 실험한 결과 "요리사들이 가볍게 보글거린다고 표현하는 상태도 실제 온도는 팔팔 끓일 때와 같은 100도"이더라고 말했다. 따라서 약하게 보글보글 끓이는 편이 더 낫다는 논리적 결론이었다.

1868년, 뉴욕 요리 아카데미의 미식학 교수였던 피에르 블로는 주부든 식당 요리사든 "약하게 끓이지 않고 팔팔" 끓임으로써 끓이기의 기술을 "남용하는" 사람들을 힐난했다. "훨훨 타는 불에 물을 한가득 얹고 최대한 팔팔 끓이면 증기는 잔뜩 피어오르겠지만 그렇다고 요리가 더 빨리 되는 것은 아니다. 온도는 약하게 끓일 때와 다르지 않다." 고기 요리라면 팔팔 끓이지 말고 서서히 익히라는 조언이 적절하다(키치너는 "천천히 익힐수록 고기가 더 연하고 통통하고 희다"고 말했다). 그러나 감자를 제외한 다른 채소들은 서서히 익히라는 조언이 바람직하지 않다. 그러면 요리 시간이 한없이 늘어진다. 훌륭한 '바트리 드 퀴진'을 소유한 요리사는 최대한 작은 냄비로 끓이는 경향이 있기 때문에 더욱 그러했다. 다시 키치너를 인용해보자.

냄비의 크기는 내용물의 크기와 맞아야 한다. 소스팬이 클수록 불에서 차지하는 공간이 넓어지고, 물이 많을수록 끓이는 데 더 많은 불길이 필요하다.
작은 냄비는
빨리 뜨거워진다.

맞는 말이다. 그러나 당근을 작은 냄비에서 소량의 물로 살살 끓이면 큼직한 냄비로 팔팔 끓일 때보다 훨씬 더 오래 걸린다. 온갖 크기의 냄비가 다 있는 것보다 큰 냄비가 한두 개만 있어서 오히려 좋은 점이라면 재료와 크기가 꼭 맞은 냄비를 고를 수 없다는 점이다. 그래서 보통은 냄비에 공간이 많이 남는다. 세상에서 가장 끔찍한 부엌은 몇 개 되지 않는 팬이 하나같이 너무 작아서 그 속에 음식을 꽉 채우면 이제나저제나 기다려야 겨우 끓는 곳이 아닐까.

19세기의 삶은 채소는 우리가 삶는 시간에만 의거하여 추측한 것만큼 지나치게 흐물한 상태는 아니었을 것이다. 또한 채소 자체가 요즘과 달랐다. 현대의 종자와 재배법으로 기른 식물은 옛날보다 더 연하다. 빅토리아 시대의 아스파라거스는 요즘보다 더 뻣뻣했을 것이고, 당근은 더 딱딱했을 것이다. 설령 오늘날의 연한 채소를 빅토리아 시대의 방식으로 삶아도 아예 곤죽이 되지는 않는다. 나는 잘게 썬 당근을 작은 냄비에 꽉꽉 채운 뒤 45분 동안 약하게 끓여보았는데, 놀랍게도 여전히 씹는 맛이 있었다. 큼직한 스테인리스스틸 냄비의 펄펄 끓는 물에 넣어 5분 동안 데친 것만큼 좋지는 않았지만 말이다. 물론 찜기로 찌면 더 좋다.

어쨌든 빅토리아 시대의 끓이기 기술에는 분명 흠이 있었다. 보통의 압력에서 물이 100도 이상 올라가지 않는다는 것은 엄연한 사실이다(압력이 높으면 더 뜨거워지는데, 압력솥에서 음식이 빨리 익는 것은 그 때문이다). 그러나 음식이 끓는 속도를 결정하는 요인은 온도만이 아니다. 끓는 물이 비등하는 정도, 즉 얼마나 팔팔 끓느냐 하는 정도도 중요하다. 요리에서의 열 전달은 간단히 말해서 음식과 열원의 온도 차이에 따라 결정된다. 따라서 물이 일단 100도에 도달했다면 격렬하게 끓든 조용히 보글거리든 큰 차이가 없다는 빅토리아 시대의 논리는 이론상 옳아 보인다. 그렇지만 우리의 눈과 혀는 그렇지 않다고 말한다. 왜일까? 그것은 팔팔 끓는 물 분자들이 더 정신없이 움직임으로써 약하게 보글거리는 물 분자들보다 몇 배 빠른 속도로 음식에 열을 전달하기 때문이다. 물의 양이 음식에 비해 많을 때도 열 전달이 빠르다. 큰 냄비에 물을 가득 넣고 채소는 조금만 넣어서 끓이면 용량을 딱 맞춘 작은 구리 냄비에 채소를 꽉 채워 끓일 때보다 훨씬 더 빨리 익는다. 비턴 여사를 비롯한 빅토리아 시대의 작가들이 간혹 '힘차게' 끓이라고 말할 때조차 시간을 길게 잡은 것은 그 때문이었다.

파스타 세대인 우리는 그 사실을 직감으로 깨치고 있다. 우리는 고기 글레이즈나 샤를로트 뤼스* 따위는 만들 줄 모른다. 구리 사미 팬이 주어지면 어떻게 써야 할지 몰라 당황할 것이다. 우리가 흔히 먹는 가시를 바른 생선 살은 평범한 팬에서도 잘 익으니까 어차피 상관없지만. 어쨌든 우리는 잽싸게 끓이는 것만큼은 빅토리아 시대 사람들보다 훨씬 더 잘한다. 우리는 푸질리** 봉지를 꺼내고, 가장 큰 냄비를 꺼낸 뒤, 물을 가득 담아 최대한 팔팔 끓이고, 그 물에 파스타를 삶는다. 딱 10분 뒤 완벽한 알 덴테*** 상태가 된 푸질리를 건져, 버터나 진한 토마토 소스와 버무린다. 우리가 파스타 냄비에서 바라는 바는 단 하나, 큰 용량이다. 일단 이 기술을

---

* charlotte russe, 손가락 모양 스펀지 케이크 과자(레이디 핑거)로 만든 틀 속에 바바리안 크림을 채운 차가운 디저트/역주
** fusilli, 나선형의 짧은 파스타/역주
*** al dente, 씹을 때 약간 단단하게 느껴질 만큼만 삶은 상태/역주

습득했다면 채소에도 적용할 수 있다. 브로콜리는 4분만, 줄기콩은 6분만 삶아 소금과 레몬을 뿌려 먹는다. 빅토리아 시대의 요리사들은 성처럼 생긴 젤리, 건축물이나 다름없는 파이 등 훨씬 더 어려운 기예를 터득했으나 채소 삶기처럼 단순한 기술은 그들의 능력 밖이었다.

빅토리아 시대에는 또다른 단점이 있었다. 냄비 자체도 문제였다. 구리는 훌륭한 열 전도체이다. 냄비와 팬에 쓰이는 금속 중 구리보다 더 열 전도율이 높은 물질은 은뿐이다. 그러나 순수한 구리는 산성 음식과 닿으면 독성물질을 발생시킨다. 그래서 사람들은 구리 조리 기구에 중성 주석을 얇게 입혔지만, 시간이 흐르면 주석이 닳아서 밑의 구리가 드러났다. 18, 19세기 요리책에는 "정기적으로 팬에 다시 주석을 입혀라"는 조언이 자주 등장한다. 그러나 옛날 사람들이 우리만큼 게을렀다면, 요리사들이 재도금을 미적미적 미뤄서 자기 요리를 먹는 사람을 중독시키기 일쑤였을 것이다. 구리의 유해성을 모르는 사람들은 구리가 채소를 녹색으로 물들이는 효과를 적극 이용하기도 했다. 도금하지 않은 구리 냄비를 이용해서 초록색 호두나 오이 피클을 담았던 것이다. 구리 팬은 물론 사랑스러운 물건이었다. 자칫 맛을 버릴 수 있고 당신을 중독시킬 수 있다는 점 외에는. 반짝거리는 빅토리아 시대 '바트리 드 퀴진'이 갑자기 썩 근사해 보이지 않는다.

이상적인 냄비를 찾는 일은 어렵다. 장점이 있으면 반드시 단점이 있다. 미국의 위대한 음식 저술가 제임스 비어드는 "불가능이 없는 이 좋은 세상에도 완벽한 냄비용 금속은 존재하지 않는다"라고 말했다.

우리가 팬에 바라는 바는 한두 가지가 아니다. 그 모두를 하나의 물질로 만족시킬 수는 없다. 가장 먼저 그것은 열 전도율이 높아야 한다. 그래야 음식이 빨리 익고, 열이 바닥에 고르게 퍼진다(과열점이 없어야 한다!). 팬은 들었을 때 균형이 잘 잡혀야 하고, 가벼워야 하며, 불에 올려 조작하기 쉬워야 한다. 손이 데지 않도록 손잡이도 달려 있어야 한다. 한편으로는 고온에서 찌그러지거나 금이 가거나 갈라지는 일이 없도록 충분히 밀도가 있고 단단해야 한다. 이상적인 팬의 표면은 반응성이 없고, 들러붙지 않고, 부식성이 없으며, 씻기 쉽고, 내구성이 있어야 한다. 모양은 예뻐야 하고, 불 위에 얌전히 잘 놓여야 한다. 참, 기둥뿌리가 뽑힐 만큼 비싸서도 안 된다. 더구나 정말로 훌륭한 냄비에는 기능을 넘어 사랑스러운 감정을 일으키는 측량 불가능한 성질이 있다. 그 물건을 꺼낼 때마다 '안녕, 오래된 친구야' 하고 생각하게 되는 성질이다.

요리책들은 필요한 도구를 나열하는 것으로 이야기를 시작할 때가 많다. 그런데 저자들이 팬에 쓰이는 여러 물질을 훑을 때는 '이것도 장점은 있지만……' 하는 양가적인 분위기가 늘 감돈다. 도자기는 좋기는 하지만 쉽게 깨진다. 내열 유리나 피이렉스도 마찬가지여서, 오븐은 괜찮지만 불에 올리면 안 된다. 알루미늄은 오믈렛을 만들 때는 좋지만 산성 음식을 담으면 안 된다. 은은 으리으리한 가격표 외에는 탁월하다고 알려져 있지만(잃어버리거나 도둑맞으면 물론 괴로울 것이다), 팬을 아주 깨끗하게 관리하지 않으면 음식에서 변색된 금속 맛이 날 수 있다. 무겁고 새까만 무쇠는 많은 요리사가 선호한다. 무쇠 팬은 수백 년도 쓸 수 있다. 요즘도 프랑스의 타르트타탱*이나 미국의 옥수수빵 같은 가정요리에는 무쇠 팬이 선호된다. "스킬렛을 꺼내요, 뚜껑을 덮어요/엄마가 작은 쇼트닝 빵을 만들 테니까"라는 노래 가사도 있지 않은가. 제대로 길이 든 무쇠 스킬렛은 절대 눌어붙지 않는다. 그리고 워낙 묵직하기 때문에 고온으로 뜨겁

---

* tarte tatin, 바닥에 설탕에 졸인 사과를 놓고 위에 페스트리를 덮어 구운 프랑스식 타르트/역주

게 지져도 거뜬히 견딘다. 다만 사용 후에 세심하게 말리고 기름칠을 하지 않으면 흉하게 녹슨다는 점이 단점이다. 또한 소량의 철이 음식에 녹아들 수 있다(빈혈이 있는 사람에게는 오히려 유익하다).

  이런 단점의 해결책은 무쇠에 법랑을 씌우는 것이다. 무쇠에 유리질 에나멜, 즉 법랑 유약을 입힌 사례로 가장 유명한 것은 르크루제 제품이다. 법랑의 원리는 고대부터 알려졌다. 고대 이집트와 그리스에서는 유리 가루를 토기 구슬에 입혀 초고온(750-850도)에서 굽는 방법으로 법랑 장신구를 만들었다. 법랑 기법이 철과 강철에 적용된 것은 대략 1850년부터였다. 그러던 1925년, 프랑스 북부에서 사업을 하던 두 벨기에 사람이 프랑스 할머니들의 부엌마다 터줏대감처럼 존재하는 무쇠 팬에 법랑을 입히자는 생각을 해냈다. 아르망 드사게르는 금속 주조 전문가였고, 옥타브 오베크는 법랑을 잘 알았다. 둘은 합심하여 20세기 조리 기구의 결정판으로 불리는 제품을 생산했다. 처음에는 둥근 코코트(영국에서는 캐서롤이라고 부르는 형태)만 만들었지만, 차츰 오븐에 사용할 수 있는 램킨과 제빵용 그릇, 프렌치오븐과 타진, 로스터와 웍, 타르트용 접시와 그릴 팬까지 범위를 넓혔다. 르크루제의 한 가지 매력은 알록달록한 색깔이다. 그 색깔에는 부엌 디자인에 대한 대중의 취향 변화가 반영되었다. 1930년대에는 '플레임 오렌지'라는 짙은 오렌지색이, 1950년대에는 '엘리제 옐로'라는 선명한 노란색이, 1960년대에는 파란색이 유행했다(요리 연구가 엘리자베스 데이비드가 프랑스 골루아즈 담뱃갑에서 영감을 얻어 제안한 색깔이다). 요즘은 녹청색, 선홍색, 화강암색이 유행이다. 나는 아몬드색(크림색을 멋 부려 부른 말)을 두 개 가지고 있다. 오래 천천히 끓이는 데는 그보다 나은 도구가 없다. 무쇠는 고르게 데워지고 놀랍도록 오래 열을 유지하며, 법랑은 스튜에서 금속 맛이 나는 것을 막아준다. 르크루제는 사랑스러움 면에서도 높은 점수를 받는다. 르크루제가 불에 올려져 있는 모습을 보기만 해도 가슴이 벅차다.

　내가 아는 최고의 요리사 중 한 명(내 시어머니이다)은 파란 르크루제로 온갖 요리를 다 해낸다. 시어머니는 결혼 전에 코르동블루에서 배웠기 때문에 시어머니가 만드는 음식은 영국적이면서도 프랑스적인 화려함이 있다. 시어머니는 깔끔하게 간수된 르크루제 제품들로 꿈결 같은 베샤멜 소스,* 버터가 사르르 녹는 완두콩, 매끄러운 보라색 보르스치**를 뚝딱 만든다. 르크루제는 시어머니의 요리 스타일에 완벽하게 어울린다. 시어머니에게는 차가운 접시에 음식을 내거나 어울리지 않는 식기를 차리는 일은 꿈에서도 없다. 시어머니의 무쇠 법랑은 그분을 충실히 따른다. 그것이 갈라지는 일은 수련이 부족한 다른 가족이 감히 주방에 들어갔을 때나 발생한다. 우선 그 물건들은 무겁기 때문에, 나는 흐느적거리는 내 손목이 그것을 떨어뜨릴까봐 늘 겁이 난다. 파스타를 삶을 만큼 큰 용량은 없다는 것도 문제이다. 그러나 진짜 문제는 표면이다. 너그러운 스테인리스스틸에 익숙한 사람이라면 고온에서 르크루제의 바닥에 음식이 얼마나 잘 들러붙는지 알면 충격을 받을 것이다. 나도 시어머니의 팬을 불에 조금 오래 두었다가 태워먹을 뻔한 적이 한두 번이 아니다(언제나 그 시점에서 시어머니가 들어와서 표백제로 싹싹 곤경을 처리했지만).

　논스틱 팬이 처음 등장했을 때, 그것은 실로 기적이었다. 프랑스에서는 1956년 테팔 사가 처음 논스틱 팬을 선보였다. "테팔 팬 : 정말 들러붙지 않는 팬"이 최초의 광고 문구였다. 음식이 팬에 붙는 것은 단백질이 팬 표면의 금속 이온과 반응하기 때문이다. 들러붙는 것을 막으려면, 단백질 분자가 표면과 반응하지 못하도록 방해해야 한다. 가령 격렬하게 저어서

---

* béchamel sauce, '루'를 우유에 넣고 끓여 소금, 후추, 넛멕으로 양념한 소스로, 화이트 소스나 크림 소스라고도 불린다/역주
** borscht, 감자, 당근, 양파, 양배추 등 채소를 넣고 비트와 토마토 소스로 붉게 색깔을 낸 우크라이나 전통 수프로 동유럽에서 널리 먹는다/역주

들러붙을 틈을 주지 않거나 음식과 팬 사이에 보호막을 끼우는 것이다. 전통적으로는 팬을 '길들임'으로써 그런 막을 만들었다. 중국의 웍이든 미국의 무쇠 스킬렛이든 법랑을 입히지 않은 철제 팬을 쓸 때는 길들이기가 중요하다. 그 단계를 빼먹으면 팬은 녹슬고 요리는 망친다. 먼저 뜨거운 비눗물에 팬을 담갔다가 헹궈서 말린다. 다음으로 기름이나 비계를 문지른 뒤 몇 시간 약하게 가열한다. 그러면 지방 분자들이 중합체 형성 반응을 일으켜 표면이 번질번질 반짝거리게 된다. 그런 팬으로 요리를 하면 쓸 때마다 지방 중합체 막이 더해지기 때문에 팬은 갈수록 포마드를 바른 것처럼 번드르르해진다. 새까맣게 길이 든 웍에서는 재료들이 미끄럼을 타듯이 점프한다. 길이 잘 든 스킬렛으로 옥수수빵을 구우면 알약이 포장에서 톡 튀어나오듯이 다 구워진 빵이 뚝 떨어져나온다. 그러나 길든 팬을 관리하는 데는 훈련이 필요하다. 박박 문질러 닦아서는 절대 안 된다. 토마토나 식초 같은 산성 음식도 표면을 손상시킨다. 팬에 입혀졌던 막이 다 벗겨지면 처음부터 다시 시작해야 한다.

1954년, 프랑스의 기술자 마르크 그레구아르는 다른 방법을 떠올렸다. 화학자들은 폴리테트라플루오로에틸렌(Polytetrafluoroethylene, PTFE)이라는 물질을 1938년부터 알았다. 산업용 밸브나 낚시 도구를 코팅하는 데에 쓰이는 미끌미끌한 물질이었다. 추측하건대, 그레구아르의 아내가 남편에게 낚시 도구에 쓰는 PTFE로 프라이팬 문제를 해결해보라고 제안하지 않았을까? 결국 그레구아르는 PTFE를 알루미늄 팬에 입히는 방법을 찾아냈다.

원리는 이렇다. 앞에서 말했듯이 음식이 들러붙는 것은 음식물이 팬 표면과 결합하기 때문인데, PTFE 분자는 다른 어떤 분자와도 결합하지 않는다. PTFE의 미세구조는 플루오르(불소) 원자 4개와 탄소 원자 2개로 구성되고, 그 구조가 무수히 반복되어 훨씬 더 큰 분자를 이룬다. 플루오르는 일단 탄소와 결합한 뒤에는 다른 어떤 물질과도 결합하지 않는다. 스크램블드에그나 스테이크 같은 상습범과도. 과학자 로버트 L. 월크에 따르면, 현미경으로 본 PTFE 분자는 뾰족뾰족 가시가 난 애벌레처럼 생겼는데, 그 '애벌레 갑옷'이 탄소와 음식 분자의 결합을 막기 때문에 새 논스틱 팬에 기름을 한 방울 떨구면 팬이 기름방울을 밀어내는 듯한 극적인 효과가 연출되는 것이다.

  세상은 테플론에 열광했다. 듀폰 사는 1961년 미국 최초의 논스틱 조리 기구 '해피 팬'을 출시하여 첫 해에 매달 100만 개의 판매량을 기록했다. 들러붙지 않는 팬은 대머리 치료제와 더불어 누구나 찾아헤매는 발명품이다. 2006년 기준으로 미국에서 판매된 조리 기구의 약 70퍼센트는 논스틱 코팅 제품이었다. 논스틱 코팅은 이제 예외라기보다 기본이다.

  세월이 흐르자, 논스틱 팬에도 결점이 없지 않다는 사실이 드러났다. 나는 논스틱 제품에서 스튜를 끓이거나 소테를 하지는 않는다. 논스틱이 제대로 기능한다면 데글레이즈*에 쓸 감칠맛 나는 끈끈한 갈색 덩어리가 생기지 않으니까. 그러나 현실에서는 정반대 문제가 더 자주 발생한다. 경이로운 논스틱 성질이 지속되지 않는 것이다. 금속으로 긁지 않고 고온에 노출시키지 않는 등 세심하게 다루더라도 시간이 지나면 PTFE 논스틱 막이 자연스레 벗겨진다. 그래서 아래의 금속이 드러나고, 원래의 목적이 좌절된다. 나는 수명이 짧은 논스틱 팬을 무수히 겪은 후로 굳이 그것을 쓸 가치가 없다고 결론을 내렸다. 알루미늄, 스테인리스스틸, 무쇠 같은 전통적인 금속 팬을 길들이는 편이 훨씬 더 낫다. 그러면 팬을 쓸수록 나빠지는 것이 아니라 더 좋아진다. 무쇠 팬에 기름을 둘러 요리하면 쓸 때마다 막이 덧입혀지지만, 논스틱 팬은 쓸 때마다 반질거리는

---

* deglaze, 음식을 볶고 난 뒤 팬에 눌어붙은 잔류물에 액체를 부어 소스를 만드는 기법/역주

코팅이 조금씩 닳는다.

논스틱 팬을 사기에 앞서 고민할 까닭이 또 있다. PTFE는 무독성이지만 초고온으로 가열하면(250도 이상) 기체성 부산물(탄화플루오르)을 낸다. 그런 기체는 독감과 비슷한 증상을 일으켜 해로울 수 있다('중합체 증기 열'이라고 부른다). 논스틱 팬의 안전성에 관한 의문이 처음 제기되었을 때, 제조업계는 정상적인 환경에서는 그렇게 높은 온도로 가열될 일이 없다고 대답했다. 그러나 예열한답시고 기름을 두르지 않은 채 계속 불에 올려두면 충분히 그만큼 뜨거워진다. 2005년 미국 환경보호국이 PTFE의 제조원료인 PFOA의 발암성을 조사한 일도 있었다. 주요 제조사인 듀폰사는 완성품에 잔존하는 PFOA의 양은 측정 불가능한 수준이라고 반론했지만, 그 말이 사실이든 아니든 사용자들은 이미 논스틱 팬의 기적을 미심쩍게 생각하게 되었다.

그렇다면 올바른 팬은 어떻게 고를까? 1988년, 미국 공학자로서 유압기에서 촉매 변환장치까지 27가지 다양한 특허를 획득한 발명가인 척 렘은 이 문제에 체계적으로 접근해보았다. 렘은 가능한 모든 물질을 9개 항목으로 평가했다.

1. 온도 균일성 [나의 번역 : 과열점 없이 고르게 뜨거워지는가?]
2. 반응성과 독성 [내가 독성물질을 먹게 될까?]
3. 경도 [찌그러질까?]
4. 단순 강도 [떨어뜨려도 망가지지 않을까?]
5. 들러붙지 않음 정도 [음식이 쩍쩍 들러붙을까?]
6. 관리 편이성 [잘 씻길까?]
7. 효율성 [바닥에서 윗면까지 열이 잘 올라올까?]
8. 무게 [내가 들 수 있나?]

9. 개당 가격 [내가 살 수 있나?]

렘은 각 항목에 대해서 10점 만점으로 평가했다. 그리고 그 결과를 1,000점 만점의 하나의 점수, 이름하여 '이상도(理想度)'로 환산했다.

렘의 발견은 완벽한 조리 기구를 만들기가 얼마나 어려운지 확인시킨다. 순수한 알루미늄은 온도 균일성에서 높은 점수를 받아(10점 만점에서 8.9점) 노랗게 골고루 익은 오믈렛에 좋다는 사실을 증명했지만, 경도가 너무 낮았다(2/10). 알루미늄 팬은 찌그러지기 쉽다. 구리는 효율적이지만(10/10) 관리가 어렵다(1/10). 전체적으로 보아 '단일 물질 팬'은 어느 것이든 이상도에서 500점을 넘지 못했다. 어떤 물질도 점수가 절반을 넘지 못했다는 말이다. 어쨌든 개중 일등은 무쇠였으니(544.4) 무쇠 팬을 쓰는 사람들은 최소한 근거 있는 선택을 한 셈이다. 그러나 544점이라도 낮기는 매한가지이다.

만점인 1,000점에 다가기는 유일한 방법은 여러 금속들을 샌드위치처럼 붙이는 것이었다. 렘이 조사하던 무렵에 고급 주방용품 전문가들 사이에서는 구리를 겉에만 얇게 붙인 팬은 소용없고 통째 구리로 된 팬이어야만 유용하다는 의견이 지배적이었다. 그러나 렘은 "주로 장식용으로 바닥에 입힌" 얇디얇은 구리 막조차 전도율을 극적으로 높인다는 사실을 확인했다. 1.4밀리미터 두께의 스테인리스스틸 팬에 0.1밀리미터 두께로 구리를 붙이면 과열점 없이 고루 열이 전달되는 성질(온도 균일성)이 160퍼센트 향상되었다. 팬의 과열점을 확인하는 방법은 간단하다. 팬에 밀가루를 흩뿌린 뒤 중불로 가열하자. 밀가루가 타면서 갈색 무늬가 만들어질 것이다. 갈색 무늬가 팬 전체에 고르게 퍼졌다면 그 팬은 열이 균일하게 잘 전도된다는 뜻이다. 그러나 그보다는 가운데만 작은 갈색 점이 생길 가능성이 높다. 그것이 과열점이다. 그 팬에 감자를 볶는다고 상상해보자. 자주

젓지 않으면 문제의 과열점 위에 놓인 조각은 타겠지만 가장자리에 있는 조각들은 익지 않을 것이다. 좋은 팬을 쓰면 식탁에 오르는 음식이 정말 달라진다.

렘이 '거의 이상적인' 물질로 제안한 것은 합성 재료였다. 중심층은 니켈 합금의 스테인리스스틸을 쓴다. 그 위에 내구성이 좋은 논스틱 물질, 가령 니켈 같은 것을 화염 용사로 입힌다. 바닥에는 순수한 알루미늄을 덧대는데, 중앙은 두께를 4밀리미터로 하고 가장자리로 갈수록 얇아져 2밀리미터가 되게 한다. 1988년에는 그런 팬이 존재하지 않았다. 그것은 과학 소설의 세계에나 존재할 만한 도구였다. 렘은 자신이 고안한 이상적 팬을 제작하지 않았고 설계를 팔지도 않았다. 그 팬은 그의 머릿속에만 존재했고, 렘은 다른 공학 연구로 돌아갔다. 렘이 상상했던 그 이상적인 팬에 가장 근접한 팬조차 734점에 불과했다.

따져보면 우리가 팬에서 바라는 성질들은 어떻게 해도 서로 양립 불가능한 경우가 많다. 바닥이 얇은 팬은 에너지 효율이 뛰어나다. 기복이 심한 열에도 늘 재빨리 반응한다는 뜻이다. 그런 팬은 소스를 만들거나 팬케이크를 얼른 뜨겁게 구워내는 데에 유용하고, 가스 요금도 적게 든다. 그러나 과열점을 없애려면 그보다는 두꺼운 금속 바닥이 낫다. 두꺼운 바닥은 열이 더 고르게 퍼지고 오래 유지된다. 두꺼운 무쇠 팬은 밀도가 높기 때문에 데울 때 한참이 걸리지만 일단 뜨거워지면 계속 뜨겁다. 고깃덩어리를 지지는 데는 그보다 나은 것이 없다. 차가운 고기를 얹어도 팬의 열기가 그대로 유지되기 때문이다. 따라서 얇은 팬과 두꺼운 팬은 둘 다 바람직하지만, 물리법칙을 깨뜨리지 않고서는 두꺼우면서도 얇은 팬을 만들 수 없다. 렘의 연구는 우리가 여러 요소들의 균형을 아무리 잘 맞추더라도 늘 얻는 것이 있으면 잃는 것도 있다는 사실을 일깨운다. 렘의 척도로 1,000점은 고사하고 비슷하게 접근하는 팬조차 영영 있을 수 없을 것이다.

그래도 지난 20여 년간 부엌 용품 기술은 확실히 발전했다. 렘이 예측했듯이, 그동안 등장한 해법들은 모두 여러 물질을 겹치는 것이었다. 미국의 선도적 부엌 용품 브랜드 올클래드는 여러 물질을 다섯 층으로 겹친 팬에 대한 특허 제조법을 선보였다. 회사의 웹사이트에 따르면, 중앙에는 스테인리스스틸을 써서 안정성을 높이고 그 겉에 열 전도율이 높은 금속과 낮은 금속을 번갈아 겹침으로써 "요리 에너지의 수평적 흐름을 촉진하고 과열점을 제거했다"고 한다. 그 팬들은 "최첨단기술의 인덕션(유도 가열) 레인지"에서 쓰도록 특별히 설계되었다. 올클래드 팬은 렘의 척도에서 한 항목을 빼고는 모두 높은 점수를 받을 것이다. 그 유일한 단점이란 팬 하나에 수백 달러를 호가한다는 것이다.

그런데 네이선 미어볼드 박사에 따르면, 최첨단 팬에 그렇게까지 지출할 가치는 없을지도 모른다. 미어볼드는 마이크로소프트 사의 수석 기술 책임자였다가 요리계로 진출한 인물로, '요리의 재발명'을 추구하는 장장 6권, 2,438쪽짜리 역작 『모더니스트 퀴진(*Modernist Cuisine*)』(2011)을 (크리스 영, 막심 빌레트와 함께) 썼다. 미어볼드는 시애틀 근처에 있는 자신의 회사 인텔렉추얼 벤처스(특허와 발명을 다루는 회사이다)에 최첨단 실험실을 마련하고, 그곳에서 연구진과 함께 기존에 당연시했던 많은 요리기법의 논리를 일일이 따져보았다. 가령 압력솥이나 웍이 어떻게 음식을 익히는지 알고 싶다면, 미어볼드는 그 물건의 단면이 드러나도록 반으로 자른 뒤 요리 과정을 촬영한다. 그는 이 방법으로 놀랍고 유용한 사실을 많이 발견했다. 이를테면 베리류나 양상추는 따뜻한 물에 담갔다가 냉장실에 넣으면 더 오래 신선하게 보관할 수 있다는 사실, 오리 콩피*를 전통 방식대로 지방에 담가 요리하지 않고 수비드 방식으로 물로 익혀도 맛이

---

* confit, 거위, 오리 등의 고기를 그 자체의 지방으로 천천히 조리한 뒤 기름에 담가 보관하는 기법을 뜻하나, 기름으로 과일 등을 보존하는 기법도 가리킨다/역주

떨어지지 않는다는 사실. 미어볼드는 이상적인 팬의 문제도 따져보았다.

『모더니스트 퀴진』의 저자가 철저한 실험 끝에 내린 결론은 "어떤 팬도 완벽하게 고르게 가열되지는 않는다"였다. 미어볼드는 구리 팬을 "트로피처럼 부엌에 걸어둔" (부유한) 사람이 많지만 아무리 열 전도율이 뛰어난 팬이라도 음식을 고르게 익힌다는 보장은 없다고 지적했다. 사람들이 냄비와 팬에 대해서는 난리 법석을 피우면서도 요리의 또다른 기본 요소인 열원에 대해서는 잊고 있기 때문이다. 미어볼드는 화구의 지름이 겨우 6센티미터인 전형적인 소형 가스 레인지로는 제아무리 환상적인 팬을 써도 "맨 바깥 가장자리까지" 고르게 가열할 수 없음을 실험으로 확인했다. 그의 조언은 "팬에 쓸 돈을 아껴 레인지를 세심하게 고르라"는 것이다. 좀더 큼직한 레인지를 쓰면, 가장 좋기로는 레인지와 팬의 크기가 같은 것인데, 비싸지 않은 알루미늄-스테인리스스틸 팬으로도 "구리 팬 못지않은 성능"을 낼 수 있다고 한다. 알아둘 만한 지식이다. 평균적인 크기의 레인지밖에 없는 평범하고 부족한 부엌에서 요리하는 사람에게는 딱히 도움이 되지 않겠지만 말이다.

숙련의 문제도 있다. 나는 단연코 열등한 우리 집 가스불로 미어볼드의 이론을 시험해보기로 했다(그래도 스위치가 대체로 잘 작동한다는 점에서는 옛날에 살던 집의 레인지보다 훨씬 더 낫다). 나는 가장 작은 스킬렛을 꺼내 가장 큰 화구에 얹었다. 그리고 동글게 썬 호박을 구워보았다. 확실히 열 전도가 더 고르고 강력했다. 그런데 아뿔싸, 내가 팬을 흔들어 원반처럼 동그란 호박들이 폴짝 뛰어오른 순간, 호박들이 불길에 휩싸였다. 그날 이후 나는 지나치게 큰 팬과 지나치게 작은 가스 레인지라는 종래의 불완전한 부조화로 기꺼이 회귀했다. 눈썹을 태우느니 성가신 과열점을 참는 편이 낫다.

이상적인 가정이 없듯이, 이상적인 팬도 없다. 그러니 신경 쓰지 말자.

역사상 어느 순간에도 완벽한 팬은 존재하지 않았다. 존재할 필요도 없다. 팬과 냄비는 삶고 굽고 튀기고 끓이는 도구만이 아니다. 그것들은 우리 가족이다. 우리는 그 물건들의 기벽과 기분을 알게 되고, 좋은 냄비와 그다지 좋지 않은 냄비를 돌려 써가면서 그럭저럭 요리한다. 그러다 보면 저녁 식사가 차려지고, 우리는 먹는다.

밥솥

1960년대 일본과 한국의 가정에 전기 밥솥이 보급되자, 사람들의 삶이 바뀌었다. 이전에는 식사의 기본인 차진 흰쌀밥을 준비하는 데에 저녁 시간을 몽땅 할애해야 했다. 쌀을 불리고, 씻고, 주로 도기로 된 냄비에서 끓이면서 타지 않도록 세심하게 살펴야 했다.

바닥에 전열기가 들어 있고 온도 조절장치가 갖추어진 전기 밥솥은 그런 노동과 걱정을 일소했다. 최신 제품이라면 씻은 쌀과 물을 적당히 담은 뒤 스위치를 켜면 그만이다. 그러면 온도 조절장치가 물이 얼마나 흡수되었는지 스스로 판단한 뒤 때가 되면 취사에서 뜸 들이기로 스위치를 돌려준다. 일부 사양에는 오래 보온하는 기능도 있고, 시간을 예약하는 기능도 있어서 출근 전에 밥솥을 켜고 나갈 수도 있다.

전기 밥솥은 문화와 기술의 이상적인 결합이었다. 초기 모델들은 전통적인 일본식 도기 냄비처럼 천천히 끓이는 기능을 모방했다. 전자 레인지가 전통적인 식사의 구조를 바꾸었다면, 전기 밥솥은 아시아 가정들이 여전히 전통적인 식사를 하되 훨씬 더 편하게 하도록 도와주었다.

"아시아인이 있는 곳에 밥솥이 있다." 이 말은 나카노 요시코의 2009년 논문 제목이기도 하다. 일본 가정에서 가장 중요한 가전제품은 밥솥이지, 텔레비전이 아니다. 그런데 그것은 놀랍도록 빠른 시간에 정착된 현상이었다. 전기 밥솥은 1950년대를 풍미했던 '일본제' 전자제품 열풍에 속한 물건이었다. 최초의 자동 밥솥은 1956년에 도시바가 출시했고, 그로부터 채 10년도 지나지 않은 1964년에는 일본의 전기 밥솥 보유율이 88퍼센트에 달했다. 전기 밥솥은 일본에서 홍콩으로, 중국 본토로, 한국으로 퍼졌다(한국의 최신형 밥솥들은 압력을 가하는 기능이 있어, 한국인이 좋아하는 부드러운 밥을 지어준다). 중국 시골의 비좁은 부엌에서는 전기 밥솥이 유일한 열원인 경우도 있다. 사람들은 전기 밥솥으로 밥을 지을 뿐만 아니라 죽도 쑨다.

전기 밥솥이—아직은 못 하는 일도 있다. 인도와 파키스탄의 주식인 장립종 바스마티 품종으로는 밥을 잘 짓지 못한다. 바스마티 쌀밥은 끈끈하지 않고 포슬포슬해야 하지만, 전기 밥솥으로 오래 찌면 밥이 끈끈해지기 때문에 장립종에는 적당하지 않다. 인도인이 중국인의 전기 밥솥 사랑을 온전히 공유하지 않는 것은 아마 그 때문일 것이다.

2
칼

"시인에게는 펜, 화가에게는 붓, 요리사에게는 칼."
F. T. 쳉, 『중국 식도락가의 사색(*Musings of a Chinese gourmet*)』, 1954

어느 날 나는 오이 샌드위치를 산더미처럼 만들다가 오이 대신 손가락을 썰었다. (새로 산) 일본제 채칼 '만돌린 슬라이서'에 지나치게 흥분한 결과였다. 응급실 사람들은 명랑하고 태연하게 "만돌린을 켠 아가씨요"라고 외쳤다. 아직 그다지 소문나지 않았던 그 기구로 자기 손을 다친 바보가 나 하나는 아니었나보다. 열성적인 요리사 중에는 마른 피가 엉겨붙은 채 칼을 눈에 띄지 않는 찬장 구석에 영영 처박아둔 사람이 많다. 상자에 "손가락을 조심하세요!"라고 적혀 있으니 눈치챘어야 했건만, 투명할 만큼 얇게 썰린 오이가 착착 쌓이는 광경에 흥분한 나머지 정신이 산란해져 어느덧 칼날 반대편에 오이와 함께 내 살점이 놓여 있었던 것이다. 그만하기를 다행이었다. 구급대원을 기다리는 동안 나는 채칼 설정을 가장 얇게 해두었다는 사실에 깊이 안도했다.

부엌은 폭력적인 장소이다. 사람들은 데고, 찰상을 입고, 동상에 걸리고, 무엇보다도 벤다. 채칼 사건 이후 나는 런던 외곽에 신설된 번쩍번쩍한 요리 교실의 칼 다루기 과정에 등록했다. 수강생 중 남자는 대개 아내나 여자친구에게 칼을 선물받은 사람들이었다. 칼은 장난감 열차 세트나 드릴처럼 남자들이 재미나게 가지고 놀 만한 물건이라는 전제가 깔린 선

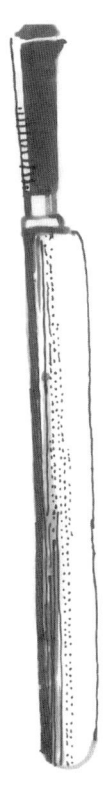

물이었다. 남자들은 약간 거드럭거리면서 도마 앞에 섰다. 여자 수강생들은 처음에는 좀더 소심했다. 여자들이 이 과정에 등록한 이유는 (요가 수업처럼) 자신에게 주는 사치스런 선물이거나 (호신술 수업처럼) 날붙이에 대한 공포나 불안을 극복하기 위해서였다. 한 명의 예외도 없이 그랬다. 나는 그 수업에서 사무라이처럼 깍둑썰기하는 법, 정육업자처럼 토막 내는 법, 텔레비전에 나오는 요리사처럼 칼질 열 번 만에 양파를 난도질하는 법을 배우기를 바랐다. 그러나 실제로 수업의 내용은 대부분 안전 교육이었다. 채소를 붙잡을 때 네 손가락을 구부리고 엄지를 그 속에 끼워서 늘 관절이 칼날에 닿도록 함으로써 무심코 엄지를 당근과 함께 자르는 일을 예방하는 법, 젖은 행주로 도마를 단단하게 받치는 법, 자석 칼걸이나 플라스틱 칼집에 칼을 안전하게 보관하는 법. 우리의 두려움은 정당한 듯했다. 스웨덴 여성이었던 유능한 선생님은 날카로운 칼을 거품투성이 설거지 통에 허술하게 방치했다가 벌어진 끔찍한 사고를 이야기하며 우리를 각성시켰다. 칼이 거기 있다는 것을 잊고 손을 담그면 어떻게 될까. 영화 「조스」의 장면처럼 물이 서서히 핏빛으로 변할 것이다.

요리용 칼은 언제나 무기와 한발 거리였다. 요리용 칼은 자르고 망가뜨리고 훼손하려고 설계된 물건이다. 그것으로 자르는 대상이 부추일 뿐이라도. 인간은 사자와는 달리 이빨로 시체에서 살점을 뜯지 못한다. 그래서 그 일을 대신할 도구를 발명했다. 칼은 요리사의 무기고에서 가장 오래된 연장으로, 어느 인류학자의 말을 믿느냐에 따라 차이가 있기는 하지만 대충 불씨 관리능력보다도 100만-200만 년 정도 앞섰다. 모종의 도구로 써는 것은 가장 기본적인 음식 가공법이다. 칼은 연약한 인간의 치아가 하지 못하는 일을 해낸다. 최초의 석기는 에티오피아에서 발견된 260만 년 전 것이다. 그곳에서는 날카롭게 다듬은 돌들과 벤 자국이 있는 뼈들이 함께 발굴되어 당시 사람들이 석기로 살점을 뼈에서 도려냈음을 암시했다. 칼질은 그때부터도 벌써 나름대로 세련되게 발전했다. 석기시대 사람들은 필요에 따라 다양한 절단 도구를 만들었다. 고고학자들이 확인한 것만 해도 단순하고 날카로운 칼, 긁개(묵직한 것과 가벼운 것), 음식을 두드리는 데에 쓰는 돌망치와 회전타원체가 있다. 까마득한 그 초기 단계에서도 사람들은 음식을 마구 난도질하지 않고 어떤 연장으로 어떻게 자를 것인지 세심하게 결정했다.

  요리와는 달리 도구 제작은 인간만의 활동이 아니다. 침팬지와 보노보는 돌로 다른 돌을 두드려서 날카로운 도구를 만든다고 알려져 있다. 침팬지는 돌로 견과를 깨고 나뭇가지로 과일의 과육을 긁어낸다. 유인원들은 격지(剝片) 석기도 두드려 만든다. 그러나 유인원이 원시 인류처럼 도구 제작기술을 서로서로 전수했다는 증거는 없다. 게다가 인간을 제외한 영장류들은 인간보다 도구의 재질에 덜 민감한 듯하다. 원시 인류의 도구 제작자는 절단 기능에 알맞은 돌을 찾는 데에 관심을 기울였다. 그냥 주변에 있는 것을 가져다 쓴 것이 아니라 좋은 돌을 구하기 위한 수색을 마다하지 않았다. 어떤 돌이 날카로운 석기가 될까? 석기시대 도구 제작자는 화강암과 석영, 흑요석과 수석을 실험했다. 날카로운 칼날을 위한 최적의 재료를 찾는 일은 요즘도 계속되고 있다. 옛날과의 차이라면 청동기시대 이래 야금술(冶金術)이 발달하여 선택지가 방대하게 넓어졌다는 점이다. 청동에서 철로, 철에서 강철로, 강철에서 탄소강과 고탄소강과 스테인리스 스틸로, 나아가 티타늄과 적층(積層) 합성물질까지. 우리는 몰리브데넘과 바나듐이 합금된 강철을 써서 장인이 손수 만든 일본식 부엌칼을 큰 돈을 주고 구입할 수 있다. 그런 칼은 석기시대 인간을 놀라게 할 만한 기예를 수행한다. 딱딱한 호박을 마치 말랑한 배를 자르듯이 휙 갈라버린다.

나의 경험상 요리사들에게 가장 좋아하는 도구를 물으면 십중팔구는 칼이라고 대답한다. 그것은 너무 당연하기 때문에, 그들은 뻔하지 않느냐는 듯이 약간 짜증을 내며 대답한다. 모든 식사의 기본은 정확한 칼질이다. 칼 없는 요리사는 가위 없는 이발사와 같다. 요리사의 일은 칼질이다. 날카로운 날을 휘둘러 재료를 요리할 수 있는 형태로 바꾸는 일이다. 칼질이 불보다 더 중요하다. 요리사마다 좋아하는 칼은 다르다. 언월도처럼 휜 칼, 원래 말고기 푸주한들이 썼던 일자형 프랑스 부엌칼, 뾰족한 독일 칼, 넓적하고 네모진 클리버(cleaver). 내가 만난 한 요리사는 기다란 톱니형 빵칼로 거의 모든 재료를 다룬다고 했다. 칼을 갈지 않아도 되는 점이 마음에 든다는 것이다. 작은 과도가 좋다는 요리사도 있다. 바늘처럼 정확하게 음식을 해체할 수 있기 때문이다. 그러나 대부분은 고전적인 23-25센티미터 부엌칼을 쓴다. 그 크기는 대개의 작업을 다 해낼 수 있는 적절한 크기이다. 너무 작지 않으니 고깃덩이를 해체할 수 있고, 너무 크지 않으니 생선 살을 바를 수도 있다. 좋은 요리사는 칼을 쓰기 전에 먼저 줄에 간다. 날을 20도 각도로 눕혀 앞뒤로 몇 번 재빨리 문지른다. 날이 언제나 잘 벼려져 있도록 하는 것이다.

그러나 칼과 음식의 이야기는 점점 더 날카롭고 강하게 변한 절단 도구의 이야기만은 아니다. 우리가 그 연장의 위태로운 폭력성을 어떻게 관리했는가 하는 이야기이기도 하다. 석기시대 선조들은 주변에 널린 재료를 가급적 날카롭게 갈아서 썼다. 그러나 철과 강철을 거치면서 제조술이 나날이 발전하자, 날카로운 칼은 예사롭게 치명상을 입힐 수 있는 물건이 되었다. "손가락 조심해!" 칼의 최우선 기능은 절단이지만, 그 다음 과제는 절단력을 다스리는 것이었다. 중국인은 거대한 클리버처럼 생긴 칼로 모든 재료를 한 입 크기로 자름으로써 칼질을 주방에만 국한했고, 식탁에서는 칼을 치웠다. 유럽인도 그렇게 했다. 처음에 유럽인은 식탁에서 칼 사용을 제약하는 복잡한 규칙들을 만들었다. 서양식 식사 예절의 이면에는 옆 사람이 칼로 나를 찌를지도 모른다는 두려움이 깔려 있다. 그 다음 단계는 워낙 무디고 약해서 음식 대신 사람을 베려면 힘깨나 들여야 하는 '식탁용 나이프'를 따로 만드는 것이었다.

손에 착 들어오는 칼을 쥐었을 때, 그리고 별로 애쓰지 않고도 양파가 척척 다져지는 것을 보며 감탄할 때의 기쁨은 특별하다. 한번은 칼 다루기 수업에서 선생님이 닭을 해체하는 방법을 보여주었다. 닭 다리를 허벅지에서 뜯어내려면 우선 봉우리처럼 볼록 솟은 두 지점을 찾아본다. 올바른 지점에 칼을 꽂으면 칼은 실크를 가르듯이 부드럽게 들어간다. 그러나 그것은 애초에 칼이 날카롭게 벼려져 있을 때의 이야기이다.

날카로운 칼이 안전한 칼이라는 말이 있다(사고를 당하기 전에는 맞는 말이다). 그러나 오늘날 가정의 요리사들에게는 칼을 날카롭게 관리하는 노하우가 보편적 기술에서 개인적 취미로 전락했다. 빅토리아 시대에는 이 마을 저 마을 다니면서 칼을 갈아주는 사람이 있었다. 그는 몇 페니 혹은 에일 한 파인트를 대가로 받고 집 안의 모든 칼을 몇 분 만에 몽땅 갈아주었다. 그 직업은 사라졌다.[2] 이제 그 자리를 대신하는 것은 열성적인 칼 애호가들이다. 애호가들은 직업이나 필요에 의해서 칼을 가는 것이 아니라 오로지 자기만족을 위해서 칼을 갈며, 온라인 동호회에서 요령을 교환한다. 어떤 도구로 가장 완벽하게 날을 세울 수 있느냐 하는 문제에는 애호가들의 의견이 갈린다. 물에 적신 일본식 숫돌이냐, 전통적인 마른 숫돌

---

2) 인터넷을 뒤져보면 칼 가는 공방이 소수 있기는 하다. 사냥용 칼, 바퀴형 피자 칼, 푸드 프로세서 날까지 무엇이든지 갈아준다/저자 주

이냐, 아칸소 숫돌(노배큘라이트)이냐, 합성 산화알루미늄 숫돌이냐(전동 칼갈이를 선호하는 애호가는 한 명도 보지 못했다. 그런 기계는 보통 지나치게 공격적으로 날을 갈아서 좋은 칼을 망친다는 평을 듣는다).

어떤 도구를 택하든 기본 원리는 같다. 거친 연마재에서 시작해서 점차 결이 고운 연마재로 바꾸면서 날이 원하는 만큼 날카로워질 때까지 금속을 약간 갈아내는 것이다. 더불어 칼을 쓰기 전에 강철 줄에 몇 번 문질러서 다듬기도 한다. 줄질은 날카로운 칼을 날카롭게 지켜주지만 무딘 칼을 날카롭게 만들어주지는 못한다.

칼이 날카롭다는 것은 무슨 의미일까? 그것은 각도의 문제이다. 베벨(bevel)이라고 불리는 경사면이 양쪽에서 뾰족한 V를 이루면서 만나면 그 날은 날카롭다. 날카로운 칼의 단면을 잘라보면, 서양의 전형적인 부엌칼은 경사면 각도가 약 20도이다. 유럽 칼은 보통 날의 양면을 다 가는 이중 경사면 형태이므로 전체 각도는 40도가 된다. 칼날은 사용할 때마다 조금씩 닳아서 차츰 무뎌진다. 칼 기는 도구의 기능은 V자의 양면에서 금속을 조금씩 갈아냄으로써 원래 각도를 되찾아주는 것이다. 자주 쓰고 많이 갈면 칼날이 점차 닳아 없어진다.

이상적인 우주에서는 경사도가 0도인 칼이 가능할 것이다. 무한히 날카로운 칼인 셈이다. 그러나 현실에서는 어느 정도 양보해야 한다. 날렵한 칼은 면도날처럼 잘 베겠지만, 날이 너무 얇으면 약해서 쿵쿵 다지는 작업을 견디지 못할 테니 목적에 부합하지 않는다. 서양의 부엌칼은 약 20도로 갈지만 일본의 부엌칼은 15도까지 더 얇게 갈 수 있다. 일본식 부엌칼을 선호하는 요리사가 많은 하나의 이유이다.

애호가들의 의견이 갈리는 문제는 그 밖에도 수두룩하다. 칼은 큰 것이 좋을까? 묵직한 칼을 쓰면 사람이 힘을 많이 들이지 않아도 된다는 이론이 있다. 작은 것이 좋을까? 무거운 칼을 쓰면 팔이 아프다는 이론도 있다. 날은 일자형이 좋을까 휜 것이 좋을까? 칼날을 시험하는 방법에 대해서도 의견이 갈린다. 엄지를 대고 눌러서 자신의 능숙함을 과시해야 할까, 채소든 볼펜이든 물체를 잘라봐야 할까? 혀로 시험할 수 있다는 농담도 있다. 잘 선 날은 금속 맛이 나고, 정말로 잘 선 날은 피 맛이 난다.

  칼을 날카롭게 관리하고 다루는 능력을 습득하면, 우리가 부엌에서 느낄 수 있는 가장 강력한 자신감이 생긴다. 칼 애호가들의 유대감은 그 사실을 깨쳤다는 데에서 온다. 나 역시, 요리 인생에서 창피할 만큼 뒤늦은 시점이기는 해도, 왜 요리사들이 칼을 가장 소중하게 생각하는지 마침내 깨달았다. 칼을 잘 알면 양파나 베이글 앞에서 더 이상 불안을 느끼지 않는다. 재료를 보면 원하는 크기로 얼마든지 썰 수 있다는 판단이 든다. 요리는 새로운 경지에 오른다. 큰 덩어리가 불쑥불쑥 튀어나오지 않게끔 양파를 정확하게 잘 다지면 리소토가 부드럽고 근사한 맛을 낸다. 양파와 쌀알이 조화롭게 섞이기 때문이다. 날카로운 빵칼이 있으면 근사하게 얇은 토스트를 만들 수 있다. 날카로운 칼의 주인이 되는 것은 곧 주방의 주인이 되는 것이다.

  이 사실은 딱히 발견으로 느껴지지 않아야 옳지만, 오늘날 능숙한 칼질은 소수만의 취미가 되었다. 다른 면에서는 섬세한 요리사가 칼집에는 무딘 칼을 채워둘 때가 많다. 나도 그랬기 때문에 잘 안다. 현대 주방에서는 생존을 위한 칼 솜씨가 없어도 완벽하게 생존할 수 있다. 재료를 아주 곱게 다지거나 채를 썰어야 한다면 푸드 프로세서를 쓰면 된다. 지금은 석기시대가 아니다. 기초적인 칼질 능력조차 없어도 식품산업 체계에 의존하여 충분히 먹고살 수 있다. 하물며 몸소 절단 도구를 만드는 능력이야 말할 것도 없다. 빵은 미리 썰려서 나오고, 채소는 잘라진 것을 살 수 있다. 그러나 과거에는 효과적인 칼질이 읽기나 쓰기보다 기본적이고 필수적인 기술이었다.

중세와 르네상스 유럽에서 사람들은 어디든 자기 칼을 가지고 다녔고, 식사할 때 그것을 꺼내 썼다. 거의 모든 사람들이 전용 식사용 칼을 칼집에 담아 허리띠에 매달고 다녔다. 남자의 허리띠에 매달린 칼은 적을 방어하는 데에는 물론이거니와 음식을 자르는 데에도 유용하게 쓰였다. 칼은 요즘의 손목시계처럼 도구인 동시에 의상이었다. 누구나 가지는 소유물이었고, 종종 가장 아끼는 소유물이었다. 해리 포터의 마법 지팡이처럼 칼은 소유자에게 맞춤으로 제작되었다. 손잡이는 청동, 상아, 수정, 유리, 조개껍데기로 만들었다. 호박, 마노, 자개, 거북 껍데기로도 만들었다. 아기, 사도(使徒), 꽃, 농부, 깃털, 비둘기 모양의 장식을 깎고 새겼다. 오늘날 우리가 남의 칫솔로 이를 닦지 않듯이 당시에는 남의 칼로 음식을 먹지 않았다. 손목시계처럼 습관적으로 차고 다녔기 때문에 아예 몸의 일부가 되어, 종종 차고 있다는 사실조차 잊었다. 6세기의 문헌('성 베네딕투스의 계율')은 수도사들에게 잠자리에 들기 전에 허리띠에서 칼을 풀라고 상기시킨다. 자다가 자기 칼에 찔리면 안 되니까.

 그것은 실제로 중대한 위험이었다. 당시의 칼은 단검 모양인 데다가 정말 날카로웠다. 질긴 치즈에서 딱딱한 빵까지 온갖 것을 베려면 날카로워야 했다. 옷을 제외하면 칼이야말로 성인이라면 누구나 가져야 하는 물건이었다. 칼에는 폭력성이 잠재되어 있는지라 남자만 배타적으로 사용했다는 그릇된 통념이 있지만, 실제로는 여자도 차고 다녔다. 스위스의 부유한 가족을 묘사한 H. H. 클루버의 1640년 그림이 있다. 가족은 고기, 빵, 사과로 식사를 차리는 중이다. 딸들은 머리에 꽃을 꽂았는데, 허리에는 은으로 된 칼을 밧줄로 매달아 붉은 드레스에 늘어뜨렸다. 그렇듯 노상 칼을 지니고 다녔다면 칼의 구조도 잘 알았을 것이다.

 칼의 구조는 보통 다음과 같다. 날의 맨 앞 뾰족한 부분은 끝(포인트)

이라고 부르며, 찌르거나 뚫기에 알맞다. 칼끝으로는 패스트리를 가르고, 반으로 가른 레몬에서 씨를 튕기고, 삶은 감자를 찔러 다 익었는지 살펴볼 수 있다. 날의 몸통에서 날카로운 아랫부분은 배(벨리)라고도 부르고 곡선(커브)이라고도 부른다. 채소를 채 써는 것부터 에스칼로프*를 어슷하게 써는 것까지 대부분의 절단을 담당하는 부분이다. 날을 옆으로 뉘면 마늘도 빻을 수 있다. 마늘 분쇄기여, 안녕! 날의 몸통에서 배의 반대쪽인 윗부분은 논리적으로 예상할 수 있다시피 등(스파인)이다. 그 모서리는 무디기 때문에 절단 능력은 없지만 무게와 균형을 더해준다. 날의 몸통에서 손잡이 바로 앞의 두껍고 날카로운 부분은 뒤꿈치(힐)라고 부른다. 견과나 양배추처럼 단단한 것을 묵직하게 힘주어 써는 데에 알맞다. 뒤꿈치에 이어지는 부분은 슴베(탱)이다. 금속이 손잡이 속으로 들어간 부분을 말하며, 날과 손잡이를 붙들어주는 역할을 한다. 슴베는 손잡이 중간까지만 이어져 있을 수도 있고 끝까지 이어져 있을 수도 있다. 고급 일본식 부엌칼은 슴베가 아예 없는 것도 있다. 날부터 손잡이까지 칼 전체를 하나의 쇳덩어리로 만드는 것이다. 마지막으로 손잡이 맨 끝은 밑동(버트)이라고 부른다.

칼을 사랑하게 되면, 손잡이에 뚫린 리벳의 품질부터 뒤꿈치의 곡선까지 모든 면을 음미하게 된다. 지금은 이것이 애호가에게나 알려진 신비한 쾌감이지만, 한때는 모두가 그 기쁨을 알았다. 좋은 칼은 자랑거리였다. 오래 써서 반들반들해진 익숙한 손잡이를 허리춤에서 꺼내면 빵을 썰든, 고기를 자르든, 사과를 깎든 칼이 편안하게 손에 감겨들었을 것이다. 누구나 칼의 소중함을 알았다. 칼이 없으면 식탁에 차려진 음식을 먹기가 너무나 어려웠을 테니까. 날카로움은 곧 강철이라는 것도 누구나 알았다.

---

* escalope, 얇게 저민 살코기에 빵가루를 발라 튀긴 요리/역주

강철은 16세기에 이미 칼 제작자들이 가장 선호하는 금속이 되었다.

최초의 금속 칼은 청동기시대(기원전 약 3000-700년)에 청동으로 만들어졌다. 그 칼은 절단용 날은 물론이거니와 손잡이를 끼우는 슴베와 좌철(볼스터)이 있는 점도 요즘 칼과 닮았다. 그러나 날이 잘 들지는 않았다. 청동은 아주 날카롭게 벼리기에는 너무 부드러워서 칼날로서는 불량한 재질이다. 청동으로 좋은 칼을 만들기 어려웠다는 점은 청동기시대에도 석기 절단 도구가 계속 만들어졌다는 사실에서 알 수 있다. 석기가 최신 금속인 청동보다 여러모로 나았다.

철은 청동보다 나은 재료였다. 철기시대야말로 최초의 진정한 칼의 시대였다. 260만 년 전 올두바이 시대부터 쓰였던 격지 석기는 마침내 자취를 감추었다. 철은 청동보다 단단하므로 더 날카롭게 벼려졌다. 철은 특히 크고 무거운 도구를 만들기에 편리했다. 철기시대 대장장이늘이 만든 도끼는 꽤 괜찮았다. 그러나 부엌칼의 재료로서는 철도 이상적이지 않았다. 청동보다는 단단해도 쉽게 녹이 슬어서 음식 맛을 버렸다. 아주 날카롭게 날을 세우기가 어렵다는 문제도 여전했다.

위대한 돌파구는 강철이었다. 강철은 요즘도 거의 모든 날카로운 칼에 쓰인다. 유일한 예외는 최신 세라믹 칼이다. 지난 3,000년 동안 날붙이 재료의 세계에 등장한 최고의 혁명이라고 선전되는 세라믹 칼은 부드러운 생선이나 물컹한 토마토를 꿈결처럼 부드럽게 파고든다. 그러나 묵직하게 다지기에는 약하다. 아직 날카롭고 단단하면서도 강하기로는 강철을 능가할 물질이 없다. 강철로는 어떤 금속보다도 날카롭게 날을 세우고 유지할 수 있다.

강철이란 철에 탄소를 소량 섞은 것이다. 무게로 따져서 0.2-2퍼센트

사이로 섞는다. 적은 양이지만 그것이 차이를 빚는다. 강철이 날카롭게 벼려질 만큼 단단하면서도 갈리지 않을 만큼 지나치게 단단하지는 않은 것은 강철 속 탄소 덕분이다. 탄소 함량이 너무 높으면 압력을 받았을 때 날이 뚝 부러진다. 부엌칼로는 대체로 0.75퍼센트가 알맞다. 그 '순수한 강철'로는 튼튼하고, 예리하고, 갈기 쉽고, 잘 부러지지 않는 부엌칼을 만들 수 있다. 그 칼로는 거의 모든 것을 자를 수 있다.

 탄소강 제작기법이 18세기에 산업화되면서 그 감탄스러운 물질은 갈수록 다양하게 전문화하는 연장들을 만드는 데에 쓰였다. 이제 날붙이 제조업은 개개인을 위한 단검을 만드는 사업이 아니었다. 생선 칼, 과도, 패스트리 칼 등등 특수한 용도의 다양한 칼들을 만드는 사업이었다. 물론 재료는 모두 강철이었다.

 유럽의 칼 전문화는 요리 문화 변화의 원인인 동시에 결과였다. 18세기부터 부유한 유럽인의 입맛을 휘어잡은 프랑스 오트 퀴진은 흔히 소스의 요리로 불린다. 베샤멜, 벨루테,* 에스파뇰, 알망드**(프랑스 요리사 마리-앙투안 카렘이 이 넷을 '기본 소스'로 명명했으나 나중에 조르주 오귀스트 에스코피에가 알망드를 빼고 홀란데이즈와 토마토 소스를 더해 다섯 가지 기본 소스로 바꾸었다). 옳은 말이다. 그러나 그것은 또한 전문화된 칼과 정밀한 칼질의 요리였다. 특정 작업에 특정 칼을 쓰는 관습을 처음 만든 것이 프랑스인은 아니다. 프랑스 요리의 많은 측면이 그렇듯이, 다종다양한 칼들도 기원은 16세기 이탈리아였다. 1570년 교황의 요리사였던 이탈리아의 바르톨로메오 스카피는 수많은 부엌용 연장들을 거느리고 있었다. 고기 해체에 쓰는 언월도, 두드릴 때 쓰는 두꺼운 칼, 파스타와 케이크를 자르는 무딘 칼, 길고 얇은 긁개. 그러나 스카피는 칼들을 사용하

---

* velouté sauce, '루'에 닭고기나 생선 등으로 가볍게 만든 육수를 섞는 소스/역주
** allemande sauce, 벨루테 소스에 달걀 노른자와 크림을 넣어 되직하게 만든 소스/역주

는 방식까지 명시하지는 않았다. '칼로 두드려라', '썰어라' 하고 말했을 뿐 다양한 칼질 기술을 정식으로 목록화하지는 않았다. 칼질을 체계이자 규칙이자 종교로 격상시킨 것은 언제나 데카르트적 엄밀성에 대한 열정으로 넘쳤던 프랑스인이었다. 날붙이 제조업체 사바티에는 1800년대 초 티에르에서 처음으로 강철 칼을 생산했다. 당시는 그리모 드 라 레니에르와 조제프 베르슈의 글, 그리고 카렘의 요리를 통해서 미식이라는 개념이 막 창안된 시기였다. 칼과 요리는 나란히 갔다. 프랑스 요리사들은 세계 어디를 가든 민스, 시포나드, 쥘리엔* 등등 엄격한 일련의 절단기법을 가지고 갔고 그것을 실시할 칼들도 가지고 갔다.

프랑스 요리는 아무리 단순한 것이라도 그 뒤에 꼼꼼한 칼질이 있다. 파리 레스토랑들이 내놓는 생굴 요리는 요리라고 할 것도 없어 보인다. 신선함을 논외로 한다면 그저 껍데기를 한쪽만 깐 굴일 뿐이다. 그러나 우리가 그것을 맛있게 먹을 수 있는 것은 누군가 굴 까는 칼로 껍데기를 벌려 껍데기가 날카롭게 부서지지 않도록 조심하면서 관자를 자르고 뚜껑을 열어두었기 때문이다. 생굴에는 양파의 일종인 샬롯을 식초에 재어 곁들이는데, 그것으로 말하자면 누군가 샬롯을 3밀리미터의 작은 주사위 모양으로, 즉 브뤼누아즈(brunoise)로 다지는 엄청난 칼질을 해야 한다. 그렇게 해야만 샬롯의 맛이 밋밋한 듯 약간 짠 굴 맛을 압도하지 않는다.

당신 앞에 먹음직스럽게 놓인 프랑스 스테이크는—옹글레(살치살)든, 파베(우둔살)든, 앙트레코트(갈비살)든—정육업자가 특수한 도구로 자른 것이다. 뼈를 가차 없이 도려낼 때 쓰는 거대한 클리버, 좀더 포착하기 어려운 관절을 따라 자를 때 쓰는 푸주용 칼, 요리 전에 고기를 두드릴 때 쓰는 '바트 아 코틀레트' 등등. 고전적인 프랑스 주방에는 햄 칼, 치즈 칼, 쥘

---

* mince, chiffonade, julienne. 민스는 잘게 다지는 것, 시포나드는 실처럼 얇게 써는 것, 쥘리엔은 채 써는 것/역주

리엔으로 썰 때 쓰는 칼, 밤을 깎을 때 쓰는 새의 부리처럼 생긴 칼도 있다.

직업적인 오트 퀴진은 전문화에 바탕을 둔다. 현대 프랑스 레스토랑 요리의 기틀을 닦은 위대한 요리사 에스코피에는 주방을 소스, 고기, 패스트리에 전념하는 구역으로 나누어 운영했다. 각 구역에는 제각각 특수한 칼이 있었다. 에스코피에의 원리에 따라 조직된 주방에서는 감자를 작은 축구공처럼 동그랗게 '돌려 깎는' 작업에 한 명이 고정적으로 배치된다. 그 작업에는 날이 새의 부리처럼 생긴 작은 과도인 투르네 칼이 쓰인다. 투르네 칼의 굽은 날은 도마에서 쓰기에는 불편하다. 각도가 맞지 않다. 그러나 손에 든 둥근 물체의 껍질을 벗기기에는 딱 알맞다. 굽은 날은 재료의 굴곡을 따라 매끄럽게 움직여 아름다운 공을 남긴다. 돌려 깎은 채소로 구성된 가니시—너무나 예쁘고 앙증맞고 프랑스적이다—는 음식이란 무릇 이러저러해야 한다는 철학에 따라 특수한 칼을 특수한 방법으로 휘두른 결과물이다.

음식은 칼이 만든다. 그리고 칼은 해당 지역의 자원, 기술적 혁신, 요리에 영향을 미치는 문화적 취향이 신비롭게 결합한 결과이다. 칼을 다루는 방식은 프랑스 방식만 있는 것이 아니다. 중국에서는 식사와 요리의 모든 기법이 '토[刀]'라는 식칼을 기반으로 하여 형성되었다. 중국식 클리버라고도 불리는 그 칼은 유용성 면에서 달리 적수가 없을 만큼 무시무시하게 뛰어나다.

절단 기구는 하나의 기능만을 수행하는 도구들—고르곤졸라 칼, 화살처

럼 생긴 게살 칼, 파인애플의 노란 과육을 나선으로 파고들어 뻣뻣한 핵을 제거하고 고리 모양의 과육만 남기는 도구—과 수많은 작업에 동원되는 팔방미인형 도구로 나뉜다.

세계의 여러 요리 문화들은 제각각 다용도 칼을 만들어 썼다. 이누이트 족의 '울루'는 (이탈리아의 메찰루나처럼) 부채처럼 생겼는데, 에스키모 여인들이 전통적으로 생선을 자를 때는 물론이거니와 아이의 머리카락을 다듬거나 얼음을 깎을 때도 썼다. 역시 다용도인 일본의 '산토쿠'는 오늘날 가정에서 쓰기에 가장 바람직한 종류로 여겨진다. 산토쿠는 유럽 부엌칼보다 훨씬 더 가볍고, 끝은 둥글며, 때에 따라 디보트(divot)라는 보조개 같은 타원형 홈이 날에 옴폭옴폭 파여 있다. '산토쿠(三德)'는 일본어로 '세 가지 용도'라는 뜻이다. 고기 자르기, 채소 다지기, 생선 살 바르기에 두루 좋기 때문이다.

그러나 다용도라는 점에서, 혹은 요리 문화에 필수적인 존재라는 점에서, 중국의 부엌칼을 능가하는 것은 없다. 이 놀라운 칼은 종종 클리버라고 불린다. 서양의 푸주한이 고깃덩이에서 뼈를 바르는 데에 쓰는 손도끼 모양의 클리버처럼 날이 사각형이기 때문이다. 그러나 중국 부엌칼은 서양 클리버와는 달리 만능 칼이다. 인류학자 E. N. 앤더슨에 따르면, 중국 부엌칼은 최소의 비용과 노력으로 최대의 가치를 끌어내는 '최소최대' 원칙의 대표적인 사례이다. 이때 강조점은 절약에 있다. 최고의 중국 부엌은 최소한

칼 87

의 용품으로 최대한의 요리 능력을 뽑아내야 한다. 중국 부엌칼은 그 명제에 알맞다. 앤더슨은 넓적한 그 칼을 다음과 같은 작업에 쓸 수 있다고 말했다.

장작 패기, 생선 내장 꺼내고 비늘 벗기기, 채소 썰기, 고기 다지기, (날을 눕혀) 마늘 으깨기, 손톱 깎기, 연필 깎기, 나무젓가락 깎아 만들기, 돼지 잡기, 면도하기(그만큼 예리하다. 최소한 그만큼 예리하게 관리해야 한다고들 말한다), 묵은 원한이나 새로운 원한 청산하기.

중국 부엌칼의 다재다능함이 더욱 돋보이는 까닭은—가령 이누이트의 울루와는 달리—이른바 세계 2대 요리의 하나를 탄생시켰기 때문이다(다른 하나는 프랑스 요리이다). 고대부터 중국 요리의 특징은 재료를 잘게 썰어 여러 가지 맛을 섞는 것이었다. 그것은 칼 덕분에 가능했다. 중국에 철이 도입된 주나라 시기(기원전 1045-256), 미식은 '썰고 익힌다'는 의미로 '코펭(割烹)'이라고 불렸다. 전하는 말에 따르면, 공자(기원전 551-479)는 제대로 썰지 않은 고기는 먹지 않겠다고 말했다. 기원전 200년 무렵 요리책이 다양한 표현을 동원해 썰고 다지는 작업을 설명했던 것을 보면 그때부터 이미 고차원적인 칼질('다오공[刀工]')이 있었다.

전형적인 중국 부엌칼은 날의 길이가 18-28센티미터쯤이다. 그 점은 유럽 부엌칼과 비슷하다. 극단적으로 다른 점은 폭이다. 중국 부엌칼은 폭이 약 10센티미터로 유럽 부엌칼의 가장 넓은 부분보다도 두 배쯤 넓다. 또한 폭이 처음부터 끝까지 똑같다. 가늘어지거나 휘거나 뾰족해지지 않는다. 따라서 상당히 큼직한 직사각형 강철이지만, 막상 쥐어보면 놀랄 만큼 가볍고 얇다. 프랑스 클리버보다 훨씬 더 가볍다. 그런 칼은 사용법도 다를 수밖에 없다. 유럽의 칼질은 대개 날의 곡선을 따라 앞뒤로 흔드는 '추진식' 움직임이다. 그러나 중국 부엌칼은 날이 직선이기 때문에 위아래로 치게 된다. 중국의 칼질 소리는 프랑스보다 더 시끄럽고 타악기적이다. '톡톡톡'이 아니라 '탁탁탁'이다. 그러나 시끄럽다고 해서 거친 기술은 아니다. 프랑스 요리사가 여러 칼을 동원해서 처리하는 주사위 썰기, 쥘리엔 등의 모양내기를 중국 요리사는 칼 하나로 훨씬 더 다양하게 해낸다. 명주실처럼 가늘게 썰기(8센티미터 길이로 가늘게), 은바늘에 꿰는 명주실처럼 가늘게 썰기(그보다 더 가늘게), 말귀 모양 썰기(3센티미터 길이로 경사지게), 깍둑썰기, 채 썰기, 기타 등등을 다 해낸다.

이 탁월한 칼은 한 발명가의 고안품이 아니다. 설령 그렇더라도 그 이름은 잊혔다. 중국 부엌칼과 그것이 탄생시킨 요리 문화는 환경의 산물이었다. 중국인이 무쇠를 알게 된 것은 기원전 500년경이었다. 무쇠는 청동보다 싸게 생산할 수 있었고, 큼직한 금속에 나무 손잡이를 단 칼을 만들 수 있었다. 중국 부엌칼은 무엇보다도 검소한 농민 문화의 산물이었다. 사람들은 그 칼로 재료를 작게 썰어서 한 접시에서 모든 재료의 맛이 어우러지게 했다. 재료를 작게 썰면 이동식 화로와 같은 불 위에서 더 빨리 익었다. 중국 부엌칼은 모든 재료를 작게 썰고 재빨리 익히고 낭비하지 않음으로써 부족한 연료를 최대한 활용하게끔 하는 절약의 도구였다. 하나의 기술로서 중국 부엌칼은 첫인상보다 훨씬 더 현명한 도구이다. 칼을 웍과 함께 쓰면 최소의 에너지로 최대의 맛을 끌어낼 수 있다. 재료를 잘게 썰어 볶으면 음식물 표면이 기름에 더 많이 닿아서 금세 익으면서도 씹는 맛을 느낄 수 있는 상태가 된다.

모든 기술이 그렇듯이, 중국 부엌칼에도 교환관계가 성립한다. 요리 시간을 줄여 전광석화처럼 볶으려면 재료 준비에 적잖은 노력과 기술을 들여야 한다. 우리가 닭을 통째 오븐에서 익히면 1시간이 넘게 걸린다. 가슴살이라도 20분은 걸린다. 반면에 작게 썬 닭고기 조각은 5분 미만으로 익할 수 있다. 다만 써는 과정에서 시간이 든다(숙련자라면 그 시간도 단축된다. 유튜브를 찾아보면 요리사 마틴 얀이 닭 한 마리를 18초 만에 해체하는 동영상이 있다). 중국 요리는 지역마다 차이가 크다. 쓰촨 요리는 맹렬하게 맵고, 광둥 요리는 콩과 해산물을 풍성하게 쓴다. 그 광활한 땅의 요리사들을 하나로 묶는 것이 바로 칼질, 그리고 하나의 칼을 쓴다는 점이다.

중국 부엌칼은 전통 중국 요리를 형성한 핵심이었으며 지금도 그렇다. 매끼 식사는 '판(飯)'—보통 쌀을 뜻하지만 다른 곡물이나 국수일 수도 있다—과 '차이(菜)', 즉 채소와 고기 요리 사이의 균형을 맞추어야 한다. 그런 형태의 식사를 준비할 때, 채소와 고기를 다양한 형태로 썰어주는 칼은 다른 어떤 재료보다도 핵심적이다. 칼질 기법은 다채롭고, 각각 이름이 있다. 당근을 썬다고 하자. 수직으로 썰까('키[切]'), 수평으로 썰까('피안[片]')? 더 잘게 썰까('칸[砍]')? 모양은 어떻게? 채 썰기('시[絲]'), 작게 깍둑썰기('딩[丁]'), 큼직하게 깍둑썰기('쿠아이[塊]')? 어떤 방식을 택하든 원칙을 정확하게 지켜야 한다. 요리사는 정밀한 칼질로 평가된다. 명나라 때 황제의 명으로 옥에 갇힌 루수라는 사람의 일화가 있다. 루수는 옥에서 고깃국을 한 사발 받고는 어머니가 다녀갔음을 알아차린다. 어머니만이 고기를 그렇게 완벽한 사각형으로 썰 수 있었기 때문이다.

중국 부엌칼은 무시무시해 보인다. 그러나 적절한 사람 손에 들리면 그 위협적인 날은 섬세한 도구가 되어 프랑스 요리사가 특수한 칼을 잔뜩 동원해서 해내는 작업을 똑같이 정밀하게 해낸다. 숙련된 손에 들린 중국 부엌칼은 생강을 양피지처럼 얇게 썰고, 채소를 날치알처럼 잘게 다진다. 칼 하나로 거창한 연회를 다 준비할 수 있다. 칼은 물렁한 가리비를 썰고, 줄기콩을 5센티미터로 자르고, 오이를 연꽃 모양으로 조각한다.

중국 부엌칼은 고급 요리에만 쓰이는 도구가 아니다. 가난한 사람은 칼질과 양념은 같게 하되 비싼 재료만 빼면 된다. 부자의 음식과 빈자의 음식이 서로 다른 세계를 이룬 영국 요리와는 달리(부자는 로스트 비프를 식탁보에서 먹었고 빈자는 빵과 치즈를 손으로 먹었다), 중국 요리는 칼 덕분에 서로 다른 사회계층 사이에 통일성을 유지했다. 중국에서 가난한 요리사는 부자 요리사에 비해 채소와 고기가 훨씬 더 부족하겠지만 무엇이든 재료를 다루는 방식은 같다. 재료를 다루는 그 기술이야말로 중국 음식을 중국 음식으로 만드는 특징이다. 중국 요리사는 다양한 형태의 생선과 가금류, 채소와 고기를 모두 한 입 크기의 정확한 기하학적 조각으로 썰어낸다.

중국 부엌칼의 또다른 중요한 능력은 먹는 사람이 칼질할 필요가 없게 해주는 점이다. 중국에서 식사용 나이프는 불필요할뿐더러 조금 역겨운 것으로 간주된다. 식탁에서 음식을 써는 것은 푸주한의 일과 비슷하다고 여긴다. 부엌에서 칼이 제 역할을 다했다면 먹는 사람은 균일한 음식 조각들을 젓가락으로 집기만 하면 된다. 부엌칼과 젓가락은 완벽한 공생관계이다. 부엌칼로 썰고, 젓가락으로 먹는다. 이 식사법 또한 전통적인 프랑스 식사법에 비해 더 절약적이다. 프랑스에서는 부엌에서 이런저런 칼로 일껏 잘라놓고도 식사할 때 또 칼이 필요하지 않은가.

중국 부엌칼의 사용법은 유럽과는(따라서 미국과는) 극단적으로 다른 칼 문화를 반영한다. 중국 요리의 대가는 칼 하나로 요리하는 데에 비해 프랑스 요리의 대가는 푸주용 칼과 뼈 바르는 칼, 과도와 생선 칼 등등 기능이 천차만별인 많은 칼들을 쓴다. 단순히 연장의 문제만은 아니다. 중국 부엌칼은 유럽 궁정 요리와는 스타일이 전혀 다른 요리와 식사를 상징한다. 소고기, 셀러리, 생강을 잘게 썰어 볶은 뒤 두반장으로 맛을 낸 쓰촨식 요리에 섬세하게 균형 잡힌 맛의 사오싱 황주를 곁들인 식사, 그리고 핏덩어리 고깃점을 통째 식탁에 올리고 먹는 사람 마음에 따라 겨자

칼 91

로 맛을 더하면서 날카로운 나이프로 썰어 먹는 프랑스 스테이크 사이에는 넓디넓은 간극이 있다. 두 식사는 서로 다른 세계관을 대변한다. 다지는 문화와 써는 문화는 다르다.

유럽에서 칼질의 최고봉은 요리사가 아니라 궁정의 카버(carver)가 수행했다. 카버는 신사숙녀의 식탁에서 고기를 썰어주는 직업이었다. 중국 부엌칼은 모든 날재료를 가급적 비슷한 모양으로 썰었지만, 중세 카버는 이미 조리된 음식을 다루었다. 통째 로스팅된 동물을 종류마다 특수한 칼로 특수한 방식으로 썬 뒤 특수한 소스와 함께 내놓는 것이 카버의 일이었다.

"선생님, 저에게 새와 생선과 고기를 조각하고 칼질하고 써는 방법을 가르쳐주십시오." 중세의 궁정 예절 책에 나오는 말이다. 1508년에 얀 판 빙킨이 쓴 책에 따르면, 영국에서 '카버의 일'은 이런 것이었다.

사슴을 찢어라
멧돼지를 썰어라
거위를 우뚝 세워라
고니를 들어올려라
……왜가리를 해체하라

카버가 따르는 규칙은 상징과 신호의 세계였다. 동물마다 고유한 논리가 있으며 해체도 그에 따라야 했다. 카빙(carving) 칼은 사냥 무기와 연관성이 있었다. 카빙의 요점은 사냥 전리품을 엄격한 위계에 따라 해체함으로써 그 동물이 잡힌 사냥터 주인의 위세를 강조하는 것이었다. 카빙 칼은 동물의 곡선과 힘줄을 따라 움직임으로써 영주를 섬겨야 했다. 중국 부엌칼처럼 자유롭게 내리쳐서는 안 되었다. 가령 카버는 암탉의 날개는 다지되 다리는 통으로 뜯어야 한다는 사실을 숙지했다. 일을 제대로 해내면 명예도 누릴 수 있었다. 궁정 카버가 어찌나 중요한 일이었던지 나중에는 '카버십'이라는 전담 관직까지 생겼다. 영주가 임명하는 관료직이었는데, 개중에는 귀족도 있었다.

오늘날 일요일의 로스트 비프나 추수감사절의 칠면조를 관장하는 현대의 카버는 음식을 공평하게 나누는 것이 임무이지만, 중세 유럽의 카버는 식탁에 앉은 사람들 전부가 아니라 영주 한 사람만을 대접했다. 음식을 공평하게 나누는 것이 아니라 식탁에 나온 음식에서 최고의 부분만 골라 주인에게 바치는 것이 임무였다. 카버는 작은 빵 조각에 갖가지 소스를 조금씩 얹어서 먼저 시중 드는 하인의 입에 쏙 넣어주기도 했다. 독이 있는지 확인하려는 것이었다. 카버가 가장 유념할 점은 영주가 연골, 껍질, 깃털 등 소화가 어려운 부분을 먹지 않도록 하는 것이었다. 그런 부분을 도려내는 것 외에는 카버가 음식을 더 썰어주거나 하지 않았다. 영주에게도 전용 나이프가 있었으므로 직접 고기를 썰어 먹었다.

중세 카빙 칼의 독특한 점은 그것을 최소한으로 휘둘렀다는 것이다. 카버의 언어는 잔인했다. 해체하고, 망가뜨리고, 찢고, 떼어낸다는 표현이 쓰였다. 중국 요리사에게는 칼이 하나뿐이지만 카버의 수중에는 많은 칼이 있었다. 수사슴이나 수소처럼 큰 동물의 통구이를 써는 크고 무거운 칼, 가금류를 써는 작은 칼, 고기를 들어 나무 쟁반에 얹을 때 쓰는 주걱처럼 넓적한 서빙용 칼, 식탁보에 떨어진 부스러기를 치우는 얇고 무딘 칼. 그러나 막상 고기에 칼을 대는 횟수는 얼마 되지 않았다. "왜가리를 해체하라"라는 표현은 오싹하지만, 실상은 가련한 죽은 새를 마구 토막 내는 것이 아니라 우아하다고 생각되는 모양으로 쟁반에 잘 얹는 것이었다. 얀

판 빙킨에 따르면, "왜가리 다리와 날개를 학처럼 번쩍 들어 소스를 치는" 것이었다. 물론 카버가 큰 뼈를 부러뜨릴 때도 있었고 고깃덩이를 도려낼 때도 있었다. 일례로 수탉의 날개는 떼어서 다진 뒤 포도주나 에일과 섞었다. 그러나 카버의 일은 어디까지나 자르는 것이라기보다는 접시에 내는 것이었다. 카빙 칼은 음식을 한 입 크기로 자를 필요가 없었다. 그러면 영주의 전용 나이프가 할 일을 빼앗는 셈일 테니까.

자기만의 칼을 가지는 풍습은 기독교, 라틴어 알파벳, 법치(法治)와 마찬가지로 서양 문화의 기틀이었다. 그러나 어느 순간부터 그렇지 않게 되었다. 부엌 도구에 대한 이런저런 믿음은 문화에 따라 결정되는 것이 많은데, 문화적 가치란 영구불변하지 않는다. 칼에 대한 유럽인의 태도는 17세기부터 격변했다. 최초의 변화는 당시 새로 탄생한 포크와 나란히 칼을 식탁에 미리 차려두도록 한 것이었다. 그러자 칼은 이전까지 간직했던 마법을 박탈당했다. 사람들은 칼을 개인적으로 주문 제작하는 대신 똑같은 칼들을 상자째 사고팔았고, 누가 어느 자리에 앉느냐와는 무관하게 미리 식탁에 차려두었다. 두 번째 변화는 식사용 칼이 무뎌진 것이었다. 칼이 자르는 힘조차 박탈당한 것이다. 칼의 존재 의의는 자르는 데에 있다. 자르지 못하는 칼을 일부러 만든다는 것은 고상한 격식, 달리 말해서 수동적 공격성을 갖춘 문명이기 때문에 가능했다. 요즘도 우리는 그 변화의 영향을 겪으면서 살고 있다.

1637년, 프랑스 루이 13세의 고문이었던 리슐리외 추기경은 식사 자리에서 한 손님이 양날 단검의 뾰족한 끝으로 이를 쑤시는 것을 보았다. 추기경은 그 행위에 소스라치게 놀라—위험해서인지 천박해서인지는 분명하지 않다—자신의 칼을 모두 무디게 만들라고 지시했다. 그때까지는 식사용 나이프도 보통 단검처럼 날의 양면이 모두 날카로웠다. 그러나 이제 바뀌었다. 1669년, 루이 14세는 리슐리외의 선례를 따라 프랑스의 모든 날붙이 제작자에게 뾰족한 나이프를 만들지 말라는 칙령을 내렸다.

양날 칼을 금하는 칙령은 식사 예절과 도구의 전반적인 변화와 발 맞춘 현상이었다. 당시 유럽은 저명한 사회학자 노베르트 엘리아스가 '문명화 과정'이라고 명명한 과정을 겪었다. 당시부터 식탁에서의 행동이 눈에 띄게 달라졌다. 그 시대는 과거의 굳은 신념들이 무너지는 시절이었다. 가톨릭 교회는 분열했고 기사도는 사라진 지 오래였다. 사람들은 한때 용인되었던 식사 습관을 갑자기 역겹게 느끼기 시작했다. 공동 접시에서 손가락으로 고기를 집는 것, 그릇에 입을 대고 수프를 마시는 것, 날카로운 칼 하나로 모든 음식을 자르는 것. 한때 궁정 예절에 완벽하게 부합했던 이런 행동들이 이제 미개한 짓으로 간주되었다. 유럽인은 중국인과 마찬가지로 식탁에 날카로운 칼을 두는 것을 경계하게 되었다. 그러나 중국인과는 달리 칼을 계속 쓰기는 썼다. 다만 다양한 방법으로 길을 무력화했다.

프랑스에서는 식탁에서 칼을 아예 치우는 경우도 있었다. 그러나 과일을 깎고 자르는 것처럼 몇몇 특수한 작업에는 예전처럼 개인용 칼을 꺼내 썼다. 영국에서는 식탁에 칼을 남겼지만 칼날이 현격히 무뎌졌다. 16세기와 17세기의 영국 식사용 나이프는 부엌칼의 축소판이었다. 날은 단검 같은 모양, 주머니칼처럼 직선인 모양, 언월도처럼 휜 모양으로 다양했다. 양날도 있고 외날도 있었다. 어쨌든 모든 칼이 날카로웠다(적어도 반짝거리는 새것일 때는 날카로웠을 것이다).

18세기 식탁용 나이프는 전혀 달랐다. 갑자기 날이 눈에 띄게 무뎌졌다. 완만한 곡선을 그리다가 끝에서 완전히 둥글어지는 것도 있었다. 요즘 우리가 버터 칼이라고 부르는 형태이다. 거기에는 이유가 있었다. 식사용 나이프는 이미 칼로서의 능력이 없는 도구로 바뀌어 버터를 바르고 포크에 음식을 얹고 부드러운 음식을 가르는 데만 쓰였기 때문이다.

이빨 빠진 호랑이 같은 새 나이프는 쥐는 방식도 바뀌었다. 예전에는 단검으로 사람을 찌를 때처럼 손아귀에 칼을 거머쥐는 방식이었다. 그러나 이제 무딘 칼등에 검지를 우아하게 얹고 손바닥으로 손잡이를 감싸쥐는 방식으로 변했다. 요즘도 그것이 나이프를 예의 바르게 쥐는 방식이다. 요즘 사람들이 칼질에 서툴어진 데는 그 점이 한몫했다. 부엌칼도 식사용 나이프처럼 쥐는 사람이 많아졌기 때문인데, 그러면 위험천만하다. 부엌칼을 쥘 때는 검지를 칼등에 얹으면 안 된다. 그러면 엄지를 칼날 아래로 감고 검지를 위로 감아 손잡이를 단단히 거머쥘 때보다 손을 다칠 위험이 훨씬 더 높다. 자나 깨나 날카로운 것을 삼가도록 가르치는 식탁 예절을 잘 배울수록 부엌 일은 잘못 배우는 셈이다.

18세기 예의 바른 서양인은 앙증맞은 나이프를 우아하게 쥔 채 폭력과 위협의 기색을 띤 동작을 어떻게든 피하려고 애쓰면서 먹었다. 나이프는 절단 기술로는 거의 쓸모없게 전락했다. 18세기 말 유명한 셰필드 나이프는 여전히 최고급 강철로 만들어졌지만 절단 도구라기보다 전시용 물건이었다. 런던 사교계에서 셰필드 나이프는 안주인의 훌륭한 취향과 부를 과시하는 아름다운 물체로 식탁에 오를 뿐이었다. 현대의 나이프는 한물간 기술로 보아도 좋을 것이다. 나이프가 칼로서 쓸모없다는 사실은 날카로운 톱니형 스테이크 칼(프랑스 남부 라이올에서 처음 세상에 내놓은 물건이다)이 따로 있다는 것만 보아도 알 수 있다. 스테이크 칼은 보통의 나이프를 힐난하는 존재이다. 식탁에서 정말로 무엇인가 자르고 싶다면 보통의 나이프로는 불가능하다고 말하는 셈이니까.

식사용 나이프는 무기용 칼과는 전혀 다른 물체가 되었다. 사람들은 이제 칼을 지니고 다닐 필요가 없었다. 오히려 그러면 예법에 맞지 않는다고 생각했다. 적어도 영국에서는 그랬다. 1769년 런던에서 이탈리아의 문필가 주세페 바레티는 공격자로부터 자신을 방어하던 중 소형 접이식 과도로 상대를 찔러 기소되었다. 법정에서 바레티는 사과, 배, 사탕과자를 자를 용도로 날카로운 칼을 가지고 다니는 것이 대륙에서는 통상적인 일이라고 변론했다. 바레티가 영국 법정에서 그렇게 시시콜콜 설명해야 했다는 것은 1769년 영국에서 칼의 성격이 이미 크게 바뀌었음을 시사한다. 날카로운 나이프란 불필요하고 심지어 바람직하지 않은 물건으로 보였다. 이 점에서는 영국이 앞장섰다.

그런데 나이프의 문제는 날카로움만이 아니었다. 음식을 맛있게 즐기게 하는가 아닌가의 문제도 있었다. 그 점에서는 20세기에 스테인리스스틸이 등장하고서야 비로소 대부분의 사람들이 나이프의 진가를 누렸다고 할 수 있다. 앞에서 말했듯이, 셰필드 나이프가 선호했던 탄소강은 과거의 다른 재료보다는 날을 벼리기에 훨씬 더 뛰어난 금속이었다. 그런데 앞에서 언급하지 않은 사실도 있다. 탄소강은 그냥 철처럼 몇몇 음식의 맛을 버린다. 산성 음식은 스테인리스스틸이 아닌 강철에 끔찍한 영향을 미칠 가능성이 있다. 미국의 유명 에티켓 전문가인 에밀리 포스트는 강철 날에 "식초가 조금이라도 닿았다가는 날이 잉크처럼 검게 변한다"고 썼다. 비네그레트 소스*와 강철 나이프는 특히 나쁜 조합이었다. 요즘도 프랑스에서는 샐러드 채소를 나이프로 자르지 않는 것이 불문율인데 바로 그런 이유에서 생긴 규칙이었다.

생선도 문제였다. 오래 전부터 사람들은 생선에 레몬이 어울린다는 것을 알았다. 그러나 1920년대에 스테인리스스틸이 발명되기 전에는 레몬을 뿌린 생선을 나이프의 슴베 부분으로 덜어 먹으면 맛을 망쳤다. 레몬의 산이 강철과 반응하여 쓴 금속성 뒷맛을 남김으로써 생선의 섬세한 맛을

---

* vinaigrette sauce, 식초와 기름, 소금, 후추로 만든 샐러드나 생선 요리용 소스/역주

압도했던 것이다. 19세기에 생선용 은 나이프가 제작된 것은 그 때문이었다. 요즘은 은 나이프가 무의미한 허식으로 보이는데, 과거에는 물론 부자만 누릴 수 있는 물건이었지만 어쨌든 주로 실용적인 이유에서 만들어졌다. 강철 나이프와는 달리 은 나이프는 접시의 레몬 즙과 반응하여 부식되지 않았다. 그것을 조가비 모양으로 만든 까닭은 금속 식기들이 담긴 서랍에서 쉽게 구별되게 하려는 것이었다(생선은 고기와는 달리 질기지 않으므로 애써 썰 필요는 없다는 사실을 반영한 디자인이기도 했다). 은 나이프가 없는 사람은 포크 두 개로, 혹은 포크와 빵 조각으로, 혹은 부식된 금속 맛을 참으면서 생선을 먹는 수밖에 없었다.

그러니 20세기에 도입된 스테인리스스틸은 식탁의 행복을 크게 키워준 발명품이다. 제2차 세계대전 이후 스테인리스스틸이 값싸게 대량 생산되고부터 부자만이 아니라 대부분의 가정도 세련되고 반짝거리는 식기를 구입할 수 있었고, 나이프가 음식 맛을 버리면 어쩌나 하는 걱정을 단번에 잊었다. 이제 우리는 대구 살에 레몬을 뿌릴 때 걱정할 필요가 없다. 소스를 뿌린 샐러드를 나이프로 자르면 안 된다고 생각할 필요도 없다.

스테인리스스틸(이녹스 강철, 녹슬지 않는 강철이라고도 한다)은 크로뮴 함량이 높은 합금이다. 크로뮴이 공기에 노출되면 우리 눈에 보이지 않는 산화크로뮴 막이 형성된다. 스테인리스스틸이 부식에 강하고 눈부시게 반짝거리는 것은 그 막 때문이다. 부식되지 않을뿐더러 강하고 신장성(伸長性) 있는 스테인리스스틸은 20세기 초반부터 생산되었다. 1908년 독일에서는 프리드리히 크루프가 크롬강을 선체 재료로 써서 366톤급 요트 게르마니아 호를 제작했다. 셰필드에서는 토머스 퍼스 앤드 선즈 사의 해리 브리얼리가 총신에 쓸 비부식성 금속을 찾던 중 스테인리스스틸 합금을 발견했다. 비부식성 날붙이는 전면전으로 치닫던 영국과 독일이 서로 군사적 우위를 점하려고 경주하다가 만든 반가운 부산물이었다. 처음에는 단순한 형태를 제외하고는 주조하기가 어려웠다. 제2차 세계대전을 거치면서 여러 산업적 혁신이 등장하고서야 비로소 스테인리스스틸 나이프를 어떤 모양으로든 효율적이고 값싸게 제조할 수 있었다. 스테인리스스틸은 우리가 칼을 길들여온 과정의 한 단계였다. 덕분에 옛 사람들이 각자 지녔던 칼보다 더 싸고 편하고 덜 위협적인 칼이 탄생했다.

오늘날 식사용 나이프는 전적으로 무해한 물체로 보인다(9/11 테러 이후 비행기 반입 금지물품으로 지정되기는 했지만). 그런데 지난 200년 동안 우리가 이 무딘 도구를 선호한 결과, 우리에게 뜻밖의 강력한 영향이 미쳤다. 칼은 음식만이 아니라 인체에도 자취를 남긴다. 요리사는 누구나 남들에게 보여줄 상처가 있고, 종종 그것을 상처에 얽힌 사연과 함께 자랑스레 내보인다. 채소를 다듬다가 엄지에 찍힌 상처, 가자미를 바르다가 불행하게도 함께 벤 손가락 끝. 나도 손가락에서 채칼에 썰렸던 부분에 여태 연한 살이 도드라져 있다. 사고나 실수를 저지르지 않아도 일상적인 훌륭한 칼질에서 생기는 물집과 굳은살이 있다. 물집과 사상은 부엌칼이 남기는 뚜렷한 유산이다. 그런데 사실 칼은 그보다 더 깊은 자취를 우리 몸에 남겼다. 식탁에서 음식을 썬다는 기본적인 기술이 우리의 생리구조를, 무엇보다도 치아를 바꾸었다.

현대의 치과교정학은 주로 탄성 밴드, 철선, 교정기를 써서 완벽한 '피개교합(被蓋咬合)'을 만드는 일에 헌신한다. 피개교합이란 위 앞니가 마치 상자 뚜껑처럼 아래 앞니보다 살짝 앞으로 튀어나온 상태를 말한다. 그것이 인간의 이상적인 교합 상태이다. 피개교합의 반대는 침팬지 같은 영장류에서 흔히 나타나는 '절단교합(切端咬合)'으로, 위 앞니가 마치 단두대 칼날처럼 아래 앞니와 딱 맞물리는 상태이다.

치과 의사가 흔히 알려주지 않는 사실은, 피개교합이 인간에게서 상당히 최근에 나타난 특징이며 아마도 나이프 사용과 관계가 있을 것이라는 점이다. 옛날 사람들의 골격을 보면 서양에서 피개교합이 '정상적인' 상태였던 기간은 불과 지난 200-250년뿐이었다. 그전에는 인간도 대개 유인원과 비슷한 절단교합이었다. 피개교합은 진화의 산물이 아니다. 그러기에는 변화에 걸린 기간이 너무 짧다. 피개교합은 우리가 성장기에 음식을 잘라 먹는 방식에 대한 반응으로 나타난 현상인 듯하다. 이 사실을 밝힌 사람은 주로 네안데르탈인에게 지적 열정을 쏟아온 미국의 인류학자 찰스 로링 브레이스(1930년 출생) 교수였다. 브레이스는 수십 년에 걸쳐 호미니드의 치아 진화에 대한 세계 최대의 데이터베이스를 구축했다. 아마도 그는 20세기 사람 중에서 고대 인류의 턱뼈를 가장 많이 손에 들어본 사람일 것이다.

1960년대 초부터 브레이스는 피개교합에 설명이 필요하다고 느꼈다. 처음에 그는 피개교합이 수천 년 전 '농업 도입' 시기까지 거슬러올라갈 것이라고 추측했다. 피개교합이 곡물 재배와 함께 나타났다는 가설은 직관적으로 말이 되는 것 같다. 곡물은 이전에 먹었던 질긴 고기나 섬유질 많은 덩이줄기, 뿌리줄기보다 덜 씹어도 되니까. 그러나 데이터베이스가 좀더 풍성해지자, 절단교합이 기존의 짐작보다 훨씬 더 오래 지속되었다는 사실을 확인할 수 있었다. 서유럽에서는 18세기 말에 들어서야 '지위가 높은 사람들'부터 피개교합으로 바뀌기 시작했다.

왜일까? 당시 고위층 식단에 영양학적으로 딱히 극적인 변화는 없었다. 부자들은 전과 다름없이 단백질이 풍부한 고기와 생선을 많이 먹었고, 패스트리를 잔뜩 먹었고, 우유는 조금, 채소는 많지도 적지도 않게, 빵은 가난한 사람들과 거의 같은 양을 먹었다. 물론 1800년의 부자가 고기에 딸려 나오리라고 기대한 향신료와 소스는 1500년의 부자가 기대한 것과는 달랐으리라. 커런트와 향신료와 설탕은 덜 먹었을 것이고 버터와 허브와 레몬은 더 먹었을 것이다. 그러나 요리 면에서의 이런 변화는 대체로 피개교합의 등장보다 한참 앞섰다. 르네상스를 맞아 유럽 전역의 식탁에 등장했던 좀더 신선하고 가벼운 누벨퀴진의 역사는 늦어도 프랑스 요리사 라 바렌의 『프랑스 요리사(Le Cuisinier français)』가 나왔던 1651년까지 올라간다. 혹은 논란의 여지는 있지만 이탈리아의 마에스트로 마르티노가 활약했던 1460년대까지 올라갈 수도 있다. 마르티노의 레시피에는 허브 프리타타,* 사슴고기 파이, 파르메산 치즈 커스터드, 오렌지 과즙과 파슬리를 곁들인 가자미속 생선인 납서대 튀김 등이 있었는데, 모두 300년 후 부잣집 식탁에 올라도 어색하지 않을 듯한 음식이다. 요컨대 귀족들의 이가 변하기 시작했던 시기에 고위층 식단은 수백 년 동안 큰 변화 없이 유지되고 있었다.

오히려 크게 변했던 대목은 **무엇을** 먹느냐가 아니라 **어떻게** 먹느냐였다. 그즈음부터 평범한 중상층 가정은 나이프와 포크로 음식을 작게 잘라 먹기 시작했다. 그것은 기술의 변화라기보다 풍습의 변화라고 볼 수도 있겠는데, 실제로 어느 정도는 그랬다. 나이프가 수행하는 행위 자체는 새로울 것이 없었으니까. 사람들은 이미 수천 년 전부터 갖가지 인공적인 절단 도구를 고안하여 이로 음식을 처리하는 것을 도왔다. 사람들은 찍고 썰고 깎고 갈고 연하게 만들고 자르고 다졌다. 인류가 석기시대부터 절단 도구를 능숙하게 다루었던 것은 현대 인류의 턱과 치아가 호미니드 선조보다 더 작아진 여러 이유들 중의 하나였던 것 같다. 그러나 피개교합은 지금으로부터 불과 200-250년 전에 등장했다. 즉 식탁에 나이프와 포크가 도입된 시기에 등장했다.

---

* frittata, 달걀에 각종 재료를 넣어 만드는 이탈리아식 오믈렛/역주

브레이스는 근대 이전의 섭취방법이 주로 '쑤셔넣고 끊어내기'였을 것이라고 본다. 브레이스가 직접 명명한 그 이름이 암시하듯이 그다지 우아한 방법은 아니다. 대충 이런 식이다. 우선 한 손으로 음식을 잡는다. 이로 음식을 한 입 단단히 문다. 그리고 손에 잡은 음식을 입에 문 조각에서 확 뜯어낸다. 손으로 단호하게 잡아당겨도 좋고, 수중에 모종의 절단 도구가 있다면 입술을 베지 않도록 조심하면서 써도 좋다. 이것이 바로 처음에는 석기만, 나중에는 날카로운 칼만 가지고 있었던 우리 선조가 질긴 음식을, 특히 고기를 먹는 방식이었다. '쑤셔넣고 끊어내기' 방식은 고대부터 면면히 이어졌다. 칼날은 철에서 강철로 바뀌고 손잡이는 나무에서 도자기로 바뀌었으나 먹는 방법은 그대로였다.

　18세기 말 서양에서 나이프와 포크로 먹는 방식이 널리 채택된 것은 '쑤셔넣고 끊어내기' 방식의 종말을 뜻했다. 포크에 대해서는 제6장에서 이야기하겠다(젓가락과 숟가락에 대해서도). 당분간은 다음과 같은 사실만 알아두자. 중세에서 근대로 넘어오면서 포크는 요상하고 허식적이라며 비웃음을 사던 물건에서 교양 있는 식사에 꼭 필요한 도구로 탈바꿈했다. 이제 사람들은 쑤셔넣고 끊어내는 대신 포크로 음식을 고정하고 나이프로 썰어서 별로 씹을 것도 없을 만큼 작은 조각을 입에 넣었다. 나이프가 무뎌지면서 음식은 전반적으로 더 부드러워져야 했으므로 더더욱 씹을 필요가 줄었다.

　브레이스의 데이터에 따르면, 식사 예절의 혁명은 치아 구조에 직접적인 영향을 미쳤다. 브레이스는 라틴어로 '자르다'라는 뜻의 단어 'incidere'에서 온 용어 '절치(incisor, 앞니)'가 잘못 지어진 이름이라고 주장한다. 앞니의 진정한 용도는 절단이 아니라 음식을 무는 것이다. 브레이스는 "앞니가 돋은 뒤 하루에도 몇 번씩 그렇게 쓰다 보면 대체로 위아래가 맞물리는 교합을 취하게 될 것"이라고 추측했다. 그런데 사람들이 나이프와 포크로 음식을 잘라 한 입 크기로 먹게 되면서부터 앞니가 붙잡는 기능으로 쓰이지 않았을 테고, 그래서 윗니가 계속 자라 아랫니와 맞물리지 않게 되었을 것이다. 그 결과가 피개교합이다.

우리는 보통 인체는 변하지 않는 기본적인 요소이고 식사 예절 따위는 피상적인 요소라고 생각한다. 시대에 따라 예절은 바뀌어도 몸이 그에 따라 변하지는 않는다고 생각한다. 브레이스는 그 생각을 뒤집었다. 정상적이고 자연스러운 상태로 보였던 피개교합은—현대 인류의 해부 구조에서 기본적인 특징인 듯 보였지만—사실 식사 행동이 빚은 결과였다.

그런데 낱붙이가 치아를 변화시켰다는 가설에 대해서 우리가 정말 브레이스만큼 확신할 수 있을까? 한마디로 답하자면 확신은 어렵다. 브레이스의 발견은 많은 의문도 일으켰다. 사람들의 섭취방법은 브레이스 이론이 말하는 것보다 훨씬 더 다양하다. 유럽인이 산업시대 이전에 반드시 쑤셔넣고 끊어내는 방법으로만 먹은 것은 아니었고, 앞니로 물어야 하는 음식만 먹은 것도 아니었다. 사람들은 수프와 뽀타주*를 마셨고, 부드럽게 바스러지는 파이를 갉았고, 죽과 폴렌타를 숟가락으로 떠서 먹었다. 어째서 그런 부드러운 음식들이 좀더 일찍 교합을 바꾸지 않았을까? 어쩌면 브레이스는 네안데르탈인에게 집중하다 보니 나이프와 포크 이전에도 게걸스럽게 쑤셔넣는 것은 종종 예의에 어긋나는 일로 간주되었다는 사실을 놓쳤는지도 모른다. 그리스의 역사학자 포시도니오스(기원전 135년경 출생)는 켈트족은 워낙 무례하여 "고깃덩이를 통째 쥐고 물어뜯는다"고 구시렁거렸다. 예의 바른 그리스인은 그러지 않는다는 뜻이다. 게다가 나이프와 포크의 도입 시점과 피개교합의 등장 시점이 겹친다고 해서 반드시 전자가 후자의 원인은 아니다. 상관관계는 인과관계가 아니다.

---

* potage. 고기, 생선, 갑각류 등을 삶은 육수로 조리한 수프의 총칭/역주

그럼에도 불구하고 브레이스의 가설은 현재까지 축적된 데이터에 가장 잘 맞는 이론인 듯하다. 브레이스는 1977년에 처음 피개교합 논문을 썼을 때, 그때까지 모은 증거가 "체계적이지 않고 일화적이라는" 사실을 시인했다. 그리고 이후 30년 동안 표본을 더 많이 구해서 증거를 다지는 데에 전념했다. 그동안 그는 만약 자신의 논지가 옳다면, 미국인이 유럽인보다 절단교합을 더 오래 유지했어야 한다고 추측했다. 미국에 나이프와 포크를 쓰는 식사법이 도입된 것은 유럽보다 수십 년 뒤였기 때문이다. 브레이스는 오랫동안 소득 없이 치아 표본을 찾아 헤맨 끝에, 마침내 뉴욕 주 로체스터에서 아무런 표식이 없는 19세기 묘지를 발굴하는 데에 성공했다. 정신병원, 구빈원, 감옥에서 죽은 사람들의 시신이 묻힌 곳이었다. 그중 치아와 턱이 온전한 시신 15구를 살펴보았더니, 너무나 만족스럽게도 전체의 3분의 2에 해당하는 10구가 절단교합이었다.

중국은 어떨까? '쑤셔넣고 끊어내기'는 부엌칼로 다 자르고 젓가락으로 먹기만 하는 중국식 식사법에 뻔히 맞지 않는 말이다. 중국 요리에서 작게 써는 방식이 유행하고 그와 더불어 젓가락이 널리 퍼진 것은 유럽에서 나이프와 포크가 표준방식이 된 시기로부터 약 1,000년 전인 송나라 시절(960-1279)이었다. 유행은 귀족 사이에서 시작되어 차차 인구 전체로 퍼졌다. 만일 브레이스가 옳다면, 중국 부엌칼과 젓가락의 조합은 유럽의 나이프보다 훨씬 더 앞선 시점부터 중국인의 치열에 자취를 남겼을 것이다.

증거는 한참 후에 나타났다. 브레이스는 언제나처럼 치아 표본을 찾는 평생의 여정에 나섰다가 상하이 자연사박물관을 방문했다. 그리고 그곳에서 송나라 때 갓 졸업한 학생 신분으로 죽은 청년의 유해를 보았다. 젓가락이 그릇에서 입으로 음식을 옮기는 표준방식으로 채택된 바로 그 시기였다.

청년은 귀족 집안 자제이자 관료였다. 명찰이 설명하듯이 과거시험에 나설 만한 나이에 죽은 청년은 이제 시험장 대신 통 속에 있었다. 입을 딱 벌린 채 보존액에 둥둥 떠 있는 모습은 분명 역겨웠지만, 좌우간 그곳에는 근대 중국인의 확실한 피개교합이 있었다!

브레이스는 이후 중국인의 치열을 더 많이 분석하여 정말로 피개교합이 유럽보다 800-1,000년 더 일찍 나타났다는 사실을 확인했다. 다만 농부들은 예외였다. 농부들은 20세기 들어서도 한참 후까지 절단교합을 유지했다. 칼에 대한 동서양의 태도 차이가 우리의 치열에 시각적인 영향을 미쳤던 것이다.

그러니 칼은 얼마나 잘 드느냐도 중요하지만 어떻게 사용하느냐도 중요하다. 1,000년 전 중국 귀족의 음식을 잘랐던 부엌칼은 당시 유럽의 카버가 고기를 자르는 데에 썼던 칼보다 딱히 더 날카롭거나 강하지는 않았을 것이다. 그보다는 그 칼로 무엇을 히느냐가 큰 차이였다. 재료를 작은 조각으로 자를 것인가, 아니면 조리된 음식을 큰 조각으로 썰 것인가. 그 차이는 문화적 원인에서 왔다. 식탁에서 쓰는 도구를 둘러싼 문화적 관습에서 나왔다. 그럼에도 불구하고 그 결과는 충격적일 만큼 물리적이었다. 중국 부엌칼은 중국 서생의 치아에 자취를 남겼고, 그리하여 결국 브레이스가 그것을 목격했던 것이다.

메찰루나

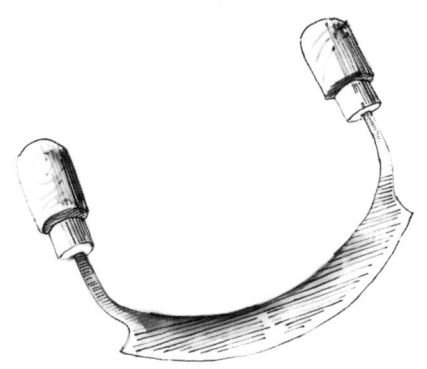

뭉툭한 나무 손잡이와 휜 날을 보자면, 이 도구는 수백 년 전에 진작 폐기되었어야 할 것 같다. 칼날이 곡선형이고 주로 다질 때 쓰이는 칼은 다양한 형태가 있었으나, 어쨌든 최소한 르네상스 이탈리아에서부터는 주방에 존재했다. 이탈리아 요리사들은 메찰루나(mezzaluna) 이전에 종종 칼날이 곡선이되 손잡이가 하나만 달린 칼을 썼다. 간혹 손잡이 두 개짜리도 있었지만 다질 때 쓴 것이 아니라 식탁에서 부스러기를 긁어 치우는 데에 썼다. 그러다가 이윽고 뛰어난 사업가 기질을 가진 어느 대장장이가 날카롭게 굽은 날과 두 개의 손잡이를 결합한 완벽한 다지기용 기구를 만들었을 것이다. 메찰루나는 그때부터 줄곧 살아남아, 요즘도 허브를 다지거나 이탈리아어로 '반달'을 뜻하는 예쁜 이름을 수많은 고급 레스토랑에 빌려주고 있다.

 메찰루나의 생명력은 부엌에서 낭만이 발휘하는 힘을 과소평가하지 말라는 경고이다. 메찰루나는 짜릿한 기분이 들게 하는 물건이다. 그것을 두 손으로 잡고 흔드노라면 옛 이탈리아 도시에서 흔들거리는 곤돌라를 타고 있는 듯한 기분이다. 올라갔다 내려갔다, 올라갔다 내려갔다. 오소 부코* 요리에 뿌릴 그레몰라타를 만들 때, 우리는 메찰루나를 내려다보면서 파슬리, 레몬 껍질, 마늘의 어찔한 향을 한껏 들이마신다.

그야 물론, 푸드 프로세서로 윙 갈거나 평범한 부엌칼로 다져도 된다. 그러나 이 일에는 메찰루나가 더 낫다. 낭만의 이면에는 효율도 있다. 견과를 다질 때 푸드 프로세서는 지나치게 곱게 가는 경향이 있다. 단추를 너무 오래 누르면 아차 하는 순간에 아몬드가 가루가 된다. 1분만 더 갈아도 버터처럼 되어버린다. 한편 부엌칼로 다지면 견과가 도마 위에서 산산이 흩어진다. 반면에 메찰루나는 흔들거리는 칼날의 양끝에서 견과 조각들을 붙잡으면서 크기가 너무 고르지 않게 금세 다져준다.

메찰루나는 이중 날보다 외날이 좋다. 이중 날은 힘은 좋지만 날 사이에 엉겨붙은 부스러기를 떼어내느라고 시간을 허비하게 된다. 멋있게 굽은 외날만으로도, 부엌칼을 쓴다면 날에 진득진득 들러붙을 말린 살구를 힘차게 해치우기에 충분하다. 앞뒤로 흔들거리는 메찰루나의 움직임은 신선한 초록의 허브를 곤죽으로 만들지 않으면서 잘게 다지는 최고의 방법이다.

메찰루나가 칼보다 훨씬 더 나은 점이 또 있다. 니겔라 로슨은 이렇게 지적했다. 메찰루나를 쓸 때는 "두 손이 모두 동원되기 때문에 내가 내 손을 벨 일이 없다"고.

---

* osso bucco, 송아지 정강이 부위를 뼈와 함께 단면으로 썰어서 지지고 익힌 뒤, 각종 허브와 레몬으로 만든 그레몰라타 소스, 리소토 등을 곁들여 먹는 요리/역주

3
불

"언어를 제외하고 인간이 이룬 가장 위대한 [발견]."
찰스 다윈, 『인간의 유래(*The Descent of Man*)』, 1871

"아, 아버지, 돼지가, 돼지가, 이 타버린 돼지가
얼마나 맛있는지 와서 좀 드셔보세요."
찰스 램, 「로스트 피그에 관하여」, 1823

"이 일을 어두컴컴한 데서 한다고 상상해보세요. 얼마나 위험했겠어요!" 검은 티셔츠와 흰 주방장 앞치마를 두른 남자가 뜨거운 불 가까이 서서 세이지 잎으로 속을 채운 작은 송아지 고기를 무슨 고문 기구처럼 보이는 물건에 쑤셔넣고 있다. 길이가 수십 센티미터나 되고 치명적으로 뾰족한 쇠꼬챙이 다섯 가닥이 아슬아슬하게 한덩어리로 묶인 물건이다. 꼭 다섯 갈래 투창처럼 생겼다. 그것은 16세기부터 이탈리아에서 고기를 로스팅할 때 썼던 '스피에도 도피오(spiedo doppio)'라는 희귀한 종류의 꼬챙이다. 그것을 들고 있는 남자는 이반 데이이다. 데이는 현재까지 그 물건으로 요리하는 세계 유일의 인간일 것이다.

60대 초반이지만 아직도 소년 같은 데이는 영국의 선도적인 음식 전문 역사학자이다. 데이는 레이크 디스트릭트의 금방이라도 무너질 듯한 17세기 농가에서 산다. 그 집은 옛날 조리 기구와 오래된 요리책이 가득한 살아 있는 박물관이다. 데이는 그곳에서 역사적 조리법에 관한 강좌를 연다.

수많은 전문 요리사, 학자, 박물관 큐레이터를 가르치는 것은 물론이고 아마추어 요리사도 단체로 가르친다. 데이의 강좌에서는 퀸스와 골수를 사용한 르네상스 시대 파이, 장미수로 맛을 낸 17세기 웨이퍼(웨하스라고도 한다), 빅토리아 시대 젤리, 중세 생강빵 등을 만들어볼 수 있다. 모두 당대에 실제로 쓰였던 기구로 요리하는 것이다. 그중에서도 데이가 최고의 열정을 쏟는 요리는 꼬챙이 로스팅이다. 데이는 그것이 이제껏 고안된 최선의 고기 조리법이라고 믿는다. 어느 날 데이가 말했다. "사람들은 내 로스트 비프가 평생 먹어본 것 중에서 가장 맛있다고 말하지요." 그는 화덕과 각종 꼬챙이를 써서 엄청난 양의 고기를 한꺼번에 구울 수 있다. 한 번에 8킬로그램을 구울 때도 있다.

돌이 울퉁불퉁 깔린 데이의 부엌 바닥에 선 채, 나는 개방형 화덕을 중심으로 집 전체를 설계한다는 것이 요즘은 참으로 이례적이라는 사실을 절감하고 조금 놀랐다. 과거에는 거의 모든 사람들이 그렇게 살았다. 불 하나로 난방도 하고 씻을 물도 데우고 저녁도 요리했기 때문이다. 지난 수천 년의 요리는 형태의 차이는 있을지언정 모두 로스팅이었다. 요즘도 개발도상국의 극빈자들에게는 모닥불로 요리하는 것이 유일한 방법이다.

그러나 적어도 서양에서는 불이 차츰 격리되었다. 요즘 우리는 바베큐 파티를 할 때, 혹은 모닥불에 둘러 앉아 손을 따뜻하게 쬐면서 마시멜로를 구울 때나 직화 구이를 접한다. 로스트 비프를 좋아한다고 선언하는

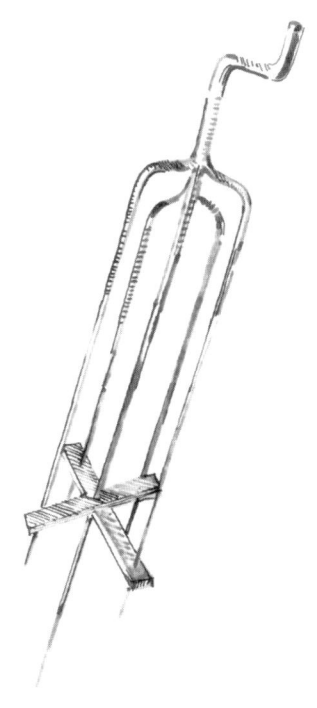

불 109

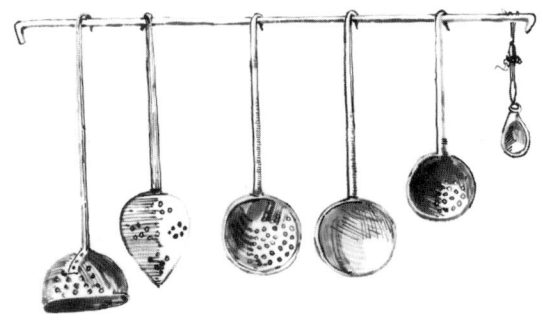

 사람은 많지만, 그리고 데이의 로스트 비프는 정말로 내가 평생 먹어본 최고의 로스트 비프였지만, 우리는 개방형 화덕 요리를 위해서 온 집을 개조할 자원도 마음도 없다. 우리는 그것 말고도 할 일이 많다. 요리를 삶에 맞추어야지 삶을 요리에 맞출 수는 없다. 데이도 그 부엌을 유지하려면 엄청난 노력을 기울여야 한다. 그는 유럽의 골동품 시장을 샅샅이 뒤져, 수십 년 전 집집마다 개방형 화덕에서 폐쇄형 스토브와 레인지로 바꾸면서 내버렸던 꼬챙이나 여타 로스팅 기구를 건져낸다.
 단순히 불만의 문제도 아니다. 개방형 화덕 요리에는 수많은 관련 기구가 따른다. 장작이 굴러내리지 않도록 앞뒤에서 막아주는 쇠살대(앤드아이언과 브랜드아이언), 불 앞에 세워서 요리 속도를 높이거나 요리사를 열기로부터 보호하는 커다란 금속 판(헤이스너), 작은 한 갈래 꼬챙이부터 큰 다섯 갈래 꼬챙이까지 수많은 종류의 꼬챙이, 꼬챙이에 꿴 고기를 회전시키는 기구(스핏잭), 불을 관리하기 위한 부젓가락과 풀무, 불에 솥을 걸 때 쓰는 갈고리와 한창 구워지는 고기에서 떨어지는 기름을 받기 위한 국물받이, 솥을 떠받치는 가대나 삼발이, 고기를 솥에서 건질 때 쓰는 포크. 이런 도구들은 무거운 금속(주로 철)으로 만들어졌으며 요리사를 뜨거운 열기로부터 보호하기 위해서 손잡이가 길다. 요즘 주방용품 가게에서는 이런 물건들 중 그 무엇도 구할 수 없다. 이런 물건들은 개방형 화덕과 더

불어 사라졌다.

만일 내가 손잡이가 짧은 스테인리스스틸 집게와 논스틱 실리콘 주걱을 들고 데이의 부엌에 선다면, 나는 승산이 없을 것이다. 도구는 녹아버릴 것이고, 나는 익어버릴 것이다. 아이들은 울부짖을 것이고, 저녁은 타버릴 것이다. 개방형 화덕 요리를 뒷받침했던 생활양식은 모두 과거가 되었다. 부엌 기술은 단순히 그 기술이 잘 작동하는가—가령 맛있는 음식을 만들어주는가—마는가의 문제만은 아니다. 기술을 둘러싼 전체 환경의 문제이다. 부엌 구조, 사람들이 위험을 대하는 태도, 오염, 여성과 하인의 삶, 붉은 고기나 고기 전반에 대한 감정, 사회구조와 가족의 구조, 금속학의 발전단계. 불꽃으로 직접 고기를 굽는 기술은 지금은 사라진 문화에 속하는 행위였다. 노출된 불꽃을 중심으로 기꺼이 일상을 조직하는 영국 최후의 인간, 이반 데이의 부엌에 들어설 때, 우리가 그다지도 심란한 것은 그 때문이다.

로스팅은 가장 오래된 조리법이다. 거칠게 말하자면 로스팅은 날재료를 불에 직접 넣는 것에 불과하다. 아프리카의 수렵채집인 쿵산족은 지금도 '트신'이라는 콩을 뜨거운 잿불에 던져서 익힌다. 불이 음식을 변형시켜 더 소화하기 쉽고 맛있게 만들어준다는 사실을—우연이든 계획적으로든—처음 발견한 행운의 인간이 누구였는지, 우리는 영영 알 수 없으리라. 찰스 램은 「로스트 피그에 관하여」라는 우화에서 로스팅의 탄생을 상상해보았다. 중국에서 돼지를 치던 남자의 게으른 아들, 보보가 어쩌다 집에 불을 내어 새끼돼지들이 타 죽는다. 램의 이야기에서 보보는 뜨겁게 그을은 돼지 껍질을 집고는 "난생처음으로 (사실은 세상에서 처음으로, 왜냐하면 이전에 어느 누구도 그런 것을 알지 못했으므로) 맛을 본다. 바삭하

불 111

게 구운 돼지 껍질을!"

　매혹적인 이야기이지만, 로스팅은 이런 식으로 발견되었을 리가 없다. 로스팅이 집보다도 돼지치기보다도 한참 앞서 존재했다는 명백한 사실 때문에라도 말이다. 로스팅 기술은 건축 기술보다 훨씬 더 오래되었고 농업보다도 오래되었다. 끓이는 데에 쓸 토기의 발명, 굽는 데에 쓸 오븐의 발명보다는 200만 년 가까이 앞선다. 지금까지 알려진 가장 오래된 건축물은 약 50만 년 전의 것으로, 최초의 수렵채집 인류였던 호모 에렉투스의 시대 막바지에 해당한다. 그렇게 집을 지어 살던 원시 인류가 농부가 된 것은 그로부터 또 수십만 년이 지난 뒤였다. 최초의 식물 재배는 기원전 9000년경 등장했다. 현대 인류인 호모 사피엔스가 등장하고서도 한참 지난 시점이었다. 가축 사육은 더 최근의 일이다. 중국에서는 기원전 8000년경부터 돼지를 길렀다. 그즈음 인류는 이미 구운 고기의 맛에 수십만 년 동안 익숙한 상태였다.

　어쩌면 불로 굽는 방법의 발견이야말로 인간을 인간으로 만든 사건이었을지도 모른다. 인류학자 리처드 랭엄에 따르면, 약 180-190만 년 전 벌어졌던 최초의 요리 혹은 로스팅은 인류 역사에서 가장 결정적인 순간이었다. 그 순간 인류는 직립 유인원에서 온전한 인간으로 변모했다. 음식을 익히면 대체로 소화가 더 쉬워지고 영양소도 더 많이 얻을 수 있다. 인류는 익힌 음식을 발견함으로써 뇌 성장에 투입할 잉여 에너지를 얻었다. 랭엄은 이렇게 말한다. "요리가 위대한 발견이었던 것은 음식을 더 맛있게 만들어주었기 때문만은 아니다. 인간을 육체적으로 인간답게 만들었기 때문만도 아니다. 요리는 그보다 더 중요한 일을 했다. 요리는 인간의 뇌가 남달리 커지도록 도움으로써, 시시한 육체에 뛰어난 머리를 제공했다."

　열과 빛의 공급원을 길들인 인류는 처음에는 불 가까이에 집을 지었고 나중에는 불을 둘러싸고 집을 지었다. 끼니를 제공하는 화덕은 집의 구심점이었다. 초점을 뜻하는 영어 단어 'focus'는 라틴어로 '화로'라는 뜻이다. 불을 피우고, 적절히 타도록 관리하고, 낮에는 연료를 충분히 공급하고, 밤에는 집에 불이 붙지 않도록 적절히 불꽃을 죽이는 등 불을 관리하는 노동은 150년 전 가스 오븐이 등장하기까지 가사의 핵심이었다. 오늘날 '커퓨(curfew)'라는 영어 단어는 주로 10대의 통금시간을 가리키는 말이지만, 원래는 주방용품이었다. 밤에 가족이 잘 때 불씨를 보존하기 위해서 잉걸불에 덮어두는 큰 금속 덮개를 말했다. 요리 자체가 대체로 불을 관리하는 기술이라고 할 수 있었다.

현대 부엌은 불을 길들이는 것을 넘어서 아예 철저히 가두었다. 우리는 불을 1초 만에 불러냈다가 도로 꺼뜨리는 스위치와 차가운 가스 레인지에 둘러싸여, 불이 존재한다는 사실마저 잊고 산다. 그러다가도 불이 모습을 드러내면, 그제서야 현대에도 부엌이 화상을 입기 좋은 장소임을 상기한다. 그리스에서 아동 화상 사고 239건을 조사한 결과, 집에서 가장 위험한 장소는 단연 부엌이었다. 화상의 65퍼센트가 부엌에서 발생했다. 부엌에서 가장 많이 데는 연령 집단은 한 살이었다. 집 안을 돌아다닐 만큼은 컸지만 레인지가 뜨겁다는 것을 알 만큼은 크지 않은 나이이다.

예전에는 부엌에 들어서면 불이 보이는 것이 당연했다. 요즘은 불이 보이면 공황에 빠진다. 영국에서는 요즘도 가정 내 화재의 대부분이 요리 중에 발생한다. 구체적으로는 음식이 든 냄비를 방치했다가, 더 구체적으로는 칩팬을 방치했다가 발생한다. 칩팬은 깊고 뚜껑이 없고 철제 석자가 포함된 감자칩 튀김용 냄비로서, 기술의 위험과 비효율성이 진작 증명된 뒤에도 사용자들이 그 기술에 집착할 수 있음을 증명하는 흥미로운 사례이다. 영국에서는 매년 약 1만2,000건의 칩팬 화재가 발생하여 4,600명이 다치고 50명이 죽는다. 소방 당국은 칩팬에서 감자를 튀기지 말라고 틈만 나면 호소한다. 뚜껑이 제대로 꽉 닫히는 튀김기를 장만하거나 뭐라도 좋으니 감자 튀김 대신 다른 음식을 먹으라고 말이다. 특히나 취했을 때는. 그런데도 칩팬 화재는 계속된다.

칩팬 화재는 늦은 밤 실내에서 알코올과 뜨거운 기름을 결합한다는 명백히 어리석은 발상만으로는 전부 해명할 수 없는, 그보다 더 깊은 망각을 암시하는 상징이다. 불을 낸 사람이 혹시 요리와 불의 연관성을 깡그리 잊은 것이 아닐까 싶다는 점에서 칩팬 화재에는 일말의 순진함이 있다. 요리란 모름지기 노출된 불꽃에서 하는 것이었던 옛날에는 그 사실을 간과한다는 것은 있을 수 없는 일이었다.

위대한 요리 철학을 남긴 프랑스의 브리야사바랭은 1825년 "요리는 가르칠 수 있지만 로스팅은 타고나야 한다"라고 썼다. 나는 부엌에 갓 발을 들인 초심자였을 때, 이 문장을 읽고서 어리둥절했다. 내게 로스팅은 그다지 어려워 보이지 않았다. 마요네즈를 만들면서 달걀과 기름이 분리되지 않도록 하는 일이나 패스트리가 폭삭 주저앉지 않도록 잘 부풀리는 것에 비하면 확실히 덜 어려웠다. 1.5킬로그램짜리 생닭에 버터와 소금과 레몬을 바른다. 로스팅 그릇에 담아 뜨거운 전기 오븐에 넣는다. 1시간 10분을 두었다가 꺼낸다. 방목된 질 좋은 닭을 구입한다면 내 '로스트 치킨'은 매번 완벽하게 구워졌다. 로스팅은 소고기 정강이살을 브레이즈하거나 돼지 갈비살을 소테*하는 것보다 훨씬 더 쉬웠다. 브레이즈나 소테를 할 때는 고기가 질겨지지 않도록 세심하게 신경을 써야 하기 때문이다.

그러나 브리야사바랭이 염두에 둔 로스팅은 내가 말한 과정이 아니었다. 19세기 들어 한참이 지났을 때까지도 서양 요리는 직화로 로스팅하

---

* saute, 고기나 생선을 버터나 기름으로 얇은 팬에서 고온에 익히는 기법/역주

는 행위와 밀폐된 오븐으로 베이킹하는 행위를 개념적으로 엄격하게 구분했다. 브리야사바랭에게 내가 닭을 익히는 방식은 로스팅과 무관했다. 이전 세기의 요리사에게 우리의 '로스트'는 로스팅이 아니라 반쯤은 굽고 반쯤은 재료 자체의 지방에 담가 끓이는 요상한 방식으로 익힌 고기일 뿐이다. 원래 로스팅이라고 하면 첫째, 개방된 화덕을 써야 했고, 둘째, 꼬챙이에 꿰어 돌려야 했다('roast'는 '돌리다'라는 뜻의 'rotate'와 어원이 같다).

애초의 직화 로스팅—조절하지 않은 불길에 식재료를 그냥 쑤셔넣는 것—은 조잡하고 성급한 방법으로서, 고기가 질기고 기름지게 익는다. 근육 단백질은 지나치게 익어 질겨지지만 결합조직의 콜라겐은 미처 연해질 겨를이 없다. 진정한 로스팅은 그와는 대조적으로 부드러운 과정이다. 요리사는 불에서 상당히 떨어진 거리에서 내내 꼬챙이를 돌린다. 고기가 회전한다는 것은 곧 특정 부위에 열이 지나치게 축적되지 않는다는 뜻이다. 달리 말해서 그을지 않는다. 느리게 서서히 익히면 고기는 계속 연한 상태를 유지한다. 그러나 요리사는 불길이 충분한지, 꼬챙이를 좀더 불길 가까이 옮겨야 하는지 시시각각 빈틈없이 신호를 살펴야 한다. 그래서 진정한 로스팅 요리사는 타고날 뿐 만들어질 수 없다는 말이 나온 것이다. 꼬챙이를 돌리는 단순한 중노동 외에도 요리사는 꼬챙이에 꿴 음식의 상태를 육감으로 느껴야 한다. 탈 것 같은 순간이나 불을 더 지펴야 하는 순간을 직감으로 알아야 한다.

요즘 사람들은 개방형 화덕에서 꼬챙이로 굽는 것은—수백 년간 유럽에서 가장 사랑받은 기법임에도 불구하고—원시적이고 더러운 방법이라고 말하곤 한다. 그러면 이반 데이는 버럭 화를 낸다. "오히려 반대입니다. 로스팅은 발전된 기술과 뛰어난 고유의 조리법이 동원된, 대단히 세련되고 통제된 과정일 때가 많았습니다." 꼬챙이 로스팅은 네안데르탈인에게나 어울리는 요리법이라고 폄하하는 사람도 있다. 그러면 로스팅에 푹 빠

불 115

진 데이는 이렇게 대꾸한다. "나는 '전자 레인지로' 조리한 소고기를 먹느니 네안데르탈인처럼 조리한 소고기를 먹겠습니다."

나는 데이가 17세기 화덕과 부속품으로 로스팅한 '역사적' 고기를 몇 번 먹어보았는데, 맛도 질감도 이 세상 것이 아니라고 생각될 정도로 훌륭했다. 그러나 과연 어느 정도가 개방형 화덕 기술 덕분이고 어느 정도가 데이의 수준급 요리 솜씨 때문인지는 분명히 가릴 수 없었다. 데이의 요리 실력은 보통 주부의 수준을 훌쩍 넘는다. 그는 시트러스 껍질을 직접 졸이고 요리에 쓸 진액도 손수 추출한다. 양념에 안달복달하며, 그의 부엌에서 만들어진 식사는 흡사 정물화처럼 보인다.

데이가 로스팅한 고기의 공통점은 오븐으로 구운 고기에서는 간혹 부족한 육즙이 넘친다는 것이다. 양의 다릿살을 수직형 꼬챙이에 꿰어 로스팅한 뒤 작게 잘라서 내놓은 요리는 감칠맛이 깊었다. 르네상스 이탈리아식으로 송아지 고기를 허브와 함께 낸 요리는 부드럽고 향긋했다. 최고는 빅토리아식 소고기 등심이었다. 빅토리아 여왕의 요리사였던 프란카텔리의 레시피로 구운 요리인데, 나도 데이의 강좌에서 만드는 법을 배웠다. 맨 먼저 생등심에 돼지비계를 바른다. 절인 돼지비계를 커다란 '비계 바늘'로 소고기에 꿰매 붙이는 것인데, 그러면 비계가 안쪽까지 맛있게 소고기에 스민다고 생각하기 때문이다. 그 다음에 고기를 올리브 오일, 샬롯, 레몬, 허브에 재운다. 이탈리아풍의 대단히 가벼운 양념이다. 마지막으로 고기를 거대한 꼬챙이에 꿰고 홀드패스트라는 금속 죔쇠로 단단히 고정한 뒤 불에 올린다. 완성된 소고기는 빅토리아 시대풍으로 아틀레(hatelet, 송로와 새우를 풍성하게 꿴 작은 꼬치)를 곁들여 낸다. 고기의 겉은 데이가 성실하게 육즙을 친 덕분에 노릇노릇 익었다. 속살은 포크만 대도 버터처럼 녹아내렸다. 식탁에 둘러앉은 강좌 참석자들은 서로 은근한 눈짓을 주고받았다. 옛날 영국 사람들이 로스트 비프에 환장했던 것은 **이래서였**

구나. 탁월한 그 결과물은 희한하고 성가시지만 알고 보면 수백 년 동안 다듬어진 갖가지 노력과 장비의 산물이었다.

맨 먼저 불이 있었다. 최초의 불은 어떻게 생겼을까? 누군가 일부러 부싯돌을 황철석에 부딪쳐 일으켰을까, 산불로 요행히 나뭇가지에 불이 붙었을까? 우리는 모른다. 어쨌든 불 관리는 분명 짜증스러운 일이었을 것이다. 불을 지피고 관리하고 가두는 것은 모두 문제의 소지가 다분한 활동이다. 구석기시대(20만-4만 년 전)의 화덕은 돌멩이를 몇 개 둥글게 배치하여 그 속에 불을 가둔 것이었다. 남아프리카 클라시스 강에 남은 12만5,000년 전 동굴 거주인의 흔적을 보면, 그들은 인위적으로 만든 돌 화덕에서 영양과 갑각류, 바다표범과 펭귄을 구워 먹었던 것 같다.

일단 불을 지폈으면 다음에는 연료를 보충해야 한다. 땔나무가 부족한 지역에서는 뗏장, 토탄, 동물 똥, 뼈 등 잡히는 대로 불에 넣는다. 수렵채집 부족들은 불을 늘 가지고 이동했다. 한 번 꺼뜨리면 다시 지필 수 있다는 보장이 없었기 때문이다. 고대 그리스인과 로마인은 화로를 관장하는 헤스티이/베스타 여신을 기리기 위해서 절대로 꺼뜨리지 않는 공용 화로를 만들고 관리했다. 가정에서도 기본이 되는 화롯불은 간단히 꺼뜨리지 않았다.

'영원히 꺼지지 않는 불꽃'이라고 하면 우리는 올림픽 성화처럼 깔끔한 오렌지색 불꽃이 손에서 손으로 전해지는 광경을 상상한다. 그러나 근대 이전의 평범한 오두막—로마, 아일랜드, 메소포타미아, 앵글로색슨을 막론하고—에서 영원히 꺼지지 않는 불꽃이란 더러운 연기와 열기에 절어 지내는 대가를 감수한 결과였다. 오늘날의 전문적 주방에서 나는 열기만 해도 얼마나 괴로운지 모른다. 나는 런던의 여러 식당 주방들을 방문해보았는데, 겨우 몇 분 있었을 뿐인데도 땀에 흠뻑 젖어서 나왔다. 그런 환경에서 하루 10시간 교대근무를 해야 하는 가련한 보조 요리사들이 딱하기 그지없다. 보건 안전규정에 따라 환기 및 배기 장치가 갖추어진 현대식 부엌인데도 그렇다. 환기라고는 전혀 되지 않는 비좁은 옛 부엌은 어땠을까? 견디기 힘들었을 것이다.

20세기 중반 고전학자 루이자 레이너는 옛 유고슬라비아 지역의 오두막에서 한동안 지냈다. 나무를 엮고 흙을 발라 벽을 세우고 바닥은 다진 흙으로 된 집이었다. 기본적 환기장치, 전구, 현대적 배관 따위가 등장하기 전에는 인류의 절대다수가 그와 비슷한 주거 형태에서 살았다. 레이너는 그 오두막이 고대 그리스 호메로스 시절의 오두막과도 다르다고 했다. 방에는 창문도 굴뚝도 없었고 연기가 나가도록 지붕에 구멍이 하나 뚫려 있을 뿐이었다. 벽은 불에서 나온 재로 새까맸다. 집 내부의 드러난 목재는 연기에 푹 절었다.

요즘은 요리를 즐거운 활동으로 생각하는 사람들이 많지만, 그런 폐쇄된 주거 공간에서의 요리는 전혀 즐거운 활동이 아니었을 것이다. 수그러든 불을 쑤시거나 반쯤 익은 고기를 찌르기만 해도 연기가 왈칵 뿜어져 나왔을 것이고, 고기 밑의 불길을 일정하게 유지하면서 방문을 연다는 꿈은 버려야 했을 것이다. 고대 그리스인은 이동식 화로를 선호했던 것 같은데, 그럴 만했다. 원통형 점토 화로는 아무 방으로나 옮길 수 있고 통제하기도 훨씬 더 쉬웠으니까.

중세 영국의 부잣집에서는 사정이 약간 나았다. 적어도 흙바닥 대신 돌바닥이었고, 까마득히 높은 천장이 연기를 퍼뜨려주었다. 그래도 주인이 바라는 로스트 요리를 만드는 동안에는 널찍한 부엌이 증기로 꽉 찼다. 로스팅 외에 다른 요리도 해야 할 때는 부엌 바닥 여기저기에 불을 더 피웠다. 스튜 끓이는 불, 재료 삶는 불, 로스팅용 불이 모두 활활 타면서 불똥과 매연을 내뿜었다. 대저택의 요리사는 한번에 50명이 먹을 고기를 구워야 하는 경우도 많았다. 영국에서 부엌을 아예 별채로 지어 지붕 덮인 통로로 본채와 연결하는 사례가 많았다는 사실은 개방형 화덕의 위험과 예측 불가능성을 시사한다. 그러면 설령 부엌이 화재로 타더라도 본채는 그대로 둔 채 새로 지을 수 있었다.

어쨌든 화덕 없이 살기란 불가능했다. 화덕이 없으면 겨울의 온기도 로스팅한 고기도 없을 테니까. 전통을 사랑하는 영국인에게는 큼직한 사슴 궁둥이살이나 소 허리살이 불에서 천천히 돌아가는 광경을 떠올리는 것이 최고로 근사한 상상이었다. 엘리자베스 1세 시대의 누군가의 관찰에 따르면, "영국 요리사는 다른 나라 요리사와는 달리 로스트 요리로 칭찬을 가장 많이" 들었다. 영국인은 핏물 밴 식성을 자랑스러워했다. 18세기 사람들이 부르짖은 구호는 "소고기와 자유를!"이었다. 1806년에 요크에 살던 헌터 박사라는 사람은 "만일 영국이 로스트 비프를 버리는 날이 온다면, 바야흐로 남성적인 국가적 특징이 바뀌는 순간이라고 결론지어도 좋을 것이다"라고 말했다. 프랑스에서는 아직도 영국인을 "레 로스비프(les Rosbif)"라고 부른다.

그런데 영국인이 로스트 비프를 편애한 것은 (대체로 부자에게 국한된 취향이었으나) 기본적으로 취향의 문제만은 아니었다. 자원의 문제이기도 했다. 영국 요리사가 커다란 동물을 커다란 불꽃으로 굽기로 결정한 데에는 다른 나라와는 달리 영국에 땔나무가 풍성했던 탓도 있었다. 중세부터 19세기까지 런던은 파리보다 연료가 훨씬 더 풍부했고, 그 덕분에 식량도 더 풍성하게 공급받았다. 프랑스인은 내심 자신들도 "레 로스비프"가 되고 싶지 않았을까. 빵, 맥주, 로스트 비프는 모두 땔나무를 탐욕스럽게 요구하는 음식이다. 한 계산에 따르면, 1300년에 런던 시민들의 빵과 맥주 수요를 공급하는 데에만 연간 땔감 3만 톤가량이 필요했을 것이라고 하는데, 그쯤은 끄떡없었다. 런던 교외에 울창한—또한 대체로 재생 가능한—삼림지가 잔뜩 있었기 때문이다. 물론 가정에서 난방을 하고 로스트 비프를 만들기 위해서는 연료가 더 들었다. 영국에서도 흑사병이 휩쓴 뒤에는 땔나무 가격이 엄청나게 뛰었지만, 값싼 석탄이 그 자리를 대신하여 로스팅용 불길을 활활 지펴주었다.

중국과의 차이는 극명하다. 중국인에게도 오랜 로스팅 전통이 있다. 차이나타운의 식당들에는 창문마다 번들거리는 오리 통구이와 로스팅한 돼지 갈비가 착착 쌓인 선반이 설치되어 있다. 그러나 중국 요리의 기본은 어디까지나 웍을 쓰는 볶음 요리이다. 중국의 요리 문화는 연료 부족에서 태어났다. 최소의 에너지를 투입하여 최대의 맛을 끌어내도록 매 끼니 검약하게 계산해야 했다. '레 로스비프'는 그런 걱정이 없었다. 영국의 로스트 비프는 울창한 삼림지를 반영했고, 가축을 놓아 먹일 풍성한 초지를 반영했다. 영국인은 맹렬하게 타는 불길로 동물을 통째 구우면서 고기가 입맛에 맞게 익을 때까지 마음껏 장작을 던져넣을 수 있었다. 단기적으로 그것은 사치스럽고 또한 맛있는 방법이었다. 이반 데이의 재현을 기준으로 평가해도 좋다면 말이다. 그러나 장기적으로는 그것이 거의 분명히 영국의 요리 기술을 제약했다. 필요는 발명의 어머니이다. 땔감이 좀더 제약된 상황이었다면, 궁여지책으로라도 더 창조적이고 다채로운 요리가 발전했을지 모른다.

땔감이 많았다고 해서 전통적인 영국식 로스팅이 마구잡이 기법이었다는 말은 아니다. 결코 그렇지 않았다. 로스팅을 잘하려면 어떤 고기는 은근한 불에 굽고 어떤 고기는 이글이글 최대로 지핀 불에 구워야 하는지 알아야 했다. 가령 고니는 후자였다. 채색 필사본들로 판단하건대, 꼬챙이 로스팅의 노하우는 최소한 앵글로색슨 시절부터 알려져 있었다. 요리사는 고기에 버터나 기름을 끼얹는 방법을 알아야 했다. 오늘날 커피숍의 계피 가루나 초콜릿 가루 통처럼 금속으로 되어 가루를 뿌리는 데에 쓰는 작은 통, 즉 머피니어로 고기 겉에 밀가루나 빵가루를 묻혀 바삭하게 만드는 방법도 알아야 했다. 18세기 영국을 방문했던 한 스웨덴 여행자는 "영국인은 다른 어느 나라 사람보다도 고기를 로스팅하는 기술을 잘 안다"라고 말했다. 그러나 훗날 로스팅 기술이 한물가고 나니, 영국의 요리사들은 쉽사리 다른 기법으로 전환할 수 없는 기술만 잔뜩 가진 채 뒤처진 신세가 되었다.

영국에서 모든 요리사가 알아야 할 핵심 기술은 큰 불꽃을 통제하는 기술이었다. 요리에 따라 불을 더 지피거나 누그러뜨릴 줄 알아야 했다. 훌륭한 요리사는 불꽃의 패턴을 읽음으로써 온도를 짐작했다. 불을 통제하려면 통풍구를 통제하면 된다. 공기를 더 넣으면 열기가 강렬해진다. 데이는 온도를 높이고 싶으면 부지깽이로 격렬하게 불을 쑤신다. 그리고 "이제 틀림없이 치솟을 겁니다!"라고 외친다. 그러면 정말 10분 뒤에는 화덕에 다가가는 것조차 괴로울 지경이 된다. 뺨이 몇 초 만에 벌게지는 것이 느껴진다.

온화한 가스 레인지로 시사를 준비할 때는 불에 바짝 나서서 젓고 쑤실 수 있다. 나는 가끔 코를 냄비 가까이 대고 소스의 마늘과 타임 향을 맡는다. 순전히 쾌락을 위해서. 반면에 모닥불로 로스팅할 때는 요리사가 음식에서 멀찌감치 떨어져 있다가 꼭 필요한 순간에만 다가가야 한다. 고기에 뭔가를 끼얹거나 묻힐 때, 아니면 불과의 거리나 배치를 조정할 때만. 직화 요리 기구는 대개 손잡이가 엄청나게 길다. 육즙을 칠 때 쓰는 길쭉한 숟가락, 고기를 꺼낼 때 쓰는 길쭉한 포크, 국물에서 더껑이를 걷거나 퍼낼 때 쓰는 길쭉한 국자는 요리사가 불에서 몇십 센티미터 떨어져 있게 해주었다. 역시 손잡이가 긴 도구 중 샐러맨더(salamander)라는 것이 있다. 이글거리는 불길을 견딘다는 신화 속 도마뱀의 이름을 딴 물건으로, 길쭉한 손잡이에 노처럼 생긴 무쇠 머리가 붙어 있다. 요리사는 샐러맨더의 머리를 불에 넣어 쇠가 새빨갛게 될 때까지 달군 다음, 그것을 접

불 121

시 위로 가져와서 음식—주로 패스트리, 당분이 많은 크림, 치즈를 올린 접시—을 지졌다. 19세기에는 크렘브륄레의 윗면을 토치램프가 아니라 이 샐러맨더로 지졌다. 이반 데이는 빵 조각으로 속을 채운 토마토의 윗면을 샐러맨더로 바삭하게 지진다. 샐러맨더를 토마토보다 살짝 높은 위치에 올리면 거의 한순간에 토마토가 부글거리면서 익기 시작한다. 가스 레인지로는 할 수 없는 작업이다.

　로스팅용 불꽃을 관리할 때, 중요한 또다른 사항은 음식을 적당한 위치에 두는 것이었다. 꼬챙이 로스팅은 불 바로 위에서 굽는다고 아는 사람이 많지만, 사실은 불에서 옆으로 꽤 떨어진 지점에서 구웠다. 마지막에 고기 겉을 그을릴 때만 좀더 가까이로 옮겼다. 이 방식은 요즘 아르헨티나에서 쓰는 '아사도(asado)' 조리법과 비슷하다. 아사도는 야외에 판 숯구덩이에서 몇십 센티미터 떨어진 곳에 고기를 통째 비스듬히 걸어두고 육즙이 흐르며 훈연될 때까지 서서히 익히는 기법이다. 숙련된 요리사는 고기 표면에 축적되는 열을 조절하고 싶으면 거리가 결정적이라는 사실을 잘 알았다. 현대에 과학적 실험으로도 확인된 사실이다. 불꽃의 열기는 불과 고기의 거리의 제곱에 비례하여 낮아진다. 고깃덩어리를 불에 몇 센티미터 더 가까이 붙이면 약간 더 뜨거워지는 것이 아니라 훨씬 더 뜨거워진다. 큰 고깃덩어리라면 숯덩이로 만들지 않고 로스팅할 수 있는 최적의 위치가 불에서 1미터나 떨어진 지점이 될 수도 있다.

　불을 다루는 복잡한 일을 제외할 때, 꼬챙이 로스팅의 또다른 문제는 음식을 꼬챙이에 확실히 붙들어매는 것이었다. 고기를 꼬챙이에 꿰어 빙글 돌리면 고기는 가만히 있고 꼬챙이만 돌기 쉽다. 사람들은 이 문제를 해결하고자 다양한 전략을 동원했다. 한 방법은 꼬챙이에 작은 꼬치들을 꽂을 구멍을 뚫은 뒤 납작한 꼬치들로 고기를 찔러 제자리에 잡아두는 것이었다. 또다른 해결책은 갈고리처럼 생겨 고기를 움켜잡는 '홀드패스트'

를 쓰는 것이었다. 그렇게 고기를 제자리에 붙들었으면, 더 힘든 과제가 요리사를 기다렸다. 가장 까다로운 과제이기도 했다. 고기가 익는 몇 시간 동안 어떻게 줄기차게 꼬챙이를 돌릴 것인가?

중세 영국의 부잣집 부엌에서는 고맙다는 소리를 듣기는커녕 심신만 피폐해지는 일이 많았다. 요리 보조, 설거지, 허드렛일 등등. 그중에서도 턴스핏(turnspit) 혹은 턴브로치(turnbroach)라고 불렸던 일보다 더 열악한 작업은 드물었다. 그것은 로스팅용 꼬챙이를 돌리는 사람(보통 소년)을 가리키는 말이었다. 위대한 전기작가 존 오브리의 글에는 "옛날에는 가난한 소년들이 꼬챙이를 돌리며 국물받이를 핥았다"라는 말이 나온다.

헨리 8세 시절 왕의 식솔에는 턴스핏 한 부대가 있었다. 그들은 로스팅한 수탉과 오리, 사슴과 소에 대한 왕의 식성을 만족시키기 위해서 얼굴을 그을려가며 팔을 혹사시켰다. 불가의 좁아터진 곁방에 처박힌 소년들은 고기를 돌릴 때 자신들도 익다시피 했을 것이다. 1530년까지 햄프턴 궁전의 주방 일꾼들은 거의 홀딱 벗거나 구저분한 옷을 대강 걸친 채 일했다. 헨리 8세는 그 상황을 해결하려고 했다. 그러나 꼬챙이 돌리는 노동을 줄여준 것이 아니라 주방장들에게 어린 일꾼들을 점잖게 차려입히라며 의상비를 주었다. 따라서 소년들은 더 더워졌다. 그보다 더 작은 부엌들도 턴스핏을 고용했다. 1666년 런던 미들 템플의 변호사들은 잡일꾼 둘, 주방장, 주방장 보조와 함께 '턴브로치'도 한 명 고용했다. 18세기 들어서도 한참 동안 사람들은 턴스핏이 아이에게 적절한 직업이라고 생각했다. 스코틀랜드 고산지대 출신의 존 맥도널드(1741-1796)는 이름난 집사로서 평생 하인으로 일했던 자신의 경험을 회고록으로 남겼다. 고아인 맥도널드가 처음 맡았던 일은 아기 요람 흔들기였는데, 그 일에서 잘리자 어느 신사의 집에 꼬챙이 돌리는 소년으로 취직했다고 한다. 그때 그의 나이는 겨우 다섯 살이었다.

사실 그즈음에는 꼬챙이 돌리는 소년이 이미 구시대의 유물이었다. 16세기와 17세기에 영국에서는 소년들의 일을 동물들이 거의 넘겨받았다. 1576년 출간된 개에 관한 책을 보면 "턴스핏"을 "부엌에서 일하는 개"라고 정의해놓았다. 사람들은 교배를 통해서 다리가 짧고 몸통이 긴 개를 일부러 얻었다. 개들은 화덕 근처 벽에 높게 매단 지름 약 75센티미터의 쳇바퀴에 꼼짝없이 갇혀 별 수 없이 돌고 또 돌았다. 쳇바퀴는 도르래를 통해서 꼬챙이와 이어졌다.

어떤 요리사들은 개보다 거위를 선호했다. 1690년대 기록에는 거위가 개보다 꼬챙이 돌리기에 더 낫다는 말이 있다. 거위는 더 오래, 가끔은 내리 12시간까지도 쳇바퀴를 돌릴 수 있었다. 개는 그 일을 하기에는 너무 총명한 것 같았다. 18세기 스코틀랜드에서 유년기를 보내며 개 쳇바퀴를 목격했던 토머스 서머빌은 개들이 "저녁으로 통구이를 할 것 같다는 낌새를 채면 당장 숨거나 달아나곤 했다"라고 회상했다.

우리 곁에는 이제 턴스핏용 개 품종이 없다. 사람들이 문득 양심의 가책을 느껴서 그런 관행이 사라진 것이라면 오죽 좋겠느냐만, 역사는 대개 그렇게 나아가지 않는다. 미국의 식당 주방에서는 19세기까지도 쳇바퀴가 쓰였다. 최초의 동물권 운동가였던 헨리 버그는 (곰 골리기 놀이 같은 다른 동물 학대와 더불어) 개를 쓰는 로스팅 쳇바퀴에 반대하는 운동을 벌였다. 버그가 하도 법석을 피우니 다른 사람들도 그 관행을 조금 부끄러워하게 되었지만, 그로 인한 결과는 뜻밖이었다. 버그가 개 쳇바퀴를 검사하려고 주방들을 불시에 방문했을 때, 개 대신 흑인 아이들이 불가에서 일하는 광경을 심심찮게 보게 되었던 것이다.

턴스핏 개의 시대를 끝낸 것은 자비심이 아니라 기계화였다. 16세기부터 발명가들은 소년이든 개든 거위든 아무도 동원할 필요 없이 자동으로 꼬챙이를 돌리는 기계장치를 숱하게 개발했다. 1748년 영국을 방문했던 스웨덴 자연학자 페르 캄은 추를 감아 작동시키는 철제 '고기 잭(회전기)'을 본 뒤 "고기를 그렇게 많이 먹는 사람들에게 수고를 덜어주는 유용한 발명품"이라고 칭찬했다. 캄은 여행에서 목격한 장면을 근거로 하여 "영국에는 집집마다" 추로 "간단히 제작한" 꼬챙이 잭이 있다고 주장했다. 그것은 물론 과장이었다. 그러나 당시 사람이 사망하면 작성하던 공증 소유물 목록으로 보건대, 부잣집만이 아니라 모든 가정의 절반가량이 태엽식 꼬챙이 잭을 가지고 있었던 것은 사실이다. 충격적으로 높은 비율이다.

우리에게는 케케묵은 고철로 보일지라도 당시에는 그것이 대단히 유용한 부엌 기구였다. 기계 잭은 정말로 탁월한 장치였다. 로스팅의 수고를 크게 덜어주는 부엌의 로봇이었다. 기본적인 메커니즘은 다음과 같았다. 추를 매단 줄을 원통에 감아둔다. 추가 중력 때문에 서서히 내려온다(그래서 그 작은 기계를 '중력 잭'이라고도 불렀다). 그 힘이 일련의 도니와 노르래를 거쳐서 하나 이상의 꼬챙이에 전달된다. 추가 떨어지는 힘으로 꼬챙이를 돌리는 것이다. 심지어 어떤 잭은 꼬챙이가 멈추면 종을 울려서 알렸다.

추를 쓰는 형태만 있는 것도 아니었다. 불에서 피어오르는 상승 기류로 풍향계처럼 생긴 바람개비를 돌리는 연기 잭도 17세기부터 있었다. 연기 잭 애호가들은 추를 되감을 필요가 없다는 점과 싸다는 점을 좋아했다. 그러나 연기 잭은 연료를 고려하지 않을 때만 쌌다. 연기로 바람개비를 계속 돌리려면 징그럽게 많은 장작이나 석탄을 화덕에 줄기차게 태워야 했다. 1800년의 계산에 따르면, 연기 잭에 필요한 연료의 1,000분의 1만 가지고도 소형 증기 엔진으로 꼬챙이를 돌릴 수 있다고 했다.

꼬챙이 로스팅은 영국 요리의 핵심이었기 때문에, 사람들은 꼬챙이 회전법 개량에 아낌없이 지혜를 발휘했다. 고깃덩이를—영구적으로는 아니더라도—오래 줄기차게 돌리는 일에 물, 증기, 기계장치를 시험했다. 기계식 꼬챙이는 당대의 번쩍거리는 에스프레소 기계나 마찬가지였다. 그것은 복잡한 공학기술이 아낌없이 적용된, 가장 중요한 부엌 용품이었다. 17세기 농가 부엌에서 숟가락과 가마솥은 로마 시대 발명품이었고, 꼬챙이와 샐러맨더는 중세의 발명품이었으며, 고기와 불은 인류 역사만큼 오래되었지만, 추로 돌아가는 꼬챙이 잭은 최첨단기술이었다. 이반 데이는 기계식 잭을 잔뜩 모아두었다. 데이에게 시대를 통틀어 가장 좋아하는 부엌 기구를 말해보라고 하면, 그는 주저없이 작은 포탄을 추로 삼아 작동하는 17세기 꼬챙이 잭을 꼽는다. 데이는 BBC 라디오 4 채널의「푸드 프로그램」에서 이렇게 말했다. "이 장치는 삑삑거리는 전자 레인지보다 400년 전에 발명된 물건인데도 [음식이 다 되면] 종을 울려 알려줍니다. 나는 다른 것은 절대로 안 쓸 겁니다. 이 장치는 300년 전이나 지금이나 잘 작동합니다."

기계식 잭은 분명 나름대로 기적이었다. 그것은 소년들과 개들의 고난을 덜어주었다. 최소한 유능한 요리사의 손에서는, 꾸준하고 착실하게 회전하며 고기를 고루 익힘으로써 말도 안 되게 훌륭한 로스트 비프를 만들어주었다. 꼬챙이 잭은 지켜보기에도 즐거운 물건이다. 추를 쓰는 꼬챙이 잭이 돌아가는 모습을 지켜볼 때만큼 평온한 만족감을 주는 부엌 용품은 고대든 현대든 몇 없을 것이다. 플라이휠이 휘리릭 도는 모습, 톱니와 기어가 야무지게 맞물리는 모습, 꼬챙이가 착실히 돌아가는 모습. 그 기계는 정말로 잘 작동했다. 그러나 기술은 결코 저 혼자서 존재할 수 없다. 19세기 중반이면 기계식 꼬챙이 잭은 한물간 기술이었다. 그 기술에 무슨 결함이 있어서가 아니었다. 개방형 화덕 요리의 문화 전체가 사양길에 접어들었기 때문이다. 사람들은 불을 가두기 시작했고, 부엌은 그에 맞게 달라져야 했다.

"사람들은 부엌에서 고작 찻주전자를 끓이면서, 제대로 관리한다면 50인분 저녁을 준비할 수 있을 만큼 많은 연료를 쓴다." 이렇게 개탄한 사람은 벤저민 톰프슨, 즉 럼퍼드 백작이었다. 럼퍼드는 요리에 관심을 쏟았던 뛰어난 몇몇 과학자들 중 한 사람이었다. 그는 왜 애플파이의 필링(속)이 입을 델 만큼 뜨거운가 하는 의문을 풀려고 연구했다.[3] 럼퍼드는 또한 열성적인 사회 사업가로, 자신이 최소한의 비용으로 최대한의 영양을 제공하는 빈민용 수프를 발명함으로써 세계 기아 문제의 해법을 찾았다고 믿었다. 그의 또다른 관심사는 로스팅의 낭비성이었다. 럼퍼드는 18세기 말 영국인이 노출된 불꽃에서 요리하는 방식에 소스라치며 "부엌의 열 손실과 연료 낭비는 믿을 수 없을 지경"이라고 꼬집었다. 그는 꼬챙이로 구운 음식이 딱히 맛있다고 생각하지도 않았다. 영국 요리사는 로스팅에만 에너지를 쏟느라고 "영양이 풍부한 수프와 브로스*"를 만드는 기술을 등한시한다고 나무랐다.

럼퍼드가 영국 화덕의 문제로 지적한 부분은 한마디로 "폐쇄되지 않는다"는 점이었다. 기본적인 그 오류에서 '다른 악덕들'도 나왔다. '땀을 뻘뻘 흘리면서 나오는 요리사를 본' 사람은 누구나 알듯이 부엌은 일하기 불편한 환경이었다. 지나치게 더웠고, 굴뚝에서 찬 외풍이 스몄고, 무엇보다도 타들어가는 목탄에서 '유독한 발산물'이 나와 공기가 항시 매캐했다. 지나

---

[3] 럼퍼드의 답은 "익힌 사과에서는 순수한 물에서보다 열이 훨씬 더 어렵게, 달리 말해서 훨씬 더 느리게 퍼지기 때문"이라는 것이었다. 익힌 사과에서는 열이 더 느리게 전도되기 때문에 뜨거운 물보다도 식는 데에 더 오래 걸려서, 우리가 사과 파이를 먹을 때마다 입을 덴다는 것이다/저자 주

* broth, 물이나 스톡에 육류, 생선, 채소 등을 넣고 약하고 묽게 끓인 육수의 일종/역주

친 매연은 무슨 사고 때문이 아니라 1800년 무렵까지 쓰인 영국 부엌 구조에 본질적으로 잠재된 문제였다. 불에 솥을 가급적 많이 걸기 위해서 화덕을 몹시 길게 만들었고, 따라서 '엄청나게 크고' 높은 굴뚝을 세워야 했으며, 그러다 보니 굴뚝이 연료를 잔뜩 탕진하고 연기를 풀풀 낼 수밖에 없었다. 럼퍼드의 해결책은 주문 제작한 폐쇄형 화덕이었다. 폐쇄형 화덕은 연료를 훨씬 덜 먹었다. 럼퍼드는 뮌헨의 구빈원에 자신이 설계한 화덕을 설치하여 그 사실을 증명해 보였다.

럼퍼드 화덕은 큰 불을 하나만 지피는 대신, 여러 구획으로 작게 나눈 공간마다 따로따로 불을 지펴서 매연과 연료 낭비를 최소화했다. 물 끓이는 솥이든 주전자든 스튜팬이든 각각에게 '별도의 폐쇄된 화덕'을 부여할 수 있었다. 화덕은 단열성을 높이고자 벽돌로 지었고, 문을 달아 닫을 수 있게 했으며, 구획마다 별도의 연통을 이어 '매연을 굴뚝으로 빼냈다.' 럼퍼드는 부엌에서 매연이 사라지고 효율이 높아질 것이라고 주장했으며, 심지어 음식도 더 맛있을 것이라고 주장했다. 그는 친구를 몇 명 초대하여 자기 화덕으로 로스팅한 양 다릿살과 꼬챙이 방식으로 로스팅한 양 다릿살을 시식하게 했다. 친구들은 모두 폐쇄형 화덕에서 구운 고기를 선호했고, 커런트 열매로 만든 젤리를 곁들인 '절묘하게 달콤한' 지방을 음미했다. 믿어도 될지는 모르겠으나 최소한 말로는 그랬다고 한다.

친구나 아는 사람을 설득하는 것은 대중을 설득하는 것과 달랐다. 럼퍼드의 발상은 시대를 앞섰다. 그의 창의적인 설계는 널리 채택되지 않았다(훗날 여러 제조업자들이 '럼퍼드 난로'를 출시했지만 원본과는 무관했다). 벽돌이 주재료여서 철을 소량만 쓴다는 점도 도움이 되지 않았다. 그것은 당시 부엌 기구의 주된 제작자였던 철물 상인들이 럼퍼드의 설계를 생산할 동기가 없다는 뜻이었기 때문이다.

개방형 화덕이 매연과 낭비가 심할지언정, 많은 요리사들이 고기를 제대로 로스팅하는 방법은 그것뿐이라고 고집한 점도 문제였다. 오늘날 개발도상국에서 매연 없는 난로를 홍보하는 사람들도 같은 장벽에 부딪힌다. 제3세계의 평균적인 요리용 불꽃—석탄, 분뇨, 나무를 땐다—은 자동차 한 대만큼의 이산화탄소를 낸다. 세계 인구의 절반에 해당하는 30억 명가량이 그런 방식으로 요리하면서 탄소 배출에서 개개인의 건강 문제에까지 나쁜 결과를 일으키고 있다. 노출된 불꽃은 기관지염, 심장 질환, 암을 유발할 수 있다. 세계보건기구는 실내 매연으로 사망하는 사람이 매년 150만 명이라고 추산하는데, 대부분은 요리용 불꽃 때문이다. 그런데도 구호 활동가들이 아프리카나 남아메리카에서 깨끗하고 오염이 없는 화로를 권하면 주민들은 종종 저항하며 연기 나는 불꽃에서 요리해온 기존의 방식을 완강하게 고집한다.

럼퍼드가 개방형 화덕의 위험을 경고한 시점으로부터 40년이 흐른 1838년에도 요리책 작가 메리 랜돌프는 "고기를 로스팅할 때 착실하게 타는 노출된 불 위에서 잭으로 꼬챙이를 돌리며 굽는 방식보다 더 좋은 방법은 없고, 다른 방법들은 베이킹보다 나을 것이 없다"고 우겼다. 우리가 짐작하기에 꼬챙이 잭은 벌써 세상에서 사라지지 않았을까 싶은 시점까지도 사람들은 계속해서 잭을 개량했다. 1845년에 노턴이라는 사람은 자석 두 개를 써서 전동식으로 꼬챙이를 돌리는 방법으로 특허를 받았다. 옛 기술과 새 기술의 기묘한 만남이었다. 빅토리아 여왕의 세기에 영국은 가스등, 철도 여행, 수세식 변기, 전화의 시대로 접어들었음에도 불구하고 여전히 많은 사람들이 활활 타는 불로 고기 굽기를 고집했다. 런던 박피공 조합은 1907년이 되어서도 회관 부엌에 너비 3.35미터의 로스팅 화덕을 설치했다.

폐쇄형 화덕에 대한 편견은 빵 굽는 오븐과 너무 비슷해 보인다는 점에 기인한 바 컸다. 사람들은 노출된 불에서만 로스팅이 가능하다고 믿었다.

오븐은 베이킹용이었다. 유럽 부엌에서는 두 종류의 열이 고집스럽게 나뉘어 있었다.

동양에는 그렇게까지 엄격한 구분이 없었다. 아랍어로 '빵'을 뜻하는 단어는 '후브스(khubz)'이고 여기에서 '빵을 굽다' 혹은 '후브스를 만들다'라는 뜻의 '하바자(khabaza)'가 나왔다. 그러나 '하바자'는 그냥 '굽다' 혹은 '로스팅하다'라는 뜻도 있다. 영국인이 서로 다른 세 요리법으로 생각하는 것을 한 동사가 포괄하는 셈이다. 그리고 그 모든 기법을 '탄두르(tandoor)'라는 점토 오븐에서 수행한다.

점토로 된 기본적인 빵 굽는 오븐의 역사는 오늘날 파키스탄, 이라크, 시리아, 이란에 해당하는 인더스 계곡과 메소포타미아 지역에서 적어도 기원전 3000년까지 올라간다. 요즘도 아프리카 시골 지역에서 쓰이는 전통적인 원통 모양이 일찍부터 등장했다. 원통 바닥에 불을 피우고, 위에 난 구멍으로 반죽을 넣어서 오븐 옆면에 찰싹 붙인다. 몇 분 뒤 꺼내면 납작 빵이 되어 있다. 이렇게 화분을 뒤집은 것처럼 생긴 점토 오븐을 이라크에서는 '티나루'라고 부르고 서양에서는 '탄누르'나 '탄두르'라고 부른다. 요즘도 중동, 중앙 아시아, 동남 아시아에서 쓰는 기술이다.

탄두르는 5,000년 넘게 개량되었지만, 예나 지금이나 목적은 같다. 강렬하고 건조하여 빵 굽기에 좋은 열을 제공하는 것이다. 탄두르가 있으면 가난한 집이라도 빵을 자급자족할 수 있다. 고대 이집트 마을 아마르나에서 기원전 1350년경에 지어진 것으로 추정되는 노동계층의 집들이 발굴되었는데, 그중 절반에 원통형 점토 오븐의 흔적이 있었다. 아주 작은 집에도 말이다. 유럽에서는 전문 제빵사가 굽는 빵이 진짜 빵이라는 믿음이 지속된 데에 비해서, 중세 이라크에서는 집에서 만든 탄두르 빵을 선호했다. 중세 바그다드의 시장을 조사했던 사람의 기록에는 "대부분의 사람이 시장에서 구운 빵을 사 먹지 않으려고 한다"라고 쓰여 있다.

가정에서도 탄두르는 불만 있을 때와는 달리 여러 요리법의 가능성을 열어주었다. 점토 오븐은 싸고 휴대 가능하면서도 약간의 열 통제력을 제공했다. 바닥의 '눈'을 열고 닫으면 온도를 높이거나 낮출 수 있었다. 둥글고 참기름을 바른 이라크의 '물빵'처럼 특정 종류의 빵들은 비교적 온건한 열로 구웠지만, 필요할 때면 화로처럼 뜨겁게 달굴 수 있었다. 탄두르 바닥에서 바로 나무나 숯을 태우는 데다가 음식이 익는 동안 내내 불을 지피기 때문에, 현대 탄두르의 최고 온도는 480도까지 올라간다(대개의 가정용 전기 오븐은 최고 온도가 220도이다). 이처럼 타는 듯한 열기 때문에 탄두르는 강력하고 다재다능한 도구가 된다.

탄두르는 빵 굽는 데에만 쓰이지 않는다. 중동과 동아시아 요리에 베이킹/로스팅의 이분법이 존재하지 않는 것은 부분적으로 그 때문이다. 탄두르는 빵, 쿠키, 크래커를 굽는 것은 물론이고 스튜나 캐서롤을 끓일 수 있고, 고기를 로스팅할 수도 있다. 요즘은 탄두르가 탄두리 치킨을 만드는 도구로 더 유명하지 싶다. 닭을 요구르트와 붉은 향신료에 쟀다가 굽는 요리이다. 10세기 바그다드에서 탄두르는 '지방 많은 새끼 양이나 새끼 염소를 통째, 주로 속을 채워서' 로스팅하거나 '큼직한 고깃덩이, 통통한 가금류와 생선'을 로스팅하는 데에 쓰였다. 불에 납작한 벽돌 타일을 얹고 그 위에 음식을 놓기도 했고, 꼬챙이에 음식을 꿰어 탄두르에 넣은 뒤 육즙이 돌 때까지 익히기도 했다. 탄두르를 보자면 오븐으로 고기를 '로스팅'할 수 없다는 말은 무의미했다. 그런데 탄두르의 열은 서양의 빵 오븐과는 다른 방식으로 음식에 작용한다.

요리에 쓰이는 열은 세 종류가 있다. 모든 요리는 열이 뜨거운 것에서 차가운 것으로 흐른다는 열역학 제2법칙을 준수한다. 그러나 그렇게 에너지 전달이 이루어지는 방식은 여러 가지이다. 첫 번째 방식은 복사열(輻射熱)이다. 이탈리아풍 프리타타 오믈렛을 그릴에 넣었을 때, 순식간에 부풀며 노릇노릇해지는 광경을 상상해보라. 그릴은 오믈렛과 직접 접촉하지 않는데도 음식을 익힌다. 그것이 바로 태양의 햇살과 비슷한 복사열이다. 전자파와 마찬가지로 복사 에너지는 접촉 없이 전달된다. 시뻘겋게 타는 불은 불꽃에서도 잉걸불에서도 복사열을 많이 공급한다. 이반 데이가 부엌에서 불을 쑤셨을 때, 열기가 참을 만한 수준에서 못 견딜 만한 수준으로 뛰는 것은 복사열의 양이 껑충 늘었다는 뜻이다. 덕분에 고깃덩이를 지글지글 그을릴 만한 열이 나온다.

두 번째 방식은 전도(傳導)이다. 복사와 달리 전도는 접촉을 통해서 물질에서 물질로 열을 전달한다. 금속 같은 물질은 대단히 좋은 전도체이고, 점토나 벽돌이나 나무 같은 물질은 나쁜 전도체이다. 물질이 열을 받으면 그 속의 원자들이 빠르게 진동하는데, 전도는 그 진동이 한 물질에서 다른 물질로 전달되는 현상이다. 금속 팬에서 스테이크로, 소스팬 손잡이에서 연약한 사람의 손으로.

요리에 쓰이는 열 전달의 세 번째 방식은 대류(對流)이다. 대류는 공기, 물, 육수, 기름을 가릴 것 없이 모든 유체 속 분자들이 열을 확산시키는 현상이다. 액체나 기체에서 뜨거운 부분은 차가운 부분보다 밀도가 낮다. 수증기와 물을 떠올려보라. 이때 뜨거운 유체가 차가운 유체에 서서히 에너지를 전달하여 결국 다 같은 온도가 된다. 냄비에서 보글거리는 죽, 예열한 오븐 속 공기를 떠올려보라.

어떤 요리법이든 세 종류의 열을 조합해서 이용하지만, 보통은 그중 한두 가지가 압도한다. 그런데 탄두르는 세 종류의 열 전달을 하나의 도구에 결합했다는 점에서 이례적이다. 밑에서 타는 불은 엄청난 복사열을 퍼붓고, 옆면의 점토 벽이 간직한 열기에서도 복사열이 조금 나온다. 벽에 붙은 빵이나 꼬챙이에 꿴 고기는 벽의 점토나 꼬챙이의 금속으로부터 전도열을 얻는다. 마지막으로, 오븐 속을 순환하는 뜨거운 공기가 대류열을 낸다. 그렇게 강렬하고 강력한 열로는 익히지 못할 것이 거의 없다.

서양의 오븐은 일반적으로 벽돌 상자였다. 그런 오븐에서는 보통 약 80퍼센트는 대류열이고 20퍼센트가 복사열이다. 탄두르처럼 강렬한 열이 지속되는 것이 아니라, 처음에 맹렬하게 뜨거웠다가 차츰 차가워진다. 음식은 불길이 이미 수그러든 뒤에 넣었다. 오랜 세월 진화한 서양의 요리 스타일은 이렇게 차츰 식는 열원을 고려하여, 온도의 매 단계마다 열을 최대한 이용하도록 레퍼토리를 짰다. 요리사는 음식을 순차적으로 익혔다. 오븐이 가장 뜨거울 때는 빵을 넣고, 다음에 스튜, 패스트리, 푸딩을 넣었다. 미지근할 정도로 식으면 마지막으로 허브를 넣어 밤새 말렸다.

서양에도 탄두르라고 할 만한 것이 있었다. 로마인이 썼던 '벌집 오븐'이다. 그러나 동양의 점토 오븐과는 달리 이 오븐은 서양의 음식 문화에 깊이 침투하지 못했다. 고대와 중세 유럽에서 빵 오븐은 거대한 공동 시설로서 공동체 전체에게 빵을 공급할 때가 많았다. 대저택이나 수도원 주방의 베이킹 기구들은 크기가 어마어마했다. 노만큼 큰 나무 숟가락으로 반죽을 저었고, 드넓은 가대 탁자에서 반죽을 치댔다. 빵 오븐은 건물 바깥에 딸린 불 때는 헛간을 통해서 땔감을 넣었다. 먼저 장작이나 숯 같은 연료를 오븐 뒤켠에 산더미처럼 쌓은 뒤 불을 지폈다. 오븐이 뜨거워지면, 재를 헛간으로 긁어낸 뒤 '필(peel)'이라는 길고 큰 나무 주걱을 써서 반죽을 밀어넣었다. 열기 때문에 제빵사는 꼬챙이 돌리는 소년처럼 홀딱 벗다시피 하고 일했다.

그러나 유사성은 거기에서 그친다. 서양에서 베이킹과 로스팅은 별개의 기구, 기법, 레시피를 쓰는 별개의 활동이었다. 18세기 베이킹에는 반죽을 치댈 때 쓰는 나무 구유, 패스트리를 자르는 톱니 칼, 타르트와 파이에 쓰는 다양한 고리형 틀, 필, 파이를 굽는 작은 팬인 패티팬, 웨이퍼를 굽는 석쇠, 도기 접시 등등 전문적인 각종 용품이 있었다. 제빵사에게는 꼬챙이와 잭, 석쇠와 장작 받침용 쇠살대 따위가 필요하지 않았다. 조지 3세 시절 세인트제임스 궁 부엌을 묘사한 판화를 보면, 서로 다른 불을 쓰는 세 종류의 요리가 확연히 구별된다. 로스팅용 개방형 화로가 있고, 베이킹용 폐쇄형 오븐이 있으며, 벽돌로 기반을 높여 스튜와 소스용으로 썼던 화덕이 있다. 세 작업은 철저히 구분되었다.

그러니 럼퍼드의 폐쇄형 화덕이 처음에 상당한 비웃음과 조롱을 받은 것도 무리가 아니었다. 럼퍼드는 베이킹과 로스팅을 결합하겠다고 나선 것이었는데, 모든 서양인은 아니라도 적어도 영국인은 대부분 그 둘을 공존할 수 없는 작업이라고 생각했다. 럼퍼드는 우묵한 튀김 냄비로 찔 수 있다거나 토스터로 달걀을 삶을 수 있다고 말한 것이나 마찬가지였다.

오븐의 폐쇄된 열이 노출된 불꽃을 쬐는 아늑한 기쁨을 대체할 수 있는가 하는 의문도 많이 제기되었다. 불꽃이 보이지 않도록 가린 난로가 과연 옛 화덕처럼 집 안의 구심점이 될 수 있을까? 불은 반드시 합리적인 것만은 아닌 방식으로 우리에게 말을 건다. 불꽃에는 온갖 위험과 매연이 따랐지만, 그래도 그것은 가정의 상징이었다. 1830년대 미국에 스토브가 처음 도입되었을 때에 사람들은 그 물건을 미워했다고 한다. 스토브는 술집이나 법원 같은 공공장소의 난방을 위한 도구로는 받아들일 만해도 가정에서는 아니었다.

그러나 시간이 흐르자 대부분의 사람들이 반감을 극복했다. '요리용 스토브'는 산업시대 소비자의 신분을 상징하는 물건이 되었고, 가정들은 새 구심점을 구축했다. 빅토리아 시대의 전형적인 요리용 스토브는 물 끓이

는 탱크와 냄비나 팬을 얹는 열판, 철제 문 너머의 석탄 오븐을 결합한 무쇠 '괴물'이었다. '복잡하게 엮은 연통으로' 그것들을 모두 이었고, '레지스터와 댐퍼로 온도를 통제했다.' 19세기 중반이면 영국도 미국도 폐쇄형 레인지, 즉 '키치너(kitchener)'가 중산층 부엌에서 첫손가락에 꼽는 필수품이 되었다. 요리사는 불꽃 대신 기구를 중심에 두고 부엌을 조직할 수 있음을 알게 되었다. 오늘날 부유한 부엌이 알록달록 화사한 키친에이드 믹서기와 번쩍거리는 바이킹 레인지를 중심으로 삼아 부엌을 조직하는 것처럼 말이다.

영국이 전 세계에 자국의 산업적 부를 과시했던 1851년 만국박람회에는 '키치너'도 여럿 전시되었다. 그중 일등상은 '개량형 레밍턴 키치너'에 돌아갔다. 그 정교한 구조물은 비턴 여사도 애호했다. 레밍턴 키치너는 불 하나로 로스팅과 베이킹을 다 해낸다는 사실을 드러내놓고 선전했다. 내부에 연철로 된 로스팅 기구와 국물받이가 있었고, 뒤편 밸브를 닫으면 열이 환기되지 않는 오븐으로 변신했다. 레밍턴 키치너는 더운 물도 다량 공급했다. 레인지는 요리용만이 아니었다. 온 집에 온수를 공급하고 다리미를

불 135

데우고 손을 덥히는 데에도 필요했다. 영국에서 '레밍턴'은 전국적으로 이름을 날린 최초의 브랜드에 속했고, 곧 폐쇄형 레인지를 통칭하는 일반명사로 통하게 되었다. 그러나 그 밖에도 경쟁 모델이 많았다. 대개 특허품이었고, 화려한 이름을 달았으며, 멋 부려 갈겨쓴 글씨와 소용돌이 무늬로 전면이 장식되어 있었다. 그것은 패션이었다.

폐쇄형 레인지의 갑작스런 인기는 단순히 유행에 따른 현상만은 아니었다. 산업혁명의 재료인 석탄과 철이 이끈 현상이기도 했다. 요리용 스토브가 갑자기 유행한 것은 사람들이 럼퍼드의 글을 읽고 개방형 화덕에 등을 돌렸기 때문이 아니라 시장에 값싼 무쇠가 쏟아졌기 때문이다. 특허품 레인지는 철물업자의 꿈이었다. 거대한 철 덩어리에 갖가지 철제 부속품까지 딸려 방출할 기회였으니까. 새 모델이 연달아 등장하는 현상은 보너스였다. 사람들은 두어 해가 지나 구식이 된 스토브를 최신 모델로 교환했고, 그것은 철물업자에게 더 많은 수익을 뜻했다.

무쇠 생산기법은 18세기 중반에 목탄 대신 석탄을 쓰는 기법이 등장하면서 향상되었다. 새로운 무쇠 생산기법을 개척했던 존 '아이언매드' 윌킨슨(1728-1808)은 증기 엔진 실린더까지 도입하여 생산속도를 더 높였다. 한 세대 후, 무쇠는 사방팔방에 있었다. 빅토리아 시대 사람들은 무쇠 대문을 달았고, 무쇠 다리를 건넜고, 무쇠 난로에 둘러앉았고, 무쇠 건물을 세웠으며, 무쇠 키치너로 요리했다. 가정부와 안주인은 '스미스 웰스투드' 카탈로그를 뚫어져라 보면서 어떤 스토브를 살지 궁리했다. 그때 그들은 개인적 취향을 만족시키는 구매라고 믿었겠지만, 사실 그들이 어떤 화려한 디자인을 고르든 그것은 모두 철물산업의 이익에 봉사하는 일이었다. 또한 석탄산업을 뒷받침하는 일이었다. 거의 모든 현대적 키치너는 나무나 펫장이나 토탄 대신 석탄을 땠기 때문이다.

석탄은 영국의 부엌에서 생소한 물질이 아니었다. 최초의 석탄혁명은 16

세기 엘리자베스 시대에 벌어졌다. 땔감이 부족해져 부엌을 바꾸어야 했던 시기였다. 당시 온갖 산업이 급팽창했는데, 제철, 유리, 납 제조업은 모두 목재를 탐욕스럽게 소비했다. 스페인과의 전쟁에 대비해서 배를 건조하는 데에도 나무가 필요했다. 자연히 가정의 화덕에 쓸 땔감은 확 줄었다. 그래서 많은 부엌이, 특히 도시의 부엌이 마지못해 '바다 석탄'으로 연료를 바꾸었다. 배로 수송된다고 해서 붙은 이름이었다.

나무에서 석탄으로의 전환은 다른 변화도 수반했다. 중세 장작불은 단순히 실내에서 모닥불을 피운 것에 불과했다. 타는 통나무가 바닥으로 굴러떨어지는 것을 막기 위해서 쇠살대 몇 개로 막아두었을 뿐이다. 그것은 위험천만한 요리 방식이었다. 7세기 색슨족 대주교 테오도르는 이렇게 선언했다. "만일 여자가 아기를 불가에 두었고 남자가 가마솥에 물을 끓였는데 물이 넘쳐서 아이가 화상을 입고 죽었다면, 여자는 태만에 대해서 속죄해야 하지만 남자는 책임이 없다." 불평등은 논외로 하고, 두세 살짜리 아기가 뜨거운 불과 가마솥으로 아장아장 들어갈 위험이 상존했던 세상을 보여주는 문장이다. 여자들도 위험했다. 질질 끌리는 치마 때문이었다. 중세 검시관들이 작성한 사망 기록을 보면, 여자들은 다른 어느 장소보다도 집에서 사고로 죽을 위험이 높았다. 어린 여자아이는 종종 엄마를 따라 소꿉놀이를 하다가 노출된 화덕에서 죽었다.

나무로 지은 집과 개방형 화덕이 결합했으니 부엌 화재는 일상다반사였다. 영국 역사상 가장 유명한 부엌 화재는 1666년 9월 2일, 푸딩 레인의 왕실용 빵집에서 발화되어 런던 대화재로 비화한 사건이었다. 이후 도시가 벽돌로 재건될 때, 새 집들은 석탄 난로를 설치했다.

석탄으로의 전환이 가져온 또 하나의 결과는 불을 가두게 된 것이었다. 적어도 조금쯤은. 석탄은 담을 곳이 필요했다. 석탄을 담기 위해서 쇠살대로 얽은 장치를 '쇠살대 방' 혹은 '석탄 바구니'라고 불렀다. 장작을 바닥에서 곧장 지피던 방식에서 석탄을 쇠살대에 담아 태우는 방식으로 바꾸자, 각종 새로운 도구가 뒤따랐다. 뒷벽을 맹렬한 열기로부터 보호하기 위해서 무쇠 판을 댔고, 불에 냄비를 올리고 내리기 위해서 복잡한 기중기를 설치했다. 석탄이 가져온 또다른 근본적인 변화는 굴뚝이었다. 엘리자베스 1세 시절 런던에 무수히 많은 굴뚝들이 세워졌던 것은 주로 석탄 사용이 증가한 탓이었다. 석탄이 내는 유독한 매연을 뽑아내려면 더 굵은 연통이 필요했기 때문이다. 럼퍼드가 지적했듯이, 굵은 굴뚝과 활활 타는 불꽃은 치명적 조합이었다. 18세기 런던을 방문했던 스웨덴의 페르 캄은 요리할 때 나는 "석탄 연기가 몹시 성가시다"라고 지적하면서 영국에서 폐질환 발병률이 높은 것이 그 때문일지도 모른다고 생각했다. 캄 자신도 심한 기침에 시달렸는데 런던을 떠나고서야 겨우 나았다.

모두가 석탄으로 바꾼 것은 아니었다. 시골과 북부 카운티에서는 옛 장작불이 계속 표준이었다. 그리고 도시든 시골이든 찢어지게 가난한 집들은 손에 잡히는 것은 무엇이든 가져다 땠다. 바싹 마른 야생화, 산울타리에서 꺾은 잔가지, 소똥. 반들거리는 특허품 요리용 스토브는 없었다.

그런데 석탄 키치너를 구입하지 못하는 것이 과연 크나큰 손실이었을까? 사실 당시의 폐쇄형 레인지는 노출된 불꽃보다 단점이 많았고, 진정한 장점은 거의 없었다. 럼퍼드가 이상적으로 상상했던 폐쇄형 벽돌 화덕과는 달리 초창기 레인지는 구조가 엉망이어서 매연을 잔뜩 뿜었다. 1853년 『익스포지터(The Expositor)』의 기고글은 레인지를 '유독 기계'라고 칭하면서 근래 석탄 매연 때문에 세 명이 사망한 일을 상기시켰다. 질식사를 일으키지 않더라도, 레인지들은 효율이 떨어졌다. 미국의 홍보업자들은 개방형 화덕에 비해 연료를 50–90퍼센트까지 아낄 수 있다고 주장했지만 그것은 열 낭비를 고려하지 않은 소리였다. 좋은 난로는 열 전도성도 좋아야 하지만 단열성도 좋아야 한다. 열 전도율이 높은 쇠로만 뒤덮인 레인지는 근본적으로 문제가 있었다. 쇠가 열기를 다량 흡수한 뒤 음식이 아니라 부엌으로 복사열을 냈으므로, 가엾은 요리사는 열과 재와 검댕이 뒤섞인 난로 속 같은 공기를 참아야 했다.

 무쇠 레인지는 예전 기술에 비해서 딱히 개선된 바가 없는데도 소비자가 탐낸 희한한 기술이었다. 무쇠 레인지는 노동을 덜어주지 않았다. 오히려 반대였다. 스토브에서 불을 지피는 일은 화덕보다 딱히 더 쉽지 않았고, 하녀든 주부든 레인지를 닦고 청소하는 일에 종일 매달리다시피 했다. 레인지가 보급되고 한참 지난 1912년에도 어느 경찰관의 아내는 레인지에서 매일 해야 하는 일을 이렇게 나열했다.

1. 스토브의 철망과 살대들을 치운다.
2. 재와 잉걸불을 긁어낸다. 그전에 먼저 축축한 찻잎을 뿌려 먼지가 일지 않게 한다.
3. 잉걸불을 체로 친다.
4. 연통을 청소한다.
5. 신문지로 스토브에 묻은 기름기를 제거한다.
6. 바스 숫돌과 파라핀으로 쇠를 닦는다.
7. 쇠로 된 부분에 흑연을 칠하고 문지른다.
8. 바닥 돌을 씻고 닦는다.

이렇게 고생하고도 요리 하나 나오지 않았다. 아직 베이컨 한 점 굽지 못했고 감자 한 알 삶지 못했다. 운도 나쁘지. 그녀가 몇 년만 더 늦게 태어났다면, 저런 고생을 전혀 하지 않았을지도 모른다. 틀림없이 가스 오븐을 샀을 테니까.

집안일은 매일 되풀이되는 수많은 자잘한 활동들로 이루어진다. 부엌일은 특히 그렇다. 정말로 혁명적인 도구는 참신한 창조물을 만들어주는 것이 아니라—가령 딸기를 자연 건조시키거나 귀한 사슴고기를 진공에서 요리하게 해주는 것이 아니라—우리가 기존에 하던 일을 더 쉽고, 좋고, 즐겁게 하도록 돕는 것이다. 이를테면 가족의 아침 식사를 더 싸고, 수월하고, 빠르게 준비하도록 돕는 기술이다. 그런 의미에서 가스 레인지는 이례적인 돌파구였다. 그것은 부엌에 진정한 발전을 가져온 도구였다.

가스 레인지는 석탄 레인지에 비해서 더 깨끗하고 쾌적하고 쌌다. 한 추정에 따르면, 당시 중산층 가정이 지출한 요리용 석탄 비용은 하루에 약 7페니에서 1실링이었던 데에 비해 가스는 약 2.5페니였다. 그러나 가스의 진정한 매력은 일거리가 준다는 점이었다. 가스로 식사를 준비하기 시작한 1880년대 사람들은 생활이 얼마나 간편해졌는지 모른다며 침이 마르게 칭찬했다. 아침을 준비하는 것 같은 간단한 일도 옛 방식에 비해서 '시간과 주의'가 훨씬 덜 들었다. 요리책에 최초로 가스불에 대한 내용을 넣은 H. M. 영 부인은 "보통 집에서 먹는 아침 식사, 가령 커피, 포크촙, 스테이크나 베이컨, 달걀, 토스트를 15분 만에 쉽게 준비할 수 있다"라고 썼다.

혁신이 으레 그렇듯이, 가스 레인지도 처음에는 의심과 저항을 겪었다. 가스불 요리가 처음 시도된 시점과 가스 레인지가 널리 보급된 시점 사이에는 100년 가까운 시차가 있다. 요리사들은 석탄 레인지의 열대 기후 같은 열과 더러움을 참으며 고군분투하면서도 가스가 위험하다고 두려워했다. 가스가 음식의 맛과 향을 망친다고 믿었다. 석탄 가스로 실내를 밝히는 집이 갈수록 많아졌는데도—런던은 1814년에 세계 최초로 가스등을 밝혔다—사람들은 가스로 요리했다가는 중독되거나 폭발로 죽을 수 있다고 두려워했다. 가스 오븐을 본 하인들은 정신을 차리지 못할 정도로 겁을 냈다고 한다.

이런 편견은 일면 타당했을지도 모른다. 초기의 가스 오븐은 환기가 엉망이었고, 버너에서 나오는 가스의 흐름이 일정하지 않을 때도 있었다. 그래서 정말로 음식에 가스 냄새가 배기도 했다. 그러나 가스 요리가 안전하고 믿음직한 방법이 된 지 한참 뒤에도 편견은 남았다. 노샘프턴의 노동계급 주부였던 엘렌 요울은 19세기 말 가스 레인지를 구입했는데, 엘렌의 남편은 겁을 냈다.

남편은 가스에 독이 들었다고 생각해서 가스로 요리한 음식은 절대로 먹지 않았다. 그러나 엘렌은 일손을 더는 새 기구를 없앨 마음이 없었다. 엘렌은 매일 가스 스토브에서 저녁 식사를 요리한 뒤, 남편이 직장에서 돌아오기 몇 분 전에 노출된 화덕으로 옮겼다.

가스를 요리에 활용한 초창기 시도들은 참신함을 강조하려는 듯 과학적 쇼맨십을 띨 때가 많았다. 영국의 첫 가스 조리제품은 애트나 철공소가 1824년에 시판했다. 포금으로 주조된 그 물건은 스쿼시 라켓과 조금 닮았는데, 뽕뽕 뚫린 구멍으로 가스가 흘러나왔다. 주변을 감싼 오븐은 따로 없었고, 무엇이든 요리하고 싶은 것 밑에 그것을 가져다 대면 열원이 생기는 것이었다. 가스 요리는 그로부터 50년이 더 지나서야 널리 퍼졌다. 빅토리아 시대의 유명 요리사였던 알렉시 수아예가 '파이도마게이레이온'이라는 엄청나게 비싸고 화려한 가스 레인지를 선보여 '폭발이 일어날' 가능성은 절대로 없다고 호언장담했는데도 사람들은 완전히 안심하지 못했다. 사람들은 아마 『가정학 백과사전(*Encyclopaedia of Domestic Economy*)』의 저자 토머스 웹스터의 의견에 공감했을 것이다. 1844년 웹스터는 가스 레인지가 "세련된 장난감"일 뿐이며 "통상적인 조리법"을 대체하기보다는 보조하는 데에 그칠 것이라고 말했다.

완고한 석탄 레인지 추종자까지 넘어오게 만들 만한 기기가 생산된 것은 1880년대였다. 그중에서도 윌리엄 수그의 제품이 주목할 만했다. 수그의 집안은 한동안 가스 레인지 시장을 장악했다. 수그의 가스 레인지는 석탄 레인지를 쏙 빼닮았고, 역시 웨스트민스터, 코르동블루, 파리지엔 같은 환상적인 이름을 달고 나왔다. 오븐 속에는 고기에 받치는 국물받이가 있어서 개방형 화덕을 연상시켰기 때문에 영국의 전통 로스팅을 사랑하는 사람들도 안심했다. 수그는 폭발 걱정을 달래는 해법도 찾아냈다. 손잡이를 돌려 그때 일어난 섬광으로 불 붙이는 장치를 결합함으로써 성냥을 켤 필요가 없게 했던 것이다.

1880년대에는 동전을 넣어서 쓰는 가스 미터가 보급되었다. 이제 가스가 공급되는 지역이라면 아주 가난한 집 외에는 누구나 큰 돈을 들이지 않고 가스를 쓸 수 있었다. 가스 회사는 무료 가스관도 설치했고, 과하지 않은 불입금에 오븐도 대여했다. 사용자는 빠르게 늘었다. 뉴캐슬어폰타인 및 게이츠헤드 가스 회사는 1884년 가스 레인지를 95대 대여했는데, 1920년에는 1만6,110대였다. 영국에서 가스 스토브를 쓰는 가정은 1901년 세 집 중 한 집꼴이었지만, 제2차 세계대전을 목전에 둔 1939년에는 4분의 3으로 늘었다. 드디어 대다수 인구가 과거에 인간의 일상을 규정했던 중요한 활동, 즉 불을 지피고 관리하는 작업에서 해방되었다.

그즈음 가스 오븐은 전기 오븐의 도전을 받았다. 토머스 에디슨이 만든 성공적인 첫 전구는 1879년에 나왔지만 전기 요리는 훨씬 더 나중에 등장했다. 초기의 전기 레인지는 비쌌던 데다가 전기 공급이 한정적이었기 때문이다. 런던 과학박물관에는 지금까지 살아남은 전기 오븐 중 가장 오래된 것이 있는데, 꼭 양철 비스킷 통에 코일을 감아 거대한 전구를 붙인 것처럼 생겼다. 그다지 유망한 도구로는 보이지 않는다. 1890년 제너럴 일렉트릭은 전기 조리 기구를 선보이면서 물 0.5리터를 12분 만에 끓일 수 있다고 선전했다. 요즘 우리에게는 석탄의 시대에 요리가 얼마나 더딘 작업이었는지 환기시키는 말일 따름이다.

유럽이든 미국이든 전기 조리 기구가 보편화된 것은 1920년대 말이었다. 그제서야 가격이 낮아지고 효율이 높아졌다. 초기 전기 오븐은 예열에 한 세월이 걸렸고—1914년에는 최장 35분—발열 부품이 쉽게 탔다. 게다가 구입비도 사용비도 비쌌다. 보통 가정은 전기 주전자나 토스터는 구입하겠지만 오븐을 가스에서 전기로 바꿀 이유는 별로 없었다. 가령 전기 냉장고는 이전에 존재하지 않았던 기능을 수행했지만, 전기 오븐은 혁명적이지 않았다(가스 오븐에서 불이 붙지 않으면 가스를 차단하는 내장형 안전장치가 개발되기 전까지는 전기 오븐에 딱 하나 진정한 이점이 있었는데, 머리를 들이밀어 자살할 수 없다는 점이었다). 스위치를 켜고 꺼서 자유자재로 열을 공급할 수 있다는 위대한 장점은 경이로운 가스 조리 기구가 이미 성취했다. 1948년에는 영국 가정의 86퍼센트가 어떤 형태로든 전기를 썼지만 전기 조리 기구를 가진 집은 19퍼센트뿐이었다.

많은 사람들이 그렇듯이 나는 요리할 때 가스와 전기를 둘 다 쓴다. 내 오븐은 별도의 그릴이 위에 달린 전기 컨벡션 오븐(작은 팬으로 공기 순환을 돕는다)이다. 썩 쓸 만한 오븐이다. 납작한 케이크 반죽을 넣으면 잘 부풀려서 내주고, 감자를 고루 익혀준다. 유리문을 통해서 음식이 그을지 않는지 확인할 수도 있다. 그러나 나는 가스불로 요리할 때만큼의 애착을 전기 오븐에 느끼지는 않는다. 가스 레인지는 불꽃의 이점을 모두 제공하되 단점은 없다. 전기 인덕션(유도 가열식) 레인지도 몇 번 써보았지만, 매번 실망스러웠다. 납작한 표면도, 아이의 통통한 손가락을 끌어들여 화상을 입히는 점도 마음에 들지 않았다. 전기 인덕션 레인지는 조금 전까지 돌처럼 차가웠던 것이 아무런 경고 없이 순간적으로 빨개진다(다

불 143

만 요즘 최고로 효율적인 열원이라고 치켜세워지는 최신형 제품은 써보지 않았음을 인정한다). 가스는 내 지시에 충실히 따른다. 스위치를 찰칵찰칵 하면서 불꽃이 솟기를 기다릴 때면, 이제 좋은 일이 벌어지리라는 기대감이 든다. 중국 요리 전문 작가인 후앙칭혜는 2008년 가스 레인지가 없는 상태에서 어떻게 하면 웍 요리를 잘할 수 있나 하는 질문을 받고 이렇게 대답했다. "새 레인지에 투자하세요!"

요리 자체의 발명을 제외하고, 부엌 기술 분야에서 등장한 최고의 발전은 가스불이었다. 가스불은 불 관리에 수반되는 오염, 불편, 시간 낭비로부터 많은 사람들을 해방시켰다. 거기에서 한발 더 나아간 것이 전자 레인지였다. 그러나 전자 레인지는—맛에서든 사회적 측면에서든—가스에 비해서 이점이 덜 분명하다. 중국에 새 시장이 열린 현재, 전자 레인지 판매는 세계적으로 연간 5,000만 대에 달한다. 세계 각지의 비좁은 도시 부엌에서는 전자 레인지가 주된 열원으로 쓰인다. 요리사들도 전자 레인지를 많이 쓴다. 그래도 전자 레인지를 둘러싼 논란은 여전하고, 우리는 한때 불꽃에 품었던 애정을 전자 레인지에는 좀처럼 품지 못한다.

전자 레인지는 많은 일을 훌륭하게 해내면서도 공을 인정받지 못할 때가 많다. 전자 레인지는 생선을 촉촉하게 익혀주고, 옛날식 찜 푸딩을 몇 분 만에 만든다. 전자 레인지의 재주를 빌리면 부엌을 최대한 적게 어지르면서 설탕을 캐러멜화할 수 있고, 초콜릿이 갑자기 엉기지 않도록 하면서 부드럽게 녹일 수 있다. 전자 레인지는 완벽하게 포슬포슬한 바스마티 쌀밥도 뚝딱 지어낸다. 또한 지방 분자를 끌어내기 때문에 오리나 돼지 갈비를 로스팅하기 전에 기름을 빼는 데에도 이상적이라고 바버라 카프카는 주장했다. 카프카의 1987년 역작 『전자 레인지 미식가(*Microwave*

Gourmet)』는 전자 레인지를 즐거움의 도구로 칭송했던 주장들 중 가장 설득력이 있었다.

그러나 전자 레인지는 즐거움 못지않게 공포를 일으킨다. 전자 레인지가 1950년대에 처음 시판되었을 때, 많은 사람들이 이 '불 없는 오븐'에 당황했다. 요즘도 많은 사람들이 이 도구에 당황하고 걱정한다. 전자 레인지는 1945년 레이시언 사에서 일하던 퍼시 스펜서가 발명했다. 스펜서는 당시 군사용 레이더를 연구하면서 마이크로파 생성에 쓰이는 진공관인 마그네트론을 개량하고 있었다. 스펜서가 마그네트론에서 요리에 알맞는 열이 나온다는 사실을 알아차린 순간에 대해서는 여러 신화적인 이야기들이 떠돈다. 어떤 이야기에서는 스펜서가 전자파가 통과하는 관을 열어둔 채 그 앞에 몸을 숙이고 있다가 주머니에 든 초콜릿이 녹은 것을 발견했다고 한다. 다른 이야기에서는 달걀이 펑 터지면서 익는 바람에 그가 깜짝 놀랐다고 하고, 또다른 이야기에서는 그가 점심으로 먹을 샌드위치를 마그네트론에 올려놓고 나갔다가 돌아와보니 샌드위치가 익었더라고 한다. 그러나 스펜서와 일했던 기술자들이 훗날 전한 바에 따르면, 진실은 그렇게 극적이지 않았다. 전자 레인지는 한 사람이 '유레카'를 외친 순간에 탄생한 것이 아니라 여러 사람들이 체계적으로 일련의 관찰을 수행한 결과로 탄생했다.

어찌 되었든, 거대한 금속 원통인 마그네트론을 전장이 아니라 부엌에서 쓸 수 있겠다고 생각하기 위해서는 크나큰 상상력의 도약이 필요했다. 초기 모델에 쓰였던 QK707 마그네트론은 무게가 12킬로그램이나 나갔다. 그에 비해서 요즘의 표준적인 전자 레인지에 쓰이는 전자관은 겨우 680그램이다. 스펜서는 전자 레인지의 가장 대중적인 용도를 한눈에 꿰뚫어보았다는 점에서도 상상력이 대단했다. 바로 팝콘 튀기기이다. 스펜서의 두 번째 특허 서류에는 통옥수수에 버터와 소금을 바른 뒤, 왁스칠

불 145

된 종이 봉투에 넣어 '20-45초' 만에 팝콘으로 튀기는 그림이 그려져 있다. 1945년에 사람들은 그런 일은 불가능하다고 생각했다. 실제로 가정 내 전자 레인지가 대세가 된 것은 그로부터 20년이 더 지난 뒤였다(1967년에 제조사들이 가격을 500달러 미만으로 낮추고서야 판매가 활발해졌다).

요즘도 전자 레인지 조리를 미심쩍게 생각하는 사람들이 많다. 전자 레인지는 불꽃과는 너무 거리가 먼 물건이어서 별로 좋을 것 같지 않다는 느낌을 준다. 사람들은 오랫동안 건강 측면에서 전자 레인지를 두려워했다. 최근 모델들이 $1mW/cm^2$이라는 지극히 깐깐한 복사선 노출 기준을 지키는 데에 비해 구형 모델은 종종 $10mW/cm^2$ 이상을 냈던 것이 사실이지만, 어느 경우든 우리가 불꽃에서 60센티미터쯤 떨어져 있을 때의 노출도($50mW/cm^2$)보다는 훨씬 더 낮다. 현재까지의 모든 증거로 보아 전자 레인지는 건강에 무해하다. 작은 물체가 '과열점' 때문에 터질 수 있다는 점 등 몇 가지 조리에 수반되는 위험이 있지만, 그런 것은 사용설명서를 읽으면 피할 수 있다.

주기적으로 불거지는 건강 측면에서의 염려보다 더 근본적인 의심은 전자 레인지가 조리 수단으로서 유효한가 하는 의심이다. 1998년에 민텔 사가 작성한 영국 전자 레인지 시장 보고서에 따르면, 응답자의 10퍼센트는 "전자 레인지를 절대로 사지 않겠다"고 고집을 부렸다. 사실은 나도 최근까지 그 10퍼센트에 속했다. 나는 서른여섯 살에야 처음으로 전자 레인지를 장만했다. '속에서 겉으로' 익히는 것은 괴상한 짓이라고 믿는 집에서 자랐기 때문이다. 우리 집에서는 전자 레인지를 핵폭탄보다 약간 덜 사악한 물건으로 보았다. 음식을 넣고 '삑' 누르기만 해서 대체 어떻게 좋은 맛이 난단 말인가?

전자 레인지 조리는 다른 조리법과는 달리 불가해하게 느껴진다. 그것은 사실 공평하지 못한 편견이다. 내가 늘 들었던 것과는 달리, 전자 레인지는 속에서 겉으로 익히지 않는다. 초자연적인 점이라고는 전혀 없다. 전자 레인지로 조리한 음식도 꼬챙이로 로스팅한 고깃덩어리와 똑같은 물리법칙을 따른다. 마이크로파는 재빠르기는 하지만 음식 속 4-5센티미터까지만 침투한다(그래서 전자 레인지에는 작은 조각으로 넣어야 잘 익는다). 마이크로파는 음식 속 지방, 당분, 물 분자들을 굉장히 빠른 속도로 흔들고, 그 진동 때문에 음식 내부에서 열이 발생한다. 4-5센티미터보다 더 깊은 속에서는 열이 프라이팬처럼 전도를 통해서 퍼진다. 그러나 프라이팬에서는 음식의 겉이 사랑스러운 황금색으로 변하는 데에 비해서 전자 레인지에서는 음식이 노릇노릇해지지 않는다(노릇노릇하게 만드는 기능이 추가된 모델도 있기는 하다).

  전자 레인지로는 로스팅을 할 수 없고 빵도 구울 수 없다. 그러나 제조업자들이 뭐라고 선전하든, 세상에 모든 일을 다 해내는 조리 기구란 존재하지 않는다. '로스팅을 못 한다'고 전자 레인지를 비난하는 것은 너무 뜨거워서 커스터드를 만들 수 없다고 빵 굽는 오븐을 비난하는 것과 마찬가지이다. 전자 레인지의 진정한 단점은 기구 자체가 아니라 사용방식이다. 전자 레인지는 안타깝게도 전후 간편식의 시대에 시장에 등장했다. 1989년 영국 시장을 조사한 결과에 따르면, 전자 레인지의 가장 흔한 용도는 조리가 아니라 '다시 데우기'였다. 전체 가정의 84퍼센트가 미리 조리된 음식을 전자 레인지로 데운다고 응답했고, 요리할 때도 전자 레인지를 쓴다는 가정은 고작 34퍼센트였다. 한 면담자는 "그걸로는 요리를 하지는 않고 데우는 데만 써요"라고 말했다. 대부분의 부엌에서 전자 레인지는 요리의 한 형태가 아니라 요리를 회피하는 방법이다. 우리는 냉동식품을 전자 레인지에 넣고서 삐 소리가 날 때까지 망연히 기다린다. 전자 레인지는 온 가족이 같은 시각에 식탁에 둘러앉을 필요 없이 언제든 따뜻한 음식을 먹게끔 해주었다. 대부분의 전자 레인지는 아담한 편이라서 한 번에 1, 2인분 이상은 조리할 수 없다.

이것은 우리가 유지해온 사회적 생활의 종말을 뜻할까? 역사학자 펠리페 페르난데스-아르메스토는 전자 레인지가 해로운 방식으로 "사회를 바꿀 수 있다"고 본다. 전자 레인지가 우리를 '사회성 발달 이전 단계'로 되돌릴지도 모른다는 것이다. 하기야 전자 레인지를 보고 있자면 우리가 불을 발견한 일은 없었던 것만 같다. 인류는 역사 내내 불을 가두고 통제하려고 애썼다. 불은 사회적 생활의 구심점이었다. 사람들은 돌멩이 화덕으로 불을 길들였다. 다음에는 불을 둘러싸고 큰 방을 지었고, 쇠살대 속에 가두었고, 무쇠 레인지에 집어넣어 눈에 보이지 않게 했으며, 가스 오븐으로 우리 의지에 종속시켰다. 그리고 마침내 전자 레인지로 불 없이 요리하는 방법을 찾아냈다.

우리가 불을 그리워하고 생활에서 불이 사라진 것을 아쉬워한다는 징후도 간간이 보인다. 아마추어 요리사들은 해가 났다 하면 잽싸게 바베큐 도구를 꺼내어 불꽃으로 소시지를 굽는다. 그 열정을 보노라면 정말 오늘날의 요리는 구심점을 잃었는지도 모르겠다. 전자 레인지 앞에 둘러앉아 밤늦도록 도란도란 대화하는 사람은 아무도 없다. 전자 레인지의 각진 유리 몸통은 우리의 손도 마음도 덥히지 못한다. 그러나 모든 것이 깡그리 사라지지는 않았을 것이다. 요리 과정은 설령 관습적인 옛 방식을 따르지 않더라도 사람들을 끌어당기는 힘이 있기 마련이다. 전자 레인지가 옛 화덕처럼 가정의 구심점이 될 수는 없다고 믿는 사람이 있다면, 아이들이 불가에 모인 수렵채집인처럼 전자 레인지 앞에 옹그린 채 경이로운 표정으로 잠자코 팝콘이 튀겨지기를 기다리는 광경을 보지 못했기 때문일 것이다.

토스터

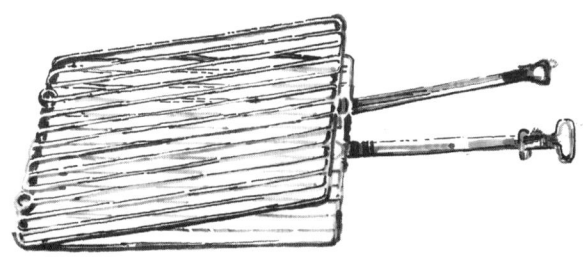

 토스트를 굽는 일은 어쩐지 만족스럽다. 토스트가 워낙 위안이 되는 음식이어서 그럴 수도 있다. 그 바삭함, 노란 버터가 빵의 갈라진 틈으로 천천히 스미면서 피어오르는 천상의 향기. 그런데 그 만족감은 기계를 다루는 즐거움에서 오는 것이기도 하다. 토스터 구멍에 빵을 밀어넣고, 타이머를 맞추고, 톡 아니면 탁 하면서 토스트가 튀어오르기를 기다리는 그 느낌.
 전기 토스터는 대단히 기본적인 물건임에도 불구하고 느지막이 생겨났다. 온갖 장치에 열광했던 후기 빅토리아 시대 사람들은 이론상으로나마 1890년대부터 전기 주전자로 물을 끓이고 전기로 달걀 프라이를 할 수 있었지만, 어쩐 일인지 토스트만큼은 노출된 불꽃에서 토스트용 포크와 석쇠로 굽는 방법을 고수했다. 사람들은 가지각색의 갈퀴와 바구니를 써서 불에 빵을 (때로는 치즈와 고기도 함께) 얹었다. 따지고 보면 토스트를 굽는 것은 로스팅이나 마찬가지이다. 음식에 건조 복사열을 가해서 표면이 갈색이 될 때까지 익히는 것이니까.
 전기 토스터를 만들려면, 우선 로스팅 열에 녹아버리지 않을 만큼 강하고 내구성 좋은 금속 필라멘트를 찾아야 했다. 그런 금속은 전기 전도도가 낮은 니켈 크로뮴 합금, 즉 니크롬을 앨버트 마시가 발견한 1905년에 등장했다.* 그때부터 미국 시장에는 전기 토스터가 쏟아져나왔다. 핀처, 스윙어, 플랫베드, 드로퍼, 티퍼, 퍼처, 플로퍼……이런 이름들은 모두 토스트를 손으로 꺼낼 때 취하는 동작을 묘사한 것이었다.

우리에게 친숙한 형태의 자동 토스터는 찰스 스트라이트의 발명품이었다. 미네소타의 기계공이었던 스트라이트는 직장 카페테리아에서 번번이 탄 토스트를 내놓는 데에 질렸다. 1921년 스트라이트는 수직으로 튀어오르는 용수철과 조절 가능한 타이머를 갖춘 토스터에 대해서 특허를 냈다. 정말로 참신한 발명이었다. 가만 내버려두어도 토스터가 알아서 다 해주다니! 스트라이트의 '토스트 마스터'는 "지켜볼 필요가 없답니다—토스트가 타지 않아요"라는 문구로 선전했다. 아, 정말로 그렇다면 얼마나 좋을까. 자동 토스터로도 얼마든지 토스트를 태울 수 있으니 말이다.

---

* 전기 전도도가 낮다는 것은 곧 저항이 크다는 뜻이어서 전기를 흘리면 열이 많이 발생하므로 좋은 열선 재료가 된다/역주

4
계량

"헤아릴 수 있는 것은 헤아리고, 측정할 수 있는 것은 측정하고,
측정할 수 없는 것은 측정할 수 있게 만들어라."
갈릴레오 갈릴레이, 1610

"내게 수백 수천 개를 헤아리라는 말은 하지 마세요."
니겔라 로슨, 1999

패니 메릿 파머는 적당주의를 혐오하는 요리사였다. 파머는 재료를 다룰 때 이것 한 줌 저것 야간 따위는 상대하지 않았고, 확실한 수평 계량기법을 선호했다. 그녀의 역작인 『보스턴 요리학교 요리책(*The Boston Cooking-School Cook Book*)』(1896)은 20세기 초 미국의 베스트셀러로 1915년까지 36만 권 넘게 팔렸다. 책의 매력은 요리에서 올바르고 **정확한** 계량법을 써야 한다는—사뭇 과학적이어서 독자를 안심시키는—주장을 고집하는 점이었다. 파머는 이렇게 썼다. "한 컵은 **수평으로** 깎아서 잰다.……한 스푼은 **수평으로** 깎아서 잰다. 한 티스푼은 **수평으로** 깎아서 잰다." 빨강 머리에 풍채 좋은 여인이었던 파머는 요리 수업에서도 늘 똑같이 말하며, 나이프로 계량 도구의 꼭대기를 수평으로 깎아냈다. 파머의 패스트리에는 밀가루가 분량보다 한 톨이라도 더 들어가서는 안 되었다. 파머의 별명은 '수평 계량의 어머니'였다.

파머는 자신이 미국을 정확한 요리의 새 시대로 이끈다고 믿었던 것 같

다. 어림짐작의 암흑기는 갔다. 파머는 "최고의 결과를 내려면 올바른 계량이 절대적으로 중요하다"라고 썼다. 계량은 혼란스런 우주에 질서를 부여하는 방법이었다. 파머는 중산층 독자에게 요리법만 가르쳐주는 것이 아니라 독자가 부엌에서 절대적인 통제력을 느끼도록 도우려고 했다. 그러니 파머가 선택한 계량법이 하필이면 오류가 많고 모호하고 결과가 천차만별이기 쉬운 계량컵 체계였다는 사실은 참 이상하다.

계량컵 체계는 재료가 젖었든 말랐든, 포슬포슬하든 단단하든, 죄다 부피가 일정한 계량컵으로 양을 재는 방법이다. 정확히 236.59밀리리터가 담기는 컵이었다. 무게가 아니라 부피를 재므로 '용적(容積)' 계량법이라고 한다. 요즘도 미국 요리책들은 거의 보편적으로 컵 계량법을 쓰므로, 가정의 요리사들도 그렇게 한다. 저울로 무게를 재는 편이 훨씬 더 쉽고 정확하다는 불평이 자주 제기되는데도 말이다. 역사의 얄궂은 장난에 의해서, 미국은 세계에서 그런 음식 계량법을 쓰는 유일한 나라가 되었다. 오스트레일리아와 뉴질랜드 요리사들도 컵 계량법을 가끔씩 쓰고, 유럽 요리사들도 액체는 보통 부피로 재지만, 기본적으로 동물성, 식물성, 광물성 할 것 없이 모든 재료를 계량컵이라는 부피 단위로 재는 나라는 미국뿐이다. 그것은 패니 파머가 남긴 유산 탓이 크다.

현재로 시간을 돌려, 어느 여름 날 저녁 내가 파머의 레시피를 시도한다고 하자. 파머가 절대로 정확하다고 주장했던 그 레시피는 이름도 간단해 보인다. 깍지콩 샐러드.

차가운 깍지콩 두 컵을 프렌치 드레싱에 재운다. 잘게 다진 골파를 한 티스푼 넣는다. 접시 중앙에 그것을 쌓은 뒤, 접시 가장자리에는 얇게 썬 래디시를 겹쳐 두른다. 래디시를 튤립 모양으로 깎아 맨 위에 장식으로 얹는다.

잘게 다진 골파를 티스푼에 욱여넣은 뒤 나이프로 위를 깎으려고 해본 적이 있는지? 하지 마시라. 골파가 사방으로 흩어진다. 그냥 접시 위에서 가위로 바로 잘라서 얹는 것이 훨씬 더 합리적이다. 골파가 조금 더 들어가든 덜 들어가든 상관없을 것이다. "차가운 깍지콩"을 두 컵 재라는 것은 차라리 농담이다. 콩이 얼기설기 튀어나와서 작업이 불가능하다. 차가운 깍지콩 두 컵을 완벽하게 깎아서 재려면 콩을 짓눌러야 할 테고, 그러면 샐러드를 망칠 것이다. 이 레시피는 중요한 사항을 알려주지 않는다는 점에서도 특기할 만하다. 프렌치 드레싱은 얼마나 만들어야 하는지? 깍지콩을 "차게" 식히기 전에 얼마나 익혀야 하는지? 어떻게 손질해야 하는지? 그리고 "튤립 모양으로 깎은" 래디시는 어디서 구하는지? 왜냐하면 단언컨대 내가 직접 깎을 생각은 없으니까("뿌리 쪽에 칼을 대어 래디시 길이의 4분의 3지점까지 들어가도록 여섯 번 칼집을 내라"고 파머는 위압적으로 지시한다). 무릇 레시피에는 계량 외에도 많은 요소들이 있다. 한편으로는 어떤 레시피도 요리에서 발생할 모든 변수들을 계량할 수 없는 것이 사실이다. 컵에 신념을 걸었던 파머는 자신이 모든 계량을 매조졌다고 생각했지만, 진실을 말하자면 결코 그렇지 않았다.

부엌의 계량은 늘 이런 식이다. 훌륭한 요리는 정밀한 화학 작업이다. 정말 훌륭한 식사와 그저 그런 식사의 차이는 불과 30초와 소금 4분의 1 티스푼에 달렸을 수도 있다. 레시피는 요리를 재현 가능하게 만들려는 시도이다. 과학에서 말하는 재현 가능성은 어떤 실험을 다른 독립된 연구자가 정확하게 반복할 수 있다는 뜻이다. 우리가 레시피에서 추구하는 것도 그런 성질이다. 당신의 애플파이 레시피는 내가 내 부엌에서 따라했을 때 이론적으로 정확히 같은 맛이 나야 한다. 그러나 요리사의 작업 환경에는 과학자가 허용하는 것보다 훨씬 더 많은 외래 변수들이 존재한다. 불안정한 오븐 온도, 교체된 재료, 손님들의 입맛이 각양각색이라는 점은 두말

하면 잔소리이다. 요리사가 계량을 위한 계량에 골몰하면 계량컵 때문에 요리를 놓칠 수 있다. 정확한 공식에만 집중하다 보면 어느 요리사에게든 최고의 계량법은 결국 개인적 판단이라는 사실을 잊기 쉽다.

계량 도구를 평가하는 기준은 하나 이상이라는 점도 잊지 말아야 한다. 첫째는 정확성이다. 계량 결과가 정해진 값에 상응하느냐 하는 것을 말한다. 내가 우유 1리터를 잴 때 쓰는 병이 정말로 1리터인지? 둘째는 정밀도이다. 이것은 계량 결과의 세밀도를 말한다. 우유를 0.5밀리리터 단위로 잴 수 있는지? 셋째는 일관성이다(과학자는 재현 가능성이라고 부를 것이다). 똑같은 양의 우유를 몇 번이고 똑같이 잴 수 있는지? 넷째는 환산 가능성이다. 어떤 계량이 더 광범위한 도량형 체계에 얼마나 잘 맞아드는가, 그리고 우유를 쟀던 도구나 단위로 다른 물질도 잴 수 있는가 하는 점이다. 마지막 다섯 번째 기준이 어쩌면 가장 중요할 것이다. 바로 편의성(사용자 친화성)이다. 별다른 의식이나 자원이나 기술 없이도 우유 1리터를 잴 수 있는지? 마지막 기준으로만 따지자면 최고의 계량 도구는 평범한 파이렉스 계량컵이다. 1915년 최초로 특허를 받은 내열 유리로 만들어진 파이렉스 컵은 미터법과 영국식 도량형을 둘 다 선명한 눈금으로 보여주고, 내용물을 따를 수 있는 주둥이가 있으며, 냉동실과 전자 레인지에 넣을 수 있고, 부엌 바닥이 아주 딱딱하지만 않다면 떨어뜨려도 튕겨오르는 소중한 능력이 있다.

모든 요리에는 계량이 수반된다. 설령 오감으로 본능적으로 하는 계산일 뿐이라도. 눈은 우리에게 양파가 충분히 투명해졌다고 알려주고, 귀는 팝콘이 다 튀겨졌다고 알려주며, 코는 토스트가 탈 참이라고 알려준다. 요리사는 그런 계산에 의지하여 부피와 시간을, 온도와 무게를 끊임없이 추측하고 결정한다. 모든 요리사는 그런 변수들을 조절하며 나아가야 한다. 그러나 더 나은 기술로 더 정확하게 계량하려는 시도가 반드시 더 맛있는 요리로 이어지는 것은 아니다. 부엌에서 공식에만 집착하는 것은 비생산적일 수 있다. 지금껏 어떤 기술도 민감한 코, 예리한 눈, 석면 방열 장갑 같은 손, 뜨거운 불 앞에서 오랜 시간을 보낸 훌륭한 요리사의 계량 능력을 능가하지는 못했다. 그런 요리사의 오감은 어떤 인위적 도구보다도 확실하게 음식을 읽어낸다.

"우리 미국인을 규정하며 다른 나라 사람들과 구별해주는 특징들 중에서도 가장 분명한 것은—그럼에도 가장 덜 인식되는 것은—계량컵이다." 위대한 음식 평론가 레이 소콜로프는 1989년에 이렇게 말했다. 소콜로프는 "온 나라가 건재료를 습관적으로, 게다가 거의 배타적으로 컵으로만 계량하는" 나라는 미국 외에는 없다고 지적했다.

나머지 세계는 밀가루를 (적어도 대부분의 경우) 무게로 잰다.

저울은 형태가 다양하지만 원리는 동일하다.[4] 무게를 측정하는 것이다. 프랑스 요리사라면 얕은 쟁반이 딸린 천평칭을 쓸 수도 있다. 한때 다른 나라들에서 신생아의 체중을 재던 저울처럼 생긴 물건이다. 덴마크에서는 수수한 동그라미처럼 생긴 부엌 저울이 벽에 붙어 있다. 꼭 시계처럼 보이지만, 쟁반을 아래로 내리면 눈금이 드러나는 기발한 설계이다. 영국인은 아직도 '여왕 저울'이라고 불리는 구식 기계식 천칭을 좋아한다. 무거운 무쇠로 된 천칭에 한쪽에는 청동 접시를, 반대쪽에는 무게가 다양한 추

---

[4] 엄밀히 말해서, 이때 '무게'는 '질량'으로 바꿔야 한다. 무게는 중력이 물체에 가하는 힘이다(무게 w = mg, m은 질량, g는 중력). 따라서 달에서 밀가루 한 컵의 무게는 지구에서의 무게보다 훨씬 더 작다. 반면에 질량은 환경에 무관하게 일정하다. 밀가루 100그램은 늘 100그램이다. 우리가 흔히 '무게'라고 말할 때는 사실 질량을 뜻한다. 그러나 이 책은 순수과학보다는 실용적인 기술을 이야기하는 책이므로, 흔히 질량의 동의어를 뜻하는 의미에서의 '무게'를 계속 쓰겠다/저자 주

를 매다는 방식이다. 아니, 어쩌면 나만 좋아할지도 모르겠다. 그러고 보니 내 부엌에 놀러 온 친구들은 저울을 보고는 박물관 소장품이라도 본 양 탄성을 지른다. 그리고 정말로 그 케케묵은 추들을 사용하느냐고 묻는다. 그럼! 매일 쓰는걸! 물론, 솔직히 인정하자면, 정확하게 재야 할 때는 쓰지 않는다. 그때는 디지털 저울을 쓴다. 오늘날 모든 선진국의 요리사들은 디지털 저울을 이용한다. 적은 비용으로 대단한 정확성과 정밀성을 제공하는 디지털 저울은 현대 주방의 가장 훌륭한 도구로 꼽을 만하다. 영점 조정 기능이 있다면, 그릇을 얹은 채 영점을 맞추면 되니까 재료를 그릇째 얹을 수도 있다. 그러면 저울을 씻을 필요가 없다. 특히 시럽이나 꿀 따위를 저울에 담았다가 그릇으로 긁어내는 성가신 일을 할 필요가 없어 유용하다.

그러나 오래된 계량기법도 놀랍도록 잘 작동할 때가 있다(오차 범위는 크겠지만). 당신이 독일인이고 전통을 아끼는 성격이라면, 당신의 부엌에는 한쪽에 재료를 담은 컵을 매달고 반대쪽에 평형추를 매달아 가로대의 눈금을 읽는 시소형 천칭이 있을지도 모른다. 가로대가 완벽한 균형을 이룰 때까지 미끄러뜨린 뒤 그때의 눈금을 읽는 것이다. 그것은 폼페이에서 발견된 기원후 79년의 금속 가로대 저울과 사실상 같은 기술이다.

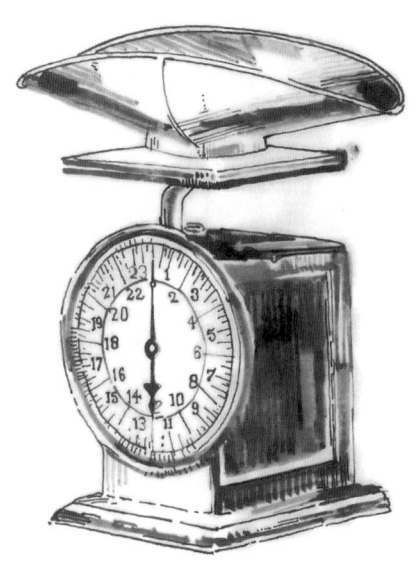

무게 재기의 과학은 지난 2,000여 년 동안 거의 다 해결되었다. 중국의 가장 오래된 저울은 기원전 4세기 것으로, 막대기에 쟁반

두 개를 매단 고전적 구조였다. 그러나 저울을 소유한 사람이 많지는 않았다. 저울은 원래 금 같은 귀중품을 재는 데에 쓰였으며, 부엌으로 진출한 것은 한참 뒤였다. 고대 로마 최초의 '요리책'을 쓴 아피시우스의 시절에는 분명히 부엌에 저울이 있었다. 아피시우스는 건재료뿐 아니라('러비지[Lovage] 6스크루플') 물기 있는 재료도 무게로 말한다('육수 1파운드'). 재료의 무게를 재는 기술은 까마득히 오래 전부터 사용되었다. 더구나 요즘은 그 기술이 어느 때보다도 훌륭하여, 대개의 디지털 저울은 1그램 단위까지 정확하게 재준다. 무게 측정의 장점은 밀도를 걱정할 필요가 없다는 것이다. 설탕 100그램은 꼭꼭 다졌든 보슬보슬 부풀렸든 100그램이다. 중요한 것은 무게이고, 무게는 늘 일정하다. 금 1킬로그램과 깃털 1킬로그램은 어느 쪽이 더 무거울까 하는 농담이 있는데, 당연히 똑같다. 1킬로그램은 1킬로그램이다.

이와 대조적으로, 계량컵을 쓰는 미국의 부피 측정은 미쳐버릴 만큼 부정확할 수 있다. 최소한 건재료는 그렇다. 한 컵은 그냥 한 컵이 아니다. 실험에 따르면 밀가루 한 컵의 무게는 110그램에서 170그램까지 달라진다고 한다. 체에 가볍게 쳤느냐 꾹꾹 눌렀느냐에 따라 달라지는 것이다. 그 차이가 성공한 케이크와 실패한 케이크를 가를지도 모른다. 지나치게 된 반죽과 묽은 반죽을 가를지도 모른다. 요리책 저자가 110그램을 생각하고 밀가루 한 '컵'을 넣으라고 했는데 당신이 측정한 양은 170그램이었다면 필요량보다 1.5배를 더 쓰게 되는 셈이다. 엄청난 오차가 아닐 수 없다.

고형 재료를 부피로 잴 때는 압축과 팽창이 문제가 된다. 액체의 경우, 가령 물이라고 하면 얼거나 끓지 않는 보통 조건에서는 밀도가 변하지 않는다. 물을 눌러서 부피를 더 줄일 수는 없다. 반면에 밀가루는 컵에 꽉꽉 눌러 압축할 수 있고, 공기를 넣어 부풀릴 수도 있다. 어떤 레시피는 계량 전에 밀가루를 체에 치라고 명시함으로써 문제를 해결하려고 한다. 나아가 정확히 얼마나 쳐야 하는지 자세히 알려주기도 한다. 아무리 그래도 정확성은 보장되지 않는다. 밀가루는 다 다르기 때문이다. 체 치기라는 수고스러운 단계가 더해지는 것도 문제이다. 요리사는 체와 숟가락을 든 채 부풀렸다 눌렀다 쌓았다 흔들었다 난리를 피워야 한다. 저울로 몇 초 만에 얻을 수 있는 결과보다 덜 정확한 결과를 얻으려고 말이다.

밀가루에서 다른 재료로 넘어가면, 컵 계량은 더더욱 미칠 노릇이 된다. 쌀이나 쿠스쿠스*나 귀리 같은 곡물은 컵으로 재도 괜찮다. 오히려 그것이 최선의 방법일 수 있다. 우리는 보통 곡물의 부피와 곡물을 익힐 물의 부피를 비율로 맞추기 때문에 절대량은 덜 중요하다. 가령 쌀이라면 대체로 쌀과 물의 부피를 1 : 1½로 맞추고, 쿠스쿠스는 1 : 1로 맞춘다. 쿠스쿠스를 계량컵에 부어 부피를 잰 뒤 그것을 도로 쏟고 다음으로 물이나 육수를 부어 똑같은 높이까지 맞추는 작업은 똑같은 단계를 되풀이해서 그런지 왠지 만족스럽다. 그러나 깍둑썰기한 가지 5컵(약 500그램)이나 작게 뜯은 양상추 10컵(역시 500그램)을 재는 것은 전혀 다른 이야기이다. 어떻게 썰어야 할까? 한조각 한조각 썰어 계량컵에 담아야 하나, 너무 많이 썰어 남은 것을 버려야 하는 위험을 감수하고서라도 한 번에 몽땅 썰어야 하나? 컵에 담긴 조각들을 꾹 눌러야 하나, 요리책 저자가 조각들 사이의 빈틈을 허용했으리라고 가정해야 하나? 한심한 일을 시킨 저자에게 화가 나서 요리책을 바닥에 내팽개치게 되나?

미국이 계량컵에 집착하는 것은 정말 이상한 일이다(최근 이윽고 반역의 기미가 보이는데, 가령 2011년 「뉴욕 타임스」에는 "부엌 저울을 대신하여 호소한다"라는 기사가 실렸다). 미국은 여러 면에서 유럽보다 더 합리적인 세상으로 느껴진다. 미국 도시의 도로는 런던이나 로마처럼 난잡하

---

* couscous, 단단한 듀럼 밀을 거친 알갱이로 만든 것으로, 쪄서 먹는다. 같은 이름의 요리도 있다/역주

게 얽히고설키지 않고 질서 있게 착착 숫자를 매긴 격자형이다. 달러도 그렇다. 1792년부터 쓰인 달러 체계는 대단히 합리적인 통화 체계이다. 돈에 관한 한 미국은 유럽보다 훨씬 더 앞서서 사용하기 편한 체계를 구축했다(프랑스는 예외이다). 20세기 중반 로마에서 이탈리아 리라로 커피를 사 마시는 일은 어려운 수학 문제 풀이를 방불했다. 파운드, 실링, 페니의 엉망진창 체계를 고수했던 런던에서 차를 사 마시는 일도 딱히 더 쉽지 않았다. 그동안 미국인은 식료품 가게에 가서 십진법에 따른 센트, 다임, 달러로 손쉽게 계산했다. 미국은 전화번호도 열 자리 수로 깔끔하게 표준화했다. 내 미국인 친구는 영국 전화번호의 규칙, 혹은 규칙의 부재를 가리켜 "혼란스러운 잡탕"이라고 표현했다. 그렇다면 미국인은 왜, 굳이 요리에서만, 합리성을 내던진 채 계량컵을 고수할까?

   미국의 컵 계량법은 도량형의 역사라는 큰 맥락에서만 이해할 수 있다. 과거에는 명료한 측정 표준의 부재가 예외가 아니라 일상이었다. 그리고 컵 계량법은 더 폭넓은 체계에 포함되는 한 요소였는데, 그 환경에서는 나름대로 합리적인 선택지라고 할 만했다. 오늘날의 혼란은 모두 중세 영국에서 기인했다.

"일 파인트는 세상 어디에서나 일 파운드"라는 오래된 말이 있다. 한때는 정말 그랬다. 앵글로색슨 시절 잉글랜드는 당시 수도였던 윈체스터의 이름을 따서 '윈체스터 도량형'을 정했다. 그것은 음식의 무게와 부피 사이의 등가(等價)를 규정하는 체계였다. 부피 단위가 없는 상황에서 새로운 도량형을 만들 때 무게 단위와의 관계를 기준으로 삼는 것은 분명 가장 명확한 방법이었다.

   계량컵이 없는 상황에서 어떤 용기의 용적을 정확히 알아내는 일이 얼

계량 159

마나 까다로울지 상상해보자. 주어진 컵에 물이 얼마나 담기는지 어떻게 알까? 물을 다른 컵에 부어 두 높이를 비교하면 된다. 그러나 두 번째 컵의 부피는 또 어떻게 알까? 금세 악몽 같은 과제가 된다. 이때 무게를 아는 어느 물질의 부피를 동원하면, 과제가 한결 쉬워진다. '윈체스터 부셸(bushel)'은 밀 64파운드의 부피로 정의되었다(밀 낟알은 밀가루보다 밀도 편차가 적기 때문에 양이 비교적 일정했다). 1부셸은 4펙(peck), 1펙은 2갤런(gallon), 1갤런은 4쿼트(quart), 1쿼트는 2파인트(pint)였다. 간추리면 만족스러운 사실이 도출된다. 1부셸은 (밀) 64파운드와 같고 (물) 64파인트와도 같다. 정말로 1파인트는 1파운드였다. 깔끔하지 않은가.

만일 윈체스터 도량형이 유일한 부피 단위였다면, 아무 문제가 없었을 것이다. 그러나 중세 영국에서는 서로 다른 물질에 적용되는 서로 다른 갤런이 경쟁적으로 쓰였다. 윈체스터 갤런(옥수수 갤런이라고도 했다)뿐 아니라 포도주 갤런과 에일 갤런이 있었는데 양이 다 달랐다. 사람들이 보통 포도주보다 에일을 더 많이 마신다는 사실을 반영하듯이, 에일 갤런이 포도주 갤런보다 컸다(각각 약 4.62리터와 3.79리터). 우리는 측정을 논할 때 이런 식의 흐트러진 논리에 빠져들기 쉽다. 영화 「이것이 스파이널 탭이다」의 록 스타 나이절이 떠오르는데, 그는 음악 소리를 더 키우려면 눈금이 10이 아니라 11까지 올라가는 앰프를 제작해야 한다고 믿었다.

표준 도량형이 없는 것은 정확한 몫을 받기를 원하는 구매자에게 골칫거리였지만(에일 1파인트가 동네마다 달랐으니까), 국가에도 문제였다. 단위는 물품에 매기는 세금에 영향을 미쳤기 때문이다. 1215년 대헌장은 "온 영토에 하나의 포도주 단위, 하나의 에일 단위, 하나의 옥수수 단위가 있게 하라"고 선언함으로써 통일성 부재를 해소하려고 시도했다. 그러나 별 소용이 없었고, 경쟁하는 단위들이 계속 활개를 쳤다. 1066년부터 17세기 말까지 갤런은 12종이 넘었다. 고체용도 있었고 액체용도 있었다.

18세기 말, 중세 도량형의 혼돈 상태에서 벗어나려는 움직임이 다양하게 등장했다. 프랑스에서는 혁명 이후 1790년대부터 미터법이 정착되었다. 미터는 북극점과 남극점을 잇는 가상의 선, 즉 자오선의 길이를 측정한 과학자들의 탐험 결과에 바탕을 둔 단위였다. 1미터는 자오선의 100만 분의 1로 정의되었다. 실제로는 사소한 계산 실수 때문에 그보다 약간 더 작았지만, 어쨌든 원칙은 세워졌고, 이제 프랑스인은 모든 것을 십 단위로 측정할 생각이었다. 1795년 제르미날 18일의 법은 리터, 그램, 미터라는 새로운 단위를 공포했다. 뒤죽박죽 섞인 케케묵은 표준들을 소탕하는 작업은 프랑스의 현대성을, 즉 합리성과 과학성과 상업성을 과시하는 일로 간주되었다. 혁명가들은 도로 체계부터 버터 덩어리까지 모든 것을 완벽한 십 단위로 세분했다. 심지어 일주일을 열흘로 잡은 '데카드(décade)'도 실험했다. 새 측정 체계 덕분에 생활은 더 논리적으로 바뀌었다. 이제 프랑스인은 그램으로 잰 빵을 먹었고, 밀리리터로 잰 커피를 마셨고, 십진법에 기반한 프랑(franc)과 수(sou) 통화로 계산을 치렀다.

미국인과 영국인도 나름대로 개혁을 실시했지만 어느 나라도 혁명적인 프랑스만큼 밀어붙일 마음은 없었다. 1790년 조지 워싱턴 대통령은 국무장관 토머스 제퍼슨에게 도량형 개혁안을 작성하라는 임무를 내렸다. 미국은 벌써 영국의 크라운 동전, 파운드, 실링, 페니를 떨쳐버리고 십진법 주화를 채택한 뒤였다. 그러나 의회는 제퍼슨이 제안한 두 개혁안 중 어느 것으로도 의견 일치를 보지 못했고, 아무런 결정도 내리지 못한 채 수십 년을 더 허비했다.

한편 영국은 1824년에 행동에 나섰다. 이 시점에서 프랑스의 선례를 쫓아 완벽한 미터법을 추구한다는 것은 상상할 수 없는 일이었다. 프랑스와 영국은 불과 얼마 전에 전쟁을 마친 적국이었으니까. 영국의 목표는 그저 원활한 통상을 위해서 여러 표준들이 공존하는 암흑기의 족쇄를 풀어주는 것뿐이었다. 1824년 의회는 건량이든 액량이든 갤런이라는 하나의 단위를 쓰자고 투표로 정했다. 새 영국식 갤런은 "정해진 온도와 압력에서 물 10파운드가 차지하는 부피"로 정의되었다. 그 양은 4.55리터로 옛 에일 갤런과 비슷했다. 새 갤런을 확정하자 그에 따라 파인트, 쿼트, 부셸을 조정하는 일은 쉬웠다. 속담은 이렇게 바뀌었다.

일 파인트는 세상 어디에서나 일 파운드.
그러나 영국은 예외라
물 일 파인트는 일과 사분의 일 파운드.

여기에서 영국은 영연방이라고 읽으면 된다. 영국인은 자신들이 통치하는 곳마다 자신만만하게 새 도량형을 보급했다. 식민지 캐나다의 메이플 시럽 1파인트는 식민지 인도의 위스키 1파인트와 부피가 같았다.

그래서 측정의 혼란이 해소되었을까? 전혀 아니다. 미국 의회는 1836년 마침내 미국 표준 단위를 확정했다. 그런데 영국과는 반대의 길을 걷기로 결정했다. 새 영국식 갤런을 도입하는 대신 옛 체계에서 가장 많이 쓰였던 두 갤런을 고수하기로 한 것이다. 건량에는 윈체스터(혹은 옥수수) 갤런을, 액량에는 퀸앤(혹은 포도주) 갤런을 쓰는 방식이었다. 미국이 영국과 다른 표준을 원했던 것은 놀랍지 않지만, 영국으로부터의 자유를 독자적인 현대적 단위로 표현하지 않고 케케묵은 옛 영국 단위로 표현했던 점은 놀랍다. 미국은 인류 최초로 사람을 달에 보낼 때도 18세기 런던의 파인트와 부셸로 계산했던 것이다. 오늘날은 구글 검색의 시대인지라 주부들이 『요리의 즐거움(The Joy of Cooking)』을 뒤적이기보다 온라인에서 레시피를 검색할 때가 많지만, 미국 요리 웹사이트의 레시피들도 전통적인 컵 단위를 쓴 것이 압도적으로 많다.

그 결과 미국과 영국의 부엌은 200년 가까이 대화가 통하지 않았다. 1969년 영국이 마침내 공식적으로 미터법 국가에 합류하면서 사태는 더 나빠졌다(아직도 많은 영국 가정은 영국식 도량형을 선호하지만). 미국은 세계에서 프랑스 미터법을 공식적으로 채택하지 않은 세 나라 중 하나이다. 나머지 둘은 라이베리아와 미얀마이다. 미국인은 재료의 양을 그램으로 말하는 유럽 방식이 어쩐지 냉정하고 심지어 비인간적이라고 느낀다. 그러나 세계의 다른 나라들에는 미국의 컵 계량법이 혼란 그 자체이다. 오스트레일리아에서는 컵을 미터법에 따라 250밀리리터로 정했지만, 영국에서는 영국식 파인트의 절반인 284밀리리터로 해석하곤 한다. 캐나다는 영국식 액량 8온스에 해당하는 227밀리리터 컵을 쓴다. 진짜 미국 컵은 어느 것과도 다르며, 미국 파인트의 절반, 즉 236.59밀리리터로 엄밀하게 정의된다.

상황이 이럴진대, '수평 계량의 어머니'라고 불렸던 1896년의 패니 파머는 왜 컵 방식이 더 우월하고 정확하다고 생각했을까? 미국이 저울보다 부피 측정을 선호하게 된 것에 무슨 필연성이 있지는 않았다. 그전에 나온 요리책들의 레시피는 컵으로 부피를 재도 되지만 저울로 무게를 재도 되게 나와 있었다. 미국 요리책들이 실상은 런델 부인의 『새로운 가정요리 체계 (A New System of Domestic Cookery)』(1807)와 같은 성공한 영국 요리책을 전재한 경우가 많았던 것이 한 이유였다. 그러나 진짜 미국에서 쓰인 책들을 보아도 대부분은 부엌에 저울이 있다고 가정했다. 미국에서 미국인이 미국인을 위해서 쓴 최초의 요리책은 어밀리아 시먼스의 1796년 『미국 요리 (American Cookery)』였다. 시먼스는 파운드와 온스를 예사롭게 썼다. 칠면조 속을 만들 때는 빵 한 덩어리, "버터 4분의 1파운드, 잘게 다진 절인 돼지고기 4분의 1파운드," 달걀 2개, 허브 약간이 필요하다고 썼다. 시먼스는 또 미국 부엌들의 전통적인 단골이 될 최초의 미국적 레시피, 즉 파운드 케이크 레시피를 제공했다. "설탕 1파운드, 버터 1파운드, 밀가루 1파운드, 달걀 1파운드 혹은 10개, 장미수 1질(gill), 취향에 따라 향신료를 섞는다. 잘 지켜보며 굽는다. 미지근한 오븐에서 15분이면 구워진다."

  어밀리아 시먼스의 파운드 케이크는 훌륭한 레시피는 아니다. 너무 짧은 15분은 오자(誤字)라고 해도(내 경험상 파운드 케이크는 1시간은 걸린다) 반죽을 어떻게 섞으라는 말도 없다(달걀이 엉기지 않도록 하나씩 넣어야 하나, 한번에 왕창 넣어도 되나?). 흠은 있을지언정, 이 레시피는 1796년만 해도 미국인이 버터와 밀가루를 저울에 얹기를 싫어하지 않았음을 암시한다. 파운드 케이크는 컵이 득세한 뒤에도 미국인이 사랑하는 요리로 남았다. 패니 파머의 책에도 파운드 케이크가 나오는데, 장미수와 향신료를 육두구와 브랜디로 교체한 점 외에는 시먼스의 레시피와 다르지 않다. 또한 파머는 '깊은 팬'에서 1시간 15분이 걸릴 것이라고 타당하게 적어두었다. 그리고 물론 파운드를 컵으로 바꾸었다.

  19세기 중반 미국에서는 컵이 파운드를 완전히 밀어냈다. 처음에는 수중에 있는 아무 컵이나 썼을 것이다. 요즘도 인도에서 폴란드까지 여러 나라에서 전통 요리를 만드는 사람들은 대개의 재료를 이것 한 잔, 저것 한 컵 하는 식으로 측정한다. 그래도 음식은 괜찮게 만들어진다. 그 사람은 그 요리를 같은 잔이나 컵을 이용해서 백 번도 더 만들어보았을 것이기 때문이다. 다만 가족이나 좁은 공동체 바깥의 사람에게 레시피를 가르쳐줄 때가 문제인데, 그때는 번역 과정에서 뜻이 상실된 말처럼 레시피가 의미를 잃는다. 그러나 19세기 미국의

컵 계량법은 그와는 달랐다. 왜냐하면 아무 컵이나 쓰지 않고 부피가 정해진 하나의 표준을 썼기 때문이다.

미국인은 왜 그렇게 컵에 집착했을까? 어떤 해석에서는 그것을 개척지 생활의 유산으로 본다. 서부로 이동했던 개척자들은 마차에 엉성한 부엌 살림을 싣고 다녔으므로 무거운 저울로 짐을 늘리기를 원하지 않았다는 것이다. 일리 있는 말이다. 컵이야 머나먼 변방의 개척지에서도 양철공이 만들 수 있는 물건이었겠지만 저울은 공장에서 생산되고 도시에서 팔리는 산업품이었다. 게다가 개척지의 식사는 대체로 임시변통 요리였다. 옥수수 가루와 돼지비계를 이것 한 컵, 저것 한 줌 넣어 되는대로 굽는 조니 케이크처럼.

그러나 미국이 계량컵을 전면적으로 채택한 것은 개척지 정신만으로는 설명할 수 없다. 요리책들은 분명 계량컵을 저울에 뒤지는 대체물이 아니라 저울보다 우월한 방법이라고 생각했다. 삐걱거리는 마차뿐 아니라 도시의 화려하고 잘 갖춰진 부엌에서도 컵을 썼다. 베스트셀러 『톰 아저씨의 오두막(Uncle Tom's Cabin)』의 작가 해리엇 비처 스토의 언니인 캐서린 비처는 1846년 『비처 양의 가정요리(Miss Beecher's Domestic Receipt Book)』를 썼는데, 그 책에서 "레시피를 무게 대신 계량컵으로 재도록 정리하면 수고를 크게 덜 수 있다"라고 말했다. 비처는 독자가 저울도 가지고 있을 것이라고 가정했지만 컵이 더 간편하다고 보았다. 그리고 첫 시도에는 재료들을 무게로 달되 그 부피를 "작은 계량컵"으로 재두라고 조언했다. 그러면 다음번에는 저울로 재는 단계를 건너뛰고 컵만 쓸 수 있다고 했다.

계량 기구로서의 컵, 즉 1/2컵, 1/4컵⋯⋯하는 식으로 눈금이 표시된 특수 계량컵이 나타나기 시작한 것도 컵 계량법의 득세를 거들었다. 1846년의 비처는 평범한 찻잔이나 커피잔을 쓰라고 했지만, 1887년의 세라 타이슨 로러는 최근 "시장에서 작은 양철 부엌 컵을" 구할 수 있다고 말했다.

그 컵은 "쌍으로 팔고 가격은 다양하며……둘 중 한쪽에는 1/4 단위의 눈금이 있고 다른쪽에는 1/3 단위의 눈금이 있다"고 했다. 오늘날의 계량컵이라고 바로 알아볼 만한 형태이다.

이즈음 요리책 저자들은 독자가 저울을 아예 쓰지 않아도 되도록 컵 변환법을 제공할 때가 많았다. 1882년 보스턴의 인기 요리 선생이었던 마리아 팔로아는 "반 파인트가 담기는 보통 부엌 컵"을 쓰는 아래의 변환법을 제시했다.

밀가루 1쿼트……1파운드.
버터 2컵……1파운드.
액체를 넘치도록 가득 1파인트……1파운드.
그래뉼 설탕 2컵……1파운드.
가루 설탕을 가뜩 2컵……1파운드.
작게 자른 고기를 꽉꽉 눌러 1파인트……1파운드.

이런 변환법의 문제는 어떻게 해석할 것인가였다. '꽉꽉 누른' 고기는 얼마나 꽉꽉 눌러야 하나? '넘치도록 가득' 담은 액체와 '모자란 듯' 담은 액체 1파인트는 어떻게 구별해야 하나? 대관절 '가득 담은 한 컵'이 얼마만큼인가?

역시 보스턴에서 활동하며 패니 파머의 전임자로 보스턴 요리학교를 운영했던 링컨 부인은 수식어를 붙여 설명하려는 시도를 감행했다. 링컨 부인에 따르면, 한 스푼은 일반적으로 "수북하게 뜬 것, 즉 스푼의 오목한 정도만큼 볼록하게 위로 솟은 것"을 의미했다. 썩 유용한 설명이라고는 할 수 없었다. 바로 이런 상황에서, 패니 파머는 해석의 여지를 깡그리 제거했다. 파머가 컵을 수평으로 깎는 데에 쓴 나이프는 모든 의심과 모호함을 지웠다. 컵은 넘칠 듯하거나 모자란 듯하거나 가득 쌓거나 꾹꾹 눌러서는 안 되었다. "한 컵은 수평으로 깎아서 잰다. 한 스푼은 수평으로 깎아서 잰다. 한 티스푼은 수평으로 깎아서 잰다." 이런 정확성 앞에서 사람들은 요리가 과학으로 격상되었다는 느낌을 받았다.

파머의 기법은 이전 사람들이 넘치게 혹은 모자라게 계량했던 것에 비하면 실로 엄청난 개선이었다. 그러니 파머가 컵 계량법의 흠을 알아차리지 못했던 것을 용서해야 할지도 모른다. 수평 계량법에 대한 파머의 집착은 그녀가 요리에 뒤늦게 투신했던 사실을 반영했다. 파머는 1857년 보스턴에서 인쇄공의 네 딸 중 하나로 태어났다. 파머는 집에서 요리를 거의 하지 않았다. 별일 없었다면 아마 그녀도 세 자매처럼 학교 선생이 되었을 것이다. 그러나 그녀는 고등학교를 다닐 때 소아마비로 보이는 질병에 걸려 잠시 몸이 마비되었고, 이후 영영 다리를 절었다. 한동안은 그녀가 언제까지나 집에만 머무를 것처럼 보였다. 그러나 1880년대에 스물여덟 살의 파머는 어느 집안 친구이 집에서 안주인을 돕는 일을 맡았고, 그러면서 요리에 취미를 붙였다. 그리고 1887년에는 미국 전역에서 중산층 여성들에게 요리를 가르칠 요량으로 생겨나던 학교들 중 한 곳인 보스턴 요리 학교에 등록했다. 그곳에서 파머는 소질을 보였던 모양이다. 불과 7년 뒤에는 직접 학교를 운영했기 때문이다. 흰 모자와 발목까지 길게 내려오는 흰 앞치마를 입은 채.

파머는 갓 도입된 계량컵으로 요리하는 방법을 그 학교에서 배웠고, 이후 다른 방법은 받아들이지 않았다. 파머는 독자에게 자신감을 주려고 했다. 독자가 규칙을 지키고 자신의 지시를 문자 그대로 따르는 한 만들지 못할 것이 없다고 장담했다. 절대적 복종이 절대적 숙련으로 이어질 것이었다. 파머는 늦깎이 요리사였기 때문에, 재료의 양이나 요리 시간을 본능적인 직감에 의존하여 결정하는 습관이 없었다. 모든 것은 정확히 정해져야 했다. 가니시로 쓸 피망을 길이 3/4인치, 폭 1/2인치로 자르라고 명시할 정도였다.

파머는 독자가 요리에 대해서 아무것도 몰라도 완벽하게 재현 가능한 레시피를 만들려고 했다. 정말로 '되는' 레시피를. 오늘날 영국에서 델리아 스미스가 독자들의 마음을 사로잡는 것처럼("델리아의 어떤 점이 좋나요"라고 물으면, 사람들은 "델리아의 레시피는 정말 그대로 돼요"라고 대답한다) 파머도 독자들을 사로잡았다. 파머의 책이 엄청난 판매고를 올린 것을 보면 많은 사람들이 파머의 수평 계량법에서 안도감을 얻은 것이 분명하다(36만 부가 팔렸으니 출간 후 몇 달 동안 30만 부 이상 팔린 『톰 아저씨의 오두막』과 같은 반열이었다). 파머의 레시피는 계량컵과 나이프만 있다면 믿을 만했다. 또 하나의 감탄스러운 특징은 몇 번이고 반복해도 대충 일정한 결과를 낸다는 점이었다.

물론 요즘 우리가 파머의 결과를 원하느냐 하는 것은 전혀 다른 문제이다. 파머의 취향은 오래 살아남지 못했다. 그녀는 스파게티 텡발(질적하게 익힌 파스타를 저민 연어살과 함께 틀에 넣어 다시 익힌 것), 아보카도의 속을 오렌지로 채우고 송로를 곁들여 연유 소스를 뿌린 요리 등을 좋아했다. "우리가 레시피에서 알아야 할 점은 그 레시피를 따르면 그대로 만들어지느냐보다도 그 레시피를 따라 그대로 만들었을 때 과연 무엇이 만들어지느냐이다"라고 했던 엘리자베스 데이비드의 말이 떠오른다.

패니 파머가 자기 방식을 확신했던 데에는 그전까지 부엌 계량에 쓰였던 케케묵은 비유적 단위들을 자신이 단호히 거부했다는 것도 근거가 되었다. 중세 이래 모든 레시피는 손가락 몇 개 폭만큼의 물, 콩이나 견과나 달걀만 한 버터 등의 표현을 썼다. 그중에서도 널리 쓰인 대상은 호두였다. 파머에게는 손가락이나 호두보다 컵이 우월했다. 정확성이나 정밀성 측면에서도 더 낫기 때문이다. 파머의 생각은 대체로 옳다. '달걀만 한 버터'라는 지시는 수많은 이성적인 독자들을 절망에 빠뜨린다. 요즘도 요리 관련 웹사이트의 사용자 게시판에는 호두알만 한 반죽 덩어리의 정확한 부피를 몰라 절망에 빠지는 사람들로 가득하다. 한 스푼 정도일까? 아니면 두 스푼 정도?

그런 비유들은 오랜 세월 부엌의 주된 계량 단위로 통했다. 1672년 『여왕 같은 벽장, 혹은 풍성한 찬장(The Queen-Like Closet, or Rich Cabinet)』의 해나 울리는 "세로로 세울 수 있을 만큼 바삭한 팬케이크" 레시피를 이렇게 전했다. 전체 문장이다. "프라이팬에서 팬케이크를 잔 받침보다 크지 않게, 10장이나 20장쯤 부친다. 그것을 돼지비계로 다시 한번 끓인다. 황금색으로 노릇노릇 익으면 맛있게 된 것이다." 이것은 파머의 시각에서는 레시피라고 할 수도 없었다. 반죽을 만드는 방법도, 익히는 시간도 알려주지 않는다. 기름은 얼마나 뜨거워야 하는가? 양은 얼마나 써야 하는가? 팬케이크를 한 번에 몇 장씩 '끓여야' 하는가? 기름은 어떻게 빼는가?

이미 팬케이크 굽기에 정통한 사람이 아니고서는 울리의 레시피로 아무것도 할 수 없다. 그러나 반죽 만들기와 굽기에 오랜 경험이 있는 사람에게는 이 레시피가 흥미로울 것이다. 요리에 일가견이 있는 사람은 "잔 받침보다 크지 않다"거나 "황금색으로 노릇노릇하다"는 이미지를 완벽하게 이해한다. 기름에 두 번 구운 팬케이크라는 결과물도 예사롭지 않아 보인다. 팬케이크와 도넛의 잡종 같은 그 음식은 심장병 전문의에게는 악몽이겠지만, 정말 "세로로 세울 수 있을 만큼 바삭한" 팬케이크를 원하는 사람에게는 유용할 것이다.

19세기 이전에는 거의 모든 레시피가 울리처럼 계량에 접근했다. 그런 레시피는 요리를 가르치는 지침이라기보다 이미 요리에 능숙한 사람에게 기억을 돕는 도구였다. 우리가 옛날 레시피를 따라할 때 애를 먹는 것은 그 탓도 있다. 양을 알 수 없고, 게임의 규칙도 모르는 것이다. 로마의 아피시우스가 쓴 아래의 레시피를 보자. "또다른 으깬 채소" 요리이다.

양상추를 양파와 함께 탄산수로 익힌 뒤 물기를 짜고 잘게 다진다. 절구로 후추, 러비지, 셀러리 씨, 말린 민트, 양파를 빻는다. 육수, 기름, 포도주를 더한다.

까놓고 말해서 역겹다. 끈끈하게 삶은 양상추에 양파를 처음에 하나, 나중에 또 하나, 두 개나 넣다니. 분량과 요리 시간은 큰 차이를 빚을 수 있다. 러비지와 셀러리 씨와 말린 민트는 모두 톡 쏘는 향신료이다. 한 자밤은 괜찮을지 몰라도 한 스푼은 끔찍할 것이다. 로마 요리를 옹호하는 사람들은 강렬한 맛들 사이에 섬세한 균형이 이루어졌을 것이라고 주장하지만, 우리는 그 말이 옳은지 아닌지 알 도리가 없다.

아피시우스의 레시피처럼 분량을 알리지 않는 것과 비교하면 '호두알만 한 버터'는 장족의 발전이다. 언뜻 애매해 보이지만 실제로는 비교적 애매하지 않은 편이다. 측정은 무릇 비교이다. 측정하고 싶은 물질을 어떤 정해진 기준과 비교하는 작업이다. 고대의 측정은 자연스럽게도 인체의 크기와 비교하는 데에서 출발했다. 메소포타미아의 수메르인은 손을 기준으로 삼은 길이 단위를 만들었다. 새끼손가락 폭, 손바닥 폭, 손을 좍 폈을 때 새끼손가락 끝에서 엄지 끝까지의 길이. 그리스의 기본 단위는 손가락 폭을 뜻하는 닥틸로스(daktylos)였고 손가락 24개에 해당하는 길이를 큐빗(cubit)이라고 했다. 로마인은 그리스의 닥틸로스를 가져다가 디짓(digit)으로 바꿔서 불렀다.

부엌의 요리사도 마찬가지 방법을 썼다. 손가락은 어디에나 있는 도구였다. 말 그대로 손쉬웠다. 15세기 최고의 유명 요리사 마에스트로 마르티노는 "마지팬* 네 손가락을 준비하라"고 썼다. 19세기 말 이탈리아의 베스트셀러 작가 펠레그리노 아르투시는 "주키니 호박을 길고 날씬하게 손가락 길이만큼 썰라"는 말로 레시피를 시작했다. 손가락 계량법은 손가락으로 고기를 찌르고 패스트리의 모양을 잡고 반죽을 이기는 부엌일의 촉각적인 특징을 반영했다.

손가락이 있으면 주먹도 있다. 요즘도 아일랜드에서는 소다빵을 만들 때 밀가루를 손으로 쥐어 계량한다. 다른 방법은 쓰지 않는다. 언뜻 빵이 제대로 되지 않을 것처럼 보인다. 사람은 손 크기가 다 다르니까. 그러나 한 요리사의 손은 크기가 달라지지 않기 때문에 실제로는 괜찮다. 줌으로 헤아리는 방법은 절대량을 잴 때는 통하지 않지만 비율을 잴 때는 통한다. 비율이란 어떤 양을 다른 양에 대한 비(比)로 표현한 것이다. 한 사람이 매번 같은 손으로 밀가루를 비롯한 모든 재료들을 집는 한, 재료들 간의 비율만 잘 지킨다면 소다빵은 잘 부푼다.

요즘도 일부 영양학자는 1인분의 양을 측정할 때 사람 손을 단위로 는다. 성인의 단백질 섭취량은 자기 손바닥만 해야 하고 아이는 또 아이의 손바닥만 해야 한다는 식이다. 요리에서도 비율이 절대량보다 나을 때가 많다. 먹는 사람의 수에 따라서 레시피를 자유롭게 변형할 수 있기 때문이다. 요리 작가 마이클 룰먼은 최근 모든 레시피를 비율로만 표시한 책을 냈다. 룰먼에 따르면 비율을 알 때는 "레시피를 하나만 아는 것이 아니라 천 개를 뚝딱 알아내는 것과 같다." 일례로 그의 빵 레시피는 밀가루 대 물을 5 : 3으로 섞고 거기에 이스트와 소금을 더하라는 식인데, 이 기본 공식을 조금씩 변형하면 피자, 치아바타, 샌드위치용 빵을 다 만들 수 있고 규모를 키우면 한 덩어리가 아니라 여러 덩어리를 만들 수도 있다고 한다.

---

* marzipan, 아몬드를 갈아 설탕과 섞은 페이스트/역주

아일랜드 소다빵을 만드는 사람과 달리 룰먼은 한 줌 두 줌이 아니라 정확한 무게로 비율을 제시하지만, 원리는 동일하다.

손의 측정 능력이 고갈되자, 요리사들은 다른 친숙한 물체로 눈을 돌렸다. 호두는 그중에서도 보편성이 뛰어난 편이다. '호두알만 한' 크기라는 표현은 멀리 러시아와 아프가니스탄, 영국과 이탈리아, 프랑스, 미국에서 쓰였다. 늦어도 중세부터 쓰였고, 당근과 설탕과 파르메산 튀김과 쿠키 반죽과 튀긴 견과 페이스트에 그리고 무엇보다도 버터에 쓰였다. 왜 호두가 측정 단위로 각광을 받았을까?

까지 않은 호두 한 알을 손바닥에 쥐고 있다고 상상해보라. 그 가치가 좀더 선명하게 느껴질 것이다. 호두는 손가락과 마찬가지로 친숙한 물체이다. 호두가 어떻게 생겼는지 거의 누구나 안다. '호두알만 한' 크기라는 표현은 '견과만 한' 크기라는 또다른 흔한 표현보다 훨씬 더 유용하다(어떤 견과 말이야?). 오늘날 대부분의 사람들은 까지 않은 호두를 1년에 딱 한 번 크리스마스에만 보지만, 그래도 그 크기를 상당히 정확하게 짐작할 줄 안다. 사과나 배는 크기와 형태가 다양하지만 호두는 비교적 일정하다. 프랑스의 '누아 누아제트(noix noisette)'처럼 헤이즐넛만큼 작은 품종이 있기는 하다. 그래도 일반적으로 호두라고 하면 고대 그리스인이 페르시아에서 가져와 기른 유글란스 레기아(*Juglans regia*) 종을 뜻한다. 중국도 기원후 400년 무렵부터 그 품종을 길렀다. 프랑스에서는 중세부터 호두가 주요 작물이었지만 영국에는 15세기에 도입되었다. 기름진 맛과 섬세한 뇌처럼 생긴 알맹이를 제외하고, 페르시아 호두의 멋진 점은 크기의 일관성이다. 호두의 지름은 2.5-3.5센티미터를 잘 벗어나지 않는다. 그 양은 제법 편리하다. 숟가락에 얹어진 호두를 상상해보자. 이제 그 호두가 버터로 바뀌었다고 상상하자. 적당한 양 아닌가?

버터를 쓰는 수많은 레시피에서 호두알만 한 양은 정말이지 적당하다.

1823년에 메리 이턴은 호두알만 한 버터로 시금치를 볶았다. 1861년에 비턴 여사는 호두알만 한 버터로 우둔살 스테이크를 구우라고 했다. 패니 파머는 항의할지도 모른다. 내 버터가 진짜 호두알만 하다는 것을 어떻게 알지? 그러나 우리는 부엌에서 자신감이 쌓일수록 그런 걱정을 덜 하게 된다. '호두알만 한 버터'라는 표현은 대부분의 요리에서—베이킹은 부분적으로 예외이다—재료가 약간 더 많고 적고는 결정적인 문제가 아니라는 유쾌한 사실을 반영한다.

그러나 늘 호두알만 한 크기가 필요한 것은 아니었다. 요리사들은 다른 친숙한 물체들을 동원함으로써 단위를 표현하는 어휘집을 확장시켰다. 비유는 때와 장소에 따라 달랐다. 완두콩이 흔히 쓰였다. 넛멕도 티스푼 비스무리한 양을 표현할 때 흔히 쓰였다. 17세기 요리사는 총알과 테니스공에 비유했다. 동전도 유용한 기준이었다. 영국에서는 실링과 크라운을, 미국에서는 1달러 은화만 한 팬케이크라는 표현을 썼다.

비유를 통한 계량은 옛날의 가정 생활을 들여다보게 하는 창이다. 우리는 그것을 통해서 옛 사람들이 그들끼리 공유했던 상상의 세계를, 넛멕과 총알과 동전과 테니스공이 통용되던 세계를 접한다. 그런 양은 '과학적'이지 않지만, 레시피 작가의 입장에서는 상당한 고심의 흔적이다. 자기 요리를 남들이 이해할 수 있는 표현으로 번역하려는 시도였기 때문이다. 19세기 말 유능한 러시아의 요리사였던 엘레나 몰로호베츠의 레시피에는 비유적 계량 단위가 즐비했다. 패스트리를 밀 때는 손가락 하나 두께, 아니면 루블 은화 두 개 두께만큼이라고 말했다. 생강은 골무만큼, 반죽은 야생 사과만큼, 버터는—달리 무엇이겠는가?—호두알만큼 쓰라고 했다.

오늘날의 우리에게도 다 함께 공유하는 계량의 이미지들이 있다. 우리가 채소를 '주사위 썰기' 하는 것은 소 골수를 '큰 주사위'만 하게 자르고 대추를 '작은 주사위'만 하게 자르라고 했던 로버트 메이 같은 옛 요리사들을 불러내는 셈이다. 물론 제이미 올리버는 햄버거용 다진 고기로 패티 만드는 법을 설명할 때 호두나 야생 사과를 언급하지 않는다. 크리켓공만 하게 빚으라고 말한다.

양은 시작일 뿐이다. 부엌에서 가장 정량화하기 어려운 두 요소는 타이밍과 열이다.

"왼손을 쫙 펼치세요." 캐나다 출신 요리사 존 카디외가 내게 말했다. 남들이 자기 말에 고분고분 따르는 데에 익숙한 목소리였다. 우리는 런던의 스테이크 전문 레스토랑인 굿맨 시티의 어두침침한 식탁에 앉아 있다. 카디외는 그곳 수석 주방장이다. 우리는 스테이크에 대해서 이야기하는 중이다. "이제 오른손 집게손가락을 듭니다." 카디외는 내게 오른손가락으로 왼손바닥의 엄지 아래 도톰한 부분을 누르는 법을 알려준다. "레어 스테이크는 그런 느낌입니다." 내 손가락이 폭신한 살점에 푹 꽂힌다. 과연 반발력이 없는 날고기를 누른 느낌이다. "다음에는 왼손 검지와 엄지를 붙이고 다시 눌러보세요. 그게 미디엄 레어입니다. 가운뎃손가락까지 붙이면 미디엄, 약지까지 붙이면 미디엄 웰던. 마지막으로 새끼손가락까지 붙이면 웰던입니다." 나는 손가락을 하나씩 붙일 때마다 엄지 아래 살점이 꼭 팬에서 익어가는 스테이크처럼 단단해지는 것에 진심으로 감탄했다. 시원하게 머리를 민 30대의 카디외는 고급 스테이크 레스토랑에서 7년 넘게 일한 요리사이다. 그가 그런 나를 보고 뒤로 기대며 씩 웃는다. "옛날 주방장들의 수법이죠."

그 레스토랑에는 최첨단 숯 오븐이 있고(하나에 1만3,000파운드짜리로 두 개가 있다), 서로 다른 굽기로 끊임없이 밀려드는 주문에 대처하기 위해서 수많은 디지털 타이머가 있으며, 돈으로 살 수 있는 최고의 고기 온도계가 있다. 카디외는 신입 요리사를 (그전에 받은 훈련은 별도로 하고) 최소 2주일 교육한 뒤에야 스테이크를 굽게 한다. 요리사들은 고기 부위와 굽기 정도마다 다른 온도를 정확하게 외워야 한다. 그러나 카디외 자신은 다른 기준을 쓴다. "나는 온도계를 좋아하지 않습니다. 낭만주의자거든요." 그는 스테이크를 수천 장 구워보았기 때문에, 이제 눈으로 보고 만져보면 다 익었는지 금세 알 수 있다.

그것은 그것대로 좋지만, 카디외가 자신의 우월한 지식을 수습들에게 전달할 때는 문제가 된다. 그때는 그도 온도계 혐오를 극복한다. 자신은 측정기구가 필요하지 않아도 부주방장들에게는 달인의 본능적 직감이 발달할 때까지 도구를 목발처럼 활용하라고 권한다. 중세에는 주방장이 요리 기술을 전수하기가 훨씬 더 난감했을 것이다. 카디외처럼 실용적인 요리 지식을 가지고 있더라도 그 이상 의지할 디지털 탐침이나 타이머는 없었으니까. 요리가 다 되었다는 것을 어떻게 알까? 그냥 안다. 그러나 '그냥 알지' 못하는 사람에게 원리를 설명할 때는 몸에 체득된 지식이 별 소용이 없었을 것이다. 대신 번역어처럼 기능하는 갖가지 암호가 필요했을 것이다. 다행히 중세에는 주방장이 수습에게 세밀한 측정의 기준점을 전수하는 기간이 카디외의 2주일보다 훨씬 더 길었다. 대부분의 수습은 어려서부터 일을 시작한 터라 다년간 타이밍의 비법을 지켜보고 터득했을 테니까.

요리사는 어떤 방법으로든 늘 시간을 잴 필요가 있다. 오늘날 부엌 벽에서 조용히 똑딱거리는 시계는 사람들이 잘 모르지만 실은 핵심적인 부엌 기술이다. 시계가 처음 부엌에 들어온 것이 언제였는지는 아무도 모른다. 그러나 18세기에는 있었던 것이 분명하다. 중세와 근대 초기에는 확실히 시계가 표준이 아니었다. 시간을 몇 분 몇 초가 아니라 기도로 표현한 레시피가 많았기 때문이다. 중세 프랑스의 호두 절임 레시피를 보면 '미제

레레'('제 잘못을 말끔히 씻어주시고……')를 한 번 읊을 동안 호두를 끓이라고 말한다. 약 2분이다. 가장 짧은 단위는, 편차가 있지만, 대충 20초인 '아베 마리아'였다. 그런 레시피는 물론 중세 프랑스 사회가 속속들이 종교로 물들어 있었음을 보여주지만, 시계가 귀하고 비쌌던 시절에는 기도로 시간을 재는 방법이 대단히 실용적인 의지처이기도 했다. 호두알만 한 버터와 마찬가지로, 그런 시간 단위는 공통의 지식에 의존했다. 사람들은 성당에서 기도를 소리 내어 읊었기 때문에 기도를 어떤 빠르기로 암송해야 하는지 누구나 잘 알았다. "주기도문을 세 번 외울 동안 소스를 끓이면서 저어라", "주기도문을 세 번 외울 동안 육수를 졸여라"라고 하면 다들 무슨 뜻인지 알았다. 그것은 탈속적이기는커녕 여느 세속적인 표현보다 오히려 더 합리적인 조언이었다. 가령 "2리그를 걷는 데 걸리는 시간만큼 건더기가 가라앉도록 내버려두라"는 표현과 비교해보라. 기도를 시간을 측정하는 수단으로 쓰는 방법은 요리사들이 식사를 제대로 익히되 태우지 않기 위해서 심오한 창의성과 주의력을 발휘해야 했던 오랜 세월의 산물이었다.

   시간은 기도로 쟀다면, 온도는 통증으로 쟀다. 오븐의 열을 확인하려면 손을 안에 넣었다. 요즘도 유럽 시골의 제빵사들은 그렇게 한다. 오븐에 넣은 손에 느껴지는 아픔으로 빵 굽기에 적당할 만큼 달궈졌는지 확인하는 것이다. 그 적당한 온도란 맹렬하게 뜨거운 것을 말한다.

   한 단계 발전한 것이 19세기 제과업자들이 많이 썼던 종이 시험법이었다. 이때 관건은 불을 한껏 지펴 열기가 절정에 오른 순간을 포착하는 것이 아니라 오븐이 서서히 식으면서 온화한 열기가 미세하게 단계를 달리하는 지점을 포착하는 것이었는데, 왜냐하면 케이크와 패스트리는 버터와 설탕 함량이 높아서 빵보다 훨씬 더 쉽게 불이 붙기 때문이다. 온도는 흰 종잇조각을 오븐 바닥에 놓았을 때 종이가 띠는 색깔로 파악했다. 종이 한 조각을 오븐에 넣고 문을 닫는다. 종이에 불이 붙으면 너무 뜨거운 것이다. 10분 뒤에 또 한 조각 넣는다. 타지 않고 까맣게 그을리면 그래도 여전히 너무 뜨거운 것이다. 또 10분 뒤에 세 번째 조각을 넣는다. 불붙지 않고 갈색으로 그을리면, 이제 고온에 굽는 작은 패스트리에 글레이즈를 입히기에 알맞은 시점이었다. 그것을 "진갈색 종이 열"이라고 불렀다.

1867년부터 파리 자키클럽에서 주방장으로 일했던 쥘 구페는 다른 종류의 열을 어떻게 사용하는지도 설명했다. 진갈색 종이 열보다 몇 도 아래인 "연갈색 종이 열은 볼로방,* 뜨거운 파이 껍질, 텡발** 껍질 등을 굽기에 적합하다." 그 아래인 "진노란 종이 열"은 큰 패스트리를 굽기에 좋은 뜨뜻한 온도이다. 마지막은 미지근한 "연노란 종이 열"로, 구페에 따르면 "망케,*** 제누아즈,**** 머랭*****에 적합한" 온도이다. 변형 형태로 밀가루 시험법도 있었다. 원리는 같지만 종이 대신 밀가루를 한 줌 오븐에 뿌리는 방식이었다. 그리고 40초를 센다. 밀가루가 서서히 갈색으로 익는다면 빵을 굽기에 알맞은 시점이었다.

이런 우왕좌왕은 20세기에 온도계가 내장된 오븐이 등장하면서 일거에 사라졌다. 온도계는 실제보다 훨씬 더 일찍 부엌에 도입되었을 것이라고 추측하기 쉬운 기술이다. 일찍이 16세기부터 갈릴레오를 비롯한 과학자들이 다양한 온도계를 개발했지만, 대부분은 기온을 재는 데에 쓰였다. 1724년에 파렌하이트가 화씨 단위를 개발했고, 1742년에 셀시우스가 섭씨 단위를 개발했다(얼음의 녹는점을 0도로 잡고 물의 끓는점을 100도로 잡은 체계이다). 부엌은 숱하게 물이 끓고 얼음이 녹는 공간이건만, 수백

---

* vol-au-vent, 작은 그릇처럼 속이 빈 패스트리/역주
** timbale, 높이가 약간 높은 드럼 모양의 패스트리 껍질/역주
*** mangué, 옆이 약간 높은 평범한 둥근 케이크 혹은 그 틀/역주
**** génoise, 케이크 시트로 주로 쓰이는 촉촉한 스펀지 케이크/역주
***** merinque, 달걀 흰자를 거품 내고 설탕을 섞어 구운 과자/역주

년 동안 누구도 케이크를 굽기에 좋은 온도를 알아내는 문제에 온도계를 동원할 생각을 하지 못했다. 1870년대에는 벌써 사람들이 날씨를 말할 때 온도계를 입에 올리곤 했다. 1876년 「뉴욕 타임스」는 영국 크리켓 선수들이 "햇볕에 둔 온도계가 약 43도까지" 올라간 "이글거리는 7월의 어느 날" 시합을 했다고 썼다. 그런데도 사람들은 주방에만 들어오면 "진노란 열"이니 "연노란 열"이니 하는 말로 만족했다.

세기가 바뀔 무렵, 요리사들은 이윽고 온도계가 쓸모 있겠다는 생각을 하기 시작했다. '뉴 화이트하우스'라는 이름의 미국 신형 오븐은 "온도를 정확하게 지키기 위해서" 온도계를 포함시켰다고 선전했다. 가스 오븐으로서 완전한 온도 조절장치가 내장된 첫 제품은 1915년에 나왔고, 1920년대에는 전기기계식 온도 조절장치가 달린 전기 스토브가 생산되었다. 그러나 이미 오븐이 있는 사람은 독립형 온도계를 사서 기존 오븐에 부착하는 것이 가장 쉬운 방법이었다.

오븐 온도계가 선보인 직후에 나온 요리책들 중 세라 타이슨 로러의 1902년작 『로러 여사의 새 요리책(Mrs Rorer's New Cookbook)』이 있었다. 필라델피아 요리학교 교장으로서 20년간 요리를 가르쳐온 그녀는 새 도구를 열광이라고 불러도 지나치지 않은 태도로 반겼다. 그녀는 온도계가 고작 2.5달러에 "모든 근심과 어림짐작을 없앤다"고 썼다. 온도계가 없어 "오븐의 열기를 어림짐작하는 (대단히 불만족스러운) 방법을" 쓰는 사람들에 대해서 말할 때면, 얼리어답터답게 딱하게 여기는 기색이 역력했다. 로러는 모든 레시피를 화씨로 썼다(섭씨 변환법도 가르쳐주었다). 그녀는 새 장난감이 보장하는 정밀성에 푹 빠져, 갓 구운 빵에도 갓 삶은 고기에도 온도계를 찔렀다("고기 한가운데 온도계를 찔러보면 놀랍게도 화씨 170도[섭씨 77도]가 넘지 않을 것이다"). 로러는 전통 필라델피아 요리인 굴 튀김을 좋아했다. 그런데 이제 끓는 기름에 빵 조각을 넣어 얼마나 빨리 갈색으로 변하는지 살피는 옛 방법과 이별할 수 있었다. 온도계를 담 그면 기름이 얼마나 뜨거운지 대번 알 수 있었으니까. 무엇보다도 로러는 오븐 온도를 재는 데에 온도계를 썼다. 연료가 가스든 석탄이든 나무든 '현대적인 레인지'라면 어디에나 온도계를 설치할 수 있었으므로 요리사는 오븐 앞에 지켜 서서 "얼마나 뜨거운지 가늠하려는 불만족스러운 시도를" 할 필요가 없었다. 이제까지의 근심은 싹 사라졌다. "뜨뜻한 오븐, 미지근한 오븐, 뜨거운 오븐"이 말하는 수준이 어느 정도인지 추측하는 임무가 괴로운 요리사의 어깨에서 덜어졌다. 온도계가 있으면 그런 호들갑은 옛일이었다.

감자는 화씨 300도에서 45분이면 익는다. 400도에서 20분을 두면 겉이 딱딱해지고 타다시피 한다. 220도밖에 안 되면 1시간 15분에서 1시간 30분쯤 걸린다.

걱정은 사라졌다. 패니 파머의 컵 계량법처럼, 개개인이 판단할 필요가 없어졌기 때문이다. 실눈으로 종잇조각을 째려보면서 노란색에 가까운지 갈색에 가까운지 고민할 필요가 없었다. 적어도 일부 사람들의 기준에서는 온도계를 따르기만 하면 다 괜찮을 것이었다.

네이선 미어볼드는 오븐을 조사해보고, "거의 모든 전통적인 오븐의 온도 조절장치가 한마디로 전혀 맞지 않는다"는 것을 알게 되었다. 보통의 온도 조절장치는 오차 범위가 너무 넓어서 사용자에게 거짓된 안도감을 줄 뿐이었다. 온도 다이얼은 사실 오븐 속의 상황을 제대로 반영하지 못하는데도 사용자는 그렇다고 착각한다. 미어볼드는 오븐 온도 조절장치를 "실망스러운" 기술이라고 표현했다.

우선, 온도계는 건열을 측정할 뿐 습도는 고려하지 않는다. 습도가 요리에 지대한 영향을 미친다는 사실은 다들 아는 바이다. 습도는 로스팅이 될지 찜이 될지 베이킹이 될지를 결정하고, 음식이 얼마나 빨리 익을지도 결정한다. 그런데도 미어볼드 이전에는 습도 측정을 고려하는 요리사가 거의 없었다. 전문용어로는 습구 온도라고 한다. 오븐 온도계로는 그릇에 찰랑이는 포도주 한 잔이 양 다릿살 익는 속도에 얼마나 영향을 미치는지, 지글거리는 오븐 바닥에 끼얹은 물 한 컵이 빵 껍질을 얼마나 부드럽게 만드는지 측정할 수 없다.

그 문제는 시작일 뿐이다. 더 큰 허점은 대개의 가정용 온도 조절장치가 건열조차 정확하게 재지 못한다는 점이다. 온도 조절장치는 옛날 의사들이 쓰던 수은 온도계와 비슷한 방식으로 액체가 든 감지용 탐침에 의존하여 온도를 파악한다. 그 탐침의 위치에 따라서 우리가 얻는 정보가 왜곡될 수 있다. 미어볼드가 가장 싫어하는 상황은 탐침이 '오븐 벽 뒤에' 설치된 경우이다. 그때 온도계가 가리키는 온도는 본체의 실제 온도보다 훨씬 더 낮을 수 있다. 감지기가 오븐 내부로 튀어나와 있으면 좀 낫지만, 역시 완벽하지는 않다. 음식과 감지기의 거리가 멀수록 온도가 부정확할 것이다. 미어볼드에 따르면, 가정용 오븐의 온도 조절장치는 건구 온도를 최대 "14도"나 잘못 측정하는데, "이것은 레시피의 성공과 실패를 가를 만한 차이이다." 모든 오븐은 과열점이 있다. 해결책은 각자 오븐 온도를 보정하는 것이다. 즉 가열된 오븐의 여러 지점에 온도계를 놓아서 진짜 온도를 기록한 다음 그에 맞게 요리하는 것이다.

평범한 가정에서는 괴팍한 오븐을 피할 수 없다. 그러니 자기 오븐이 너무 뜨겁거나 차갑다는 것을 알면, 이후에는 악기를 조율하듯이 다이얼을 좀더 올리거나 내려서 보정하면 된다. 그러나 21세기 초 모더니스트 요리에서는 그런 임시변통의 조정이 허용되지 않는다. 모더니스트 요리를 내는 식당들은 환상적으로 정밀하고 정확한 측정기구를 대단히 중시한다. 요리사가 스페인 엘불리 식당의 페란 아드리아 스타일로 요리하려면, 대단히 큰 양(최대 4킬로그램)과 대단히 작은 양(0.01그램 미만)을 모두 동일한 정확도로 몇 번이고 반복하여 측정할 수 있어야 한다. 평범한 주방 저울은 디지털이라도 그 정확도에 미치지 못한다. 해법은 실험실 수준으로 정확한 저울을 하나가 아니라 두 개 두어서 하나는 큰 양에, 다른 하나는 작은 양에 쓰는 것이다.

모더니스트 주방이 측정하는 성질은 무게와 온도만이 아니다. 첨단기술로 무장한 그 요리사들은 미식의 신천지를 지도로 작성하려는 탐험가와 같다. 그들은 고추의 맵기(스코빌 지수로 측정한다)에서 자신들이 선호하는 초저온 냉동실의 냉기까지 모든 것을 정량화하고 싶어한다. 과일 퓨레의 맛을 알고 싶으면 혀가 아니라 전자식 pH 측정기를 꺼내서 액체의 산성이나 알칼리성 지수를 즉시 정확하게 잰다. 소르베 믹스의 당분 함량을 잴 때는 빛이 물질을 통과하며 굽는 정도를 측정하는 굴질계를 쓴다. 빛은 액체의 밀도에 따라서 굴절되는 정도가 달라지는데, 그 정도로 시럽의 당도를 알 수 있다(달수록 밀도가 높다). 이것은 18세기부터 양조가와 아이스크림 제조가가 썼던 구식 당도계를 발전시킨 기술이다. 구식 당도계는 부력의 원리를 이용해서 당분 함량을 쟀다(액체에 담근 유리 공이 높이 뜰수록 액체가 더 달다). 그전에는 벌꿀술 제조가가 쓰는 방법이 있었다. 달걀을 껍질째 액체에 빠뜨려서 둥둥 뜨면 충분히 달다고 판단했다.

오늘날의 요리사들은 과거에는 누구도 잴 생각을 하지 못했던 것까지 잰다. 가령 완벽한 감자칩을 만들 때 필요한 감자의 수분 함량을. 영국 버크셔에서 레스토랑 팻덕을 운영하는 선구적 요리사 헤스턴 블루멘탈은 자신의 장기인 세 번 익힌 감자칩 요리를 자랑스럽게 생각한다(한 번은 물로, 다음에는 수비드 방식으로, 마지막은 땅콩 기름으로 튀긴다. 나도 딱 한 번 먹어보았는데 정말로 탁월하게 바삭했다). 블루멘탈은 '일관되게 바삭한' 완벽한 감자칩은 건물질(乾物質) 함량이 약 22.5퍼센트인 감자로만 만들 수 있다는 것을 발견했다. '문제는 감자를 눈으로만 보고서는 수분 함량을 알아낼 손쉬운 방법이 없다는 것'이었다. 해결책은 생감자 약간을 표본 삼아 튀기면서 동시에 무게를 재서 수분 함량을 알아보는 특수한 건물질 저울이다. 요리된 감자와 생감자의 무게 차이에서 물이 얼마나 증발했는지 계산하는 것이다.

이런 측정기구는 전문 요리사가 신뢰할 만한 결과를 얻는 데에 분명 도움이 된다. 블루멘탈은 자신의 세 번 익힌 감자칩이 언제나 거의 같은 맛을 내리라고 확신한다. 그러나 평범한 가정의 요리사도 그런 초정밀도를 원할까? 나는 헤스턴 블루멘탈의 '모래' 레시피를 훑어보았다. '바다의 소리'라는 요리의 일부분에 해당하는 레시피인데, 필요한 재료는 포도씨유 10그램, 치어(새끼 장어나 앤초비) 20그램, 식용 청색 반짝이 가루 2그램, 갈색 탄화 채소 가루 3.5그램, '숙성된 일본식 된장 기름' 140그램, 기타 갖가지 알쏭달쏭한 물질들이었다. 이 특이한 재료들을 실험실 저울로 정확히 잰 뒤, 잘 익히고 빻아서 먹음직한 모래처럼 보이는 음식으로 만들어야 한다. 어느 모로 보나 잔뜩 주눅 들게 만드는 레시피이다.

설령 내게 갈색 탄화 채소 가루가 있더라도—현실은 찬장을 뒤져도 헛수고였지만—나는 재료를 딱 3.5그램만 잴 기술도 인내심도 없다. 이런 요리는 순수한 수학이다. 모든 것이 정량화되고, 아무것도 운에 맡기지 않는다. 변형이나 판단의 여지는 없다. 똑같은—게다가 감탄이 나는—결과를 반복적으로 내야 하는 식당 주방장에게는 블루멘탈의 방식이 합리적이다. 블루멘탈은 음식을 공연처럼 지휘하는 사람이고, 공연은 매사가 딱딱 맞아야만 성사되는 법이다. 그러나 가정요리의 명제는 다르다. 우리는 절대적 통제력보다는 유연성을 더 원한다.

청색 반짝이 가루를 다른 것으로 대체하고 싶으면 어쩌나(아예 빼면 더 좋겠다)? 내 치어가 블루멘탈의 치어만큼 짭짤하지 않으면 어쩌나? 물어보아야 소용없다. 나는 이 레시피를 비교할 기준을 모르기 때문에, 살짝 수정할 방법도 모른다. 과도한 측정은 평범한 요리사에게 숫자의 바다에 빠진 기분을 안긴다. 블루멘탈의 측정은 정확하고 정밀하고 일관되겠지만, 감히 쉽다고 말할 사람은 없을 것이다. 애초에 쉬우라고 만든 레시피도 아니다. 그것은 블루멘탈 자신처럼 음식을 비범하고 새로운 방향으로 밀어붙이려는 야망을 품은 전문 요리사를 위한 레시피이다.

이것을 패니 파머의 믿음직한 컵 계량법과 대비시켜보자. 숱한 결함에도 불구하고—앞에서 보았듯이 정말 결함이 많다—파머의 방식에는 크나큰 미덕이 하나 있다. 계량컵으로 요리하는 방법을 익힌 독자에게 스스로 침착하고 유능하다는 기분을 안긴다는 점이다. 파머의 방식은 정밀도와 일관성에서는 높은 점수를 받지 못하지만, 굉장히 쉽다. 밀가루 세 컵을 깎아서 계량하라고 하면 우리는 이렇게 생각한다. 그래, 그건 할 수 있어. 푹 뜨고 삭 깎고, 푹 뜨고 삭 깎고. 한 번, 두 번, 세 번. 컵 계량법은 별다른 재주가 필요 없기 때문에 방금 숫자 세는 법을 배운 아이도 할 수 있고, 최소한의 장비만 갖춘 부엌에서도 할 수 있다.

파머는 자신이 요리에 늦게 투신했기 때문에, 부엌에서 어쩔 줄 몰라한다는 것이 어떤 기분인지 기억했다. 그녀는 컵 수평 계량법에서 자신감을 얻었고, 그 자신감을 독자들에게도 은근히 강요했다. 블루멘탈의 레시피는 감탄, 어리둥절, 심지어 넌더리를 자아낸다. 파머는 자신의 지시가 '많은 눈을 반짝거리게 만들기를' 바랐다. 독자들에게 파머의 책은 자신이 요리하는 동안 다정하되 단호한 빨강 머리 여성이 손을 붙들고 이렇게 속삭여주는 것과 같았다. "나를 따라하면 성공할 거예요." 컵 계량법은 비록 스스로 약속했던 정확성을 주지 못했지만, 파머는 그 못지않게 중요한 다른 원칙을 이해했다. 부엌의 계량 기술은 계량하는 사람의 수준에 맞아야 한다는 점이다. 전문 요리사나 요리책 작가는 대부분 요리 경력이 길기 때문에 매우 단순한 레시피에도 공황에 빠지고 마는 초보자의 기분을 쉽게 잊는다.

 2011년 선도적인 쌀 브랜드 틸다는 표적집단 약 500명을 대상으로 영국인의 쌀 구입을 방해하는 요인을 조사했다. 그 결과 많은 가정에 부엌 저울이 없는 것으로 드러났다. 저울이 있어도, 측정을 제대로 하지 못할 것이라는 두려움이 퍼져 있었다. 1인분을 지나치게 많이 잡거나 쌀을 지나치게 오래 익히면 어쩌나 하는 두려움이었다. 표적집단을 근거로 보자면, 영국인은 그 두려움 때문에 가장 작은 0.5킬로그램 봉지조차 구입하지 않는 것 같다. 실패 위험이 높기 때문이다. 이 현상은 영국에 거주하는 아시아계 소비자들과는 극명한 대조를 이룬다. 아시아계 사람들은 쌀을 20킬로그램 포대로 사고, 그들의 어머니와 할머니가 그랬던 것처럼 엄지로 물 양을 정확히 재면서 수월하고 자신 있게 요리한다. 먼저 엄지를 냄비 바닥에 세우고 씻은 쌀이 손가락 마디까지 오도록 넣은 뒤, 쌀 위에 다시 엄지를 세우고 물이 다시 마디까지 오도록 붓는다. 그러면 완벽하게 포슬포슬한 바스마티 쌀밥을 지을 수 있다. 이때 쓰인 기술은 노하우뿐이다. 엄지는 누구에게나 있다. 영국인에게 부족한 것은 엄지를 사용하는 자신감이다.

 내가 살면서 본 가장 희한한 계량 스푼도 이런 자신감 부족 때문에 등장했을지 모른다. 그 계량 스푼을 쓰도록 되어 있는 레시피에는 스푼이나 티스푼이 아니라 대시, 핀치, 스미즌, 드롭이라는 말이 나온다. 요리 경험이 많아 느긋한 사람이라면 '약간'을 뜻하는 '스미즌'에 정확한 양을 부여할 수는 없다고 생각할 테지만, 실은 그렇지 않다. 그런 용어에도 이제 기술적 정의가 내려져 있다(이런 계량 스푼이 제작되기 시작한 2000년대 초 기준으로 다음과 같다).

1대시 = 1/8티스푼(0.625밀리리터).

1핀치 = 1/16티스푼(0.313밀리리터).

1스미즌 = 1/32티스푼(0.156밀리리터).

1드롭 = 1/72티스푼(0.069밀리리터).

숙달된 요리사의 눈에는 한 방울(드롭)을 측정한다는 발상이 과잉으로 보이겠지만, 세상에는 소금 한 자밤까지 일일이 재지 않고서는 마음을 놓지 못하는 사람들을 위한 시장도 있는 것이다.

계량에 대한 태도는 양극화되는 경향이 있다. 한쪽에는 무슨 재료든 절대로 무게나 부피를 재지 않는다고 주장하는 창조적인 영혼들이 있다. 그런 사람들에게 레시피를 물으면, "아, 나는 요리책을 안 봐요"라고 대수롭지 않은 듯이 대답한다. 그들은 레시피를 참고히더라도 분량을 멋대로 바꾼다. 그들의 요리는 순수한 창작이자 순수한 본능이다. 요리는 예술일 뿐 숫자로 환원되지 않는다는 것이다. 스펙트럼의 반대쪽 끝에는 모든 것에 정확한 수치를 매기기를 바라는 사람들이 있다. 그들에게 레시피는 함부로 건드려서는 안 되는 엄격한 공식이다. 레시피에서 더블크림 325밀리리터라고 했는데 냉장고에 300밀리리터밖에 없으면 부족분을 메우기 위해서 한 통 더 사러 가야 안심이 되는 사람들이다. 이런 사람들은 자신의 행동을 과학으로 생각하는 편이다. 요리에서 더 많은 것을 측정하고 규정할수록 더 과학에 가까워진다는 것이다.

어느 집단이든 실은 스스로를 기만하고 있다. 예술적 요리사는 스스로 인정하는 것보다 훨씬 더 많이 측정한다. 숫자를 지키는 요리사는 스스로 자랑하는 것보다 훨씬 덜 과학적이다. 숫자를 지키는 요리는 과학적 기법에 대한 미묘한 오해를 바탕에 깔고 있다. '과학'이라고 하면 흔히 사람들은 확고부동한 공식들과 정해진 해답들을 떠올린다. 그런 시각에서는 언젠가 과학적 요리법이 가령 베샤멜 소스에 대한 궁극의 공식을 알아낼 수 있을 것이다. 밀가루와 버터와 우유는 몇 그램을 써야 하는지, 온도는 몇 도여야 하는지, 팬의 지름은 얼마여야 하는지, 정확히 몇 초 동안 부글거리게 두었다가 정확히 몇 번 휘저어야 하는지. 이런 시각의 문제는—요리의 즐거움 중 절반을 차지하는 즉흥성의 여지를 남기지 않는다는 것 외에도—아무리 많은 요소들을 확정하더라도 미처 생각하지 못했거나 통제가 불가능한 요소들이 더 발생한다는 점이다. 밀가루는 어디에서 제분했고 얼마나 오래되었는지, 부엌 공기는 몇 도인지, 당신이 베샤멜을 정말로 좋아하기는 하는지.

때로 사람들은 숫자에 그렇게 집중하면서도 정말로 중요한 요소는 간과한다. 양념을 생각해보자. 다른 면에서는 숫자 놀이에 여념이 없는 요리사가 놀랍게도 레시피의 소금 양은 정량화하지 않을 때가 많다. 네이선 미어볼드는 『모더니스트 퀴진』에서 모든 재료의 무게를 일일이 그램으로 잰다. 물도 잰다. 그러나 소금은 '간이 될' 만큼 치라고 말한다. 헤스턴 블루멘탈은 감자의 건물질 함량까지 측정하면서도 대표 요리인 매시드 포테이토의 소금과 후추 양은 재지 않는다. 궁극의 부엌 공식이란 있을 수 없다는 사실을 드러내는 일화이다.

실제 과학적 기법은 우리가 흔히 생각하는 것보다 훨씬 더 개방적이다. 그것은 교조적인 숫자들의 집합이 아니라, 통제된 실험 결과에 따라 가설을 세우고 시험한 다음 더 새로운 가설을 내놓는 과정이다. 우리가 매일 저녁 식사를 요리하는 과정도 이런 시각에서 이해할 수 있다. 나는 경험을 통해서 레몬과 파르메산 치즈가 맛이 어울린다는 것을 깨달았다. 특히 파스타 소스에서. 그래서 라임과 파르메산도 어울릴지 모른다는 가설을 세웠다. 어느 날 저녁 나는 탈리아텔레*를 요리할 때 올리브 오일, 바질, 파르메산과 더불어 라임 제스트**를 넣어보았다. 그리고 가족과 함께 먹었다. 아무도 더 달라고 말하지 않았다. 내 잠정적인 결론은 "아니야, 라임과 파르메산은 함께 쓰면 좋지 않아"이다. 그러나 오일이 문제였을 가능성을 제거하기 위해서는 실험을 더 해보아야 한다.

부엌의 계량에 대한 가장 현명한 발언은 캘리포니아의 요리사 주디 로저스가 쓴 『주니 카페 요리책(The Zuni Café Cookbook)』에 나온다. 로저스의 레시피는 대단히 예술적이면서도—그녀의 대표 요리는 시골빵을 크고 작게 뜯어서 만든 빵과 닭고기 샐러드이다—대단히 정확하다. 닭고기를 어떻게 양념할지 정확하게 알려주고(pH 측정기까지는 쓰지 않지만), 드레싱으로 뿌릴 시큼한 비네그레트 소스는 정확히 어떤 비율로 만들지 알려준다. 로저스는 레스토랑 요리사들이 자신은 "절대로 측정하지 않는다"고 주장하는 말이 "솔직히 완전히 진실은 아니라고" 귀띔한다. "도구를 써서 재료를 측정하거나 종이에 적힌 글을 보지는 않아도, 우리는 눈으로 가늠하고 손으로 재며 아무 종이에도 적히지 않은 현재의 레시피를 위해서 과거에 만들었던 요리들의 기억을 검색한다." 로저스는 구체적인 숫자가 부엌에서 유용하다고 주장한다. 특히 초심자에게 그렇다. 숫자는 "규모의 개념 자체, 그리고 서로 다른 재료와 온도와 시간의 상대적 규모에 대한 감각"을 제공하는 최소한의 "준거점"이다. 어떤 요리를 처음 만들 때는 숫자를 상당히 정확하게 지킬 필요가 있다. 그러면 "'짐작하고, 느끼고, 망치고, 어리둥절하고, 다시 시도하고, 예전 경험을 기억하려고 애쓰는' 과정으로 특징지어지는, 낭만적이지만 기나긴 학습 과정을 단축하는 데"에 도움이 된다. 그 요리를 두 번째나 세 번째로 만들 때는 숫자가 덜 중요하다. 이

---

* tagliatelle, 길고 납작한 리본 모양의 파스타/역주
** zest, 시트러스류 과일의 껍질을 가늘게 벗겨 요리에 쓰는 것/역주

미 자신의 감각을 믿기 때문이다. 로저스가 지적하듯이, 이러니저러니 해도 우리는 "커피나 차에 넣는 설탕과 우유의 양까지 정확하게" 측정하지는 않는다. 요컨대 숫자는 중요하다. 그러나 숫자가 전부는 아니다. 부엌에는 계량이 가능한 세상 바깥에도 넓은 세상이 있다. 모든 것이 과학에 속하지는 않는다는 사실을 인정하는 것 또한 과학적 기법의 한 요소이다.

나는 나의 측정기구들을 사랑한다. 필라프*용 육수가 600밀리리터에 닿았는지 확인하려고 고전적인 파이렉스 계량컵의 눈금을 읽을 때, 퍼지**를 만들면서 사탕용 온도계의 다이얼이 빙글 돌아가는 것을 볼 때, 줄자로 비스코티*** 반죽의 지름을 잴 때, 나는 고요한 만족감을 느낀다. 나는 휴대전화도 주방용 타이머로 쓴다. 그래도 모든 것을 측정으로 환원할 수는 없다. 부엌에서 진정으로 중요한 일은 측정을 넘어설 때가 많다. 좋아하는 사람과 함께 식사하는 즐거움, 마지막으로 남은 빵에 곰팡이가 피기 전에 다 먹어치웠을 때의 만족감, 2월에 즐기는 과육이 붉은 이탈리아 블러드 오렌지의 맛, 무더운 저녁에 먹는 차가운 오이 수프의 기쁨, 왕성한 식욕이 있고 그것을 충족시킬 수단도 있을 때의 그 충족감.

---

* pilaf, 쌀 등의 곡물을 버터나 기름에 볶은 후 고기, 채소와 육수를 넣어 조리한 음식/역주
** fudge, 설탕, 버터, 초콜릿으로 만드는 부드러운 영국식 사탕/역주
*** biscotti, 두 번 구워 딱딱하게 만든 이탈리아 쿠키/역주

에그 타이머

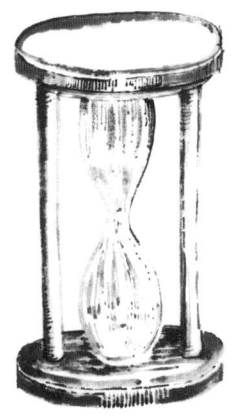

왜 당근 타이머나 스튜 타이머가 아니라 에그(달걀) 타이머일까? 오렌지색 노른자는 스르르 흘러내리고 흰자는 단단하되 질기지 않은 이상적인 반숙 달걀을 얻으려면 오차를 거의 허용할 수 없기 때문이다. 또한 달걀은 껍질에 싸여 있어서 눈으로는 판단할 수 없기 때문이다. 달걀과 타이머가 오래 전부터 결합된 것은 그 때문이었다.

중세 기술인 모래시계가 지금까지도 실용적으로 쓰이는 거의 유일한 상황은 달걀을 삶을 때이다. 디지털 시대를 사는 우리에게는 반숙 시간을 좀더 정확하게 잴 도구가 이것저것 있다. 손목시계도 있고 휴대전화도 있다. 그런데도 모래시계를 에그 타이머로 쓰는 사람이 있다면, 필시 그 상징성 때문일 것이다. 시간의 모래가 조르르 흐르는 모습을 지켜보는 것은 여전히 강렬한 경험이다.

그런데 최근 타이머를 사용하는 논리 자체에 반론이 제기되었다. 우리는 달걀이 다 익었는지 확인하기 위해서 타이머를 쓰지만, 사실 타이머는 달걀이 익은 정도를 간접적으로만 측정한다. 엄밀히 따지면 시간과 온도를 둘 다 재야 하지만 시간으로만 대신하는 것이다. 반숙 달걀을 흔히 "3분 익힌 달걀"이라고 부르지만, 시간은 실제 달걀 속 현상을 근사적으로만 측정한다. 과학자들의 실험에 따르면, 완벽하게 보드라운 반숙 달걀은 대략 61-67도 사이에서 만들어진다. 그러나 달걀이 그 온도에 도달했는지 어떻게 안단 말인가? 우리는 다시 껍질의 문제로 돌아간다.

  1990년대 중반 로스앤젤레스의 한 회사(버턴 플라스틱스)가 '에그 퍼펙트'라는 제품을 선보였다. 달걀처럼 생긴 플라스틱인데, 달걀을 삶을 때 물에 함께 넣으면 된다. 에그 퍼펙트는 시간이 아니라 온도를 잰다. 플라스틱 표면에 연숙, 반숙, 완숙이라고 달걀 상태를 표시하는 눈금이 나 있고, 달걀이 익어가면 에그 퍼펙트의 색깔이 빨강에서 검정으로 서서히 변한다. 이 제품의 최대 단점은—아주 옅게 플라스틱 냄새가 난다는 점 외에—조용함이다. 그래서 우리가 매 같은 눈초리로 지켜보고 있어야 하는 것이다. 에그 퍼펙트가 정말로 완벽해지려면 소리가 나는 작은 감지기를 달아 달걀이 다 익으면 "연숙! 반숙! 완숙!" 하고 외치도록 만들어야 할 것이다. 그러면 우리는 느긋하게 신문을 읽고 커피를 마시면서 달걀이 다 되기를 차분하게 기다릴 수 있을 것이다.

5
갈기

"이 요리사들은 어찌나 찧고 거르고 갈아대는지!"
제프리 초서, 「면죄부 판매자의 이야기」

우리 가족은 주말이면 대개 팬케이크를 만든다. 나는 우선 커피를 몇 모금 들이켜 잠을 쫓아야만 밀가루, 우유, 달걀, 버터를 제대로 꺼낼 수 있지만, 그 다음은 쉽다. 재료를 모두 컵에 넣는다. 핸드 블렌더로 몇 초 웡웡 저어서 덩어리가 없게 푼다. 끝. 뜨거운 팬에 부을 반죽이 완성되었다. 레이스처럼 얇고 황금색으로 노릇노릇 익은 크레페가 몇 분 만에 산처럼 쌓인다. 봉지에 든 콘플레이크를 붓는 것보다 딱히 더 힘든 일도 아니다.

중세에 팬케이크를 만드는 일은 이처럼 쉽지 않았다. 1393년 출간된 『파리의 메나지(Le Ménagier de Paris)』에 실린 팬케이크 레시피는 이런 내용이다. 먼저 1쿼트들이 구리 팬에 가염 버터를 잔뜩 녹인다. 달걀, '미지근한 백포도주'(우리의 우유 대신) 약간, '가장 고운 밀가루'를 섞어 '**한두 사람이 지칠 만큼 충분히**' 젓는다. 그래야 반죽이 완성된다.

'한두 사람'이라는 표현은 놀랍도록 태연자약한 느낌이다. 그 표현은 수많은 하인들이 흡사 수많은 부엌 기구처럼 나란히 대기한 부엌을 환기시킨다. 한 사람이 지쳐 떨어지면 다음 사람이 나서는 것이다. 이 레시피는 독자가 직접 하리라고 예상하는 오늘날의 레시피와는 다르다. 대충 '파리의 주부'로 번역할 만한 제목의 『파리의 메나지』는 지긋한 남편이 어리고 부유한 아내에게 적절한 품행을 가르치는 말투로 쓰여 있다. 중세 프랑스 상류층 아내는 이런 요리를 잘 해내야만 제 가치를 입증할 수 있었다. 그러나 제 손을 더럽힐 필요는 없었다. 그녀에게는 한 무리의 인간 거품기가 상시 대기하고 있었다. 한 명이 팬케이크를 굽는 동안 또다른 사람은 '줄곧 반죽을 쉼 없이 젓고 쳐야' 했다.

그렇게 쉼 없이 저으라는 지시는 한때 부자들이 부드러운 음식을 열렬히 추구했다는 사실을 상기시킨다. 요즘은 그런 욕망이 상당히 줄었다. 요즘은 연한 흰 빵과 질척한 간 고기로 만든 햄버거가 가장 싼 음식에 속할 정도이다. 2011년 어느 화창한 봄날, 나는 정식 코스가 30파운드쯤 하는 영국 최고의 이탈리아 식당에 앉아 있었다. 주변에서는 유복한 가족들이 일요일 점심을 먹고 있었다. 많은 식탁이 올리브 오일과 굵은 소금을 친 쫄깃한 직사각형 브루스케타*를 즐겼다. 조리를 최소화한 아삭한 초록 채소를 담은 접시도 많았다. 포크촙**은 큼직한 뼈가 달린 채 나와서 스테이크 나이프로도 썰기 힘들 듯했다. 게살과 고추를 넣은 링귀네***는 딱딱한 속심이 느껴지는 진정한 '알 덴테'였다. 디저트로 실크처럼 부드러운 젤라토가 나오기 전에는 부드러운 음식이 하나도 없었다. 모두 거칠고 들쭉날쭉하고 도전적인 식감뿐이었다. 그것은 무성의한 조리를 뜻하지 않는다. 푸드 프로세서의 시대에는 그런 음식이야말로 대단히 의식적인 노력이 들어간 음식이다.

대조적으로 근대 이전에는 많이 가공한 음식이야말로 노력이 많이 들어간 음식이었다. 교황과 왕, 황제와 귀족은 많이 씹기를 원하지 않았다. 그들은 자신들의 취향에 맞게 절구로 곱게 간 페이스트를 기대했다. 부잣집

---

* bruschetta, 바게트에 치즈, 과일, 채소, 소스 등을 얹어 먹는 전채요리/역주
** pork chop, 돼지 갈비 부분을 뼈가 붙어 있는 채로 잘라 익힌 음식/역주
*** linguine, 길고 납작한 모양의 파스타/역주

부엌에서는 패스트리와 파스타를 훤히 비쳐 보일 때까지(즉 누군가의 팔이 아플 때까지) 얇게 밀었다. 소스는 점점 더 고운 체와 천으로 여러 번 걸렀다. 밀가루도 조리와 리넨으로 걸렀다. 견과는 먼지처럼 잘게 빻은 뒤 고운 설탕과 함께 비스킷을 구웠다. 요즘 우리는 'refined(정제된)'라는 단어를 '부유하거나' '세련되었다'는 뜻으로 쓰지만 원래 그 단어는 음식을 가공한 정도를 뜻했다. 정제된 음식은 세련된 사람들이 먹는 것이었다.

그런 음식이 하인들에게 잉여의 노동을 부여하는 것 외에 별 매력이 없었다고 말한다면 지나친 평가일 것이다. 그런 음식을 만들 동기는 그 밖에도 많았다. 현대 치과술이 발전하기 전에는 시대를 불문하고 부드러운 혼합물이 바람직했을 것이다. 중세 요리사는 삶은 흰 살코기와 아몬드를 절구(모르타르)로 찧어 이가 나쁜 사람이 먹기 좋게 한 '모르트루(mortrew)'를 만들었다. 여러 재료를 한데 뒤섞어 찧는 것은 기질과 균형을 믿는 중세의 의학적 개념에도 상응했다. 훗날 르네상스 시대에는 음식 가공이 일종의 연금술로 간주되었다. 물질을 거르고 거르고 또 걸러서 재료의 정수 혹은 핵심만 남기겠다는 욕구였다.

그러나 우리는 갈고 빻는 기술을 살펴볼 때, 산업사회 이전 노동의 문제와 그 패턴을 간과해서는 안 된다. 부자들은 정제한 음식에 많은 노동이 수반되는 것을 알면서도—지쳐 떨어지는 사람의 수로 판단한다—감내하고 선호했다기보다, 오히려 많은 노동이 수반되기 때문에 선호했다. 다진 닭가슴살, 간 치즈, 빻은 허브를 속에 채우고 가루 설탕, 계피를 뿌린 라비올리* 요리를 낸다는 것은 그 사람의 높은 지위를 의미했다. 손님들은 그것이 나무 숟가락을 든 아내 혼자서는 도저히 만들 수 없는 음식임을 잘 알았다. 전기 푸드 프로세서가 없던 시절에 그런 요리를 하려면

---

* ravioli, 네모 또는 반달 모양으로 빚은 이탈리아식 만두/역주

파스타를 반죽하고 미는 사람, 닭을 익히고 다지는 사람, 치즈와 허브를 갈고 빻는 사람이 필요했다. 재료 준비만이 아니라 취합에도 수고가 든다는 점 또한 호사스러웠다(요즘도 미슐랭 별점을 받는 수준의 식당들은 그렇다. 페란 아드리아의 엘불리에서 럼과 사탕수수 칵테일을 만드는 데에는 톱으로 질긴 사탕수수를 적당한 크기로 써는 일에 2명, 칼로 껍질을 벗기는 일에 2명, 껍질이 벗겨진 사탕수수를 작은 조각으로 자르는 일에 2명에서 8명이 필요하다. 그들 모두가 봉급을 받지 않는 스타지에르[stagiaires], 즉 견습생이다).

노동 집약적 요리에 반기를 드는 목소리도 이따금 있었다. 이유는 여러 가지였지만, 미적인 이유도 크게 작용했다. 로마의 철학자 세네카는 단순한 요리를 찬양했다. "나는 집안 노예들이 부러운 눈으로 바라보면서 준비한 것이 아닌 음식, 며칠 전부터 주문하여 여러 사람의 시중으로 대접받는 것이 아닌 음식을 좋아한다." 기원전 4세기 그리스의 젊은 요리사들은 그리스인의 주방에 반드시 절구가 있다는 사실에 반기를 들고, 식초와 고수를 절구로 빻는 요리들 대신에 절구 사용을 삼간 단순한 생선 및 고기 요리를 냈다.

목가적인 단순함이 유행한 별난 시기도 가끔 있었지만, 전반적으로 부잣집 식탁의 표준은 20세기 들어 한참이 지날 때까지도 고도로 정제한 음식이었다. 에드워드 시대의 사람들은 거친 껍질을 잘라낸 빵으로 오이 샌드위치를 만들었고 세 번 거른 콩소메*를 마셨다. 성대한 연회 뒤에는 아픈 팔을 부여잡은 하인 부대가 있었다. 손으로 갈고 찧고 젓고 거르는 일은 부엌 노동 중에서도 가장 힘들다. 따라서 노동력을 절감하는 도구를 개발하려는 움직임이 극히 최근까지 거의 없었다는 점, 부엌의 기본 장비

---

* consomme, 고기나 채소 등을 삶은 국물을 헝겊에 걸러 만드는 맑은 수프/역주

가 고대부터 극히 최근까지 거의 달라지지 않았다는 점은 상당히 충격적이다. 기나긴 세월 동안 하인들과 노예들—작은 집안에서는 아내와 딸들—은 혁신이 거의 없는 똑같은 절구와 체에 매여 있었다. 부엌 기술의 정체(停滯)는 사람들이 자기 일이 아닐 때는 노동력 절감에 그다지 관심이 없다는 가혹한 진실을 드러낸다.

나의 막자사발은 울퉁불퉁한 검은 화강암으로 만들어진 타이산이다. 나는 그것을 반반한 흰 도자기 막자사발보다 훨씬 더 좋아한다. 도자기 사발 안면의 거친 홈으로 빻으면 분필로 칠판을 그을 때처럼 진저리가 나기 때문이다. 화강암 절구의 단점은 나의 부엌의 비전동식 도구들 중 아마도 가장 무겁다는 점이다. 선반에서 그 물건을 꺼낼 때마다 떨어뜨릴 것 같다는 엷은 두려움이 엄습한다. 어쩌면 그래서 자주 꺼내지 않는지도 모르겠다. 사실 나의 요리에서 절구는 전혀 필요 없는 기술이다. 밀가루니 설탕은 가루로 빻아져 봉지에 담겨 나오니까 빻을 일이 없다. 후추는 후추 그라인더로 더 쉽고 빠르게 갈 수 있으니까 역시 빻을 일이 없다. 마늘은 도마에서 칼등으로 짓누르는 편이 낫다. 절구를 쓴다는 것은 내가 꽤 한가로워서 부엌의 아로마테라피를 좀 즐겨볼까 한다는 뜻이다. 그럴 때 나는 왁스처럼 빽빽한 잣을 거친 화강암에 짓이기는 감각을 즐기며 페스토를 찧거나, 여러 가지 향신료들을 각각 빻아서 커리 가루를 만든다. 1년에 한 번쯤 솟구치는 열정에 휘둘려서 그러다가 금세 게을러져 기성품으로 돌아가지만 말이다. 어쨌든 블렌더와 푸드 프로세서가 있는 부엌에서 절구는 필수품이 아니라 쾌락을 위한 도구이다. 나는 그것을 마음 가는 대로 쓰거나 쓰지 않을 수 있다.

나의 절구는 인류 최초의 찧는 도구와는 극명한 대조를 이룬다. 그것도 기본 원리는 절구와 대동소이했지만, 역할은 전혀 달랐다. 그 역할은 다른 방식으로는 먹을 수 없는 재료를 먹을 수 있는 재료로 바꾸는 것이었다. 인류가 생존을 위해서 의지하는 도구였던 셈이다. 최초의 빻는 도구는 약 2만 년 전에 등장했다. 초기 인류는 돌로 빻는 법을 깨치면서 질기고 섬유질 많은 뿌리줄기나 까칠한 곡물처럼 이전에는 음식으로서 가망이 없어 보였던 재료로부터 에너지를 얻었다. 야생 곡물을 빻아서 소화하기 쉽게 만드는 일은 힘들고 느리고 노동 집약적인 과정이었다. 빻는 도구는 첫째, 껍데기나 껍질을 제거하기 위해서, 둘째, 독소를 제거하기 위해서 쓰였다(가령 도토리는 자연 상태로는 위험할 만큼 탄닌이 많이 들어 있지만 절구로 빻아 공기에 노출시키면 탄닌이 어느 정도 제거된다). 세 번째이자 가장 중요한 용도는 견과든 도토리든 곡물이든 음식물 입자의 크기를 먼지나 밀가루만큼 작게 줄이는 것이었다. 빻는 도구가 없으면 빵도 없다. 이스라엘 갈릴리 호수 근처에서 발견된 2만 년 전의 현무암 도구에는 야생 보리의 흔적이 남아 있어, 인류 최초의 빵 굽기 실험이 벌어졌음을 시사한다.

    돌로 만든 빻는 도구가 흔해진 것은 그로부터 수천 년이 더 지난 뒤였다. 신석기시대(기원전 1만300-4500)에는 도구의 사용이 퍽 늘었던 것 같다. 당시는 곡물이 작물화되기 시작한 시기였으니 말이 된다. 남자들은 한 장소에 정착해서 곡식을 재배하기 시작했고, 그것을 수확할 때까지 오래 한자리에 머물렀다. 아내들도 같은 장소에 정착했으니, 곡물을 빻을 손도 준비된 셈이었다. 고대 이집트의 소형 조각상들에는 여자들이 돌에다 곡물(아마도 보리)을 빻는 모습이 묘사되어 있다. 그날 먹을 곡물을 가공하는 일은 전 세계 여성들의 삶에서 큰 부분을 차지했다. 요즘도 우간다의 루그바라족은 여자가 죽으면 맷돌로 썼던 두 돌멩이 중 작은 쪽을 함께 묻는다. 이승에서 여자의 생애가 가족의 영양분이 될 곡물을 빻는 지루하고 반복적인, 그러나 필수적인 활동에 소비되었다는 사실을 상징하는 풍습이다.

최초의 빻는 도구는 어떤 모양이었을까? 곡물을 찧는 기본적인 방법은 평평한 돌에 곡물을 얹고 다른 돌멩이로 쉼 없이 찧는 것이다. 세월이 흐르자 더 나은 형태의 맷돌이 개발되었다. 안장 모양도 있고 타원형

도 있었다. 그중 최고의 혁신은 석기시대 영국에서(기원전 약 400-300) 처음 등장한 회전식 맷돌이었다. 그것은 둥근 아랫돌 위에 거대한 베이글처럼 생긴 윗돌을 얹은 모양새였다. 이전 맷돌들은 앞뒤로 움직였지만 회전식 맷돌은 회전운동으로 곡물을 빻았는데, 이 편이 훨씬 더 효율적이었다. 윗돌에는 곡물을 넣는 구멍이 있었고, 옆구리에도 구멍을 파서, 작대기를 수평으로 꽂아 윗돌을 돌리는 손잡이로 썼다. 회전방식은 원시 맷돌에 비해서 장족의 발전이었지만, 큰 회전식 맷돌을 돌리려면 두 사람이 필요했다. 한 명은 곡물을 붓고 다른 한 명은 돌을 돌렸다. 1800년 스코틀랜드 고산지대를 방문한 T. 가넷이라는 사람은 두 여자가 회전식 맷돌로 곡물을 빻으면서 "내내 켈트 민요를 부르는" 모습을 보았다고 기록했다.

맷돌과 더불어 막자사발도 고대부터 있었다. 요즘 우리는 '막자사발'의 순서로 말하지만, 과거에는 대체로 '사발막자'였다. 둥글고 단단하고 연마성이 있는 사발(절구)이 먼저 등장했다. 절구는 맷돌만큼 역사가 깊다. 지금까지 알려진 가장 오래된 절구는 레반트 지역에서 발견된 것으로, 약 2만 년 전 물건이다. 석기시대 말에 사람들은 아예 집에 절구를 설치하기도 했

갈기 197

다. 거대한 현무암 절구를 마당에 박아두고 여자들이나 하인들이 매일 몇 시간씩 빻았다. 우리는 그런 생활양식을 쉽게 낭만화하지만, 중동의 매장지에서 나온 유골을 보면 그런 도구 사용이 여자의 몸에 막중한 부담을 안겼음을 알 수 있다. 여자들의 유골에는 심한 관절염의 흔적이 있기 때문이다. 무릎을 꿇은 채 돌에 대고 곡물을 문지르느라 무릎, 엉덩이, 발목 관절이 심하게 닳았던 것이다.

절구의 기본적인 형태와 기능은 놀라울 만큼 일찍 정해졌다. 고대 절구들의 사진을 보면 현대 부엌 용품 가게에 가져다두어도 이상하지 않을 것 같다. 조금 원시적이고 모서리가 약간 거칠기는 하지만 누군가는 그 모습을 좋아할 것이다. 폼페이에서 발굴된 절구는 대단히 현대적이다. 어떤 면에서는 내 찬장에 있는 울퉁불퉁한 타이산 절구보다 더 세련되었을지도 모른다. 절구는 이후 다양하게 개량되었다. 어떤 것은 완성물을 쏟기 쉽게 주둥이가 달렸다. 어떤 것은 삼발이처럼 다리가 달렸고, 어떤 것은 불룩한 아랫부분이 안정된 받침으로 기능했다. 유행은 오고 갔다. 고대 그리스와 로마에서는 굽 달린 잔(고블릿) 모양을 선호했고(19세기에 다시 유행했다), 중국의 절구는 땅딸막했으며, 중세 이슬람 세계에서는 '알미레스(almirez)' 형태가 유행했다. 원통에 가깝지만 원뿔처럼 위쪽이 살짝 벌어지고 이슬람 특유의 무늬로 장식된 청동 절구였다. 이 형태는 스페인으로도 전파되었다.

절구의 용도는 음식 준비를 넘어선다. 절구는 오랫동안 의약품 제조에 최고로 중요한 도구였기 때문에, 요즘도 전 세계에서 약국의 상징으로 쓰인다. 절구는 염료와 담배를 찧는 데도 쓰였다. 아무리 그래도, 고대에 절구를 휘둘렀던 사람들에게 가장 핵심적인 용도는 요리였을 것이다. 옛 절구가 빻은 음식은 다양했다. 메소포타미아에서는 피스타치오부터 대추까지 별별 것을 다 찧었다. 그러나 가장 중요한 임무는 곡물을 가공함으로써 과거 수렵채집인은 몰랐던 주식(主食)의 개념을 여는 것이었다. 맷돌과 절구는 뼈마디가 쑤시는 도구일지언정 하루를 사는 데에 필요한 에너지를 뱃속에 채우기 위해서는 꼭 필요했다.

시간이 흐르자, 전문 제분업자가 등장하여 대부분의 사람들은 곡물을 직접 빻을 필요가 없게 되었다. 중세에 제분업자는 마을에서 가장 미움받는 사람일 때가 많았다. 밀가루를 독점한 그에게 마을 사람들 모두가 종속된 느낌이 들었기 때문이다. 풍차를 쓰든 물레방아를 쓰든 방앗간은 꼭 필요했다. 그것이 없으면 빵을 만들 수 없었다. 그런데도 손님들은 고마워하기는커녕 제분업자가 비용을 과하게 받는다며 분개하고 의심했다. 옛날 동요에서 "명랑한" 방앗간 주인은 이렇게 노래한다. "아무도 나를 좋아하지 않는다면, 나도 아무도 좋아하지 않을 거야, 아무렴 그럴 거야."

한편 절구는 혼합물을 빻는 도구로서 부엌에 영구적인 위치를 차지했다. 맷돌과 절구의 차이는 둘 다 음식을 빻을 수 있지만 절구만이 여러 재료들을 섞는 믹싱볼로도 쓰일 수 있다는 점이다. 요즘도 고추, 견과, 기름, 식초, 빵, 마늘을 섞은 스페인 로메스코 페이스트를 만들 때는 절구를 믹싱볼로 이용한다. 중세 요리에도 그런 페이스트가 있었다. 절구를 이용한 요리라는 장르 자체가 그때 생겼고, 팔이 튼튼한 하인 부대가 그런 요리들을 만들었다. 중세 사람들은 여러 재료들을 '조화롭게 섞어야' 균형이 이루어진다고 믿었고, 절구는 그에 딱 맞는 도구였다. 꿀과 식초가, 포도주와 생선이 절구의 품에서 조화를 이루었다. 사람들은 음식을 찧어 복종시켰다. 현대 부엌의 배경 소음이 웅웅거리는 가전제품의 소음—세탁기가 돌아가는 소리, 블렌더가 윙윙거리는 소리—이라면 중세 부엌의 소음은 끊임없이 쿵쿵 찧는 소리였다.

고대 로마의 부유한 가정도 마찬가지였다. 폼페이 발굴물 중에는 콜랜더, 체, 국자, 절구 같은 음식 가공 도구가 있다. 로마 시대의 요리책으로 가장 유명한 아피시우스의 책에는 아예 '모르타리아(Mortaria)'라는 요리 종류가 따로 나와 있다. 모르타리아는 다양한 허브와 양념을 절구로 섞어서 만든 혼합물을 뜻했다. 아피시우스의 모르타리아는 이렇게 만든다. "신선하고 푸른 민트, 루타, 고수, 회향을 사발에 넣어 곱게 찧는다. 다 찧어지면 러비지, 후추, 꿀, 육수와 식초를 넣어 섞는다." 고수와 회향이 구분되지 않을 때까지 찧고 또 찧어야 했다. 그러나 아피시우스 자신이 찧은 것은 아니었다. 아피시우스에게 요리를 주문한 사람이 찧은 것도 물론 아니었다. 아피시우스의 책을 번역한 프레더릭 스타 교수는 아피시우스의 요리가 수고를 많이 들여야 하는 종류라는 사실에 놀랐다고 적었다. 스타가 다음과 같이 썼던 1926년은 영국에서 많은 전문직 종사 가정이 더 이상 하인을 둘 수 없다는 현실에, 적어도 빅토리아 시대만큼 많이 둘 수 없다는 현실에 낙담하던 시기였다.

> 부럽게도 아피시우스는 시간도 수고도 개의치 않았다.……아피시우스의 요리는 요리사들과 조수들의 엄청난 수고와 노력을 요구했다. 그러나 고대 고용주는 누구도 노동력을 걱정하지 않았다. 노동력은 아주 싸거나 공짜였다.

나라면 노예에 의존했던 아피시우스의 요리를 부럽다고 말하지는 않을 것이다.

전기 블렌더와 푸드 프로세서의 시대인 요즘은 아피시우스의 모르타리아를 따라하기가 쉽다. 재료의 양을 짐작해야 한다는 점 외에 까다로운 대목이라면 장보기이다. 루타와 러비지는 슈퍼마켓에 널린 채소가 아니니까. 그러나 뒤져볼 각오가 있다면, 좋은 종묘점에서 식물 형태로 얼마든지 살 수 있다. 그리고 재료만 다 구하면 모르타리아는 몇 초 만에 만들 수 있다. 죄다 푸드 프로세서에 넣고 갈아버리자. 다섯, 넷, 셋, 둘, 하나. 끝!

푸르딩딩하고 걸쭉한 액체가 나온다. 맛은 달큼시큼하고 텁텁하며 루타의 불쾌한 쓴맛이 감돈다. 이탈리아 살사 베르데* 페이스트의 열악한 형태로 느껴진다. 이 기묘한 혼합물을 기꺼이 마실 사람이 음식 역사학자 외에 누가 있을까 싶다. 더구나 이제는 이 음식을 만드는 것이 일도 아니니까. 우리에게 모르타리아는 아피시우스와 그가 섬겼던 부유한 로마인에게처럼 맛이 좋을 수 없다. 고된 노동이라는 양념이 빠졌기 때문이다.

르네상스 시대 유럽 요리의 위대한 혁신 중 하나는 달걀을 베이킹의 팽창제로 쓸 수 있다는 사실을 발견한 것이었다(물론 그 똑똑한 요리사들은 달걀을 휘저으면 단백질 거품이 안정되어 케이크 속 공기 거품들을 붙잡아주기 때문이라는 원리까지는 몰랐다). 그래서 케이크가 탄생했다. 이전에는 케이크를, 애당초 자주 굽지도 않았지만, 에일 거품이나 이스트로 부풀렸기 때문에 질감은 빵 같았고 이스트 맛이 났다. 휘저은 달걀의 기능을 발견함으로써 이제 사람들은 주재료가 공기인 갖가지 달콤한 음식을 만들 수 있었다. 달걀을 쓰면 훨씬 더 가볍고 폭신한 스펀지 케이크를 만들 수 있다. 엘리자베스 시대 사람들은 크림화한 노른자로 노란 타르트를, 뻣뻣하게 친 흰자로 흰 타르트를 만든 뒤 설탕과 크림으로 단맛을 가미했다. 포도주, 크림, 흰자를 섞어 거품을 낸 실러버브(syllabub)가 유행했다. 흰자는 연회의 마지막을 연극적으로 장식했던 경이로운 '눈(snow) 접시'에도 핵심적인 재료였다. '눈 접시'는 흰자를 휘저어 익히지 않은 머랭처럼 잔뜩 부풀린 뒤, 뻑뻑한 크림, 설탕, 장미수를 더하고 좀더 거품을 내어 접시에 수북이 담은 음식이었다.

---

* salsa verde, 파슬리, 식초, 마늘, 올리브 오일 등을 섞어 빻아서 만든 초록색 소스/역주

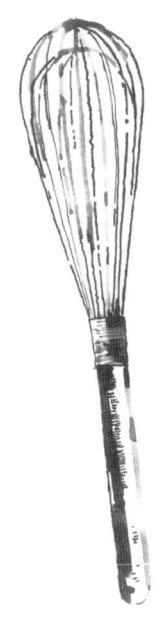
　　문제는 흰자 거품을 활용하는 혁신이 흰자를 젓는 도구나 기법의 발전과 병행하지 않았다는 점이다. 따라서 폭신한 흰자를 애호하는 부자들의 입맛은 르네상스 시대의 부엌 노동에 팔 저리는 강행군을 추가할 뿐이었다. 전기가 없었으니, 흰자 거품이 단단해질 때까지 젓는 것은 아주 힘든 일이었다. 그런 뻣뻣한 거품은 달걀의 단백질 분자들이 공기와 접촉함으로써 부분적으로 풀어졌다가 다시 공기를 가둔 격자 형태로 조직되어야만 생긴다. 주석을 입힌 철선으로 만든 풍선 모양 거품기—우리가 쓰는 스테인리스스틸 거품기와 비슷한 형태—는 18세기 말에야 널리 쓰였다. 그전에도 유럽 가정마다 나름대로 거품기를 만들어 썼을 테지만, 지금까지 살아남은 것은 없다. 『바르톨로메오 스카피의 오페라(The Opera of Bartolomeo Scappi)』(1570)에는 풍선형 금속 거품기와 무척 닮은 도구의 삽화가 나온다. 그러나 그런 거품기는 분명 흔하지 않았다. 흔했다면, 르네상스 시대 요리사들이 흰자에 공기를 불어넣기 위해서 그보다 훨씬 더 번거로운 기법들에 의지할 필요가 없었을 것이다.

　　1655년의 '눈을 곁들인 크림' 레시피는 '갈대 다발'을 말아쥐고 쓰라고 조언했다. 19세기까지 쓰였던 보통의 거품기는 껍질 벗긴 잔가지—보통 자작나무—를 묶은 것이었다. 드물게 깃털도 쓰였다. 임시변통 잔가지 거품기의 장점은 크림이나 흰자에 향미를 더한다는 점이었다. 레시피들은 복숭아나무 가지나 레몬 껍질을 묶어서 씀으로써 크림에 복숭아나 레몬 향을 더하라고 조언했다. 단점은 속 터지게 느리다는 점이었다. '선왕의 수석 요리사'였던 조지프 쿠퍼가 1654년에 작성한 레시피에는 팬케이크용 달걀을 '30분 이상' 저으라고 되어 있다. 1823년 요리책 작가 메리 이턴은 큰 케이크용 흰자를 제대로 섞는 데에 3시간이 걸린다고 말했다.

내가 어릴 적 나의 어머니는 전통적인 티타임용 케이크—마데이라 케이크, 체리 케이크, 던디 케이크—를 만들 때 늘 소박한 도자기 믹싱볼과 나무 숟가락을 썼다. 우리는 달걀을 넣기 전에 버터와 설탕을 손으로 주물러 크림화했다. 버터와 설탕이 완전히 크림화될 무렵에는 기력이 쏙 빠졌던 것, 팔이 얼얼하게 맥동했던 것이 아직도 기억난다. 사실 그 과정에는 10분도 걸리지 않았다. 버터를 미리 냉장고에서 꺼내놓는 것을 잊지 않는다면 더 빨리 끝났다. 그러니 고작 나뭇가지 몇 가닥으로 흰자를 3시간 동안 저으면 얼마나 피곤할지 상상도 할 수 없다. 그런 레시피는 정말이지 한두 명을, 나아가 그 이상을 지쳐 떨어지게 만들었다. 설상가상으로, 미신을 믿었던 옛 사람들은 크림이나 흰자를 **한 방향으로만** 저어야 한다고 우겼다. 그런 속설이 생긴 것은 변변치 않은 도구로 거품을 내기가 그만큼 어려웠기 때문일 것이다. 습한 날에는 흰자가 마법에 걸려 단단해지지 않는다는 말도 있었다.

자작나무 가지는 다른 대안들에 비하면 나은 편이었다. 17세기 말부터는 포크가 널리 쓰였다. 포크는 그나마 괜찮은 선택지였다. 그전에는 요리사가 숟가락이나 넓적한 나이프로 변통해야 했는데, 둘 다 견인력이 좋지 못했다. 가장 고약한 방법은 흰자를 스펀지에 적셔 여러 번 쥐어짜는 것이었다. 비효율적일뿐더러 역겹기까지 하다. 이전에 그 스펀지를 다른 용도로 썼다면 더욱.

그러니 몰리케(moliquet), 혹은 초콜릿 방아라는 물건이 17세기 말 영국에 상륙했을 때, 사람들이 열렬히 환영한 것은 당연했다. 요즘도 멕시코와 스페인에서 뜨거운 초콜릿을 거품 낼 때 쓰는 그 나무 도구는 죽죽 홈이 파여 물레방아처럼 생긴 머리 부분에 긴 자루가 달렸다. 자루를 손바닥에 끼워 머리를 빙글빙글 돌리는 것이다. 몰리케는 17세기 말부터 시골 대저택 부엌의 물품목록에 등장하는데, 최신 유행 음료였던 초콜릿의 거품을 낼 때는 물론이고 달걀을 젓는 데도 틀림없이 쓰였을 것이다. 1847년 미국 요리책에도 크림을 저을 때 몰리케를 자작나무 가지의 대용품으로 쓸 수 있다고 적혀 있다. 그러나 몰리케도 비교적 수고로운 방법이었다.

수고로움은 달걀 흰자에 국한되지 않았다. 흰자를 이용하는 레시피에는 대개 설탕도 들어갔다. 정확히 말해서 두 번 정제한 설탕이었다. 이 또한 팔을 혹사시키는 재료였다. 19세기 말부터 판매된 가루 설탕은 일대 혁명이었으나 우리는 그 사실을 잊기 쉽다. 그때부터 요리사는 직접 설탕을 갈 필요 없이 그래뉼, 캐스터, 아이싱 설탕 중에서 고를 수 있었다.[*] 가루 설탕은 썰어져 나오는 빵보다 더 획기적으로 노동력을 절감해준 발명품이었다. 원래 설탕은 무게가 2.3킬로그램에서 18킬로그램까지 다양한 원뿔 덩어리로 판매되었고, 사람들은 설탕 집게로 그것을 '꼬집어서' 작게 떼어냈다. 그리고도 요리에 쓰려면 절구로 빻은 뒤 갈수록 더 고운 체로 여러 번 쳐야 했다. 콜랜더와 체는 절구와 마찬가지로 고대부터 사실상 변화가 전혀 없는 도구인데, 왜냐하면 옛날 요리사들이 우리보다 그 도구에 훨씬 더 의존했기 때문이다.

1874년에도 파리의 요리사 쥘 구페는 다음과 같은 방식으로 그래뉼 설탕을 만든다고 적었다(패스트리에 뿌릴 용도였다).

체나 콜랜더를 세 종류 구비한다. 하나는 구멍 지름이 3/8인치[9.5밀리미터], 두 번째는 1/4인치[6.4밀리미터], 세 번째는 1/8인치[3밀리미터]여야 한다. 말총을 엮은 체도 하나 구한다.

설탕을 칼로 조각낸다. 그리고 밀방망이 끝을 써서 설탕 조각을 하나하나

---

[*] 입자가 굵은 것부터 순서대로 지칭한다/역주

부순다. 가루가 될 만큼 으깨지는 않도록 조심하라. 그러면 반짝거림이 사라지기 때문이다.

그 다음 설탕을 체로 순차적으로 거르고는 말총 체로 마무리했다.
구페는 이 까다로운 절차가 '다소 번거롭다는 이유로' 건너뛰는 사람들이 있다며 불평했다. 그들은 체를 쓰지 않고 절구로 빻아버리는데, 구페는 그런 게으름을 타박하면서 절구로 빻은 설탕은 '옛 방식으로' 체에 친 설탕만큼 반짝거리지 않는다고 주장했다. 구페는 자신이 일했던 왕궁 주방처럼 일손을 풍부히 갖추지 못한 부엌들을 한탄하는 것이나 마찬가지였다. 사실 그 점에서는 『파리의 메나지』이래 약 500년 동안, 더 멀리 거슬러올라가면 아피시우스 이래 약 2,000년 동안, 부엌일에는 놀랍도록 변화가 없는 편이었다. 요리사는 부자들이 폭신한 크림, 가루 설탕, 풍성한 혼합물을 즐길 수 있도록 내내 완력으로 치고 빻고 젓고 걸렀다.
음식 가공의 기술적 보수성은 하인 문제와 떨어뜨려 생각할 수 없다. 과거의 요리책 작가는 제 손에 물을 묻히지 않는 사람, 자신은 조금도 힘쓰지 않으면서도 식탁에 낸 요리의 공을 인정받는 사람인 경우가 많았다. 분명하면서도 심란한 그 사실을 우리는 곧잘 간과한다. 과거의 좋은 집안 숙녀들은 샐러드에 드레싱을 끼얹거나 설탕 세공처럼 예쁘장한 작업을 하는 데에 섬섬옥수를 쓰기는 했겠지만 힘들게 젓고 빻을 필요는 없었다. 대신해줄 사람이 있었으니까. 20세기 프랑스에서 자르고 갈고 반죽하고 거르는 기능이 모두 포함된 푸드 프로세서가 첫선을 보였을 때, 그 기계의 이름은 '로보쿠프(Robot-Coupe)'였다. 부엌의 로봇, 인공의 하인이라는 뜻이다. 그러나 진짜 하인을 잔뜩 거느리고 있다면, 혹은 가난한 가정이라도 등골이 빠지게 일하는 주부가 있다면, 굳이 로봇을 둘 필요가 없었다.

상황이 바뀐 것은 산업혁명 이후였다. 공장에서 값싼 금속기기가 대량 생산되고 사회의 노동 패턴이 변하면서 비로소 요리사를 편하게 해주는 새로운 기구가 쏟아졌다.

1791년, '노동력 절감'이라는 표현이 제조업과 관련해서 처음 기록되었다. 그 개념이 부엌에 도입된 것은 그로부터 반 세기가 더 지나서였다. 19세기 후반이 되자 미국에서는 '노동력 절감' 조리 기구가 봇물 터지듯이 쏟아졌다. 주로 양철로 만든 싸구려였다. 건포도 씨 빼는 기구, 감자 으깨는 기구(매셔), 커피 원두 가는 기구(그라인더), 체리 씨 빼는 기구, 사과 속 파는 기구……역시 무수히 쏟아지던 고기 가는 기구(민서)처럼 식탁 모서리에 죔쇠로 고정하는 무거운 도구가 많았다. 또한 갑자기 셀 수 없이 많은 달걀 거품기가 경쟁적으로 쏟아졌다. 1630년대 네덜란드에 튤립 붐이 있었고, 1990년대 시애틀에 인터넷 회사 창업 붐이 있었다면, 1870-1890년대 미국 동부 해안에는 달걀 거품기 붐이 있었다. 1856년부터 1920년까지 적어도 692종의 달걀 거품기가 특허를 받았다. 특허는 1856년에 1건, 1857년에 2건, 1858년에 3건이었다가 1866년에는 18건이었다. 디자인도 병을 흔드는 것, 깡통을 흔드는 것, 한 방향으로만 도는 래칫 톱니바퀴, 아르키메데스 방식(선박 건조에 쓰였던 아르키메데스 스크루의 원리를 이용한 위아래 혼합방식)까지 다양했다.

매리언 할랜드는 달걀 거품기 호황을 몸소 겪은 요리 작가였다. 할랜드의 회상에 따르면 신형 거품기는 대개 형편없었다. 처음의 흥분이 지속되는 제품은 아주 드물었다. 나무 손잡이는 떨어져나갔고, 양철 손잡이는 손바닥을 까맣게 물들였다. 양철 원통에 '팔랑개비'가 담긴 정교한 기구는 근사해 보였지만 알고 보니 통을 씻을 수 없는 데다가 통이 너무 커서 적은 분량에는 쓸 수 없었다. "요리사는 몇 번 시도하고는 그 '성가신 물건'을 찬장 깊숙이 눈에 띄지 않는 곳에 처박았다. 그러고는 은 포크 두 개를 솜씨 좋게 모아쥐어 더 나은 거품기를 변통했다."

처음의 신기한 단계를 넘어서서 실제로 효력을 인정받은 첫 제품은 1870년 5월 31일에 특허 출원된 '윌리엄스 달걀 거품기'였다. '도버'라는 별명으로 더 잘 알려진 그 거품기는 미국의 상징이었다. 요즘도 어느 철물점에나 있는 싸구려 수동 거품기의 기본 구조를 확립한 제품이 바로 도버였다. 원리는 간단하다. 젓개 두 개가 하나보다 낫다는 것이다. 1870년의 첫 도버 거품기는 볼록한 젓개 두 개를 회전 바퀴로 돌리는 구조였다. 로드아일랜드 주 프로비던스에 살던 발명가 터너 윌리엄스는 자신의 발명품이 예전 거품기들과는 달리 두 젓개가 한 공간에서 반대 방향으로 회전함으로써 '대단히 특수하게 가르는' 효과를 내기 때문에 뛰어나다고 설명했다.

도버는 순식간에 대히트를 쳤다. 미국에서는 '도버'가 거품기를 뜻하는 보통명사가 될 정도였다. 엄청난 인기를 반영하듯이, 1891년 광고에는 "손잡이에서 '도버'를 확인하세요—다른 것은 원조가 아닙니다"라고 쓰여 있었다. 1883년 출간된 『실용적 살림(Practical Housekeeping)』에는 도버가 "시판 제품 중 최고"라는 칭찬이 나온다. 매리언 할랜드도 도버의 팬이었다. 출시 5년째인 1875년에 할랜드는 도버를 구입한 날부터 "달걀 거품 내기는 더 이상 걱정거리가 아니다"라고 말했다. 누가 100달러를 준대도 안 팔겠다고 했다(참고로 당시 여느 휴대 가능한 거품기는 10-25센트를 넘지 않았을 것이다). 도버는 무엇이 그렇게 훌륭했을까?

가볍고, 휴대 가능하고, 신속하고, 쉽고, 비교적 조용하다. 내가 가장 아끼는 이 도구는 너그러운 브라우니*처럼 나를 위해서 일한다. 이것만 있으면 노래나 대화를 중단하지 않고 5분 만에 뚝딱 머랭을 만들 수 있다.

본명이 메리 버지니아 터훈인 할랜드의 인생을 살펴보면, 당시 미국 사회와 요리가 어떤 상황이었기에 그토록 대대적인 거품기 열풍이 일었는지를 조금이나마 짐작할 수 있다. 할랜드는 1830년 버지니아 시골에서 아홉 남매의 셋째로 태어났다. 그녀의 어머니는 요리를 거의 혹은 전혀 하지 않았다. 훗날 할랜드는 "어머니가 평생 한 번이라도 방을 쓸거나 고기를 구운 적 있는지 모르겠다"라고 회고했다. 여느 남부 숙녀처럼 할랜드의 어머니에게는 달걀을 대신 저어줄(그리고 그 밖에도 많은 일을 해줄) 흑인 '유모'가 있었다. 할랜드는 어머니보다 부엌에서 더 활발히 일했다. 그녀는 소설을 25권 쓰는 것 외에도 '주부' 역할을 터득하는 것이 자신의 사명이라고 믿었다. 1856년 장로교 목사와 결혼하여 뉴저지로 이사한 뒤, 할랜드는 자기 집에서 일하는 요리사와 함께 더 뛰어난 기술을 배우기로 결심했다. 두 여자의 숱한 요리 수업을 기록한 『가정의 상식(Common Sense in the Household)』은 1873년에 출간되어 10만 부나 팔렸다.

할랜드의 책은 달걀을 직접 젓는 여자들을 위한 책이 아니었다. 할랜드는 독자들에게 요리사가 있다고 가정했다. 그러나 그 요리사는 실력이 충분하지 않기 때문에 안주인이 지시하고 도와야만 제대로 폭신한 달걀을 만들 수 있다고 가정했다. 할랜드가 도버 거품기에 열광했던 시점은 가정 노동의 역사에서 사뭇 불편한 전환기에 해당했다. 할랜드의 독자인 미국 중산층 여성들에게는 아직 요리사가 있었지만, 한 명뿐이었다. 요리사의

---

* brownie, 영국에서 밤에 집안일을 해주곤 한다는 가정집 도깨비/역주

팔이 지치면 다음에는 자신이 팔을 걷고 나서야 했다. 할랜드는 자신이 "시간과 힘을 아끼는 물건", 즉 값비싼 고정식 거품기를 사왔을 때 하녀 케이티와 나누었던 대화를 예의 그 징글맞게 거들먹거리는 말투로 기록했다. 할랜드는 흥분에 '떨면서' '거대한' 거품기를 부엌으로 가져갔다. 케이티가 물었다. "아니, 사모님, 이게 뭔가요?" 그러나 복잡한 장치는 제대로 작동하지 않았다. 노른자 10개가 든 사발이 바닥에 엎어졌다. 불운한 케이티는 이후에도 오만 가지 기구를 실험해야 했다. 그러다가 이윽고 도버라는 기적을 발견했던 것이다.

달걀 거품을 폭신하게 내는 일이 왜 그렇게 중요했을까? 거품기 광풍은 미국의 요리 역사에서 공기를 잔뜩 주입한 달콤한 요리가 점잖은 식탁에 오른 시기와 맞물렸다. 디저트로는 애플 스노(snow), 오렌지 스노, 레몬 스노가 있었다. 모두 흰자 4개를 '거품이 뻣뻣하게 설 때까지' 저어서 만들었다. 올리언스 케이크(흰자 6개를 가볍게 젓고 노른자는 거른다), 몽블랑 케이크(흰자 6개를 아주 뻣뻣할 때까지 젓는다)도 있었다. 크림과 샤를로트,* 실러버브와 트리플,** 거품 낸 프로스팅,*** 머핀과 와플, 그리고 머랭은 말할 것도 없다. 이런 음식에는 모두 공기를 잔뜩 불어넣은 달걀이 쓰였다. 크림화한 노른자, 솜털처럼 부풀린 흰자. 주부의 평판은 그런 요리가 성공적으로 부푸느냐에 좌우되곤 했다. 도버든 다른 종류든 거품기를 써서 폭신하게 부풀린 케이크는 주부의 평판을 부풀렸다. 실제로 거품을 내는 사람은 요리사였지만, 부엌에서 나온 푹신한 머핀에 대해서 칭찬을 받는 것은 할랜드였다. 할랜드는 자기 머핀을 덜 꼼꼼한 친구의 머

---

* charlotte, 틀에 거품을 낸 크림을 채워 얼린 디저트/역주
** trifle, 스펀지 케이크 반죽에 커스터드, 크림을 층층이 올리고 과일 등으로 장식해서 차게 내는 디저트/역주
*** frosting, 설탕에 버터, 크림, 우유, 달걀 등을 더해서 크림 상태로 만들어 디저트 위에 바르는 혼합물/역주

갈기 209

핀과 비교하면서, 친구의 요리사 클로에는 게으르게시리 "나무 숟가락을 대여섯 번 휘둘러" 제대로 저어지지 않은 달걀로 머핀을 만든다고 말했다. 그 사실을 알아차리지 못한 친구는 좀더 "주의해야" 한다고 나무랐다.

거품기 열풍은 중산층 여성들의 욕망에 대한 응답이었다. 단순히 달걀에 공기를 더 불어넣겠다는 욕망만은 아니었다. 하녀에게서 더 많은 노동력을 짜내겠다는 욕망도 있었다. 한편 하녀가 없는 사람에게는 거품기가 부족을 아쉬워하지 않게끔 만들어준다고 했다. 자기 팔로 직접 일하더라도 마치 아무 일도 하지 않는 것처럼 느끼게 해준다는 것이었다. 1901년 출시된 도버 계열의 '홀트라이언' 거품기는 제품 고유의 "살짝 벌어진 젓개들"이 "달걀을 삽시간에 미세한 입자들로 쪼개기" 때문에 "숙달된 손으로 저을 때의 1/4에 해당하는 시간 만에 가볍고 뻣뻣하게" 칠 수 있다고 선전했다.

천상의 행복을 장담하는 광고 문구에도 불구하고, 기계식 거품기는 사실 딱히 수고를 덜어주지 않았다. 회전식 거품기의 단점은 두 손으로 작동해야 하기 때문에 사발을 붙들 수 없다는 점이었다. 젓개는 특정 지점에서 엉켜서 멈추거나 지나치게 빨리 헛돌았다. 젓개가 사발에서 미끄러지는 바람에 뻣뻣해지지도 않은 달걀이 사방에 튀었다. 도버 거품기는 흰자 2개를 10초 만에 저을 수 있다고 선전했지만, 말도 안 되는 소리였다. 나의 경험상 회전식 거품기는 풍선형 거품기보다 더 오래 걸린다. 설령 그렇지 않더라도 몇 분은 걸리지, 몇 초는 절대로 아니다.

도버의 불편함을 해결하려고 노력한 후속 설계들도 다른 결함을 더할 뿐이었다. 어떤 거품기는 젓개를 용기에 아예 고정시킴으로써 미끄러지는 문제를 해결하려고 했는데, 그러면 그 용기보다 많은 양은 저을 수 없고 젓개를 용기에 고정하는 부품까지 씻어야 한다는 점에서 성가셨다. 또 어떤 거품기는 작동에 두 손이 필요하다는 문제를 해결하려고 했다. 아르키메데스 방식이었던 로버츠 거품기는 1902년 광고에서 "거품기의 새로운 발상"을 구현했다고 주장하면서 "한 손으로 쓸 수 있는 유일한 자동 거품기"로서 "손잡이를 눌렀다가 놓으면 그만"이라고 선전했다. 한 손 거품기는 확실히 이점이 있었다(희한하게 돌아가는 철사를 쓴 것, 용수철을 쓴 것, 감자 매셔처럼 생긴 것까지 작동방식은 다양했다). 그러나 완벽과는 거리가 멀었다. 달걀이나 크림에 거품을 내려면 한 세월이 걸렸다. 성급한 사용자가 속도를 내려고 하면 오작동하기 일쑤였다. 심플렉스라는 제품은 "너무 빨리 작동시키지 마시오"라는 경고문까지 붙였지만 별 도움은 되지 않았다. 가장 희한한 종류는 미국 가정에 막 보급된 수돗물에 연결해서 작동시키는 수력 거품기였다. 월드 비타라는 제품은 "수도꼭지만 열면 돌아가요!"라고 떠벌렸다.

거품기 광풍이라는 희한한 역사적 일화는 우리에게 수수께끼로 느껴진다. 기술적인 관점에서 보면, 수많은 특허품 중 효율이나 사용성이 정말로 개선된 디자인은 하나도 없었다. 창의성과 비용을 아낌없이 쏟은 물건들인데도, 18세기부터 쓰였던(앞에서 말했듯이 더 멀리 1570년 이탈리아까지 올라갈 수도 있다) 프랑스식 풍선형 거품기보다 낫지 않았다. 요즘은 어떤 일류 요리사도 도버 거품기를 쓸 생각을 하지 않을 것이다. 그 대신 다양한 종류의 구식 거품기('프렌치 휩')를 쓸 것이다. 오늘날 판매되는 좋은 거품기는 주석이 아니라 스테인리스스틸로 만들어지고 손잡이는 단열재로 되어 있지만, 그 밖에는 18세기 제과업자가 썼던 거품기와 한 치도 다르지 않다.

미국의 거품기 열풍은 한낱 허깨비였다. 그것은 노동을 덜어주는 기구가 아니었다. 프렌치 휩이 대부분의 특허품보다도 팔을 더 적게 쓰면서 같은 일을 해냈으니까. 그것은 노동과 시간을 덜어준다는 망상에 가까웠다. 피로에 대한 치료제가 아니라 위약(僞藥)을 제공했다. 매리언 할랜드를 비롯하여 그 물건을 구입했던 사람들은 최대한 폭신한 거품을 최대한 빨리 만드는 끝없는 싸움에서 누군가 자기 편이 되어주기를 갈구했다. 그 아군이 거품기 제조업체일 뿐이라고 해도 말이다. 거품기 열풍의 진정한 의미는 따로 있었다. 마침내 요리사들이 지친 팔에 저항하기 시작했다는 사실이다. 그러나 그들의 팔은 전기 믹서가 등장하고서야 쉴 수 있었다.

칼 손데이머가 커넬(quenelle)을 그토록 좋아하지 않았다면, 미국 가정요리의 지난 40여 년 역사는 크게 달라졌을지도 모른다. 1971년, 쉰일곱 살의 손데이머는 MIT를 졸업한 공학자 겸 발명가로(미국 항공우주국이 달 탐사에 사용한 방향 탐지기 등을 발명했다) 프랑스 요리광이기도 했다. 그는 두 전자 회사를 성공적으로 창립하고 매각한 뒤, 때 이른 은퇴를 즐기고 있었다. 손데이머에게 요리는 취미뿐 아니라 사업이었다. 그는 미국에 수입할 만한 프랑스 주방용품을 찾아보기 위해서 아내 셜리와 함께 프랑스로 날아갔다. 그리고 한 전시회에서 그 물건을 목격했다. '로보쿠프'라는 식당용 푸드 프로세서였다. 로보쿠프는 예쁘거나 간편하지는 않았지만 놀랍도록 다재다능했다. 섞기는 기본이고—전기 블렌더는 미국에서도 1920년대부터 판매되고 있었다—다지기, 베기, 썰기, 갈기를 할 줄 알았다. 어떤 재료를 넣든 퓨레로 바꾸어놓았다. 덩치 큰 기계를 바라보는 손데이머의 머릿속에 커넬이 떠올랐다.

커넬이 무엇일까? 줄리아 차일드는 이렇게 설명했다. "프랑스 요리의 이 섬세한 업적에 친숙하지 않은 독자를 위해서 설명하면, 커넬은 파타슈, 크림, 그리고 날생선이나 고기나 닭으로 만든 퓨레를 타원형이나 원통형으로 빚어서 양념 국물 속에서 익힌 것이다." 전통적인 방식으로 커넬을 만들려면 이만저만 어려운 것이 아니다. 그에 비하면 수플레는 장난이다. 커넬 혼합물—즉 닭이나 생선 페이스트—은 오랫동안 찧고 체에 걸러서 새틴처럼 부드럽게 만들어야 한다. 우리가 사랑하는 '하인 없는 요리사' 줄리아 차일드도 1961년 생선 커넬 페이스트를 고기 다지는 기구에 두 번이나 통과시키는 품을 들여야 했다. 그 다음에는 흐느적거리는 혼합물을 숟가락 두 개로 타원꼴로 빚는 아슬아슬한 작업이 기다렸다. 차일드는 예의 상냥한 태도로 만약 커넬이 뭉개지는 "재앙이 발생했을 때"에는 그것을 "무스라고 선언하면 된다"고 귀띔했다.

손데이머는 눈앞의 경이로운 기계가 그 힘든 과정을 한결 간단하게 만들어주리라는 사실을 꿰뚫어보았다. 버튼 한 번이면 다 찢고 걸러질 것이다. 1963년 로보쿠프를 발명한 프랑스인 피에르 베르됭은 그 장비를 식당용으로 생각했다. 로보쿠프는 육중한 드럼 속에 회전 칼날이 있는 구조로 시작, 중지, 진동의 세 기능이 있었다. 손데이머는 크기를 줄인 버전이 가정에서 똑같이 잘 작동하리라고 판단했다. 그는 당장 로보쿠프를 개조한 제품을 미국에서 판매할 수 있는 유통권을 따냈고, 자기 부엌에서 실험하기 위해서 제품 12개를 가지고 미국으로 돌아왔다. 그리고 자기 집 차고에서 다양한 버전을 제작해보았다. 부품을 일일이 분석하는 데에만 1년 넘게 걸렸다. 그리하여 마침내, 아주 쉽게 아주 매끄러운 커넬을 빚어주는 모델을 만드는 데에 성공했다. 경이로운 새 기계를 뭐라고 부를까? 손데이머의 아내 셜리에 따르면, 그는 "늘 프랑스 요리를 예술로 생각했고, '퀴진'이라는 단어를 꼭 쓰기를 바랐다." 그래서 퀴지나트(cuisinart)가 되었다.

1973년에 첫선을 보인 퀴지나트는 비싼 물건이었다. 소매가가 160달러였으니 요즘 돈으로는 800달러에 육박한다(소비자 물가지수에 따른 계산이다. 참고로 2011년 1월에는 최신형 퀴지나트를 100달러에 살 수 있었다). 그 가격이면 퀴지나트는 틈새 시장을 노린 장비 이상은 될 수 없을 테고, 실제로 첫 몇 달은 판매가 부진했다. 그러나 호의적인 두 사용평이 상황을 반전시켰다. 잡지 『구르메(*Gourmet*)』와 「뉴욕 타임스」에 기사가 실린 뒤, 퀴지나트는 날개 돋힌 듯이 팔려나갔다. 「뉴욕 타임스」 요리 비평가였던 크레이그 클레이번은 "모든 조리 기구를 통틀어 가장 솜씨 좋고 다재다능한" 그 기계의 얼리어답터였다. 클레이번은 퀴지나트를 "인쇄기, 조면기, 증기선, 종이 클립, 클리넥스"에 맞먹는 발명품으로 평가하며 그것은 "전기 블렌더, 전기 믹서, 고기 그라인더, 체, 감자 으깨기, 부엌칼을 하나로 합한 것"이라고 설명했다. 퀴지나트는 이쑤시개 이래 가장 위대한 음식 관련 발명품이라고, 클레이번은 흥분된 어조로 선언했다.

영국에서도 비슷한 흥분이 일었다. 영국에서는 베르됭의 발명을 개조한 또다른 제품이 매지믹스라는 브랜드로 1973년부터 판매되었다. 「타임스」에는 매지믹스가 오이와 당근 썰기를 혁신했으며 그 덕분에 결혼식 피로연에 낼 음식을 모두 준비하고도 손님들이 도착할 때까지 시간이 남았다고 증언하는 기사가 실렸다.

1976년 미국의 퀴지나트 가격은 오히려 190달러까지 올랐는데, 그래도 가게들은 수요를 맞출 재고를 확보하지 못해 난리였다. 셜리 콜린스는 당시 쉬라타블(1972년 개점)의 경영자였다. 지금은 미국에서 윌리엄스-소노마에 이어 두 번째로 큰 주방용품 소매점 체인이지만, 당시 쉬라타블은 시애틀 파이크플레이스 시장에 있는 점포 하나짜리 가게였다. 스타벅스라는 작은 커피숍이 시장 저쪽에서 막 문을 연 참이었다. 이 시장은 시애틀 지역에서 가장 신선한 농수산물을 팔았다. 가을에는 베리를, 여름에는 블루레이크 콩을 팔았다. 콜린스는 계절에 맞추어 상품을 조절했다. 봄에 통통한 초록 아스파라거스가 시장에 나오면 '아스파라거스 찜기를 대량' 판매하는 식이었다. 콜린스는 북서부를 통틀어 퀴지나트를 처음 판매한 사람이기도 했다. 처음에는 '하루에 평균 1대꼴로' 팔렸지만 곧 판매가 급상승했다.

콜린스가 보기에 퀴지나트의 유행은 상당히 이례적이었다. 퀴지나트를 산 사람들은 아스파라거스 찜기를 하나 달랑 사간 뒤 다시는 오지 않는 손님들과는 달랐다. 퀴지나트를 산 손님들은 다른 용품을 사러 계속 돌아왔다. 그들은 "거품기와 구리 냄비를 사러 왔고, 새로운 요리 모험에 뛰어든 자에게 필요한 이런저런 물건을 사러 돌아왔다." 퀴지나트는 부엌에서 "기꺼이 버섯을 자르고 커넬과 반죽과 속을 만드는 사람들"의 작업을 거드는 데에 그치지 않고, 사람들로 하여금 야심 찬 요리에 도전하게 만들었다. 콜린스가 보기에 그 현상은 의미심장했다. 그것은 '진정한 요리의 폭발'이었다. 기껏 기계 하나가 부엌에서 보내는 시간에 대한 느낌을 바꾸었던 것이다. 부엌은 더 이상 고역의 공간이 아니었다. 지친 팔과 혹사당하는 주부의 공간이 아니었다. 부엌은 이제 스위치 한 번 까딱하여 맛있는 것을 만들 수 있는 공간이었다. 190달러의 가격표는 요리를 괴로움에서 즐거움으로 바꾼 데에 비하면 아무것도 아니었다.

퀴지나트는 믹서 기능이 있는 기계로서 최초의 제품은 아니었다. 블렌더 혹은 믹서는 1922년부터 있었다. 그해에 폴린드계 미국인 스티븐 J. 포플라프스키는 아널드 전기 회사를 위해서 음료용 믹서를 설계했다. 애초의 용도는 소다수 판매대에서 몰트 밀크*를 섞는 것이었다. 1937년에는 워링 블렌더가 등장했다. '미라클 믹서'라는 예전 모델을 개량한 것이었는데, 미라클 믹서는 밀폐에 문제가 있어서 스위치를 켜면 몰트 밀크가 판매대에 사방팔방 튀기 일쑤였다. 워링 블렌더는 그보다 나았다. 게다가 유명 가수 겸 밴드 리더인 프레드 워링이 광고한 탓도 있어, 금세 히트를 쳤다. 워링은 1954년까지 100만 대가 팔렸다. 모든 블렌더는 대부분 원리가 같다. 밑에 모터가 있고, 위에 유리 용기가 있고, 둘 사이에 회전하는 작은 금속 칼날이 있다. 중요한 점은 스무디나 밀크셰이크가 모터에 흐르는 것을 막

---

* malted milk, 맥아, 밀가루, 우유로 만든 가루를 우유에 타서 먹는 음료/역주

기 위해서 고무로 된 나사받이를 장착해야 한다는 것이다. 블렌더는 멋진 기계이다. 섬유질 많은 파인애플, 통통한 바나나, 라임 즙, 딱딱한 얼음, 까칠까칠한 민트 잎을 넣고 정신없이 윙윙 갈면 벨벳처럼 매끄럽고 산뜻한 음료가 나온다. 빅토리아 시대 하인들이 세 종류의 체를 이용해야 얻을 수 있었음직한 부드러움이다.

그러나 블렌더에는 한계가 있다. 용기를 씻는 일도 그렇고, 대부분의 가정용 블렌더는 용량이 작다는 점도 그렇다. 블렌더로 보드라운 물냉이 수프를 만들 때면, 여러 액체를 여러 용기에 어떻게 부어야 하는가 하는 수학 문제를 푸는 기분이 든다. 나는 먼저 수프를 절반만 떠서 블렌더에 넣고 간다. 그런데 나머지 절반은 어떻게 갈지? 이미 간 것을 담아둘 세 번째 용기가 필요하다. 씻기 귀찮다는 점과 크기에 제약이 있다는 두 단점은 '도깨비 방망이', 즉 핸드 블렌더의 등장으로 일거에 해결되었다. 핸드 블렌더는 1950년 스위스에서 '바믹스'라는 이름으로 특허를 얻었으나 영국과 미국 가정에서 널리 쓰인 것은 1980년대 말부터였다. 나는 핸드 블렌더를 위대한 부엌 도구의 반열에 올리고 싶다. 핸드 블렌더는 냄비의 음식물을 블렌더에 넣는 것이 아니라 거꾸로 블렌더를 냄비에 넣으면 어떨까 하는 비범한 수평적 사고의 산물이었다. 나는 핸드 블렌더를 거의 매일 쓴다. 비네그레트 소스를 섞을 때, 바나나 스무디를 만들 때, 인도 요리에 쓸 생강과 마늘 퓨레를 만들 때, 실크처럼 부드러운 토마토 버터 파스타 소스를 만들 때……핸드 블렌더는 경이롭다.

그런 핸드 블렌더조차 하지 못하는 일이 있다. "갈릴까요?" 이 말은 블렌텍 사가 2006년부터 제작하여 대성공을 거둔 광고 카피이다. 흰 실험복 차림으로 광고에 직접 출연한 블렌텍 사의 창립자 톰 딕슨은 기기묘묘한 물건들을 한데 갈려고 시도한다. 골프공, 구슬, 닭 한 마리. 이런 것을 코카콜라와 함께 모두 갈아버린다. 심지어 휴대전화까지. 자기네 블렌더는 못 하는 일이 없다는 뜻이다. 그러나 실제로는 블렌텍 같은 3세대 초강력 블렌더조차도 하지 못하는 일이 있다. 블렌더는 견과를 갈 수는 있지만 고기를 썰지는 못한다. 당근이 마찰열 때문에 미지근한 수프가 될 만큼 빨리 갈 수는 있지만 푸드 프로세서처럼 샐러드용으로 채 썰지는 못한다. 모터가 아무리 강력한들 칼날이 너무 작기 때문이다.

한편 음식 가공에서 좀더 완력이 필요한 작업은 거대한 전기 믹서가 담당했다. 최초로 시판된 스탠드 믹서는 허버트 존스턴이 기계식 고기 분쇄 전문기업인 호바트 제조사를 위해서 1908년 발명했다. 존스턴은 제빵사가 끙끙거리며 숟가락으로 반죽을 섞는 모습을 지켜보다가 문득 한심하다는 생각이 들었다. 모터를 쓰면 분명 더 쉽게 할 수 있으니까. 최초의 호바트 전기 믹서는 용적 76리터의 산업용이었다. 그러나 1919년 설립된 자회사 키친에이드는 식당 조리대에 놓고 쓰도록 크기를 줄인 무게 31킬로그램짜리 제품을 출시했다. 나중에는 가정용으로 더 축소된 제품도 나왔다. 키친에이드는 지금도 미국을 대표하는 최고의 믹서이다. 험비처럼 육중한 금속 덩어리이지만 캐딜락처럼 알록달록 예쁘다(머랭 색깔, 빨강, 펄 그레이……). 키친에이드는 회전식 거품기로는 만들기 어려웠던 폭신한 레이어 케이크와 프로스팅을 식은 죽 먹기로 만들었다.

영국에는 1950년 출시된 켄우드 믹서가 있었다. 공군에서 갓 제대한 전기 기술자 케네스 우드(1916-1997)의 발명품이었다. 전쟁 전에 라디오와 텔레비전을 고치고 파는 사업을 했던 우드는 전 세계에 출시된 부엌 기구를 죄다 조사한 뒤 최고의 제품들을 하나의 기계로 합체하려고 했다. 그것이 '켄우드 셰프'였다. 우드는 미국에서는 캔 따개를, 독일에서는 감자 필러를, 이탈리아에서는 스파게티 뽑는 기구를 빌려와서 고기 민서, 거품기, 주스기, 블렌더 등과 결합시켰다. 우리가 부속품을 다 산다면, 이 경이로운 기계는 거품을 내고, 반죽하고, 즙을 짜고, 다지고, 갈고, 껍질을 벗겨준다. 그뿐인가, 캔도 따고, 다양한 형태의 파스타도 뽑아낸다. 켄우드의 광고 문구는 "당신의 하인이랍니다, 마담!"이었다. 한때 사람의 팔이 했던 일을 대신해준다는 점을 강조한 문구였다.

켄우드는 예나 지금이나 강력한 공학 기계이다. 그러나 켄우드보다는 퀴지나트/매지믹스가 더 중요하고 획기적이었다. 켄우드는 부속품에 의존하지만, 퀴지나트는 사실 기본으로 딸려오는 S자형 칼날만 있으면 된다. 플라스틱 용기 속에서 빙글빙글 도는 날카로운 양면 스테인리스스틸 날 덕분에 프로세서는 섞고 액화할 뿐 아니라 썰고 분쇄할 수도 있다. 그 날이야말로 혁명이었다. 덕분에 요리사들은 처음으로 도구에 예속된 기분이 아니라 해방된 기분을 느꼈다. 1973년 퀴지나트 출시 직후 프로세서 전용 요리책을 썼던 로이 안드리스 데 그로트는 프로세서가 있으면 "날카로운 칼과 도마로 무장한 숙련된 요리사가 부엌에서 줄곧 당신을 돕는 것과 마찬가지"라고 말했다. 게다가 프로세서는 "절구로 해야 하는 작업도 다 해낸다. 섬유질이 거친 재료를 자르고 또 잘라서 [절구에서] 한 시간 찧은 것처럼 연하게 만든다."

원래 퀴지나트에는 S자형 칼날 외에도 다른 부속품이 딸려왔다. 톱니가 달린 중간 크기 원반은 당근, 오이, 양배추 같은 생채소를 썰기에 알맞다(데 그로트는 "'콜슬로'라는 말을 끝내기도 전에 완벽하게 썰린 양배추가 한가득 담긴다"라고 썼다). 강판형 원반으로는 오이나, 울퉁불퉁한 셀러리 뿌리를 채 썰어 프랑스 전통 전채 '셀러리 레물라드(rémoulade)'를 만들 수 있었다. 정체불명의 부속품도 있었다. 금속 날과 크기와 형태는 같지만 절삭력이 없는 플라스틱 날이었다. 데 그로트에 따르면, 한 요리사는 "그 물건의 유일한 용도는 우리가 밤에 잠 못 들며 대체 무엇에 쓰는 물건인지 고민하게 만드는 것"이라고 말했다. 뭐, 상관없었다.

1950년대 켄우드를 제대로 쓰려면 엄청나게 많은 부속품이 필요했다.

부속품이 그것으로 대체하려는 도구만큼 커서 보관이 힘들 때도 있었다 (가령 블렌더 기능 부속품이 그냥 블렌더만큼 컸다). 반면에 프로세서는 부속품이 더 작았고 쓸 일도 적었다. 기본적인 S자형 칼날이 돌아갈 때 플라스틱 입구로 재료를 넣으면 거의 모든 일을 다 할 수 있었다. 프로세서는 햄버거용 고기를 다졌고, 케이크 반죽을 섞었다. 양파를 다졌고, 세상에서 가장 쉽게 마요네즈를 만들었다. 퀴지나트가 등장한 지 40년 가까이 지난 지금도 요리 작가 마크 비트먼은 그 능력에 감탄한다.

손으로 마요네즈를 만들려면 달걀과 식초를 섞은 혼합물에 기름을 조금씩 흘리면서―한 방울 한 방울 떨어뜨릴 필요는 없지만 거의 그와 비슷하게 해야 한다―포크나 거품기로 내내 저어야 한다. 물론 처음 한 번은 못할 것이 없고, 나름대로 재미도 있다.

  기계로 만들려면, 달걀 하나, 식초 한 스푼, 겨자 두 티스푼, 소금과 후추 약간을 용기에 넣는다. 뚜껑을 닫고 버튼을 누른다. 작은 구멍이 뚫린 액체 투입구에 기름을 한 컵 붓는다. 그러고는 자리를 떠나 커피라도 마시거나 요가라도 한다. 기름은 알아서 똑똑 흘러들 것이고, 1분 만에 완벽한 마요네즈가 탄생한다. 그것만으로도 그 가격을 치를 가치가 있다.

20세기 중반에 등장한 믹서는 주부가 어차피 해야 하는 일, 가령 고기를 다지고 달걀을 풀고 케이크 반죽을 젓는 일을 더 쉽게 하도록 도왔다. 푸드 프로세서는 그보다 한발 더 나아갔다. 이전에는 불가능하다고 생각했던 복잡한 요리에 과감히 나서도록 격려했다.

  영국의 요리사 마이클 배리가 1983년에 말하기를, 옛날에는 "용감하고 헌신적인 소수의 사람만이 집에서 손수 파테*를 만들었다." "재료를 썰고,

---
* pâté, 간 고기를 익혀 페이스트 형태로 만든 것/역주

다지고, 섞고, 도구를 씻는 일이 너무 피곤했기" 때문이다. 그러나 이제 파테 제작은 5분이면 끝나는 평범한 작업이 되었다. "프로세서는 삶을 바꾸었다." 프로세서는 프랑스 오트 퀴진의 까다로운 요리들에서 신비로움을 걷어냈다. 손데이머가 사랑했던 커넬도 마찬가지이다. 한때 유럽의 부자들은 그 봉긋한 음식을 몇 입 맛보려고 하인들을 나가떨어지게 했지만, 요즘은 아니다. 닭가슴살 두 덩이, 소금, 후추, 파르메산 치즈, 크림, 달걀을 프로세서에 넣고 버튼을 누르면 그만이다.

푸드 프로세서는 나를 포함한 열성적인 중산층 애호가들에게 크나큰 해방감을 안긴다. 그렇다 보니 우리는 프로세서가 모든 노동을 덜어주었다고 생각하기 쉽다. 그러나 그것은 망상이다.『파리의 메나지』속 중세의 주부가 팬케이크를 만들 때, 자기 대신 수고하는 사람들과 얼굴을 맞대고 있었던 데에 비해 우리의 하인들은 우리 눈에 보이지 않는 곳에 있을 뿐이다. 우리 눈에는 닭 공장에서 뼈를 바르는 손길들이 보이지 않는다. 목숨을 바친 닭들은 말할 것도 없다. 윙윙거리는 프로세서의 부품을 조립한 노동자들도 보이지 않는다. 산더미 같은 재료와 언제든 분부에 따를 준비가 된 기계만 보인다. 우리는 부엌에 홀로 있으면서 완전한 해방감을 느낀다.

모든 혁명에는 반혁명이 따른다. 푸드 프로세서처럼 특별한 것이 세상에 나왔다면 당연히 역풍이 따르기 마련이다. 영국의 매지믹스는 그 역풍을 일찌감치 겪었다. 매지믹스가 출시된 1973년, 「타임스」에는 그 기계 때문에 미래 세대가 손으로 콩을 까고 반죽을 치대는 즐거움을 빼앗길 것이라는 글이 실렸다. 심지어 프로세서가 요리의 촉각적 자극을 박탈함으로써 우리 모두 '집단치료'를 받아야 할지도 모른다고까지 말했다.

일단 프로세서가 삶에 들어오자 누구도 다시 그것을 몰아낼 수 없었지만, 불평은 할 수 있었다. 내용은 늘 같았다. 요리의 즐거움을 앗아간다는 둥, 로봇이 만든 음식은 손으로 정성스레 만든 음식만큼 맛있을 리가 없다는 둥, 모든 음식이 곤죽으로 바뀌었다는 둥.

공정하게 따지자면 마지막 불평에는 일리가 있었다. 새 기구가 탄생하면 으레 사람들은 참신함이 사라질 때까지 지나치게 열광적으로 사용한다. 1970년대, 1980년대 프로세서 요리책에는 이유식 같은 점성을 추구한 레시피가 충격적으로 많았다. 채소란 채소는 죄다 갈아 퓨레로 만들었다. 파테, 텡발, 딥(타라마살라타, 후무스, 바바가누시……),* 그 밖에도 요상한 혼합물을 둥근 틀에 굳힌 요리가 무수히 많았다. 처음에는 가정뿐 아니라 식당 요리사들도 새 장난감으로 이것저것 가는 재미를 억제하지 못했다. 커넬은 진귀한 귀족적 진미에서 평일 저녁 식사로 탈바꿈했다. 희귀성이 사라지자, 사람들은 비로소 커넬이 딱히 특별한 음식이 아니라는 사실을 깨달았다.

1983년에 음식 전문 작가 엘리자베스 데이비드는 프로세서의 광범위한 사용과 벨벳 같은 퓨레에 집착하는 누벨퀴진 사이에 관계가 있다고 지적했다. 1970년대 어느 날, 데이비드는 줄리아 차일드와 함께 런던의 '대단히 이름난' 식당에서 식사를 했다. 그때 문득 차일드가 자신들이 먹는 것은 '퀴지나트 요리'라고 말했다.

식당 메뉴에서 열 가지 중 일곱 가지쯤은 푸드 프로세서가 없으면 만들 수 는 요리였다. 요즘 식당 경영자들이 너무나 좋아하는 산뜻한 퓨레, 가벼운 소

---

* dip, 다른 음식을 찍어 먹는 걸쭉한 페이스트(taramasalata, 생선 알을 주재료로 만든 그리스 전통 딥, houmous, 병아리콩을 주재료로 만든 중동 전통 딥, baba ganoush, 가지를 주재료로 만든 중동 전통 딥)/역주

스, 생선 무슬린 역시 집에서도 버튼 한 번이면 그럭저럭 만들 수 있는 음식이다.……옛날처럼 힘들게 찧을 필요 없이 프로세서가 모든 것을 다지고 썰고 으깨고 갈아주는 것은 정말 경이로운 일이다. 그러나 프로세서를 음식물 쓰레기 분쇄기처럼 취급하지는 말자.

데이비드를 비롯한 여러 사람들의 노력으로, 오늘날 유행의 추는 좀더 투박한 프랑스 및 이탈리아 시골풍 요리로 돌아왔다. 재료가 서로 구분되는 요리들이다. 수프와 스튜는 덩어리가 큼직해졌다. 그것은 요리에 프로세서를 쓰지 않았다는 사실을 과시하는 방법이다. 질감이 고운 음식은 과거의 위신을 거의 잃었다. 이제는 거칠고 울퉁불퉁한 음식이 높이 평가된다. 누군가 팔을 지쳐가며 만든 음식임을 확실히 보여주기 때문이다.

절구도 다시 유행하기 시작했다. 음식 작가들은 페스토나 타이 커리 페이스트나 스페인 로메스코 소스*는 절구로 만들어야 진짜라고 강압적으로 선언했다. 프로세서로 만들면 절대 그만큼 맛있을 수 없다는 것이다. 심지어 옛날 이탈리아/스페인/아프리카/중동에서 여자들이 둘러앉아 그날 먹을 음식을 내리 몇 시간 찧으면서 함께 노래를 부르던 생활양식을 동경하는 향수마저 등장했다. 여자들이 하도 지루해서 비명이 터져나오려는 것을 막으려고 하는 수 없이 노래라도 불렀다는 생각은 들지 않는 모양이다. 도시 거주자들이 옛 농민의 생활양식을 흉내내려고 안달인 반면, 농민들은 프로세서를 채택했다. 2000년 캘리포니아의 음식 전문가 말레나 스필러는 원산지에서는 페스토를 어떻게 만드는지 취재하려고 이탈리아 리구리아 지방으로 갔다. 그곳 사람들은 "대대로 물려받은 거대한 막자사발을 자랑스럽게 보여준 뒤, 실제로 페스토를 만들 때는 다른 것을

---

* romesco, 아몬드, 고추, 토마토, 마늘 등으로 만든 소스/역주

쓴다고 보여주었다. 푸드 프로세서였다."

중동도 비슷하다. 1977년까지 세계에서 일인당 푸드 프로세서 사용량이 가장 많은 곳이 중동이었다. 키베 요리가 한 이유였다. 키베는 날것도 있고 익힌 것도 있고 형태도 다양하다. 어쨌든 모두 곱게 다진 양고기에 불가 밀가루, 계피, 올스파이스, 양파, 신선한 허브를 더해서 만든다. 레바논 출신 작가 아니사 헬루는 베이루트의 고향 집에서 어머니와 할머니가 키베를 만들던 일을 이렇게 회상했다.

두 분은 아름다운 흰 대리석 사발을 가운데 두고 낮은 의자에 마주 보고 앉았다. 사발에는 연분홍 양고기 조각들이 담겨 있었다. 그것을 리듬감 있게 찧는 소리는 처음에 느리고 낮은 박자로 시작해서 점차 빠르고 시끄럽게 커졌다. 다 찧은 고기는 매끄러운 페이스트가 되었다.

찧는 데에는 1시간이 걸렸다. 그동안 헬루와 자매들은 '부엌을 들락날락하면서' 아직 안 끝났느냐고 물었다. 그 다음 단계는 다 찧은 고기를 불가와 향신료와 섞어 '완자로 맵시 있게' 빚는 것이었다. 요즘도 이 단계는 손으로 해야 한다. 그러나 예전에 교양 있는 두 여성이 1시간이 걸렸던 찧기가 이제 기계로 1분이면 끝난다.

이것은 유쾌한 변화이다. 그러나 오랜 세월 키베를 찧어온 숙달된 손길들에게는 자신을 조금 업신여기는 것처럼 느껴질 변화이기도 하다. 기계가 장인의 노동을 대체할 때는 늘 이렇게 장인의 기술이 평가절하되기 마련이다. 프로세서는 요리사의 자랑스런 자아에 대한 모독이었다. 그의 노력을 쓸데없는 것으로 만들었기 때문이다. 찧는 일을 가치 있게 느끼려면 당신의 손이, 오로지 당신의 손만이 맛있는 키베와 그저 그런 키베의 차이를 만든다는 확신이 있어야 한다. 프로세서는 그 일을 더 잘하지는 못할

망정 똑같은 수준으로 해냄으로써 힘들여 일하던 요리사의 존엄을 깎아내렸다. 기계는 너무나 술술 작동하기 때문에 한때 우리가 마요네즈를 섞고 당근 퓨레를 거르고 키베를 찧는 등 다양한 음식 가공에 들였던 다양한 노고를 평가절하하는 것처럼 보인다.

열 가지 조리 기구를 하나로 합쳤다고 광고하는 서모믹스라는 최신 기계는 요리사의 손이 거의 필요 없게끔 한다. 그것은 블렌더 겸 프로세서로서 재료를 재고, 찌고, 익히고, 반죽을 치대고, 얼음을 으깨고, 섞고, 빻고, 간다. 사람 손이 꼭 필요하다고 생각되었던 섬세한 작업도 곧잘 해낸다. 우리가 재료만 몽땅 투하해두면 서모믹스가 알아서 젓고 익혀서 크림 같은 리소토, 벨벳 같은 레몬 커드, 완벽하게 섞인 홀란데이즈 소스를 만든다. 우리가 할 일은 결과물을 먹는 것뿐이다.

요리사들은 이런 상황에 여러 방식으로 반응한다. 어떤 사람은 기계와 맞선다. 온통 꺼끌꺼끌하여 씹을 때마다 이것은 손으로 만든 요리임을 웅변하는 장인적 요리를 추구한다. 이탈리아에는 요즘도 몇 시간씩 즐겁게 손으로 밀고 자르고 빚어서 토르텔리니를 만드는 집이 많다. 속을 채운 파스타는—기계식이라도 좋은 제품은 집에서 그보다 더 낫게 만들기 어려운 건파스타와는 달리—공장 제품이 집에서 만든 것을 따라갈 수 없기 때문이다. 그런 사람들도 절구로 파스타용 밀가루를 직접 빻지는 않는다. 수제 음식을 떠받드는 것도 정도가 있다. 우리에게는 몇 시간씩 음식을 빻는 것보다 중요한 일이 많으니까.

1989년 이탈리아에서 시작된 슬로푸드 운동은 "패스트푸드와 바쁜 생활의 득세에 대항하자"는 것을 강령으로 삼는다. 슬로푸드가 말하는 느림은 주로 느린 농업과 느린 식사이다. 집약 농업에 대항해 생물다양성을 지키는 것, 게 눈 감추듯 먹어치우는 식사에 대항해 느긋하게 오감으로 음미하는 식사를 지키는 것이 슬로푸드의 철학이다. 또한 기르는 데에 시간이 드는 식재료를 선호한다. 슬로푸드 운동은 기계가 아니라 손으로 집에서 만든 음식을 예찬하는 추세와 함께한다. 빵 반죽을 치대거나 직접 살라미를 만드는 활동에서 마음을 달래는 즐거움을 발견하고, 한때 허리가 휘는 노동이었던 부엌일을 느긋한 소일거리로 재창조한다.

그러나 꼭 느리고 어렵게 만들어야만 맛있는 음식이 나오는 것은 아니다. 좀더 실용적인 요리사들은 기계를 포용한다. 뛰어난 요리사 레이몽 블랑은 가끔 프로세서로 패스트리 만드는 법을 시연한다. 버터, 밀가루, 설탕을 달걀 노른자와 물과 함께 넣고 30초만 돌리면 기계가 재주 좋은 손놀림으로 미끈한 공 같은 반죽을 빚어낸다. 블랑은 언젠가 이런 합리적인 촌평을 곁들였다. "원한다면 손으로 만들어도 됩니다. 하지만 시간이 더 걸릴 테고 그렇다고 더 낫지도 않을 겁니다."

넛멕 그레이터

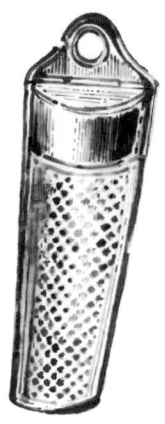

형태는 기능을 따른다. 영국의 넛멕 그레이터와 일본의 생강 강판을 비교해보면 안다. 하나는 금속이고, 구멍이 뽕뽕 뚫렸고, 넛멕을 고운 가루로 긁어준다. 다른 하나는 도자기이고, 구멍이 아니라 뾰족한 돌기가 나 있다. 돌기들이 생강의 섬유질을 붙잡아주므로 향기로운 즙과 과육만 옆으로 흘러내린다.

두 도구는 서로 다른 방식으로 둘 다 만족스럽다. 두 도구는 화끈한 향신료에 대한 인간의 보편적 열망에서 태어났으며, 통상과 농업과 취향의 파란만장한 역사를 거쳐 특정 향신료가 특정 나라의 요리 문화에 편입된 우연 탓에 탄생했다.

인도네시아 향료제도에서 수확한 넛멕은 17세기 유럽인들이 열광적으로 갈망한 사치품이었다. 사람들은 넛멕이 흑사병을 예방한다면서 넛멕을 넣은 쌈지를 몸에 지니고 다녔고, 진정 효과가 있고 환각 효과도 약간 있는 그 양념을 음식에 갈아넣어 향긋함과 달콤함을 더했다. 그러나 요즘은 영국인의 입맛에서 넛멕이 그만큼 중요한 역할을 하지는 않는다. 에그

노그,* 크리스마스푸딩,** 브레드 소스,*** 커스터드 타르트 정도에 쓰일 뿐이다. 자신이 쓸 넛멕을 작은 통에 넣어 가지고 다니는 사람도 없다. 그래도 우리는 다른 향신료는 몰라도 넛멕만큼은 그 자리에서 바로 갈아 쓰기를 고집한다. 원기둥을 세로로 자른 것처럼 생긴 넛멕 그레이터 속에 작은 갈색 새알 같은 넛멕을 늘 넣어두는 사람도 있다. 넛멕 그레이터는 언제나 그런 모양이었을 것처럼 느껴진다.

일본 요리는 향신료를 많이 쓰지 않는다. 그러나 생강은 꼭 필요하다. 스시와 함께 내는 분홍 초절임이든, 간장과 사케를 섞은 소스에 뿌리줄기를 바로 갈아내는 것이든. 생강은 일본 요리사가 다룰 줄 알아야 하는 여러 섬유성 식물 중 하나로, 고추냉이와 무도 그런 재료이다. 초기의 일본 강판은 보통 상어 껍질을 써서 실처럼 억센 섬유질을 잡아냈다. 요즘은 날이 선 브라유 점자(點字)처럼 보이는 도자기 돌기가 그 일을 대신한다.

생강을 넛멕 그레이터로 갈 수는 없다. 젖은 뿌리 때문에 금속판에 난 구멍들이 금세 막힐 것이다. 넛멕을 생강 강판으로 갈 수도 없다. 딱딱한 향신료가 돌기에서 미끄러져 손만 다칠 것이다. 두 향신료를 모두 갈 수 있는 도구를 굳이 원한다면(더불어 레몬 껍질과 파르메산 치즈도 갈고 싶다면), 전통은 잊고 마이크로플레인****을 사라.

---

* eggnog, 우유나 크림, 설탕, 넛멕, 거품 낸 달걀을 섞은 음료/역주
** Christmas pudding, 건과일, 넛멕 등의 각종 향신료를 듬뿍 넣어 찐 뒤 오래 보관하며 조금씩 썰어 먹는 푸딩/역주
*** bread sauce, 빵가루에 우유, 양파, 넛멕 등의 향신료를 넣어 만든 소스/역주
**** 줄처럼 생겨 갖가지 재료를 갈 수 있는 특허품 강판으로, 더 자세한 이야기가 제8장 후반부에 나온다/역주

6
먹기

"식탁보는 향긋하고 깨끗하게, 나이프는 반짝거리게,
스푼은 잘 씻어서 두라."
존 러셀, 『식사의 책(The Book of Nurture)』, 1460년경

"칼과 포크 이전에 손가락이 있었다."
속담

숟가락은 동반자이자 경쟁자인 젓가락과 포크와 마찬가지로 하나의 기술이다. 숟가락의 기능은 음식 덜기, 계량하기, 접시에서 입으로 가져가기 등이다. 젓고, 긁고, 더껑이를 걷어내고, 들어올리고, 퍼내는 조리용 숟가락도 있다. 모든 인간 사회에는 숟가락이 있다. 숟가락은 속성상 온화한 도구로, 나이프와 비교하면 더욱 그렇다. 우리는 아기에게 숟가락을 준다. 세례식에 선물하는 은 숟가락이든, 아기가 젖을 떼고 처음으로 질척한 이유식을 한 입 떠먹을 때에 쓰는 야트막한 플라스틱 숟가락이든. 숟가락을 쥐는 것은 인간의 발달 과정에서 첫 단계에 해당하는 이정표이다. 숟가락은 유순하고 가정적이다. 그러나 그 구조와 쓰임새에 강렬한 열정과 맹렬한 편견이 반영될 때도 있었다.

1660년, 풍성한 가발을 쓴 찰스 2세가 잉글랜드, 스코틀랜드, 아일랜드의

왕이 되었다. 그때는 영국이 올리버 크롬웰과 그 아들 리처드의 짧은 공화국 실험을 마치고 왕정복고한 시점이었다. 11년 전인 1649년, 선왕 찰스 1세는 청교도 혁명(영국내란)의 절정에서 처형당했다. 돌아온 왕정파는 복수심에 불탔다. 찰스 2세의 복고와 함께 청교도 원두당*의 기억을 말살하려는 대대적인 문화적 변화가 추진되었다. 극장이 다시 문을 열었고, 헨델은 장엄한 「수상 음악(Water Music)」을 작곡했으며, 거의 하룻밤 사이에 모든 은 숟가락이 새로운 형태로 바뀌었다. 트리피드(trifid)라는 형태였다.

공화국이 지속된 기간이 워낙 짧았기 때문에, 크롬웰 시대 숟가락은 지금까지 남은 것이 드물다. 어쨌든 소수나마 남은 것을 보면, 충분히 예상할 수 있듯이, 소박하고 장식이 없다. 1630년대부터 등장했던 그런 숟가락을 '청교도' 숟가락이라고 부른다. 단순한 달걀형 바닥은 얕은 편이고 자루는 장식 없이 납작하다. 바닥이 무화과 모양이고(전문용어로 '피큘레이트') 자루가 두툼한 육각형이었던 예전 은 숟가락과는 모양이 전혀 달랐다. 예전 숟가락은 눈물방울처럼 생긴 바닥의 폭이 입에 대는 부분으로 갈수록 넓어졌지만, 청교도 숟가락은 요즘 숟가락처럼 오히려 입에 대는 부분으로 갈수록 좁아졌다. 가장 큰 변화는 자루였다. 자루에는 장식이 전혀 없었고, 끝에도 장식용 '머리'가 달려 있지 않았다.

그전 수세기 동안 은 세공사들은 숟가락 자루 끝에 작은 조각을 새기는 일에 아낌없이 예술성을 발휘했다. 우리가 보기에는 쓸데없는 짓 같지만, 1649년 이전에는 다이아몬드와 도토리, 올빼미와 포도송이, 헐벗은 여인들과 앉아 있는 사자들 따위를 '머리 장식'으로 새겼다. 납작한 우표나 문장(紋章) 모양도 있었고, 예수와 사도들을 묘사한 것도 있었다. 종류를 불문하고 과도한 장식을, 특히 종교적인 장식을 탐탁지 않게 생각했던 공

---

* Roundheads, 청교도 혁명 시대의 의회파를 달리 이르는 말로, 그들이 머리를 짧게 깎은 데에서 유래한 말이다/역주

화국 시절에는 그런 장식적인 숟가락을 선호하지 않았다. 원두당은 왕의 머리를 쳤던 것처럼 숟가락의 머리를 쳤다. 공화파의 새로운 식사 도구는 무늬가 없는 묵직한 은 덩어리에 지나지 않았다. 일설에 따르면, 청교도 숟가락이 그렇게 무거웠던 것은 도시를 방어하기 위해서 개개인이 소장한 은을 내놓으라는 잦은 성명에 대항하여 시민들이 은을 비축하는 복안이었기 때문이라고 한다. 식기에 쓰인 은은 필수품이라고 우겨서 몰수를 막을 수 있었을 테니까.

좌우간 그 청교도 숟가락도 머지않아 왕정복고 숟가락, 즉 트리피드에 밀려났다. 트리피드는 새로 즉위한 찰스 2세가 대륙의 망명 궁정으로부터 가져온 물건이었다. 그것은 최초의 현대적인 숟가락이었다. 오늘날의 숟가락은 아무리 싸구려라고 해도 모두 트리피드에 빚을 지고 있다. 그전에는 영국 사람들이, 적어도 영국에서는, 그런 숟가락으로 먹은 예가 없었다. 첫 트리피드는 1660년 왕실 인장이 찍혀 나왔다. 1680년경에는 찰스 2세가 다스리는 왕국 전체에 트리피드가 퍼졌고, 청교도 숟가락과 그 이전의 무화과 모양의 숟가락을 모두 밀어내고서 이후 40년 동안 지배적인 형태로 군림했다. 백랍이나 놋쇠 합금처럼 귀금속이 아닌 금속으로 만든 평범한 숟가락도 청교도식에서 트리피드식으로 바뀌었다. 변화는 점진적이지 않고 갑작스러웠다. 정치 상황을 고려할 때, 원두당의 숟가락으로 먹는 모습을 들키고 싶은 사람은 아무도 없었기 때문이다.

트리피드의 바닥은 얕은 무화과 모양이 아니라 깊은 타원형이었다. 자루는 청교도식처럼 납작했지만 끝으로 갈수록 도톰해져서 특유의 형태로 갈라졌다('트리피드'는 '세 갈래'라는 뜻이다). 그것은 프랑스의 디자인이었다. 세 갈래 문양은 프랑스 왕실과 연관되는 플뢰르 드 리스(fleur-de-lys), 즉 양식화한 백합 문양이다. 숟가락을 뒤집어보면, 망치로 펴서 납작한 자루가 바닥 뒷면까지 죽 이어져 다트 모양으로 마무리되었다. 그 부분을 '쥐꼬리'라고도 불렀다. 시간이 흐르자, 새 숟가락을 쥐는 방식까지 달라졌다. 간혹 어떤 물건은 그 형태 때문에 물건을 잡는 방식까지 정해진다. 중세의 숟가락은 끝에 울퉁불퉁한 장식이 달렸기 때문에 엄지를 자루와 직각으로 교차시키고 위에서 누르는 것이 편했다. 반면에 트리피드는 오늘날 영국식 예절로 간주되는 방식으로 쥐었다. 자루를 엄지와 평행하게 손바닥에 얹는 것이다. 우리가 왕정의 숟가락인 트리피드를 애플파이에 찔러넣을 때, 과거 영국에서 재위 중인 왕이 처형된 일이 있었다거나 아예 왕이 없던 시절이 있었다는 사실 따위는 떠올리지 않는다. 그러나 한때 이 식사 도구는 틀림없는 정치적 프로파간다였다.

숟가락은 그것을 둘러싼 문화를 비추는 거울이다. 가장 보편적인 도구이기 때문이다. 세상에는 포크를 주로 쓰는 문화도 있고 젓가락을 주로 쓰는 문화도 있지만, 숟가락을 사용하지 않는 문화는 없다. 그러므로 다양한 숟가락 형태는 여러 문화에 대해서 많은 것을 알려준다. 중국에서 완탕을 먹을 때 사용하는 희고 푸른 도자기 숟가락은 러시아에서 찐득한 잼을 먹을 때 썼던 숟가락이나 유럽의 가난한 사람들이 집에서 솥에 든 수프를 떠서 한 입씩 돌려가며 맛볼 때 썼던 국자 같은 나무 숟가락과는 전혀 다른 문화에 속한다. 기능 면에서 숟가락은 음식을 입으로 나르는 것을 돕는 물체이다. 1960년대에 영장류학자 제인 구달은 침팬지들이 풀잎을 숟가락처럼 이용하여 흰개미를 편하게 쓸어 먹는 것을 목격했다. 먼 옛날 인류는 작대기 끝에 조개껍데기를 묶어서 손으로 먹기에는 묽은 음식을 먹는 데에 썼다. 그 사실은 숟가락을 뜻하는 라틴어 '코클레아레(cochleare)'가 '조개껍데기'를 뜻하는 단어에서 왔다는 데에서도 짐작할 수 있다. 로마인은 작은 숟가락을 가리키는 '코클레아레'로 달걀이나 조개를 떠먹었다. 죽 같은 음식에는 그보다 더 크고 서양배처럼 생긴 '리굴라(ligula)'를 썼다.

사람들은 시대별로 좋아했던 음식에 맞추어 다양한 숟가락을 선호했다. 자개로 된 달걀 스푼은 에드워드 시대 사람들이 반숙 달걀을 좋아했다는 사실을 암시한다(노른자는 은을 변색시키기 때문에 자개나 뼈로 만들었다). 하노버 왕조 시대의 겨자 스푼은 그 알싸한 조미료가 영국인의 식단에 핵심적이었다는 사실을 암시한다. 18세기 조지 왕조 시대 사람들은 로스팅한 골수를 좋아했기 때문에, 은으로 된 특수한 스푼이나 긁어내는 도구를 고안했다. 어떤 스푼은 양끝을 모두 쓸 수 있게 만들어 한쪽은 작은 뼈에 쓰고 반대쪽은 굵은 뼈에 썼다. 로스팅한 뼈를 흰 냅킨으로 우아하게 붙잡은 뒤에 도구를 써서 뼈 속의 부드럽고 기름기 많은 골수를 후볐다. 골수 스푼은 프랑스의 '플라토 드 프뤼 드 메르(plateau de fruits de mer)', 즉 해산물 모듬 접시에 딸려나오던 일련의 복잡한 숟가락, 바늘, 찍개와도 조금 비슷했다.

오늘날 골수 스푼은 어디에도 없다(런던의 요리사 퍼거스 헨더슨이 로스팅한 골수와 파슬리 샐러드를 다시 유행시키고 있으니 어쩌면 도로 나타날지도 모르겠지만). 반면 특수한 도구에서 보편적인 도구로 도약하는 데에 성공한 스푼도 있는데, 그중 최고는 바로 티스푼이다. 티스푼은 영국인이 차에 우유를 넣기 시작한 17세기 후반에 탄생했다. 티스푼은 찻잔

속에서 우유, 설탕, 차를 섞는 도구였다. 식사용 식기류와는 별도로 구비해두는 부자들의 물건이었다. 그런 티스푼이 어떻게 영국의 고상한 티타임 자리에서 전 세계 부엌 서랍으로 퍼졌을까? 언뜻 이상하게 느껴진다. 일본의 다도용품—대나무 차 숟가락, 거품기 등—은 그렇지 않고, 영국식 티타임의 다른 장신구, 가령 각설탕 집게나 찻잎 여과기도 그렇지 않았다. 그런 물건들은 오후가 되면 하던 일을 멈추고 제대로 된 도자기 찻잔과 찻주전자에 스콘과 크림까지 곁들여 티타임 의식을 즐기는 사람들, 갈수록 수가 줄어드는 소수 집단의 전유물로 남았다. 물론 각설탕 유행이 사라진 탓도 있겠지만, 요즘은 점잖게 각설탕 집게를 쓰는 사람을 만날 일이 참으로 드물다. 그에 비해서 티스푼은 어디에나 있다.

티스푼이 탄생 직후부터 세계로 퍼진 것은 아니었다. 1741년 프랑스 오를레앙 공작의 물품목록에는 은 도금한 커피 스푼이 44개나 있었지만 티스푼은 하나도 없었다. 프랑스에서는 요즘도 계량 단위로 티스푼이 아니라 그보다 좀더 작은 커피 스푼을 쓸 때가 많다('퀴이에 아 가페[cuiller à café]', 줄여서 cc라고 표기한다). 그러나 다른 지역, 심지어 차를 마시지 않는 지역에서도 티스푼이 우세하다. 미국인은 차보다 커피를 더 많이 마셨는데도 19세기부터 티스푼이 기본 식기로 정착되었고, 그 영향력은 갈수록 더 널리 퍼졌다. 그 이유가 무엇일까? 왜 티스푼은 주류 문화에 편입되었을까? 빅토리아 시대의 베리 스푼(가장자리가 레이스 모양이었다), 18세기에 숱하게 만들어졌던 작은 은제 소금 스푼(수프 스푼을 닮은 모양도 있었고 아이스크림 스푼을 닮은 모양도 있었다) 등등 다른 특수한 스푼들은 죄다 실패했는데 말이다.

나는 티스푼의 세계적 성공에는 두 가지 원인이 있다고 추측한다. 첫째, 주된 기능으로 보아 티스푼은 사실 차가 아니라 설탕을 뜨는 숟가락이다. 설탕은 차를 마시는 사람만큼이나 커피를 마시는 사람도 많이 접한다. 둘째, 티스푼은 작고 간편한 식기류에 대한 욕구를 충족시켰다. 18세기 식사용 스푼이나 디저트용 스푼보다는 아담하되 프랑스 커피 스푼보다는 컸고 조지 왕조 시대의 소금 스푼처럼 요란하지도 않았다. 미국의 티스푼은 영국의 것보다 좀더 컸지만, 어느 쪽이든 사람의 입에 쏙 들어가는 크기였다. 티스푼의 용도는 무한하다. 티스푼이 서랍에서 자꾸 사라지는 경향이 있는 것만 보아도 알 수 있다(그보다 더 잘 사라지는 부엌 용품은 부엌 가위뿐이다). 티스푼은 베이킹파우더나 양념을 잴 때 늘 불려나온다. 요리사는 맛을 보는 용도로도 쓴다. 소스에 살짝 찍어 간을 확인하거나 저녁 식사가 맛있게 되었는지 시식해보는 것이다. 또한 티스푼으로 먹기 편한 음식이 수도 없이 많다. 작은 컵에 담긴 커스터드부터 아보카도까지. 이 대목에서 고백하는데, 10대 시절 약간 괴짜 같고 불안정한 아이였던 나는 몇 년 동안 모든 음식을 티스푼으로만 먹었다. 틀림없이 해소하지 못한 무슨 '문제'가 있었던 모양이다. 티스푼으로 아기처럼 야금야금 갉아먹으면 얼마나 안심이 되었는지 지금도 기억한다.

그러니 극단적인 경우에는 숟가락 하나로 모든 음식을 먹을 수 있는 것이 분명하다. 숟가락 사용의 최종 결과—음식을 입에 넣는 것—는 늘 같기 때문에 우리는 숟가락에 최소한 두 가지 서로 다른 기능이 있다는 사실을 잘 깨닫지 못한다. 우선 숟가락은 일종의 컵이다. 우리는 그 모서리에 대고 액체를 마신다. 숟가락은 또 삽이 될 수 있다. 고체에 가까운 혼합물을 나르는 용도이다. 아프가니스탄에서 밥을 풀 때 쓰는 가래처럼 넓적한 '카프기르(kafgeer)'는 숟가락의 삽 기능을 뚜렷하게 보여주는 예이다. 중동에는 밥을 풀 때 쓰는 특수한 가래나 주걱 같은 도구가 어디에나 있는데, 그것을 한번 써보면 둥근 타원형 숟가락보다 밥알을 깨끗이 푸는 데에 훨씬 더 낫다는 것을 깨닫게 된다.

유럽의 옛날 숟가락들도 서로 다른 용도를 반영하는 서로 다른 형태가 있었다. 스코틀랜드의 외딴 섬 아이오나의 수녀원에는 독특한 나뭇잎 모양의 중세 은 숟가락들이 전해진다. 중동의 밥 주걱보다는 훨씬 더 작지만 틀림없이 삽처럼 생겼다. 그런 숟가락은 되직한 죽을 풀 때는 좋았겠지만 묽은 수프를 뜰 때는 별로였을 것이다. 중세 숟가락 제작자는 후자의 용도로 크고 둥근 숟가락을 따로 만들었다. 바닥이 하도 커서 입에 넣을 수는 없지만 입을 대고 후룩 마시기에는 알맞았다.

요즘 우리는 숟가락의 기능에 대해서 많이 생각하지 않는다. 한 가지 이유는 바닥이 타원형인 현대의 숟가락이 컵과 삽의 절충이기 때문이다. 찬장에서 디저트 스푼을 꺼내보라. 그것으로 볶음밥을 한 입 먹을 수 있을까? 그것으로 묽은 국을 떠 마실 수 있을까? 둘 다 가능하다. 물론 어느쪽에도 완벽하지는 않다. 국에는 너무 얕고, 밥에는 너무 오목하고 둥글다. 그래도 먹을 수는 있다.

존 에머리에게는 이런 정도의 절충이 충분하지 않았다. 에머리는 숟가락 광이자 식기류에 정통한 역사학자로, 1970년대에 옛 숟가락들의 복제품을 제작하여 무엇을 먹을 수 있고 없는지 직접 시험해보았다. 그의 결론은 트리피드를 비롯하여 이후의 모든 후예들이 기능 면에서 한탄스럽다는 것이었다. 그는 컵과 삽의 절충은 "정말로 만족스러운 경우가 드물다"고 했다. 한 종류의 음식이라도 짜증스럽게시리 고체와 액체 상태를 오락가락하는 경향이 있기 때문에 더 그렇다. 어떤 수프는 너무 뻑뻑하고 덩어리져서 아예 죽이다. 어떤 죽은 너무 묽어서 아예 수프이다. 에티켓을 지키자면 하나의 숟가락으로 둘 다 먹어야 하지만, 기능을 따지자면 서로 다른 숟가락을 쓰는 것이 더 낫다.

에머리를 비롯한 숟가락 감식가들이 바라는 해결책은 숟가락을 더 전문화하는 것이다. 그렇게 생각하는 사람들에게는 빅토리아 시대가 천국일 것이다. 빅토리아 시대에는 육즙 젤리 스푼, 토마토 스푼, 소스 스푼,

올리브 스푼, 세로로 홈이 난 그레이비 국자, 봉봉* 삽, 차 스푼, 시트러스 스푼, 스틸턴 치즈 삽 등이 있었다. 식사법이 알 라 프랑세즈(à la française, 요리를 모두 식탁에 차려두고 사람들이 각자 덜어 먹는 방식)에서 알 라 뤼스(à la russe, 요리를 코스에 따라 순차적으로 내오고 각각 서로 다른 식기로 먹는 방식)로 바뀐 것도 식기류의 범람을 부추겼다. 19세기 말 미국은 한술 더 떴다. 새롭고 세련된 숟가락들이 더욱 다양하게 등장했다. 완전히 동그란 수프 스푼도 나왔고(1860년대에 도입되었다), 크림 수프와 부이용**을 위한 특수한 스푼도 나왔다(이 쪽이 더 작았다). 서빙 스푼은 또 어떻고! 굴 튀김, 저민 훈제 소고기, 마카로니, 심지어 감자칩용 스푼도 있었다. 티파니 사는 감자칩의 원조 지역이라는 새러토가스프링스의 이름을 따서 은으로 된 '새러토가 감자칩 스푼'을 판매했다. 자루가 뭉툭하고 바닥은 풍선처럼 벌어져, 품위 있는 손이 튀긴 감자를 직접 만지는 끔찍한 일을 피하도록 하는 도구였다. 그러나 먹고 서빙하는 도구의 이같은 범람이 과연 발전이었는지는 모르겠다.

부엌 용품을 더 많이 갖춘다고 해서 반드시 삶이 더 안락해지는 것은 아니다. 요리와 식사라는 어수선한 활동을 담당하는 반짝거리는 도구를 자꾸 더 고안할 때의 문제점은 이 도구는 꼭 이렇게 쓰라고 명시하는 사회적 관습이 함께 딸려온다는 점이다. 그 방식이 상식과 배치되더라도 관습이니까 지켜야 한다. 음식 전문 작가 대러 골드스타인은 '포크 불안'이라는 것이 있다고 말했다. 성대한 식사 자리에 차려진 식기류 일습 앞에서 느끼는 불안감을 뜻한다. "그 많은 포크를 죄다 사용하는 경우는 아마

---

* bonbon, 작은 설탕 과자를 통칭하는 말/역주
** bouillon, 프랑스어로 육수를 말한다/역주

한 번도 없을 테지만, 눈앞에 토마토 포크가 있는 것만으로도 마음이 얼마나 불안해지는지 여러분도 다들 알 것이다." 골드스타인이 2006년에 했던 말이다. 20세기 초 에티켓 지침서에는 나이프와 포크 사용법이 장황하게 설명되어 있었다. 물컹하게 익은 복숭아, 옥수수, 뼈가 붙은 고기처럼 손으로 집어먹는 것이 훨씬 더 나은 음식들에 대해서도 말이다.

식기류를 둘러싼 예법은 음식을 손으로 만지는 데에 대한 공포가 바탕에 깔려 있을 때가 많다. 손에 끈적하게 묻거나 소리가 날까봐 걱정하는 것이다. 서양에서는 수프를 조용히 마시라는 잔소리를 귀에 못이 박히게 듣지만, 일본에서는 국수를 맛있게 먹고 있다는 사실을 알리기 위해서 소리 내어 후루룩 먹는 것이 예의이다. 서양에서 숟가락으로 마실 때는 옆면에 입술을 대고 빨아들여야지 입에 쑥 집어넣으면 예절에 어긋난다고 했다. 다만 콧수염을 풍성하게 기른 남자는 예외였다. 그들은 숟가락 끄트머리를 대고 마셔도 된다. 1836년에 각설탕을 집게가 아닌 손가락으로 집는 것은 신사기 평판을 흐릴 수도 있는 끔찍한 결례였다. 그런데 다른 한편으로는 지나치게 세련된 척하거나 식사 예절을 꼬치꼬치 신경 쓰는 것처럼 보이지도 말아야 한다는 불안이 있었다. 옳고 그른 포크를 지나치게 따지는 것은 불안의 징후, 심지어 사기꾼의 징후로 간주되었다. 진정한 귀족은 '세련되게 거친' 태도로 포크 대신 손을 써야 하는 상황이 언제인지를 잘 알았다. 가령 래디시, 크래커, 셀러리, 꼭지를 따지 않은 딸기, 올리브는 손으로 먹어야 했다. 아마도 지어낸 이야기이겠지만, 어느 사기꾼이 귀족 행세를 하려다가 들통난 일화에서 리슐리외 추기경은 그가 올리브를 포크로 먹으려는 것을 보고 거짓말을 간파했다고 한다. 진정한 신사라면 손으로 먹을 테니까.

나이프, 포크, 숟가락 사용법은 예절이라는 더 넓은 문화와 관습에의 순응이라는 더 큰 문명의 일부였다. 틀린 포크를 쓴다고 해서 크게 문제가 되지는 않겠지만, 적어도 게임의 규칙을 이해하고 있다는 사실을 보여 줄 필요는 있었다. 요컨대, 사회에 잘 적응한 사람처럼 행동해야 했다. 그러나 그것이야말로 어려운 일이었다. 식기 사용법의 유행은 빠르게 바뀌었고, 한때 관습이었던 행동이 10년 뒤에는 우스꽝스러운 짓으로 변하곤 했기 때문이다. 19세기 초에 '유행을 선도하는 이들' 사이에서는 포크로 수프를 먹는 것이 유행한 적도 있었다. 물론 금세 '바보짓'이라는 쓴소리를 듣고 스푼으로 돌아갔지만 말이다.

어쨌든 대부분의 음식은 여전히 포크로 먹는 것이 예의 바른 방법이었다. 20세기 중반 영국 상류층에서 '포크 오찬', '포크 디너'는 나이프를 전혀 쓰지 않는 뷔페를 뜻했다. 포크가 점잖게 인식된 것은 나이프보다는 덜 폭력적이고, 숟가락보다는 덜 유치하고 덜 지저분하기 때문이었다. 생선, 으깬 감자, 줄기콩, 크림 케이크까지 모든 음식을 포크로 먹어야 했다. 아이스크림과 샐러드, 정어리와 거북 요리에 쓰는 특수한 포크가 만들어졌다. 19세기와 20세기 서양 식사 예절의 기본은 "의심스러우면 포크를 쓰라"였다. 1887년 한 요리책은 "단단한 푸딩에는 스푼을 쓰기도 하지만 포크가 더 보기 좋다"라고 주장했다.

그러나 예절에 관한 한 사람들은 기억력이 나쁘다. 사실 그다지 오래되지 않은 옛날에만 해도 사람들은 포크로 먹는 것을 어처구니없는 짓으로 간주했다. 부엌 도구로서 포크는 고대부터 있었다. 고기를 로스팅할 때, 쑤시고 들어올리는 용도로 썼던 길다란 창 같은 포크는 호메로스 시절부터 있었다. 중세 카버에게는 고기를 자를 때에 단단히 붙잡는 용도로 쓰는 카빙 포크가 있었다. 그러나 조리가 아니라 식사에 포크를 쓰는 것은 근대에 들어서야 좋은 생각으로 수용되었다. 식사용 포크는 콜랜더, 와플 석쇠, 중탕기보다 역사가 짧다. 거시적으로는 갈퀴로 먹는 것이 아직 새로운 관행이다.

포크를 쓰지 않는 사람들이 보기에, 이것은 너무나 이상야릇한 도구이다. 젓가락이나 손가락과는 달리 이 작은 금속 창은 이빨에 달그락 부딪힌다. 그러나 서양 사람들은 포크를 워낙 보편적으로 쓰기 때문에 그런 생각을 해보지 않는다.

현대 서양에서는 샌드위치나 수프를 먹을 때가 아니면 거의 모든 식사에 포크를 동원한다. 포크로 채소를 찢고, 고기를 썰 때 붙잡는다. 음식을 찍어 올리거나 접시에서 한쪽으로 몬다. 스파게티를 감는다. 생선을 가른다. 여러 음식을 조금씩 모아 한 입에 쓸어넣는다. 먹기 싫은 양배추 조각을 부모님의 매서운 눈길을 피해서 숨긴다. 아이들은 포크를 가지고 논다. 뾰족한 갈래로 줄기콩을 으깨 곤죽을 만들고, 감자에 케첩을 뿌려 분홍색으로 짓이긴다. 우리는 공식적인 자리에서는 케이크도 포크로 갈아 먹는다. 화려한 만찬이나 결혼식장에서 어떤 코스에 어떤 포크를 써야 하는지 몰라 전전긍긍하지만, 나이프가 없는 상황에서 간단히 간식을 먹을 때처럼 격식 없는 식사에도 포크를 꼭 쓴다. 점심 시간에 회사원들은 공원에 나와 한 눈은 낱말풀이에 고정한 채 일회용 나무 포크로 파스타 샐러드를 먹는다. 술집에서 비틀비틀 나와서 케밥을 사 먹는 사람들도 손이 기름으로 더러워지는 것을 막으려고 플라스틱 포크를 챙긴다.

우리는 포크를 당연하게 생각한다. 그러나 식사용 포크는 비교적 최신 발명품으로, 처음 등장했을 때는 조롱과 비웃음을 샀다. 악마의 삼지창이 연상된다는 점도 부정적으로 작용했다. 역사에 남은 최초의 진정한 포크는 11세기 베네치아의 총독과 결혼한 비잔틴 제국의 공주가 썼다는 두 갈래 황금 포크였다. 성 베드로 다미아노는 그녀가 신이 주신 두 손을 놔두고 그렇게 생경한 도구를 선호한 것은 '지나친 고상함'이라고 힐난했다. 철없는 공주와 우스운 포크 이야기는 그로부터 200년 뒤에도 종교계에서

회자되었다. 공주가 포크로 먹은 응보로 흑사병에 걸려 죽었다고 이야기가 윤색되기도 했다.

그로부터 600년 뒤에도 포크는 농담거리였다. 1605년에 프랑스 풍자가 토마 아르튀는 『자웅동체들의 섬(*L'Isle des hermaphrodites*)』이라는 야릇한 책을 냈다. 앙리 4세의 통치 시기에 나온 그 책은 선왕 앙리 3세와 응석받이 궁정 식객들의 여성스럽고 나약한 행동거지를 놀리는 내용이었다. 16세기에 '자웅동체'는 마음에 들지 않는 사람에게 적용하는 경멸의 표현이었다. 그런데 아르튀가 조신들을 비웃기 위해서 동원한 비난 중 하나는 그들이 "고기를 절대 손으로 건드리지 않고 포크로 먹는다"는 사실이었다. 넓게 벌어진 포크 살 때문에 자웅동체들은 누에콩이나 완두콩을 제대로 집는 것보다 흘리는 것이 더 많다고 했다. "그들은 손을 쓰기보다는 작게 갈라진 도구로 입에 가져간다." 포크를 쓰는 것은 자웅동체처럼 성적(性的)으로 비정상적인 행위임을 은근히 암시한 것이었다. 아르튀에게 포크는 무용함을 넘어 음란한 물건이었다.

포크처럼 갈라진 도구가 이전에도 없었던 것은 아니다. 그러나 사용은 몇 가지 음식으로만 제한되었다. 고대 로마에는 갑각류를 후빌 때, 혹은 불에서 음식을 들어올리거나 찌를 때 쓰는 창 같은 한 갈래 꼬챙이가 있었다. 중세와 튜더 왕조 시대의 사람들은 아담한 '사탕과자' 포크를 썼다. 한쪽 끝은 숟가락이고 반대쪽 끝은 두 갈래 포크인 도구였다. 부자들이 사탕과자를 흔히 먹게 되자 그 포크에 대한 수요도 커졌다. 1463년에 베리세인트에드먼즈의 한 신사는 친구에게 자신의 '은제 편강 포크'를 증여했다. 포크가 달린 쪽은 끈끈한 사탕과자를 단지에서 꺼내는 데에 쓰고 숟가락이 달린 쪽은 달콤한 시럽을 떠 먹는 데에 썼다. 치아에 사탕 조각이 끼면 포크가 이쑤시개 역할도 했다. 그러나 이것은 식사를 손대지 않고 먹게 해주는 도구라는 의미에서의 현대적인 포크는 아니었다.

그런 포크는 17세기까지도 이상한 물건으로 인식되었는데, 이탈리아만은 예외였다. 왜 이탈리아는 다른 유럽 지역보다 앞서 포크를 채택했을까? 한 단어로 설명할 수 있다. 파스타. 중세 이탈리아에서는 마카로니와 베르미첼리*가 벌써 자리를 잡았다. 처음에 사람들은 국수처럼 긴 파스타를 '푼테루올로(송곳)'라는 긴 나무 꼬챙이로 먹었다. 그러나 꼬챙이 하나로 미끄러운 파스타 가닥을 감기에 좋다면 두 개는 더 좋을 것이고, 세 개는 훨씬 더 좋을 것이다. 파스타와 포크는 천생연분 같다. 이탈리아 사람들이 긴 리본 같은 탈리아텔레나 페투치네**를 매끄러운 털실꾸리처럼 포크로 능숙하게 말아서 먹는 모습은 보기에도 즐겁다. 포크가 국수를 먹기에 유용하다는 사실을 발견한 이탈리아인은 다른 요리에도 포크를 쓰기 시작했다.

1608년 이전 언젠가 이탈리아를 유람했던 엘리자베스 시대의 여행가 토머스 코리에이트는 "다른 어느 나라에도 없는" 풍습을 목격했다. 고기를 써는 동안 "작은 포크"로 붙잡는 풍습이었다. 코리에이트가 관찰한 바에 따르면, 전형적인 이탈리아인은 "사람들의 손이 다 깨끗한 것은 아니라고 보기 때문에 손으로 음식을 만지는 것을 견디지 못했다." 처음에는 그 광경이 이상했지만, 결국 코리에이트도 습관이 들어 영국으로 돌아와서도 고기를 먹을 때 포크를 썼다. 극작가 벤 존슨, 시인 존 던을 비롯한 그의 친구들은 요상한 이탈리아 풍습을 '명랑한 유머'로 놀리면서 코리에이트를 '푸르키페르(furcifer)'라고 불렀다(라틴어로 '포크를 든 사람'이라는 뜻이지

---

* vermicelli, 얇고 둥근 파스타 면/역주
** fettuccine, 탈리아텔레 면보다 좀더 두껍고 납작한 파스타 면/역주

만 '악당'이라는 뜻도 있다). 엘리자베스 1세도 사탕과자용 포크를 가지고 있었지만, 그보다는 손가락을 썼다. 포크로 찢는 행동이 천박하다고 느꼈기 때문이다.

1970년대에 진짜 사나이는 키슈*를 먹지 않는다는 말이 있었다면, 1610년대에 진짜 사나이는 포크를 쓰지 않았다. 시인 니컬러스 브레턴은 1618년에 "입에 고기를 넣기 위해서 포크를 쓸 필요는 없다"고 선언했다. 20세기가 목전인 1897년에도 영국 선원들은 포크를 쓰지 않음으로써 남자다움을 과시했다. 그러나 그것은 시대착오적 행동이었다. 당시에는 이미 포크가 보편화되었기 때문이다.

코리에이트가 이탈리아를 여행했던 때로부터 100년이 지난 1700년 무렵에는 온 유럽에 포크가 전파되었다. 청교도들도 썼다. 1659년 올리버 크롬웰의 아들이자 제2대 호국경이었던 리처드 크롬웰은 2파운드 8실링을 지불하고 고기 포크 6개를 샀다. 왕정복고 이후에도 포크는 새로 등장한 트리피드 스푼과 나란히 식탁에서 확실한 위치를 차지했다. 음식으로 손을 더럽히지 않는 것, 거꾸로 손으로 음식을 더럽히지 않는 것이 점잖은 예절이 되었다. 19세기 초까지는 여전히 나이프와 스푼이 포크보다 더 많이 팔렸지만, 어쨌든 포크는 승리했다.

나이프와 포크의 승리는 도자기 접시로 차츰 옮겨간 변화와도 맞물렸다. 도자기 접시는 이전에 쓰던 그릇이나 나무 쟁반보다 보통 더 평평하고 얕았다. 식사를 사발로 먹을 때는 국자처럼 손잡이가 꺾어진 숟가락이 우묵한 데에 담긴 것을 퍼낼 수 있어 좋았다(중세의 무화과 모양 숟가락은 대개 자루가 위로 솟았다). 자루가 수평인 나이프와 포크는 나무 쟁반이나 사발의 굴곡에는 맞지 않았다. 좀더 평평한 표면에서 써야 했다. 여러

---

* quiche, 크림, 햄, 달걀 등을 넣어서 만든 프랑스식 오믈렛/역주

분도 우묵한 그릇에 담긴 음식을 나이프와 포크로 먹어보면 대번에 이해할 수 있을 것이다. 팔꿈치가 하늘로 치솟고, 도구 사용 능력에 심각한 제약이 따른다. 평평한 접시는 빅토리아 시대에 절정을 구가했던 나이프와 포크를 이용한 세심한 수신호에도 필수조건이었다. 접시는 사람들이 자신의 의도를 소통하는 문자판이 되었다.

옛날 포크는 전부 두 갈래였다는 말이 있지만 사실이 아니다. 지금까지 남아 있는 최초의 포크들을 보면 네 갈래도 있고 세 갈래도 있다. 물론 두 갈래가 훨씬 더 많기는 하다. 가지의 개수는 시대가 아니라 기능을 반영했다. 두 갈래는 음식을—주로 고기를—썰 때 찔러서 붙잡아두기에 적합했다(요즘도 로스팅한 고기를 써는 카빙 나이프와 세트로 팔리는 카빙 포크는 두 갈래이다). 세 갈래 이상은 포크를 숟가락처럼 써서 음식을 접시에서 입으로 가져갈 때에 알맞다. 한계를 밀어붙여 다섯 갈래까지 실험한 예도 있었지만(남성용 면도기가 예전에는 날이 2-3개였다가 5개가 되면서 '기술적으로 진보한' 면도법이라고 과장하는 것과 비슷하다), 인간의 입에 넣기에는 벅차다는 결론을 얻었다.

19세기에는 나이프와 포크를 다루는 서로 다른 두 기법이 등장했다. 첫 번째는 위대한 에티켓의 스승 에밀리 포스트가 '지그재그' 식사법이라고 명명한 방식이다. 오른손에 나이프를, 왼손에 포크를 쥐고 접시의 음식을 모두 한 입 크기로 썬다. 그러고는 나이프를 내려놓고, 포크를 오른손으로 옮겨서 접시의 음식 조각들을 '지그재그'로 찍어서 먹는다. 유럽도 처음에는 이 방식을 썼지만, 나중에는 이것을 미국식으로 간주했다. 왜냐하면 영국인이 더 세련된 방법을 개발했기 때문이다. 영국 예절에서는 식사를 마칠 때까지 나이프를 절대로 내려놓지 않는다. 나이프와 포크는 배의 노처럼 리듬감 있게 접시에서 밀고 당긴다. 포크가 찌르면 나이프가 자른다. 나이프가 밀면 포크가 받는다. 이 당당한 춤의 목적은 씹기라는 꼴사나운 작업의 속도를 가급적 늦추는 것이다. 미국인과 영국인은 내심 상대의 포크 사용법이 천박하다고 생각한다. 영국인은 자신의 방식이 나이프를 내려놓지 않기 때문에 점잖다고 생각하고, 미국인은 그냥 자신이 점잖으니까 자신의 방식이 점잖다고 생각한다. 미국과 영국은 공통의 언어로 나뉜 나라일 뿐만 아니라 공통의 식기로 나뉜 나라이다.

토머스 코리에이트가 이탈리아의 고기 포크에 감탄했던 때로부터 400년이 흐르는 동안, 우리가 먹는 음식은 이루 말할 수 없이 변했다. 그러나 포크에 대한 의존은 별로 변하지 않았다. 오히려 이전보다 더 많이 쓴다. 티스푼이나 도자기 접시와 마찬가지로 포크는 식사 기술로서 확실하게 정착했다. 이따금 햄버거를 쥐고 먹거나 중국 식당에서 젓가락으로 먹을 때처럼 포크를 잠시 버리는 경우는 있지만, 포크는 서양인의 식사 경험과 불가분의 관계이다. 서양인은 금속 살이 음식과 함께 입에 들어오는 감각에 익숙하기 때문에 그것을 이상하게 느끼지 않는다. 그러나 포크 사용은 사소한 문제만은 아니며, 요리 문화 전반에 영향을 미치는 문제이다. 카를 마르크스는 『정치경제학 비판 요강(*Grundrisse der Kritik der politischen Ökonomie*)』에서 "요리한 고기를 나이프와 포크로 먹어야만 충족되는 허기는 날고기를 손과 손톱과 치아로 꿀꺽 삼켜 충족시키는 허기와는 다르다"고 지적했다. 포크는 어떻게 먹느냐만이 아니라 무엇을 먹느냐도 바꾼다.

그렇다고 해서 포크가 늘 우월한 방법이라는 뜻은 아니다. 불꽃과 냉장, 거품기와 전자 레인지 등 모든 부엌 기술과 마찬가지로 포크에도 장점뿐 아니라 단점도 있다. 르네상스의 포크 반대자들은 여러 면에서 옳았다. 나이프와 포크는 로스트 비프를 썰 때는 편하지만 콩이나 쌀을 먹을 때는 도리어 거추장스럽다. 그런 음식은 숟가락이 더 낫다. 서양인이 나이프와 포크로 먹으면서 느끼는 은근한 자만심이 늘 정당한 것은 아니다. 그것은 사실 대단히 호들갑스러운 방식이다. 우리는 자신에게 익숙한 기

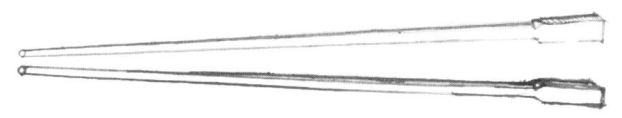

술의 효율을 과대평가하는 경향이 있다. 서양인은 나이프와 포크를 매일 쓰기 때문에 그것들이 오히려 방해가 될 수 있다는 사실을 알아채지 못한다. 사실 서양의 식사 예절은 젓가락이 한 손으로 너끈히 해내는 일을 두 손으로, 그것도 덜 원활하게 하도록 규정한 것에 불과하다.

"원숭이에게 뜨개바늘을 쥐여줘도 우리 중 몇몇만큼 우스꽝스러워 보이지는 않았을 것이다." 1819년, 미국인이 중국에서 중국 음식을 먹은 최초의 사례로 기록된 자리에 참석했던 사람이 남긴 말이다. 그것은 광저우의 중국인들이 미국 상인들을 접대하는 자리였다. 하인들이 "뭔가 뒤섞인 스튜", 새둥지로 만든 수프 따위를 산더미 같은 쌀밥과 함께 줄줄이 가지고 나왔다. "하지만 어쩌랴!" 세일럼 출신의 젊은 상인은 이렇게 회상했다. "접시와 나이프와 포크는 없었다." 미국인들은 제공된 작대기로 어떻게든 만찬을 먹어보려고 고군분투했지만, 결국 주최자들이 그들을 딱하게 여겨 나이프와 포크와 스푼을 제공하도록 지시했다.

요즘도 서양 사람들이 중국 식당에 가면 이와 비슷한 순간을 목격할 수 있다. 밥을 반쯤 먹었을 때, 누군가 가만히 얼굴을 붉힌 모습이 눈에 들어온다. 그 사람은 젓가락을 쓸 줄 몰라서 어떻게든 입에 음식을 넣으려고 애쓰고 있다. 식당 주인은 손님이 스스로를 한심하게 느끼지 않도록 얼른 스푼과 포크를 가져다주어야겠지만, 그러면서도 처신을 잘 해야 한다. 1950년대 하버드에 정착했던 중국 여성의 조언에 따르면, 미국인을 초대할 때에는 비상시를 대비하여 포크를 준비해야 하지만 서툴게나마 젓가락을 연습하겠다고 고집하는 손님에게 억지로 포크를 떠안기지 않는 것도 중요하다. 나이프와 포크로 먹던 서양인이 처음 젓가락을 접하면 서툰 아이의 수준이다. 젓가락 사용 능력은 문해 능력처럼 터득하기 쉽지 않은 진지한 기술이다. 그러나 중국, 일본, 한국에서는 어엿한 사회구성원이 되기 위해서 꼭 익혀야 하는 기술이다. 생후 몇 년 동안은 숟가락을 써도 괜찮다. 그 후 아이는 냅킨과 고무줄로 젓가락 두 짝을 묶어 집게처럼 만든 것을 가지고 연습한다. 그러다가 중학생쯤 되면 더 이상 봐주지 않는다. 이제 아이는 젓가락을 요령 있게 휘두를 줄 알아야 한다. 그러지 못하는 아이는 가정교육을 잘못 받은 것으로 간주된다.

지금까지 남아 있는 가장 오래된 젓가락은 기원전 1200년경 은나라에서 만들어진 청동 젓가락이다. 젓가락의 역사는 줄잡아도 3,000년인 셈이다. 그러나 젓가락이 중국 전역에서 보편적인 식사법이 된 것은 대충 한나라(기원전 206-기원후 220) 때였다. 부자들은 청동, 상아, 옥, 칠기로 젓가락을 만들었고 가난한 사람들은 나무나 대나무로 만들었다. 왕궁에서는 은 젓가락을 썼는데, 단순히 사치만은 아니었다. 독을 감지하려는 목적도 있었다. 은은 비소에 닿으면 까맣게 변하기 때문이다. 그러나 은은 무겁고 열 전도율이 높다(뜨거운 음식에 닿으면 너무 뜨거워지고 차가운 음식에 닿으면 너무 차가워진다). 또한 너무나 기본적인 결함인데, 음식을 집기에 나빴다(마찰력이 충분하지 않아 음식이 미끄러진다). 결국 은 젓가락은 아름다움과 독 감지 능력에도 불구하고 식탁에서 사라졌다. 식탁에 차려진 음식을 한껏 즐겨야 한다는 극동 식사 예절의 기본적인 의무를 방해했기 때문이다. 즐거움을 한껏 표현하기에는 도자기 젓가락이 나왔다.

제1장에서 말했듯이, 젓가락은 서양 요리와는 접근법이 전혀 다른 요리 문화와 병행했다. 젓가락으로는 음식을 자를 수 없고 들 수만 있으므로, 칼질은 부엌에서 전부 이루어졌다. 1845년 중국을 여행했던 미국인 플레

처 웹스터는 "모든 음식이 썰려 나온다"라고 기록했다. 요리사가 다 잘라주기 때문에, 중국인은 서양인처럼 어떻게 하면 접시의 음식을 흉하지 않게 썰까 고민할 필요가 없었다. 중국인에게는 가령 어떻게 옥수수를 점잖게 뜯어 먹을까 하는 딜레마가 없었다. 그야 중국에서 옥수수가 자라지 않았던 탓도 있지만, 중국에서는 요리사가 그렇게 큰 음식을 통째 접시에 내는 것은 상상할 수 없이 무례한 짓이었기 때문이다.

젓가락은 서양의 식사 관련 터부에서 핵심이 되는 골치거리를 없애준다. 서양의 터부는 알고 보면 대체로 나이프의 폭력성을 다스리려는 시도였기 때문이다. 프랑스 철학자 롤랑 바르트는 세상만사에서 상징을 읽어내는 사람이었는데, 식탁에서는 더더욱 그랬다. 바르트가 볼 때 젓가락은 나이프의 대척점이다. 나이프를 쥔 사람은 음식을 먹잇감처럼 다룬다. '자르고 뚫고 절단할' 태세를 갖추고 식탁에 앉는다. 반면 젓가락은 어딘지 '모성적인' 측면이 있다. 숙련자의 손에서 그 작대기들은 음식을 아이처럼 부드럽게 다룬다.

> 그 도구는 결코 꿰뚫거나 자르거나 가르거나 상처 입히지 않는다. 고르고 뒤집고 옮길 뿐이다. 젓가락은……음식을 훼손하지 않는다. 차근차근 풀거나(채소의 경우) 살짝 찔러 낱낱의 조각으로 나눔으로써(생선, 장어) 물질이 가지고 있는 고유의 균열을 재발견할 뿐이다(이 점에서 나이프보다는 원시적인 손가락에 더 가깝다).

기본적으로 온화한 도구이지만, 젓가락으로 무례한 짓을 하는 것도 얼마든지 가능하다. 중국의 식사는 유럽과 미국의 전통적인 식사보다 한결 격식이 없어 보인다. 상차림은 젓가락 한 쌍, 그리고 숟가락과 공기와 작은 개인용 접시가 전부이다. 20세기 초 중국에서 살았던 영국 여성 플로렌스 코드링턴은 어느 날 '노부인 친구'를 초대하여 영국식으로 저녁을 먹었는데, 그녀는 "잔뜩 흥분하여 식탁을 뱅글뱅글 돌면서 이것저것 만져보고는 배꼽이 빠져라 웃었다. '아이고! 웃겨라, 놀라워라!' 그녀는 숨이 넘어갈 지경이었다. '밥 한 끼 먹자고 이렇게 많은 도구가 필요하다니!'" 서양에서는 전통적으로 요리를 하나씩 차례차례 내지만, 중국에서는 모든 요리를 식탁에 차려놓고 모두가 함께 먹는다. 젓가락을 멀리 있는 접시로 뻗어도 무례한 짓이 아니다. 중국 음식 전문 작가인 소얀킷에 따르면, 그래도 "젓가락끼리 부딪힐 가능성은 거의 없다."

한편 중국 요리는 절약의 문화에서 태어났으므로, 식사할 때에도 음식을 낭비하거나 낭비하는 것처럼 보이는 행동을 엄격하게 금한다. 특히 밥이 그렇다. 모두 함께 여러 요리를 먹으면 각자 마음대로 먹어도 되는 것 같겠지만, 사실은 당신이 가장 좋아하는 음식이 무엇인지를 함께 식사하는 사람들이 모르게 하는 것이 예의이다. 달리 말해, 한 음식에만 너무 자주 욕심스럽게 젓가락을 뻗어서는 안 된다. 밥을 먹을 때는 한 손으로 그릇을 받쳐 입에 대고 다른 손에 쥔 젓가락으로 밥을 푼다. 밥은 한 톨도 남기지 않고 다 먹어야 한다. 영국에서 아이가 음식을 남기면 부모는 아프리카에서 굶는 아이들을 생각하라고 훈계하지만, 중국 아이는—밥을 한 번에 가득 푸지 않고 조금씩 여러 번 덜어 먹는다—쌀을 재배한 농부들이 흘린 땀방울을 생각해보라는 훈계를 듣는다. 낭비하지 말라는 훈계로서는 후자가 좀더 설득력이 있다.

일본은 중국에서 젓가락을 빌려와, 중국보다 늦게 젓가락 문화에 합류했다. 그러나 철저히 젓가락에 의해서 형성된 오늘날의 일본 요리 세계를 본다면 그 사실을 알기 어렵다. 평민들이 손 대신 젓가락을 쓰기 시작한 것은 약 8세기로 비교적 늦었지만, 일단 그렇게 되자 젓가락은 금세 일본 요리에서 중요한 요소가 되었다. 일본 젓가락은 중국보다 짧은 편이고

(중국은 26센티미터, 일본은 22센티미터쯤 된다), 끝이 납작하지 않고 뾰족하기 때문에 자잘한 조각도 집을 수 있다. 젓가락으로 먹을 수 없거나 그릇에서 들이켤 수 없다면 일본 음식이 아니라는 말도 있다. 그러나 최근 일본 음식이 세계화됨에 따라 그 법칙에 위배되는 경우도 많이 생겼다. 일본 젊은이들이 좋아하는 음식으로 돈가스, 그리고 급식의 대명사라는 카레가 있다. 돈가스는 보통 비스듬히 썰어 먹기 때문에 나이프가 필요하다. 카레는 젓가락으로 먹을 수 없고 접시에서 바로 마시기에는 너무 걸쭉하므로 숟가락이 필요하다.

그래도 여전히 일본에서는 음식의 종류와 먹는 방법에 젓가락이 큰 영향을 미치고, 젓가락으로 해서는 안 되는 행동에 대한 구체적인 규칙도 있다. 폭력을 암시하는 방식으로 젓가락을 휘둘러서는 안 된다는 터부는 기본이고—가령 젓가락으로 남의 얼굴을 가리킨다든지, 음식에 수직으로 푹 꽂는다든지—그 밖에도 미묘한 일탈로 여겨지는 행동들이 있다.

나미다바시(淚箸, 우는 젓가락) : 젓가락 끝에서 국물을 눈물처럼 줄줄 흘리는 행동
마요이바시(迷い箸, 주저하는 젓가락) : 얼른 고르지 못하고 젓가락을 이쪽저쪽 옮기는 행동
요코바시(橫箸, 퍼내는 젓가락) : 젓가락으로 숟가락처럼 퍼내는 행동
사시바시(刺し箸, 뚫는 젓가락) : 젓가락으로 칼처럼 찌르는 행동
네부리바시(舐り箸, 핥는 젓가락) : 젓가락에 묻은 음식을 핥는 행동

젓가락 공유에 대한 터부도 있다. 전통 신앙인 신토(神道)에서는 무엇이 되었든 부정하고 불결한 것을 꺼린다. 남의 입에 들어갔던 물건에는 씻으면 사라지는 세균만이 아니라 씻어도 사라지지 않는 그 사람의 일부가 묻

어 있다고 여긴다. 따라서 모르는 사람의 젓가락을 쓰는 것은 설령 깨끗하게 씻었더라도 영적으로 불결한 행위이다. 일본 음식을 연구하며 80권이 넘는 저서를 낸 인류학자 이시게 나오미치 교수는 이런 실험을 해보았다. 그는 학생들에게 이렇게 물었다. "당신이 쓰는 물건을 남에게 빌려준다고 합시다. 그 사람은 그것을 사용한 후에 말끔하게 씻어서 돌려줍니다. 이 경우, 당신이 다시 사용할 때 거부감이 가장 클 것 같은 물건은 무엇입니까?" 학생들이 가장 많이 언급한 물건은 '하체용' 속옷과 젓가락이었다.

와리바시, 즉 싸구려 나무로 만들어서 손님이 직접 반으로 갈라 쓰는 일회용 젓가락의 유행은 그 점에서 어느 정도 설명이 된다. 와리바시가 일회용 폴리스티렌 컵처럼 현대 서구의 디자인이 아닐까 생각하는 사람들이 있지만, 그렇지 않다. 와리바시는 일본에서 외식산업이 시작된 18세기부터 존재했다. 손님의 입에 들어가는 젓가락이 불결한 것이 아님을 보장하는 방법은 새 젓가락을 주는 것이었다. 와리바시는 식사 기술의 수용이 간혹 기능보다 문화에 좌우된다는 명제에 대한 좋은 예이다. 일본 음식 전문가인 리처드 호스킹은 "젓가락에 익숙하지 않은 외국인의 입장에서 와리바시는 비참한 도구"라고 말했다. 길이가 짧아서 손이 큰 사람은 다루기가 어렵거니와, 언제나 비뚤게 잘못 갈라지는 경향이 있어서 민망하게도 한 벌 더 달라고 부탁해야 하는 상황이 연출된다. 그러나 그보다 더 심각한 문제는 와리바시가 생태적 재앙이라는 점이다. 일본이 매년 쓰고 버리는 와리바시는 약 230억 벌이다.

일회용 젓가락 수요는 중국으로도 번졌다. 중국은 매년 630억 벌을 생산한다. 2011년에는 수요가 너무 커져서 중국의 목재만으로는 13억 국민에게 공급할 수 없게 되자, 그 빈틈을 미국 조지아 주의 한 공장이 메우기 시작했다. 조지아에 많은 포플러와 풍나무는 유연하고 색깔이 옅어서 젓가락을 만들 때 따로 탈색할 필요가 없다. 조지아 춥스틱스 사는 중국, 일본, 한국의 슈퍼마켓으로 'Made in USA'라고 찍힌 일회용 젓가락 수십억 벌을 수출한다.

19세기 중국을 방문하여 "뜨개바늘을 쥔 원숭이"처럼 젓가락과 씨름했던 미국 상인들은 미국이 중국에 젓가락을 공급하는 날이 올 줄은 꿈에도 몰랐으리라. 그러나 나이프와 포크의 문화, 그리고 젓가락의 문화는 언뜻 느끼기보다는 공통점이 많다. 두 문화는 함께 식사할 때 내심 상대를 '야만인!'이라고 생각하지만, 도구를 전혀 사용하지 않는 제3의 집단을 멸시한다는 점에서는 한마음이다.

편견은 속성상 비합리적이므로, 손으로 먹는 관습에 대한 편견들이 꼼꼼히 따져보면 대부분 근거가 없다는 사실은 크게 놀랄 일이 아닐 수도 있다. 우선, 손으로 음식을 만지는 것은 칠칠치 못한 짓이라는 통념이 있다. 둘째, 손으로 먹는 것은 식사 예절의 부재를 뜻한다는 통념이 있다. 셋째, 도구가 없으면 음식의 종류가 제한된다는 생각이 있다. 여기에 대한 답은 1) 아니요, 2) 아니요, 3) 가끔은 그렇다이다.

식사 도구가 없다고 해서 식사 예절이 없는 것은 아니다. 손으로 먹는 사람들에게는 꼼꼼하게 씻는 일이 식사의 일부이다. 헨리 8세는 손으로 먹던 습관 때문에 역겨움의 대명사로 통하지만, 사실 그는 요즘 우리가 샌드위치를 먹을 때보다 위생과 에티켓에 훨씬 더 주의를 기울였다. 왕의 카버는 식탁에 떨어진 부스러기를 나이프로 긁어서 치웠다. 의전관은 언제든 냅킨을 대령했고, 왕의 옷에 떨어진 부스러기를 떨어주었다. 왕이 식사를 마치면 손에 남은 음식물을 씻을 수 있도록 귀족이 대야를 들고 무릎을 꿇었다. 헨리 8세의 역겨운 버릇을 비웃는 우리 중에서 식사할 때,

그의 절반만큼이라도 청결한 사람이 얼마나 되겠는가?

손으로 먹는 문화는 청결에 민감해진다. 고대 로마인은 저녁을 먹기 전에 머리에서 발끝까지 씻었다. 사막의 아랍인은 손을 모래로 비볐다. 요즘은 아랍인도 포크와 숟가락을 많이 쓰지만, 클라우디아 로던에 따르면 중동 전통 요리를 먹을 때는 보통 손님들이 소파에서 느긋하게 손을 씻는다. "시중드는 사람이 큰 구리 대야와 물병을 가지고 와서 손님들이 손을 씻도록 물을 부어준다(물에서 장미나 오렌지꽃 향이 옅게 날 때도 있다). 동시에 수건을 빙 돌린다." 9세기에는 한 손님이 손을 씻은 뒤에 머리라도 긁을라치면 식탁에 앉은 사람들이 모두 그가 다시 손 씻기를 기다렸다가 먹었다. 유럽인이 갑각류를 먹은 뒤에 고상하게 작은 핑거 볼(finger bowl)에 손가락을 담그는 행동은 인도의 전통적인 기준에서는 더러운 일로 비친다. 인도에서는 대야에 손을 담그면 안 된다. 손에서 씻겨나온 더러운 물질로 이미 오염된 물이니까. 그 대신 각자 흐르는 물에 씻어야 한다.

손으로 먹는 사람들은 **어떤** 손가락을 쓰느냐 하는 문제에도 까다롭다. 왼손을 쓰지 않는 것은 기본이고(용변에 쓰는 손이라 '불결'하다) 오른손에서도 써도 되는 손가락이 정해져 있다. 손으로 먹는 문화에서 가장 정중한 방식은 보통 엄지, 검지, 중지만 쓰는 것이다(나이프와 포크 규칙이 다양한 것처럼 여기에도 예외는 있다. 쿠스쿠스는 너무 부슬부슬하기 때문에 다섯 손가락을 다 쓴다). 공용 접시에서 음식을 위태롭게 쥐어서는 안 된다. 입에 든 것을 다 씹기도 전에 또 넣는 것은 천한 행동인데, 이것은 나이프와 포크 문화에는 없는 규칙이다.

손으로는 먹을 수 있는 음식이 제한된다는 생각은 어떨까? 제한되기는 하지만, 포크나 젓가락을 쓸 때보다 더 심하지는 않다. 주된 제약은 온도이다. 손으로 먹는 문화에서는 서양처럼 뜨거운 음식과 식기에 목을 매지 않는다. "접시가 뜨겁고, 뜨겁고, 뜨거운가요?" 1934년에 사교계의 명사였던 엘시 드 울프가 '성공적인 만찬'을 위해서 당부했던 말이다. 그러나 손으로 먹을 때는 오히려 그렇지 않은 편이 낫다. 실온이나 그보다 약간 더 따뜻한 정도가 좋다. 손은 영국식 로스팅 요리를 먹기에도 이상적인 도구가 아니다. 육즙이 질펀한 고깃덩어리는 분명 도구를 부른다.

 손으로 먹는 지역에서는 음식이 그에 맞게 진화했고, 사람들의 손도 도구를 쓸 때는 발휘하지 못하는 힘을 발달시켰다. 17세기 초 '터키 황제'의 궁정을 방문했던 유럽 여행가 오타비아노 본은 황제의 고기가 "아주 부드럽고 섬세하게 손질되어 있어서……나이프를 쓸 필요 없이 손가락으로 뼈를 잡아당기면 살점이 쉽게 떨어져나왔다"라고 썼다. 우리도 인도 요리를 먹을 때 포크를 아쉬워하지 않는다. 한 손에는 난[*]을, 다른 손에는 달^{**}이 담긴 접시를 들고 난으로 달을 떠먹으면 된다. 손은 단순히 식사 도구를 대신하는 것이 아니라 여러모로 더 낫다. 마거릿 비서가 썼듯이, "손으로 먹는 사람들에게는 손이 식기보다 더 깨끗하고 따뜻하고 민첩하게 느껴진다. 손은 조용하고, 촉감과 온도에 예민하고, 우아하다. 물론 제대로 훈련된 경우에."

 요즘도 손으로 먹는 것이 관습인 아랍 사람들은 손에서 입으로 교묘하게 음식을 가져가는 손재간이 발달한다. 그들의 행동에는 포크로 할 수 없는 것이 많다. 밥을 동그랗게 퍼서 양고기나 가지 요리를 속에 담은 뒤 깔끔하게 뭉쳐 입에 쏙 넣는 모습을 떠올려보라. 그처럼 완벽하고 만족스러운 몸짓은 어떤 도구로도 더 개선할 수 없을 것이다.

 식기는 기능만으로는 온전히 이해할 수 없다. 실용성만 따지자면, 나이프/포크/스푼 삼인조 혹은 젓가락으로는 할 수 있지만 손가락과 그릇으

---

* naan, 이스트로 부풀리고 가마에서 구워낸 아시아의 납작한 빵/역주
** dal, '달'이 콩이라는 뜻이지만, 여기서는 콩을 삶아서 향신료를 넣은 수프 형태의 전통 요리를 말한다/역주

먹기 253

로는 할 수 없는 일이 거의 없다. 그러나 식기는 문화적인 물건이다. 식기에는 음식이란 무엇이며 우리가 음식에 대해 어떤 태도를 취하는가 하는 문화적 견해가 담겨 있다. 그런데 그 현상을 초월하는 물건이 나타났다. 바로 스포크(spork)이다.

'스포크'라는 단어가 사전에 기록된 것은 1909년이었지만, 첫 특허가 등록된 것은 1970년이었다. 스포크라는 말도 물건도 '스푼'과 '포크'의 합성이다. 끝에 지우개가 달린 연필처럼, 스포크는 기술을 연구하는 이론가들이 이른바 '결합된' 도구라고 부르는 사례이다. 간단히 말해서 두 발명품을 하나로 합쳤다는 뜻이다. 패스트푸드점에서 주는 조잡한 플라스틱 스포크는 스푼의 바닥과 포크의 살을 결합한 형태이다. 그것은 스플레이드, 스파이프, 노크와는 다르다.[5]

우리 세대에 들어, 스포크는 아이러니하지만 애정 넘치는 추종자들을 거느리게 되었다. 그들은 웹사이트에서 스포크 사용법을 제안하고("살을 안쪽 바깥쪽 번갈아가며 꺾어서 스포크를 세워보자. 그것이 곧 **스포크의 사탑[斜塔]이다**"), 스포크를 기리는 하이쿠를 지으며("스포크, 그 참된 아름다움/포크, 스푼, 긴 자루/삶은 이제 완전해졌네"), 이런저런 상념을 펼친다. 나는 Spork.org라는 웹사이트에서 이런 글을 보았다.

스포크는 인간 존재의 완벽한 메타포이다. 스포크는 스푼과 포크의 기능을 둘 다 해내려고 노력하지만, 그 이중성 때문에 결국 둘 다 비참하게 실패한다. 스포크로는 수프를 먹을 수 없다. 그러기에는 스푼이 너무 얕다. 스포크로는

---

5) 간단히 번역하면 이렇다. 스포크 = 스푼에 포크 살을 더한 것. 스플레이드 = 포크 살이 달린 스푼의 한쪽 모서리를 날카롭게 만들어 나이프, 포크, 스푼을 합친 것. 노크 = 포크에 나이프의 절단력을 합친 것. 스파이프 혹은 눈 = 스푼의 한쪽 모서리를 나이프처럼 만든 것(부엌 용품 가게에서 파는 초록색 플라스틱 키위 스푼이 좋은 예이다). 스포프 = 스푼, 포크, 나이프를 합성한 물건들을 통칭하는 표현/저자 주

고기도 먹을 수 없다. 그러기에는 포크 살이 너무 작다.

스포크는 이것도 아니고 저것도 아니며 늘 중간이다. 픽사의 애니메이션 영화 「월 E」에서, 인류 종말 이후 쓰레기장에서 살아가는 주인공 로봇은 인류가 지구에 남긴 잔해를 치운다. 로봇은 오래된 플라스틱 식기들을 종류별로 자신만만하게 분류하다가 스포크와 마주친다. 로봇의 작은 뇌는 그 낯선 물건을 파악하지 못한다. 그것을 숟가락으로 분류해야 할까, 포크로 분류해야 할까? 스포크는 분류 불가능하다.

재임 2년째였던 1995년, 이른바 '제3의 길 정치'의 선구자였던 빌 클린턴 대통령은 워싱턴의 백악관 기자단 연례 만찬에서 스포크를 주인공으로 부각시킨 유머 있는 연설을 했다. 클린턴은 스포크가 자기 '행정부의 상징'이라며 "더 이상 왼쪽 식기와 오른쪽 식기 사이에서 잘못된 선택을 할 필요가 없다"고 말했다. 그는 열광적인 환호 속에 연설을 마쳤다. "이것은 위대하고 새로운 발상입니다. 스포크!" 클린턴은 웃자고 한 말이었겠지만, 스포크는 나름대로 정말 위대하고 새로운 발상이다.

스포크는 어디에서 생겼을까? 미군이 일본을 점령했던 1940년대에 더글러스 맥아더 장군이 스포크를 발명했다는 일종의 전설이 있다. 맥아더 장군이 볼 때 젓가락은 야만적인 도구였고 포크는 위험했기 때문에(일본인들이 포크를 무기로 써서 봉기할지도 모른다), 서양식 도구를 안전하게 다듬은 스포크를 쓰도록 강제했다는 것이다. 그러나 이 이야기는 사실일 리 없다. 앞에서 말했듯이 스포크라는 단어는 적어도 1909년부터 있었고, 물건 자체는 더 오래 전부터 있었다. 19세기 미국에서 쓰였던 거북 포크와 아이스크림 스푼은 이름만 다를 뿐 엄연한 스포크였다(에드워드 리어의 시구를 따서 '세 가닥 스푼'이라고도 했다). 제1차 세계대전에서 여러 나라의 군대들이 썼던 휴대용 식기 세트에는 스푼과 포크를 결합한 접이

식 도구가 있었다. 그러나 그것은 스푼의 손잡이와 포크의 손잡이를 리벳으로 붙였을 뿐이므로, 진짜 스포크는 아니었다. 핀란드 군대는 요즘도 그렇게 생긴 물건을 쓴다. 이름은 '숟가락 포크'라는 뜻의 '루시카하루카(Lusikkahaarukka)'이고, 스테인리스스틸로 만든다.

맥아더 장군과 일본인에 대한 전설은 아마도 포크와 스푼의 잡종을 처음으로 대량 생산한 사람의 성이 똑같이 맥아더인 데에서 비롯했을 것이다. 빌 맥아더는 오스트레일리아 뉴사우스웨일스 주 포츠포인트 출신이었다. 그는 잡지에서 파티에 참석한 여자들이 접시, 나이프, 포크를 허벅지에 위태위태하게 얹은 사진을 보고는 영감을 얻어, 1943년에 스플레이드®를 선보였다. "나이프와 포크와 스푼이 우아하게 결합된 일체형 도구"라는 스테인리스스틸 스플레이드는 오스트레일리아에서 막 유행하던 바베큐 파티의 이상적인 해법으로 선전되었다. 이후 스플레이드는 오스트레일리아의 명물이 되어 지금껏 500만 개 넘게 팔렸다.

스포크는 금세 패스트푸드점의 표준 비품이 되었다. 하나의 가격에 두 가지 플라스틱 도구를 제공하는 스포크는 사업성이 있었다. 다른 주요 소비자로는 학교나 교도소처럼 식사 행위를 가장 기본적이고 기능적인 수준으로 축소한 여러 시설들이 있다. 미국 교도소의 스포크는 대개 오렌지색 플라스틱 제품이고 몹시 비효율적이다. 무기로 쓰이지 말아야 하기 때문이다. 2008년 알래스카 앵커리지에서는 한 남자가 스포크로 프라이드치킨을 파는 패스트푸드점을 털려다가 붙잡힌 사건이 발생했다. 피해자의 몸에는 '평행하게 긁힌' 자국이 네 줄 나 있었다. 이 사건에서 주목할 대목은 스포크로 용케 그 정도 상해를 입혔다는 점이다. 패스트푸드점의 스포크란 음식보다 조금이라도 더 도전적인 물체와 접촉하면 빠득 깨지는 한심한 물건인데 말이다.

2006년, 스포크의 구조적 한계를 해결하려는 혁신적인 시도 덕분에 스포크가 다시 각광받게 되었다. 요아힘 노르드발은 스웨덴의 아웃도어 용품 회사 '라이트 마이 파이어'에 고용된 디자이너였다. 스웨덴에서 자란 노르드발은 어려서부터 패스트푸드점의 스포크를 사용한 경험이 없었고, 그 물건에 그다지 감명받지 않았다. 그에게는 "그 물건이 어정쩡한 절충처럼 느껴졌다." 포크 부분은 포크 기능이 떨어졌고, 스푼 부분은 스푼 기능이 떨어졌다. 스포크로 수프를 마시면 포크 살 틈새로 줄줄 흘렀다. 노르드발의 혁신은 스푼과 포크를 분리하여 손잡이 양끝에 붙이는 것이었다. 그리고 포크의 바깥 모서리를 날카롭게 함으로써 나이프까지 합체시켰다. 누군가는 그 디자인에 대해서 "스포크가 새로 태어났다"고 극찬했지만, 사실 그것은 오래된 디자인이었다. 노르드발은 중세 사탕과자 스푼을 재발명한 것이었다.

  요즘은 최소한의 격식이 요구되는 곳이 아니라면 어디에서든 스포크가 쓰인다. '라이트 마이 파이어'는 알록달록한 캠핑용 스포크, 회사원용 스포크, 왼손잡이용 스포크, 아기용 '스포크 리틀'을 판매한다. 과거의 식기가 음식과의 관계를 은연중에 문화적으로 규정했던 것과는 달리, 스포크는 딸린 문화가 없다. 사람이 스포크에 맞추는 것이 아니라 스포크가 사람에게 맞춘다. 스포크에는 특별한 관습도 에티켓도 없다. 스포크로 먹는 것은 격식 있지도 않고 격식 없지도 않다. 나는 인터넷에서 스포크에 대한 이런저런 찬사를 읽다가, 누군가가 스포크 식사 예절이라면서 던진 이런 농담을 보았다. "스티로폼 그릇에서 스포크로 으깬 감자를 먹을 때는 마지막 한 덩어리까지 싹싹 긁어 먹지 말고 '스포크 쓰레기'를 조금 남기는 것이 예의이다. 굳이 싹싹 다 먹겠다면 대신 손을 써라."

집게

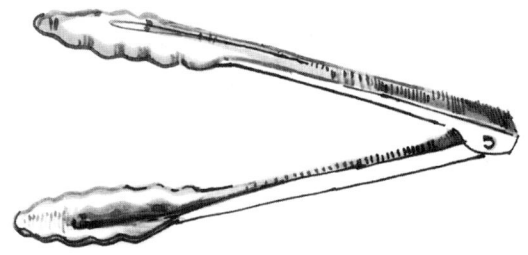

과거에 집게는 전문적인 도구였다. 뜨거운 석탄을 옮기는 부젓가락, 팬 위의 고기를 뒤집는 고기 집게, 연약한 아스파라거스를 접시에 올리는 아스파라거스 집게, 마늘 버터가 든 미끄러운 달팽이 껍질을 붙잡는 달팽이용 용수철 집게.

우리가 부엌 집게를 만능 도구로 쓰기 시작한 것은 비교적 최근인 1990년대부터였다. 요즘 우리는 음식을 들고 쑤시고 꺼내는 만능 도구로 집게를 사용한다. 내가 말하는 집게는 손잡이가 가위처럼 생겨 결정적인 순간에 느닷없이 음식을 동강 냈던 옛날 집게가 아니라, 끝이 조개처럼 생겼고 스테인리스스틸로 만들어진 싸고 단순한 요즘 제품이다.

집게의 기능은 불 위에서 요리사의 손놀림을 자유롭게 해주는 것이다. 집게를 쥐면, 팔 끝에 내열 갈고리를 단 것이나 다름없다. 불에서 뜨겁게 익은 닭다리를 들어올릴 수 있고, 필라프에서 카르다몸 깍지를 하나하나 집어낼 수도 있다. 족집게만큼 정확하면서도 주걱만큼 침착하게.

집게는 짧은 것이 낫다(24센티미터가 바람직하다). 길면 조작하기 까다로워 목적에 어긋난다. 프랑스에서 전통적인 수업을 받은 요리사는 뼈로 된 손잡이가 달려 있고 끝이 두 갈래로 갈라진 길쭉한 포크를 집게 대신 쓰곤 했다. 그러나 포크에는 한계가 있다. 포크로는 링귀네가 익자마자 끓는 물에서 얼른 건져 햄, 콩, 크림이 담긴 접시에 날래게 담을 수 없다. 사실 집게만 있으면 파스타의 물기를 빼는 콜랜더도, 파스타를 건지는 국자도 필요 없다. 칼과 나무 숟가락을 제외하면, 집게야말로 손에 쥐고 쓰는 부엌 용품 중에서 가장 유용하지 않을까.

7
얼음

> 내가 먹어버렸어
> 그 자두
> 아이스박스
> 속에 있던 것
> ……
> 미안해,
> 하지만 맛있었어
> 얼마나 달고
> 시원하던지.
> 윌리엄 카를로스 윌리엄스, "할 말이 있는데", 1934

1959년 7월 24일은 냉전에서 결정적인 순간이었다. 소련의 지도자 니키타 흐루쇼프와 미국의 아이젠하워 대통령 재임 시 부통령이던 리처드 닉슨이 모스크바에서 TV 카메라들이 늘어선 가운데 성대한 공개 회합을 가졌다. 1955년 제네바 정상회담 이래 소련과 미국의 가장 높은 고위직 인사들이 상호 방문한 사건이었고, 분위기는 훨씬 덜 형식적이었다. 두 남자는 웃고 손가락으로 상대를 찌르기도 하면서 자본주의와 공산주의의 미덕을 토론했다. 어느 나라가 더 발전된 기술을 가지고 있는지? 어떤 생활양식이 더 나은지? 그런데 훗날 '부엌 토론'이라고 명명된 그 대화의 주제는 무기나 우주 경쟁이 아니라 세탁기와 부엌 용품이었다.

그날은 '여가와 문화'의 공원인 소콜니키 시립공원에서 미국박람회가 열린 첫날이었다. 많은 러시아인들이 그날 처음으로 미국식 생활양식을 직접 접했다. 펩시콜라를 처음 마셔보았고 큼직한 미국제 냉장고를 처음 구경했다. 박람회에는 각종 기구가 완벽하게 갖춰진 모형 부엌이 세 개나 출품되었다. 하나는 냉동식품을 강조한 제너럴 밀스 사의 노동력 절감 부엌이었고, 다른 하나는 월풀 사의 '미래주의적' 부엌으로 주부가 단추만 누르면 온갖 부엌 기계가 작동하게끔 만들어졌다. 세 번째는 제너럴 일렉트릭이 출품한 레몬색 맞춤부엌이었다.

역사책에 기록된 것은 세 번째 부엌이었다. 깨끗하고 노랗고 지극히 깔끔한 그 부엌은 도리스 데이의 영화에서 튀어나온 것처럼 보였다. 어여쁜 안내자들이 러시아 관람객들에게 레몬색 냉장고에서 경이로운 음식을 꺼내 보여주었다. 차가운 크림 거품을 올린 컵케이크, 퍼지 초콜릿 레이어 케이크. 제너럴 일렉트릭은 미국 특유의 랜치 스타일 주택을 통째 제작하고는 그 일부로 맞춤부엌을 짜넣었다.

닉슨과 흐루쇼프는 그 앞에서 발길을 멈추고, 공간을 나눈 흰 난간에 기대어 섰다. 갈색머리의 활달한 미국 아가씨였던 안내자 로이스 엡스타인이 그들에게 평범한 미국 주부가 붙박이 세탁기 겸 건조기를 사용하는 방법을 시범으로 보여주었다. 세탁기 위에는 S.O.S. 부엌용 스펀지와 대시 세제 통이 놓여 있었다. 닉슨이 말했다. "미국에서는 여자들의 삶을 편하게 만들어주기를 좋아한답니다." 흐루쇼프는 대꾸했다. "우리 공산주의 체제에는 당신네처럼 여자들을 자본주의적으로 대하는 태도가 없습니다." 기계로 여성의 삶이 편해지기보다는 여성의 소명을 주부라고 생각하는 미국식 시각이 굳어질 뿐이라는 발언이었다(그 점에서는 흐루쇼프가 얼마간 옳았을지도 모른다). 이어 흐루쇼프는 그 많은 기계가 정말로 유익하냐고 물었다. 훗날 집필한 회고록에 따르면, 흐루쇼프는 찻잔에 넣을 레몬 즙을 짜는 자동 기계를 들며 이렇게 말했다. "무슨 이런 한심한 물건을……닉슨 씨!……주부가 레몬을 한 조각 잘라 찻잔에 넣고 즙을 몇 방울 짜는 것보다 이 장치를 쓰는 게 시간이 더 걸릴 것 같습니다."

닉슨은 번쩍거리는 전시물들—믹서, 주스기, 캔 따개, 냉장고—로 흐루쇼프의 주의를 끌려고 노력하면서 반격했다. "미국의 체제는 최신 발명들을 최대한 이용하도록 설계되었습니다." 흐루쇼프는 얕보는 자세를 고수했다. "음식을 입에 밀어넣어주는 기계는 없습니까? 당신네 물건들은 흥미롭긴 하지만 생활에 필요하진 않습니다. 이것들은 유용하지 않습니다. 장난감일 뿐이지요."

그러면서도 흐루쇼프는 양다리를 걸치려고 했다. 미국 부엌의 가치를 거부하면서도 소련도 그에 뒤지지 않는 부엌을 만들 수 있다고 주장하려고 했다. 흐루쇼프는 우주 경쟁뿐 아니라 부엌 경쟁에서도 이기고 싶었다. "러시아 인민이 이런 것을 보고 어안이 벙벙할 것이라고 예상했겠지만, 우리 러시아에서 새로 지어지는 집들은 이런 기기를 다 가지고 있답니다." 흐루쇼프도 뻔히 아는 바, 그 말은 사실이 아니었다. 제너럴 일렉트릭의 번쩍거리는 노란 맞춤부엌과 비슷한 부엌은 모스크바의 모든 주택과 아파트를 통틀어 한 집도 없었다. 흐루쇼프 정권에서 지어진 최신형 아파트의 부엌은 미국인의 기준에서는 코딱지만 했다. 넓이가 4.5-6제곱미터에 불과했다. 그런 부엌이 뛰어난 노동력 절감 장치로 추켜세운 최고의 자랑거리는 벽과 조리대 밑에 설치된 비좁은 수납장이었다. 조리대 높이는 모스크바의 평균적인 여성에게 맞춘 85센티미터였다. 그보다 큰 여성은 국가의 획일적인 기준에 맞추기 위해서 몸을 수그려야 했고, 그보다 작은 여성은 몸을 뻗어야 했다. 조리대는 그렇다 치고, 그런 부엌에서 두드러지게 결핍된 요소는 제너럴 일렉트릭 모형 부엌이 자랑한 큼직한 레몬색 냉장고였다. 1959년의 소련 냉장고들은 흉하고 용량이 작았다. 더구나 그런 냉장고나마 없는 부엌이 압도적으로 많았다.

소련뿐 아니라 영국과 독일을 비롯한 다른 어느 나라도 1959년 미국의 가정용 냉장고에 필적하는 것을 가진 나라는 없었다. 미국은 독보적인 얼음 국가였다. 전체 가정의 96퍼센트에 냉장고가 있었다(영국은 13퍼센트). 미국식 생활양식은 냉장고 덕분에 가능한 부분이 많았다. 버번 잔에서 짤랑이는 얼음, 뉴욕에서 즐기는 사치스러운 시카고산 스테이크, 소다 판매대와 아이스캔디, 냉동 완두콩……음식과 음료를 냉장하는 일은 대단히 미국적인 활동이었다. 레몬 짜는 기계는 흐루쇼프의 말마따나 "장난감"일지라도, 냉장고는 그 이상이다. 냉장고는 여러 유용한 용도를 수행한다. 냉장고는 하나의 기술이 아니라 여러 기술의 집합체였고, 그 덕분에 식사에 대한 새로운 접근법이 탄생했다. 냉장고는 단순히 사소한 즐거움을 추구하기 위해서 뭔가를 차게 식히는 도구로도 쓰였지만—얼음처럼 차가운 백포도주, 상쾌한 멜론 조각—동시에 음식을 안전하게 보존하여 더 오래 더 먼 곳에서도 먹을 수 있게 하는 기술이었다. 냉장고는 음식이 일상에 끼어드는 방식을, 즉 우리가 음식을 구하고 조리하고 먹는 방식을 완전히 바꾸었다.

큼직한 미국식 냉장고와 그 친척인 냉동고는 무엇보다도 음식 보존도구로서 중요했다. 냉장고가 있으면 요리사는 당장 먹어치울 수 없는 음식을 식초에 담그거나 소금에 절이거나 캔에 밀봉할 필요가 없었다. 냉장고는 부자뿐 아니라 가난한 사람에게도 음식 섭취의 엄격한 계절성을 잊게 했다. 냉장고는 음식의 종류를 바꾸었다. 역사상 처음으로 미국 전역의 사람들이 연중 신선한 고기, 우유, 채소를 먹게 되었다. 냉장고는 음식을 구입하는 방식도 바꾸었다. 냉장고가 없으면 슈퍼마켓도 없고, '주 1회 쇼핑'도 없고, 비상시에 대비해 냉동실에 음식을 쟁여둘 일도 없다. 냉장고는 보존 장치인 동시에 저장체계로서 옛 식품 저장실 기능을 넘겨받았다. 냉장고에 신선 식품을 잔뜩 쌓아두는 것은―채소 보관실에는 양상추를, 우유는 몇 리터씩, 마요네즈는 몇 병씩, 로스트치킨을 통째, 냉장육이나 크림이 든 디저트를 몇 킬로그램씩―아메리칸 드림을 이루는 일이었다. 아메리칸 드림은 본질적으로 풍요에 대한 꿈이기 때문이다. 냉장고는 부엌의 새 구심점으로서 화덕의 자리를 넘겨받았다. 옛날 사람들은 따뜻한 불가에 모였지만, 요즘 사람들은 싸늘한 냉장고를 중심에 두고 일상을 조직한다.

냉장고에 관한 한, 세상의 모든 사람들은 미국인이 되기를 갈망한다. 2011년 봄, 런던 블룸즈베리의 널찍한 지하 공간에서 최신형 냉장고 출시 행사가 열렸다. 나는 그 앞에 우두커니 섰다. 그 냉장고는 친환경 지수가 A^{++}였고 성에가 끼지 않는다고 했다. 키가 컸고, 전면에 부착된 작은 금속 계기판을 제외하고는 전체가 흰색이었다. 계기판은 마치 제임스 본드의 세상에 나오는 보안장치 같았다. 휴가를 갈 때 계기판에 그려진 파라솔 그림을 누르면 우리가 멀리서 일광욕하는 동안 냉장고가 알아서 에너지 사용을 평소보다 낮은 상태로 설정해준다고 했다. 감동적이었다. 그러나 그 정도는 아무것도 아니다. 삼성이 출시한 '스마트 냉장고'에는 와이파이, 트위터 조회, 일기예보 기능이 있다. 센트럴랭커셔 대학에서는 연구진이 자체 청소 기능이 있는 냉장고를 개발하는 중이다. 그 냉장고는 또한 내용물 목록을 지속적으로 업데이트해서 유통기한이 다 되어가는 물건을 앞쪽으로 옮겨줄 것이라고 한다. 이제 냉장고가 우리 대신 일상을 조직해주리라고 기대해도 좋은 시대인 듯하다. 정말로 곧 그런 능력을 갖춘 냉장고가 나올 것이다.

요즘 사람들은 불이 아니라 냉장고를 시작점으로 삼아 나머지 부엌을 설계하는 경향이 있다. 디자이너들이 '선언'이라고 부르는 설계 요소이다. 우리는 무엇을 먹어야 할지 모를 때면 냉장고를 열고 뚫어져라 안을 쳐다본다. 그러면 냉장고가 인생의 크나큰 질문에 대한 답을 내놓기라도 하는 듯이.

베이컨, 파르메산과 체다 치즈, 딱딱한 살라미, 자우어크라우트*, 오리 콩피, 소시지, 훈제 연어, 훈제 청어, 염대구, 기름에 담근 정어리, 건포도, 건자두, 건살구, 라즈베리 잼, 마멀레이드……무수히 많은 이런 맛있는 먹거리는 냉장기법이 좀더 일찍 등장했다면 발명되지 않았을지도 모른다.

이런 음식들이 우리 식단에 계속 남아 있는 것은 시대착오적인 일이다. 그러나 인간은 습관의 동물이고, 한때 필요에 따라 먹었던 음식을 이미 좋아하게 되었다. 냉장 시대에 베이컨은 즐거움을 제외하고는 실제적인 용도가 없는 음식이다. 물론 즐거움은 결코 얕잡을 수 없는 동기이지만 말이다. 사실 신선한 돼지고기를 냉장고에 보관할 수 있다면 훈제 햄을 먹을 필요가 없다. 훈제 음식을 좋아하는 우리 입맛은 훈제기법이 고기를 연중 먹을 수 있느냐 1년에 한 번만 먹을 수 있느냐를 좌우하던 과거의 산물이다.

중세 유럽에서는 겨울과 봄 내내 단백질 음식이라고는, 운 좋게 그런 것이 있다면 말이지만, 거의 모두 훈제했거나 소금에 절인 것이었다. 고기와 생선이 상하지 않게 막는 방법은 그것뿐이었다. 도축 후에 당장 먹지 않을 고기는 염장으로 보존했다. 큰 나무통에 고깃덩어리를 차곡차곡 쌓고

---

* sauerkraut, 양배추를 절여서 만든 일종의 독일식 김치/역주

소금을 켜켜이 덮었다. 그 일에는 돈이 많이 들었다. 13세기 말 기준으로 고기 5페니(옛날 페니를 말한다)어치를 절이는 데에 소금 2페니가 들었으니, 사람들은 질 좋은 고기만 염장했다. 염장이 가장 잘 되는 고기는 돼지고기였다. 엘리자베스 시대 사람들은 햄, 개먼,* 베이컨, 솔트포크 외에도 돼지의 발, 귀, 볼, 주둥이 등 그야말로 울음소리 빼고는 몽땅 넣어 절인 '사우스(souse)'라는 것을 만들었다. 11월 11일 성 마르틴 축일 만찬용으로 만드는 '마르틴 축일 비프'도 비슷한 것으로, 소고기에 소금을 뿌린 뒤 훈제실 지붕에 매달아 충분히 훈제시킨 음식이었다. 옛날 요리사들은 상한 고기 맛을 가리려고 향신료를 듬뿍 썼다는 속설이 오래 돌았지만, 그것은 사실이 아니다. 향신료는 비싼 재료라서 불량한 음식에 낭비할 수 없었다. 다만 염장한 고기의 깔끄러움을 누그러뜨리는 데에 요긴하게 쓰였을 뿐이다.

상하기 쉬운 우유도 보존법이 있었다. 동양에서는 응유시키고 발효시켜 요구르트 비슷한 것으로 만들거나 카자흐족의 쿠미스처럼 시큼한 음료로 만들었다. 아니면 증발시켜서 분유로 만들었다(몽골의 발명이다). 서양에서는 염도가 높은 치즈나 버터로 바꾸어 도기 단지에 넣고 주의를 기울여 보관했다. 앨프릭의 『대화』에서 '제염업자'는 "내가 당신의 버터와 치즈를 보존해주지 않으면 당신은 그것들을 모두 잃을 거요"라고 말한다. 보존을 위해서라기보다 입맛에 맞추려고 간을 한 오늘날의 '가염 버터'에 비해서 중세의 버터는 훨씬 더 짰다. 요즘의 가염 버터는 대개 염도가 1−2퍼센트 이지만 중세 버터는 그보다 5−10배 더 높았다. 1305년 기록에 따르면, 버터 10파운드를 보존하는 데에 소금 1파운드가 들었다니, 염도가 10퍼센트였던 셈이다. 그런 것을 그냥 먹으면 맛이 얼마나 고약했겠는가. 요리사

---

* gammon, 돼지 뒷다리살이나 옆구리살을 소금에 절이거나 훈제한 것/역주

는 그런 재료를 쓰기 전에 갖은 수를 동원하여 소금기를 씻어내야 했다.

소금은 연약한 생선 살을 보존하는 데도 쓰였다. 스코틀랜드의 특산물인 훈제 청어는 19세기에 발명되었지만, 그전에도 애버딘 지역에서는 스모키, 버키, 버비스 등등의 이름으로 해덕대구를 토탄과 이끼 위에서 진하게 훈제시킨 음식이 있었다. 소금이나 식초에 절인 생선은 유럽의 주된 단백질 공급원이었다. 특히 금요일에는.* 염장 생선은 고대부터 꾸준히 유통되었다. 처음에는 이집트와 스페인, 나중에는 그리스와 로마를 중심으로 교역이 이루어졌다. 중세에는 북해와 발트 해의 염장 청어가 중요한 산업으로 성장했다. 염장 청어를 만들기는 쉽지 않았다. 청어는 기름기가 많아 빨리 산패하므로 잡은 지 24시간 내에 절여야 했고 그보다 이르면 이를수록 좋았다. 14세기 청어 상인들은 배 위에서 바로 절였다가 해안으로 돌아가서 다시 포장하는 기법을 개발하여 과정을 간소화했다. 특히 네덜란드인이 기술을 선도했는데, 네덜란드가 유럽 시장을 석권했던 것은 아마도 그 때문이었을 것이다. 네덜란드 어선에서 내장을 제거하는 일꾼들은 1시간에 2,000마리씩 절였다고 한다. 일꾼들은 미처 몰랐겠지만 그 속도전에는 추가의 장점이 있었다. 손질을 서두르다 보니 내장을 일부 뱃속에 남겨두었는데, 청어 내장에 든 트립신(tripsin)이라는 화학물질은 보존 처리 속도를 높여주었다.

생선이라고는 보존된 것만 먹던 식단이 얼마나 단조로웠는지는 염장 생선을 둘러싼 숱한 농담에서도 짐작할 수 있다. 『와일리 비길드라고 불리는 유쾌한 코미디(*A Pleasant Comedie, called Wily Beguilde*)』(작자 미상, 1606)에서 한 인물은 다른 인물에게 "요 말린 생선 같은 녀석, 썩 꺼져!"라고 말한다. 염장에 더해 '진한 훈제'까지 함으로써 톡 쏘는 맛이 유난했던

---

* 당시 가톨릭 교회에서 금요일이 금육일(禁肉日)이었기 때문이다/역주

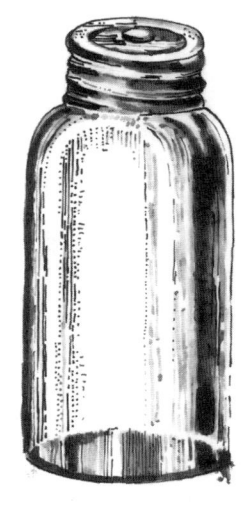
 붉은 청어(red herring)는 기만적이거나 상황에 맞지 않는 무엇인가를 뜻하는 표현으로 영어에 남았다.

　설탕으로 절인 음식은 훨씬 더 사치스럽고 맛있는 음식일 때가 많았다. 더운 지중해 지역에서 과일과 채소를 보존하는 가장 간편한 방법은 그냥 말리는 것이었다. 포도는 '태양의 건포도'가 되었고, 자두는 건자두가 되었고, 대추와 무화과는 오그라들어 단맛이 강해졌다. 기본적인 과일 건조기술은 아주 단순했다. 성서 시대 이전부터 사람들은 즙이 많은 과일과 채소를 뜨거운 모래에 묻거나 쟁반과 지붕에 펼쳐 햇볕으로 습기를 날렸다. 한편 햇살이 덜 뜨거운 동유럽에서는 좀더 세련된 기법을 개발했다. 모라비아와 슬로바키아에서는 중세부터 특수한 건조장을 지었다. 버들가지로 엮은 울타리를 잔뜩 설치하여 과일을 매달아 말리면서 바닥에서는 난로로 불을 때는 공간이었다.

　영국의 부잣집에도 그와 비슷한 공간이 있었다. 냉랭한 '스틸룸(still-room)'이었다. 하인들은 그곳에서 술을 증류하고, 과일을 병에 보존하고, 견과와 시트러스 껍질을 설탕으로 졸이고, 마멀레이드(원래 퀸스로 만들었다)와 잼과 사탕과자를 만들었다. 설탕 절임 기술에는 연금술적 미신과 '비법'이 수두룩했다. 과일마다 독특한 방식이 있었는데, 가령 중세의 한 책에서는 호두를 반드시 성 요한의 날인 6월 24일에 절이라고 조언했다. 보존할 과일은 다 익지 않고 거의 익었다 싶은 무렵에 따야 형체가 유지되었다. 1672년에 해나 울리가 펴낸 『여왕 같은 벽장, 혹은 풍성한 찬장』에는 "구즈베리를 통째 푸르게 보존하는 최고의 레시피"가 나온다. 울리의 방법은 복잡했다. 미지근한 물에 세 번 담그고, 설탕 시럽에 세 번 끓인 뒤, 마지막으로 신선한 설탕 시럽에서 한 번 더 끓이라고 했다. 스틸룸에서 벌어지는 작업은 일종의 마법이었다. 음식의 부패를 저지하는 기법은 시체를 방부 처리하는 일에 비견할 만했다.

과일 보존기법에서 가장 놀라운 부분은 정말로 과일이 보존되었다는 점이다. 인류 역사 내내 요리사는 음식을 안전하게 만들려고 애쓰는 사람이었고, 실제로 그들은 종종 성공했다. 그러나 1860년대에 루이 파스퇴르가 음식의 부패에 미생물이 관여한다는 사실을 밝히기 전에는 어떤 요리사도 왜 보존기법이 효과를 발휘하는지 이유를 알지 못했다. 당시의 통설은 부패가 자발적으로 발생한다는 것, 즉 눈에 보이지 않는 모종의 힘 때문에 곰팡이가 핀다는 것, 사람들은 포도주와 치즈에서 유용한 발효를 일으키고 상한 음식에서 유해한 발효를 일으키는 균류, 세균, 효모 등 살아 있는 미생물들에 대해서는 전혀 몰랐다.

햇볕 아래 무화과를 펼쳐 말렸던 그리스 여인들은 자신들이 눈에 보이지 않는 미생물을 죽이고 있다는 사실을 몰랐다(세균은 물기가 있어야 증식하므로 습기가 날아가면 대개 죽는다). 양파를 식초에 절였던 농가의 여인들은 산이 어떻게 곰팡이의 증식을 막아주는지 이해하지 못했다(미생물은 알칼리 환경을 선호한다). 그저 초절임한 양파는 절이지 않은 양파보다 오래간다는 사실을 알았을 뿐이다. 보존기법은 천천히 조심스럽게 발달했다. 안전한 보존법은 시행착오를 통해서 개발되었지만, 이때 실수는 죽음을 뜻했기 때문에 새로운 시도에 과감히 나설 동기가 크지 않았다. 사람들은 음식을 오래 먹도록 보존하는 방법을 하나 찾으면 계속 그 방법을 고수했다. 16세기에 고기를 지방이나 기름에 켜켜이 담아 보존하는 방법을 발견한 것을 제외하면(오리 콩피나 영국의 포티드미트*), 중세

---

* potted meat, 단지에 익힌 고기를 넣고 뜨거운 지방을 채워 오래 보존한 것/역주

부터 19세기까지 보존기법에는 별다른 진전이 없었다. 그러다가 캔이 등장했다.

니콜라 아페르조차도 캔이 어떻게, 왜 보존 효과가 있는지를 이해하지는 못했다. 아페르는 캔 기법을 "내 꿈과 숙고와 연구의 결실"이라고 말했다. 원래 양조업자였다가 귀족 집안의 집사를 지냈고, 나폴레옹 시대에 제과업자가 된 아페르는 눈썹이 검고 진하며 머리가 벗어진 쾌활한 남자였다고 전한다. 그는 19세기 식품 기술의 위대한 발전을 이룬 장본인이었지만, 그 발명에서 지속적인 이익을 얻지 못한 채 결국 극빈자 무덤에 묻혔다.

1795년 영국과의 전쟁에 휘말려 있던 프랑스 정부는 군대를 먹일 더 나은 방법을 찾고 있었다. 나폴레옹은 뛰어난 식품 보존 신기술을 발견한 사람에게 1만2,000프랑을 주겠다고 내걸었다. 한편 파리 롬바르 거리에서 사탕 가게를 운영하던 아페르도 같은 문제를 고민하고 있었다. 아페르는 다양한 과일을 설탕에 절이는 방법을 알았지만, 같은 효과를 더 '자연스럽게' 내는 방법이 있을 것이라고 믿었다. 아페르가 볼 때 전통적인 보존 기법들은 죄다 문제투성이었다. 건조는 음식 고유의 질감을 앗아갔고, 염장은 '떫게' 했으며, 설탕은 진정한 향미를 가렸다. 아페르는 재료 고유의 속성을 망가뜨리지 않으면서 보존하는 기법을 찾고자 했다. 그는 샴페인 병에 과일, 채소, 고기 스튜 따위를 담고 뜨거운 물에 담가 가열하는 방법을 실험했고, 나중에 샴페인 병을 주둥이가 더 넓은 유리병으로 바꾸었다. 그리고 충분히 자신감을 얻은 다음, 프랑스 해군에 표본을 몇 개 보냈다. 반응은 긍정적이었다. 해군장관은 아페르의 콩이 "갓 딴 채소의 신선함과 향미를 고스란히" 간직하고 있다고 평가했다. 『유럽 통신(*Courier de L'Europe*)』은 칭찬에 더 후하여, "아페르 씨가 계절을 고정시키는 방법을 발견했다"라고 보도했다. 아페르는 당당히 상금 1만2,000프랑을 받았다.

아페르의 기법은 단순했다. 음식을 병에 넣고 코르크로 막은 뒤 열탕에서 데우면 그만이었다. 아페르는 그 비법을 1810년에 쓴 책에서 밝혔다. 그가 코르크 마개 병에 보존한 음식은 기기묘묘했다. 아티초크, 송로, 밤, 새끼 자고새, 포도즙, 수영(소럴), 아스파라거스, 살구, 레드커런트, 채소 수프, 신선한 달걀. 그러나 보존 과정의 핵심만큼은 요즘의 참치 캔이나 옥수수 캔 제조방식과 같았다. 즉, 밀봉한 용기를 증기로 가열하는 것이었다.

아페르는 그 발명으로 돈을 벌지는 못했다. 그는 상금을 받음으로써 특허를 낼 기회를 포기한 셈이었다. 아페르의 기법을 소개한 책이 나온 지 몇 달 뒤, 영국의 중개인 피터 듀랜드는 아페르의 기법과 수상쩍을 만큼 비슷한 보존기법으로 냉큼 영국 특허를 취득했다. 그리고 유망한 사업 기회를 노리던 기술자 브라이언 동킨에게 그 특허를 1,000파운드에 팔았다. 동킨은 파트너인 홀, 갬블과 함께 1813년 버몬지에 공장을 차리고, '보존실'이라는 별명으로 불린 그곳에서 아페르 기법으로 처리한 식품을 내놓기 시작했다. 그들은 음식을 용기에 밀폐한 뒤 최장 6시간 열탕에서 가열했다. 결정적인 차이가 있기는 했다. 아페르가 쓴 유리병은 약했기 때문에, 동킨과 홀과 갬블은 그 대신 당근, 송아지 고기, 고기 수프, 삶은 소고기 등등을 주석 도금한 철로 된 통에 담았다. 양철 깡통이 탄생한 것이다.

최초의 캔에 문제가 없지는 않았다. 그중에서도 당면 과제는 아페르의 발견과 첫 깡통 따개 사이에 50년의 격차가 있었다는 점이다. 이 사례는 기술이 때로 두서없이 갈팡질팡 진전한다는 사실을 유감없이 보여준다. 1860년대까지 염장 소고기(군대에서 많이 먹었다), 연어, 복숭아 캔에는 "끌과 망치로 윗면 가장자리를 동그랗게 따라"는 지시문이 딸려 있었다.

최초의 주문 제작 캔 따개는 1855년 설계되었다. 수술 도구와 식기류를 제작하던 로버트 예이츠가 만든 그 물건은 무서운 발톱처럼 생긴 지레에

얼음 271

나무 손잡이가 붙은 형태였다. 지레를 캔 윗면에 박은 다음 힘차게 돌려 깎으면 테두리가 깔쭉깔쭉하게 잘라졌다. 그래서 열리기는 열렸지만, 잘 열리지는 않았다. 캔 따개의 역사는 불만스러운 설계로 점철되어 있다. 미국 남북전쟁 중에는 끝에 날카로운 낫이 달린 '워너' 형태가 널리 쓰였다. 그것은 전쟁터에서는 좋았지만 가정에서는 위험했다. 1868년에는 캔 윗면을 감아올리는 열쇠 모양 따개가 등장했다. 그것은 네모난 정어리 캔을 따는 데는 안성맞춤이었지만 원통형 깡통을 따는 데는 별로였다. 동그란 뚜껑의 일부만 열 수 있었기 때문이다. 1930년대에 등장한 전기 캔 따개는 쓸데없이 복잡하기만 했다. 사용자가 최소한의 위험과 노력으로 캔을 딸 수 있는 도구는 1980년대에야 등장했다. 요즘 비싸지 않은 가격에 다양한 형태로 판매되는 캔 측면 따개는 현대 부엌의 숨은 영웅이다. 측면 따개는 윗면을 뚫지 않는다. 하나는 회전하고 다른 하나는 톱니바퀴 두 개를 동시에 움직여 뚜껑을 손상 없이 제거한다. 잘린 모서리도 날카롭지 않다. 이 근사한 도구의 유일한 맹점은 좀더 일찍 발명되지 못한 것이다. 이미 캔 산업은 고리로 잡아당겨 따는 캔으로 넘어가는 중이어서 이제 캔 따개가 필요 없기 때문이다.

캔에 든 음식을 꺼내는 숙제 외에, 캔에 음식을 넣는 과정에도 문제가 있었다. 캔에 든 음식이 늘 제대로 보존되지는 않았던 것이다. 1852년 영국 해군이 납품된 고기 깡통 수천 개를 조사했더니 모두 먹을 수 없는 상태였다. '내용물은 부패한 덩어리'로 바뀌었고, 뚜껑을 열었더니 지독한 '악취'가 풍겼다. 사람들은 "공기가 깡통에 침투했거나 처음부터 완전히 제거되지 않았기 때문에" 고기가 상했다고 추측했다. 파스퇴르 이전에는 공기 없이도 증식하는 미생물이 있다는 사실을 몰랐던 것이다. 그런 미생물을 죽이려면 열탕에서 철저히 소독하는 것이 중요하다. 초기의 캔은 용량이 약 900-1,800그램이었다(요즘은 보통 113-450그램). 해군용 깡통은 더 커서 고기를 평균 4.5킬로그램씩 담았다. 그러면 열탕 소독하는 시간도 그에 비례하여 길어져야 하지만 그러지 않았기 때문에 캔 중앙에 미생물이 남았던 것이다.

캔의 품질은 1870년대에 향상되었고, 캔은 전례 없는 수준으로 세계 식품시장에 진출했다. 영국 노동자들은 우루과이의 프라이 벤토스 사가 만든 콘비프* 깡통을 저녁으로 먹었다. 깡통에 든 햄이 런던의 버몬지에서 중국까지 여행했다. 미국 소비자들은 다른 방법으로는 맛보기 힘든 재료를 캔으로 접했다. 캔의 역사를 기록했던 한 작가는 미국인이 이제 "갖가지 좋은 재료가 자라는 부엌의 정원에서" 마음대로 따 먹게 되었다고 선언했다. 그 정원에는 라즈베리, 살구, 올리브, 파인애플, 그리고 당연히 "익힌 강낭콩"이 있었다.

그러나 그 정원의 식물들은 맛이 약간 이상했다. 이탈리아산 캔 토마토는 물론 맛있다. 다만 그냥 토마토가 아니라 푸타네스카**, 아마트리차나*** 같은 파스타 소스로 뭉근히 익힌 제품일 때만. 한편 캔 시금치는—미안해요, 뽀빠이!—질척한 데다 금속 맛이 난다. 캔 파인애플과 복숭아는 괜찮지만(그래도 신선한 과일 향은 부족하다) 캔 라즈베리는 곤죽이다. 오늘날 캔은 음식보다 음료(발포성 소다, 캔 맥주) 포장으로 더 중요하다. 캔 음식은 세계적으로 매년 약 750억 개가 팔리는 데 비해, 캔 음료는 3,200억 개가 팔린다.

결국 미국 가정의 식단을 가장 크게 개선한 보존 기술은 캔이 아니라 냉장이었다. 냉장고야말로 "갖가지 좋은 재료가 자라는 부엌의 정원"을 사람들에게 선사했다.

---

* corned beef, 소고기를 소금으로 간하여 쪄서 통조림으로 만든 것/역주
** puttanesca, 토마토, 올리브, 케이퍼, 마늘 등으로 만든 소스/역주
*** amatriciana, 베이컨, 치즈, 토마토로 만든 소스/역주

1833년 영국연방 인도의 중심지였던 캘커타로 놀라운 화물이 도착했다. 40톤짜리 순수한 얼음 덩어리였다. 얼음은 보스턴을 출발하여 미국 동해안을 따라 장장 2만6,000킬로미터를 여행했다. 얼음 사업가 프레더릭 튜더가 보낸 물건이었다.

보스턴-캘커타 얼음 무역은 미국이 얼음으로 돈을 벌기 시작했음을 알리는 신호였다. 얼음은 고대부터 풍부한 자연 자원이었다. 중국은 기원전 1000년 이전부터 얼음을 수확했다. 기원전 5세기 아테네인도 눈을 판매했다. 17세기 귀족들은 얼음 그릇에 담긴 디저트를 먹었고, 눈으로 차갑게 식힌 포도주를 마셨고, 얼린 크림과 얼음 물도 마셨다. 그러나 얼음이 산업적 소비재가 된 것은 19세기 미국에서였다. 그리고 오직 미국인만이 더 큰 수익은 얼음 과자가 아니라 얼음을 냉장재로 써서 식품을 보존하는 데에서 나온다는 사실을 예리하게 간파하고 이용했다.

냉장은 19세기 이전에도 알려져 있었다. 이탈리아의 많은 장원은 빙고(氷庫)를 갖추고 있었다. 피렌체 보볼리 정원의 빙고가 좋은 예이다. 빙고는 구덩이나 지하실에 단열재—보통 뗏장이나 밀짚—를 잔뜩 두른 다음 겨울에 깎은 울퉁불퉁한 얼음 덩어리를 그 속에 넣어 여름까지 보관하는 것이었다. 음식을 보관하는 장치라기보다는 얼음을 보관하는 장치였다. 그 얼음으로 한여름에 음료를 식히거나 사치스러운 아이스크림을 만들 요량이었던 것이다. 가끔 식품 저장실을 보충하는 용도로 쓰기도 했겠지만, 주된 기능은 문명 생활의 장신구인 차고 단 간식을 집주인에게 연중 공급하는 것이었다. 계절을 조롱하듯 여름에도 얼음을 먹는다는 것은 확실한 부의 상징이었다. "부자는 여름에 얼음을 얻지만 가난한 사람은 겨울에 얻는다." 로라 잉걸스 와일더가 1880년대에 다코타 초원에서 궁상맞게 살아가던 농부와의 결혼 생활에 대해서 쓴 책에서 한 말이다.

미국은 광활하고 기후가 극단적인 나라인 만큼, 많은 지역에서는 얼음이 부족하여 식량 공급 전반에 영향이 미쳤다. 버터, 생선, 우유, 고기는 그 지역에서만 팔렸다. 정육업자는 하루에 다 팔 수 있는 양만 도축했다. 팔리지 않은 고기—샘블즈(shambles)라고 불렸다—는 길거리에 버려져 썩어갔다. 시골에 살아서 텃밭이 있는 사람이 아닌 한 싱싱한 채소는 귀했다. 주식은 절인 돼지고기와 밀가루빵 혹은 옥수수빵이었다. 도시 소비자와 시골 생산자가 접촉할 방법이 별로 없었다. 그러던 1803년, 메릴랜드 주의 농부로 사업가 기질이 있었던 토머스 무어는 버터를 더 먼 곳까지 가져갈 수 있다면 더 많이 팔 수 있음을 깨우쳤다. 무어는 최초의 '냉장고'를 만들었다. 삼나무로 달걀형 통을 만든 뒤, 그 속에 버터를 담은 금속 용기를 넣고, 금속과 나무 사이 공간에 얼음을 채워넣었다.

미국의 얼음 산업에서 최초의 굵직한 기술적 혁신은 말을 사용한 얼음 절단기였다. 1829년 너새니얼 J. 와이어스가 특허를 낸 그 방식이 등장하기 전에는 도끼와 톱을 써서 대단히 힘들게, 그것도 울퉁불퉁한 형태로만 얼음을 자를 수 있었다. 와이어스의 절단기는 말에게는 아니라도 사람에게는 힘이 훨씬 덜 들었고, 완벽한 정육면체로 얼음을 잘라냈다. 그러면 쌓기도 운반하기도 쉬웠다. 수익은 천문학적이었다. 1873년 기준으로 허드슨 강에서 얼음 1톤을 수확하는 데에 20센트가 들었는데, 이것을 개인 소비자에게 톤당 4-8달러에 팔 수 있었다. 잠재이익률이 4,000퍼센트였던 셈이다.

1855년에는 마력에 더해 증기력이 동원되었다. 덕분에 시간당 최대 600톤을 수확할 수 있었다. 공급은 늘었고, 수요도 늘었다. 뉴욕 시는 1856년에 얼음을 10만 톤 사용했는데, 1879-1880년에는 100만 톤 가까이 소비했다. 그러고도 수요는 자꾸 늘었다. 판매된 얼음의 절반가량은 가정용이었다. 얼음 회사는 하루나 한 달치 요금을 받고서 마차나 트럭으로 얼음을 배달했다. 집에서는 아이스박스에 보관했다. 원시적인 냉장고였던 아이스박스는 부엌 찬장처럼 선반이 달린 나무 상자에 안쪽만 양철판이나 주석판을 댄 것으로, 바닥에 녹은 물을 빼내는 배수구가 있었다. 아이스박스는 공기를 순환시킬 수 없었으므로 냄새가 났고 비효율적이었다. 그래도 7월의 무더운 날 시원한 음식을 즐기는 것, 신선한 우유를 며칠은 아니라도 몇 시간은 치즈로 변하지 않게끔 막는 것, 자두 한 그릇을 차게 식히는 것은 정말로 고마운 일이었을 것이다.

그러나 19세기에 얼음이 최대의 변혁을 일으킨 영역은 가정이 아니라 상업적 식품 운송이었다. 거대한 냉장 창고와 냉장 철도 차량이 결합함으로써 새로운 식품시장이 열렸다. 최대 수혜자는 고기, 유제품, 신선식품 산업이었다. 제2차 세계대전 무렵이면 벌써 미국인은 고기와 우유를 무절제하게 먹어치우는 사람들로 세계에 알려졌다(갓 짠 오렌지 주스와 채소 샐러드도 곁들였다). 그 입맛은, 그리고 그 입맛을 충족시키는 수단은 19세기 냉장 기술이 창조한 것이었다.

1851년에는 최초로 버터를 뉴욕에서 보스턴까지 냉장 철도로 운송했다. 곧 생선도 장거리 여행을 했고, 1857년에는 냉장 육류가 뉴욕에서 서부까지 운반되었다. '고기 열차'는 시카고를 중심으로 한 정육산업을 탄생시켰다. 그것은 지극히 미국적인 현상이었다. 1910년에 미국에는 냉장 철도 차량이 8만5,000대 있었지만, 유럽에는 1,085대뿐이었다(대부분 러시아에 있었다). 이제 도축한 고기를 당장 다 먹을 필요가 없었다. '손질한 고기'를 냉장 보관했다가 사방으로 보낼 수 있었다.

새로운 음식 기술이 으레 그렇듯이, 냉장 차량에는 격렬한 반대가 따랐다. 지방 도축업자들은 사업 손실에 항의했고, 고기 시장에서 시카고의 독점이 커지는 것을 한탄했다(업턴 싱클레어의 『정글[*The Jungle*]』에 묘사된 시카고 정육 공장의 끔찍한 환경을 감안하면 반대자들의 말에 일리가 있었다). 일반 대중은 냉장이 제공하는 최고의 이점, 즉 식품 보관기간이 늘어나는 이점을 오히려 두려워했다. 냉장 차량의 확산과 더불어 냉장 창고도 엄청나게 늘었다. 1915년 미국에서는 냉장된 버터가 1억 톤에 달했다. 비판자들은 '지연된 저장'이 식품에 좋을 리 없고 맛과 영양을 훼손한다고 주장했다. 냉장이 사기가 아닌가 하는 의심도 뿌리 깊은 걱정이었다. 판매자가 제품 판매를 늦춤으로써 값을 올릴 수 있다는 우려였다. 식품 중에서도 특히 깨끗해야 하는 유제품에 대해서 제기된 또다른 문제는 천연 얼음이 늘 깨끗하지는 않다는 것이었다. 얼음은 종종 먼지, 수초, 기타 식물로 오염되었다. 지역 보건위원회가 천연 얼음을 조사하여 사람이 먹기에 부적합하다고 판정하는 일이 자주 있었다.

냉장산업이 천연 얼음에서 공장제 얼음으로 차츰 옮겨간 데에는 그런 사연이 있었다. 인공적인 얼음 제조방법은 수백 년 전부터 알려져 있었지만, 그것은 냉장 용도가 아니라 주로 아이스크림과 찬 음료를 만드는 용도였다. 엘리자베스 시대의 과학자 프랜시스 베이컨 경은 몇 안 되는 예외였다. 전기작가 존 오브리에 따르면, 베이컨은 눈과 얼음으로 닭고기를 보존하는 실험을 하다가 감기에 걸려 1626년에 사망했다. 베이컨은 또 초석(질산칼륨)을 써서 "물을 얼음으로 인공적으로 바꾸는 실험"을 했다. 베이컨은 부자들이 얼음을 경박한 용도로 쓴다고 비난했다. 얼음을 '보존실'로 쓰지 않고 그저 포도주를 식히는 것 같은 시시한 용도로만 쓰는 것은 "질 나쁘고 경멸할 만한" 행동이라고 했다. 이때 보존실이란 냉장고를 뜻했다. 냉장은 오랫동안 무시되었지만 아이스크림 기술은 뛰어나게 발전했던 것을 보면, 얼음 기술이 발달하지 못하는 것은 대체로 우선순위의 문제라고 지적했던 베이컨의 말은 옳았다.

마셜 부인의 특허 냉동기는 1885년 출시된 아이스크림 제조기였다. 광고지에는 회전식 손잡이가 달린 얕은 원통이 그려져 있고 허풍스러운 문구가 적혀 있었다.

마셜의 특허 냉동기
부드럽고 맛있는 아이스크림을 3분 만에 만들어줍니다.

아이스크림을 3분 만에? 손으로? 요즘 주부를 겨냥하여 수백 파운드에 판매하는 최첨단 전기 아이스크림 제조기는 "아이스크림이나 소르베를 30분도 안 되어" 만들 수 있다고 자랑한다. 마셜 부인의 기기는 어떻게 그 시간의 10분의 1만에 아이스크림을 만들었을까? 전기도 없이?

꼭 과대 광고처럼 들린다. 마셜 부인은 돈 버는 재주가 탁월하고 영리한 사업가였다. 런던 북부 세인트존스우드 출신으로 네 아이의 어머니였던 그녀는 1883년 런던 중심가 모티머 거리 31번지에 문을 연 요리학교를 운영했다. 책에 실린 초상을 보면 그녀는 존 싱어 사전트의 회화에 등장하는 짙은 머리카락의 여인들처럼 매력적인 갈색머리 미인이었다. 반짝이는 눈동자, 불룩한 가슴, 정수리에 곱슬곱슬 쌓인 머리카락 뭉치. 마셜 부인은 요리학교를 연 지 얼마 되지 않아서 가게도 냈다. 칼 세척기에서 아이스크림 틀까지 부엌에 필요한 온갖 기구를 살 수 있는 곳이었다. 에센스, 조미료, 식용 색소도 팔았고, 요리책을 써서 뒤표지에 자기 가게의 다양한 제품을 선전하는 광고를 실었다. 마셜 부인이 쓴 책 3권 중 2권은 아이스크림 책이었고 1권은 전반적인 요리책이었다.

한마디로 마셜 부인은 아이스크림 기계가 실제로는 30분이 걸리는 데도 3분밖에 걸리지 않는다고 선전할 만한 사람이라는 인상을 준다. 그러나

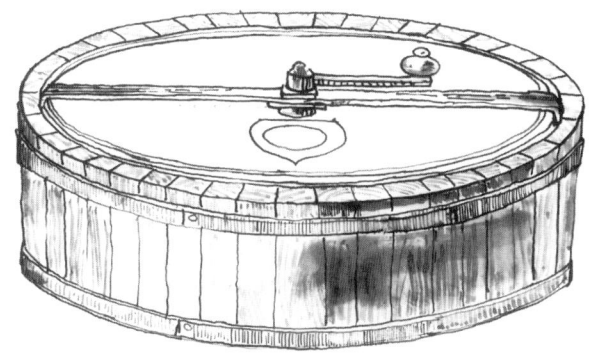

　가끔은 자기 선전가가 충분히 떠벌릴 만한 재주를 가지고 있을 때가 있다. 마셜 부인의 특허 냉동기는 정말 대단한 물건이었다. 1998년까지 남은 기계는 5대뿐이었는데, 그중 3대는 영국의 아이스크림 전문 역사가이자 마셜 부인이 거의 동시대를 살았던 비턴 여사보다 훨씬 더 훌륭한 요리사였다고 주장하는 소수의 열성적인 역사가들 중 한 사람인 로빈 위어가 소장했다. 위어는 마셜의 특허 냉동기 원조 제품을 시험해보고는 실제 몇 분만에 가볍고 매끄러운 아이스크림이 만들어진다는 사실에 깜짝 놀랐다. 정확히 3분은 아니지만, 양이 많지 않으면 최소한 5분을 넘지 않았다.
　나는 마셜 부인의 냉동기를 이반 데이의 옛 요리 강좌에서 직접 구경했다(데이도 위어처럼 그 냉동기를 가지고 있고 마셜 부인을 추앙하는 소수의 인물들 중 한 사람이다). 겉보기에 그것은 1843년 낸시 존슨이 발명한 고전적인 미국식 아이스크림 기구와 크게 다르지 않았다. 낸시 존슨은 필라델피아에 살았던 해군 장교의 아내로서 역시 탁월한 여성 아이스크림 혁신가였다. 요즘도 미국의 가정들은 무더운 여름 오후에 아이들을 즐겁게 할 요량으로 투박한 존슨식 나무통을 구입한다. 사용법은 이렇다. 나무통에 든 금속 용기 주변에 얼음과 소금을 채워넣는다. 혼합 아이스크림 재료를 용기에 붓는다. 뚜껑을 닫고 손잡이를 돌리면, 내부의 '교반기'가

얼음　279

회전하면서 용기 가장자리 차가운 부분부터 어는 아이스크림을 긁어 섞는다. 운이 좋으면, 그러니까 날씨가 너무 덥지 않고 얼음과 소금을 가득 채웠을 때는, 손잡이를 격렬하게 20분만 돌리면 아이스크림이 만들어진다.

마셜 부인의 특허 냉동기는 어떻게 네 배나 더 빨리 같은 일을 해낼까? 마셜의 기구는 존슨의 나무통보다 훨씬 더 넓고 얕다. 냉동은 열 전달을 뒤집은 과정이라고 할 수 있다. 열은 커스터드 혼합물에서 싸늘한 금속 용기로 흐른다. 따라서 차가운 금속의 표면적이 넓을수록 혼합물이 더 빨리 언다. 마셜의 냉동기는 다른 아이스크림 제조기보다 찬 표면적이 훨씬 더 넓다. 그리고 존슨식과는 달리 얼음과 소금을 바닥판 밑에 넣는다. 광고는 "가장자리를 둥글게 다 채울 필요가 없다"고 선전했다. 또다른 혁신도 있었다. 전기를 쓰든 쓰지 않든 모든 가정용 아이스크림 기구는 금속 용기가 가만히 있고 노처럼 생긴 교반기가 회전하는 구조인 반면, 마셜의 냉동기는 중앙의 교반기가 가만히 있고 꼭대기에 달린 손잡이로 금속 용기를 빙글빙글 돌렸다.

탁월한 발명이었지만, 흠이 하나 있었다. 마셜 부인은 가급적 싼 가격을 매기기 위해서 독성이 있는 싸구려 아연으로 기구를 제작했다. 그래서 지금까지 살아남은 기구가 실크처럼 부드러운 젤라토를 순식간에 멋지게 만들었음에도 로빈 위어를 제외한 다른 사람들은 아이스크림을 오래 맛보려고 하지 않았다. 위어는 "영하의 온도에서는 금속의 독성을 무시할 만하다"며 자신은 "[그 기구로] 만든 아이스크림을 입에 달고 산다"고 말했다. 그 말이 옳지만, 요즘 세상에서는 아무리 약간이라도 아이스크림을 아연으로 오염시키는 기구는 많이 팔리지 않을 것이다.

우리는 이반 데이의 집에서 시트러스와 베르가모트 향이 나는 빙과 재료가 노란 반투명 액체에서 눈처럼 흰 크림으로 바뀌는 장면을 구경했다. 독이 있든 없든 조금이라도 맛보고 싶은 충동이 솟았다. 데이는 마셜 부인의 기구를 비독성 재료로 새롭게 제작해서 출시하면 어떻겠느냐고 위어와 종종 이야기한다고 했다. 정말 그래야 한다. 그 기구는 요즘 시판되는 어떤 기계보다도 낫다. 더 빠르고, 효율적이고, 미적으로 만족스러우며, 작동 시에 전혀 오염을 일으키지 않는다. 1885년에 마셜 부인의 특허 냉동기를 가지고 있었던 사람은 요즘 사람들보다 더 쉽고 빠르게 아이스크림을 만들 수 있었을 것이다.

파코젯(Pacojet)은 '정밀 회전'을 통해서 20초 만에 빙과를 만든다고 주장하는 혁신적인 기계인데, 따지고 보면 마셜 냉동기보다 느리다. 파코젯으로 아이스크림을 만들 때는 재료를 최소 24시간 동안 미리 얼려두어야 하기 때문이다. 마셜 부인의 혁신이 더욱 주목할 만한 까닭은 아이스크림 제작이 아스라히 잊힌 기술이 아니기 때문이다(젤리 틀도 요즘보다 100년 전에 평균적으로 더 뛰어났지만 그것은 요즘 우리가 성[城] 모양 젤리를 만드는 데에 그다지 흥미가 없기 때문이다). 요즘도 마셜 부인의 재주를 가지고 싶어하는 요리사가 많을 것이다. 마셜 부인의 『아이스크림 책(*Book of Ices*)』에 소개된 다양한 맛은 일단 혼합물을 준비하면 아이스크림은 몇 분 만에 완성할 수 있었기 때문에 그녀가 마음껏 자유롭게 창의성을 발휘했음을 암시한다. 바닐라, 딸기, 초콜릿은 기본이고 구운 아몬드, 구즈베리, 녹색자두, 계피, 살구, 피스타치오, 퀸스, 오렌지꽃으로 향을 낸 물, 홍차, 귤 아이스크림 레시피도 있다.

마셜 부인이 아이스크림에 관해서 떠올린 놀라운 발상이 또 있었다. 1901년 자신이 펴낸 잡지 『식탁(*The Table*)』에서 그녀는 "과학적 소양이 있는 사람들"을 위한 재미난 장난을 제안했다.

액화 산소를 동원하여……만찬에 모인 손님들이 각자 식탁에서 자기가 먹을 아이스크림을 만들 수 있을지도 모른다. 손님이 아이스크림 재료를 숟가락으로 저으면 하인이 그 속에 액화 기체를 몇 방울 떨어뜨리는 것이다.

마셜 부인은 아마도 왕립연구소 과학 강연에서 액화 기체를 본 뒤에 이런 생각을 떠올렸을 것이다. 그녀가 실제로 실험했는지 여부는 분명하지 않다. 액체 질소로 실제 아이스크림을 만들어본 과학자 피터 바햄은 아니었을 것이라고 본다. 액화 산소 "몇 방울"로는 아이스크림 한 그릇을 얼리기에 충분하지 않기 때문이다. 하여간 요리계의 뛰어난 혁신가가 막 20세기로 접어들던 시점에 그로부터 100년 뒤에도 첨단기술로 보이는 아이스크림 제조법을 떠올렸다는 것은 놀라운 일이다. 요즘도 헤스턴 블루멘탈의 레스토랑 팻덕을 찾은 손님들은 식탁에서 액화 질소로 디저트를 얼리는 모습에 놀라 숨을 삼킨다.

마셜 부인의 액화 기체는 아이스크림 혁신의 수백 년 역사 끝에 온 발명이었다. 얼음에 소금을 넣어 온도를 낮추는 기초적인 수법은 기원후 300년경 인도에서 발견되었다. 소금이 얼음의 어는점을 낮추기 때문에 가능한 일인데 이론적으로는 영하 21도까지 낮출 수 있다. 13세기 아랍 의사들은 물에 초석을 더해 인공 눈과 얼음을 만들었다. 베이컨보다 3세기 앞섰던 셈이다. 동양을 방문한 유럽인은 근사한 셔벗과 차가운 시럽에 놀랐다. 프랑스인 피에르 블롱은 16세기에 중동을 방문하고 그곳의 달고 찬 음료에 감탄했다. "무화과로 만든 것도 있고 자두로 만든 것, 배와 복숭아로 만든 것, 살구와 포도로 만든 것, 그뿐 아니라 꿀로 만든 것도 있었다. 사람들은 눈이나 얼음을 셔벗과 섞어서 차게 만든다."

페르시아 사람들은 레몬, 오렌지, 석류 즙으로 셔벗을 만들었다. 우선 은으로 된 여과기에 과일을 짜서 즙을 냈다. 거기에 설탕을 더하고 물로 희석했다. 마지막으로 얼음을 넣었다. 인도에서 요즘도 즐기는 얼음 음료 골라(gola)처럼, 그것은 레모네이드와 슬러시의 중간이었다. 푹푹 찌는 오후에 청량한 위안이 되어주는 음료였다. 시인 바이런은 1813년 이스탄불을 방문했을 때 이렇게 썼다. "내게 태양을 달라. 아무리 뜨거워도 좋다. 그리고 내게 셔벗을 달라. 아무리 차가워도 좋다. 그러면 나도 페르시아인처럼 금세 천국에 있게 되니."

17세기에는 파리, 피렌체, 나폴리에서도 빙과를 얼려 먹었고, 18세기 중반에는 얼음 과자가 유럽에서도 확실히 자리를 잡았다. 나폴리에서는 소르베토(sorbeto) 행상이 달큰한 오렌지, 씁쓸한 체리, 재스민, 머스캣 포도주에 졸인 배 등등의 맛이 나는 아이스크림을 팔았다(요즘은 크림이 들어가지 않은 아이스크림을 '소르베토'라고 부르지만, 당시 이탈리아에서는 '젤라토'가 아니라 '소르베토'가 아이스크림을 통칭하는 말로 쓰였다). 행상은 '소르베티에라'라는 제조기구에서 아이스크림을 펐다. 소르베티에라는 뚜껑이 달린 길쭉한 원통형 금속 용기로, 그것을 얼음과 소금이 든 통에 묻어두었다. 행상은 얼어가는 결정을 잘게 부수어 매끄러운 소르베토를 만들기 위해서 얼음 통에 파묻힌 소르베티에라를 몇 분마다 돌렸다. 그러면 속에 든 혼합물도 함께 휘저어졌다. 간간이 나무 주걱으로 아이스크림을 저어주기도 했다. 그 또한 요즘의 거대한 가전기기가 만든 것에 뒤지지 않을 만큼 훌륭한 아이스크림을 낮은 수준의 기술로 만드는 방법이었다.

요컨대 가정용 아이스크림 제조에 관한 한 우리는 선조들에게 가르쳐줄 것이 거의 없다. 우리가 전기 없이 소르베를 만드는 방법—플라스틱 용기에 담아 냉동실에서 얼리면서 이따금 깨뜨려 저어주는 방식—은 소르베티에라나 마셜 부인의 특허 냉동기와는 비교할 수 없을 만큼 열등하다. 아무리 자주 꺼내어 저어도 결과물은 썩 매력적이지 않은 얼음 덩어리가 된다. 산업적 아이스크림 제조기법을 논외로 한다면, 사실은 그마저도 대개 공기와 첨가물로 질을 낮추는 기법에 불과하지만, 마셜 부인의 시절 이래 진정한 혁신은 없었다.

빅토리아 시대 아이스크림 기술이 그 정도였으니, 다음 단계로 자연히 냉장 기술이 발달했으리라고 기대할 만하다. 부엌 요리사가 짭짤한 음식을 맡는 식사 담당과 달콤한 디저트를 맡는 제과 담당으로 나뉘었던 유럽 대저택에서는 실제로 종종 제과 담당이 '냉실'에서 패스트리를 차게 보관하고, 빙과를 만들고, 고기를 저장했다. 그러나 그보다 소박한 가정에서는 산업혁명 이후로도 한동안 냉장이 초보적인 수준이었다. 1880년대에 마셜 부인은 다양한 종류의 '현대적으로 싹 개량한 선반 냉장고'도 팔았는데, 그것은 독립형 목제 찬장의 꼭대기에 얼음 담는 통을 두어 칸 설치한 것에 지나지 않았다. 마셜 부인의 특허 냉동기는 위대하되 잊힌 부엌 기술이지만, 그녀의 냉장고는 빅토리아 시대의 별난 골동품에 불과하다. 그런 물건은 현대인의 삶을 바꾸어놓은 압축식 전기 냉장고가 나타나자마자 무용지물이 되었다.

몇 년 전, 나는 런던에서 살고 있는 미국인 친구와 이야기를 나누고 있었다. 그녀는 향수를 느낀다고 했다. 그런데 그녀가 영국에서 정말로 신경 쓰이는 점은 하나같이 아담한 기기로만 꾸며진 영국 부엌이 너무 조용하다는 점이었다. 그녀는 커다란 미국 냉장고가 내는, 시끄럽지 않지만 꾸준한 소음을 그리워했다. 그 나지막한 웅웅거림이 그녀에게는 편안한 안식처의 소리였다.

20세기 미국 냉장고가 그런 친근한 소음을 내게 된 것은 어쩔 수 없는 일이 아니었다. 그것은 속에 든 모터가 내는 소리이다(큰 냉장고 = 큰 모터 = 큰 소음). 사실은 전기 냉장고보다 결코 잠재력이 뒤지지 않는 대안으로 가스 흡수식 냉장고가 있었는데, 이 냉장고는 조용했다. 둘 다 19세기에 개발된 기법이었다. 모든 냉장 메커니즘은 액체와 기체의 열역학적 성질에 바탕을 둔다. 냉장은 '냉기'를 더하는 것이 아니라—그런 물질은 없다—열을 펌프질해 내보내는 것이다. 냉장은 액체가 기화될 때 열을 가지고 나간다는 사실을 이용한다. 뜨거운 수프에서 김이 피어오르면서 수프가 식는 것과 마찬가지이다.

고대 이집트 이래 사람들은 증발의 원리로 물을 식혔다. 물을 다공성 토기 단지에 담고 단지 겉을 물로 적신다. 그러면 표면의 물이 증발하면서 내부의 물에서 열을 가지고 나간다. 인도에서는 이 기법으로 얼음을 만들었다. 구덩이를 파서 짚을 두르고, 물이 담긴 얕은 토기 단지를 그 속에 넣었다. 기상 조건이 알맞으면—바람이 너무 세지 않으면—물이 얼음으로 변했다.

18세기부터 여러 발명가들이 증발의 냉각 효과를 가속하는 방법을 이것저것 시험해보았다. 19세기 초 콘월의 기술자 리처드 트레비식은 압력하에서 팽창하는 공기를 이용하여 물을 얼음으로 바꾸는 기계를 처음 제작했다. 그러나 공기는 좋은 냉매가 되지 못했다. 공기는 열 전도율이 낮은데, 원활한 열 전도야말로 냉각의 궁극적인 목표이다. 기술자들은 다양한 기체를 냉매로 시험해보았다. 1862년에는 공기 대신 에테르를 쓴 해리슨-지베 증기 압축 제빙기가 선을 보였다. 그것은 '15마력 증기 엔진으로 구동되는' 거대하고 위압적인 기계였지만, 기본 원리만큼은 요즘 우리 부엌에 있는 냉장고와 같았다. 기체를—이 경우 에테르를—금속 코일 속에서 압축시켜 액체로 만든 다음 다시 그것을 기체로 팽창시키면 열이 제거되는데, 이것이 바로 냉매 효과이다. 마지막으로 기체를 도로 액화시키면 과정이 처음부터 반복된다. 해리슨-지베 기계는 초기의 폭발 문제를 해결하자 아주 잘 작동했다. 1890년대 대형 얼음 공장들은 증기 엔진을 돌려 이 압축기법을 실행함으로써 깨끗하고 다이아몬드처럼 빛나는 얼음을 매일 수백 톤씩 쏟아냈다.

얼음 제조기법은 그뿐만이 아니었다. 프랑스 발명가들은 기체 흡수식이라는 대안을 고안했는데, 압축식과의 차이는 기체를 압축 코일에 집어넣는 대신 '공감적' 액체에 녹인다는 점이었다. 특히 주목할 만한 설계를 선보였던 페르디낭 카레의 설계에서 액체는 물이고 냉매는 암모니아였다. 흡수식은 하나가 아니라 두 물질을 고려해야 했으므로 압축식보다 복잡했다. 그래도 카레의 기계는 인상적이었다. 기계는 쉼 없이 돌았고, 1867년이 되자 시간당 최대 200킬로그램씩 얼음을 생산했다. 그때까지 천연 얼음을 안정적으로 수급할 수 없었던 미국 남부에서는 카레의 대형 흡수식 기계를 갖춘 공장들이 속속 세워졌다. 1889년 남부에서는 165개의 공장이 민트 줄렙 칵테일을 식히거나 조지아산 복숭아를 운송하는 데에 쓸 아름답고 투명한 인공 얼음을 생산했다.

이렇듯 상업적 제빙산업이 기계화되는 중에도, 주부들은 아이스박스로 버티고 있었다. 1921년 『아름다운 집(*House Beautiful*)』에 실린 기사에서 글쓴이는 차가운 저장고를 유지하는 잡무에 대해서 이렇게 불평했다.

얼음 배달부가 잠깐 기다리는 동안 얼음 덩어리를 내려놓아 젖은 곳을 닦아야 한다.······매일 바닥의 물받이를 꺼내서 물을 버려야 한다.······매일같이 아이스박스의 냄새를 맡으면서 뭔가 상하기 시작했는지, 청소가 필요한지 살펴야 한다.

이런 일상적인 허드렛일은 가정용 냉장고의 등장과 함께 사라졌다. 가스식과 전기식 냉장고는 둘 다 양차 세계대전 사이에 등장했다. 제1차 세계대전 말부터 대공황 시작까지 10년은 역사상 어느 때보다도 미국 가사노동의 패턴이 '극적으로 변한' 시기였다고 간주된다. 1917년에는 미국 가정의 25퍼센트만이 전력망에 연결되어 있었으나, 1930년에는 80퍼센트로 뛰었다. 전기 사용자 수가 임계치를 넘은 것은 전기 압축식 냉장고의 보급에 결정적인 요인이었다. 냉장고는 수지가 좋은 사업이었다. 전기 다리미나 주전자와 달리 냉장고는 한시도 끄지 않는다. 하루 24시간 매일 웅웅거리면서 전기를 쓴다. 전기 회사들이 가정의 전기 냉장고 보급을 장려할 동기는 충분했다.

전국적으로 이름을 날린 첫 브랜드는 켈비네이터(Kelvinator)와 프리지데어(Frigidaire)였다. 두 회사는 모두 1916년에 설립되어 전기 냉장고를 생산하기 시작했다. 초기에는, 최대한 좋게 표현해서, 몇 가지 단점이 있었다. 1910년대에 전기 냉장고를 구입하면 독립된 냉장고 기계가 오는 것이 아니라, 냉장고 회사가 와서 기존의 목제 아이스박스에 냉장시설을 설치해주었다. 나무 아이스박스는 모터의 진동을 견디지 못하고 휘거나 부서졌다. 게다가 기계장치가 하도 커서 아이스박스에 음식을 담을 공간이 남지 않았다. 이 문제를 해결하고자 압축기와 모터를 지하실에 설치하기도 했는데, 그러면 위층 아이스박스까지 냉매를 힘겹게 펌프질해 올려야 했다. 압축기는 자주 고장났고 모터는 자주 망가졌다. 더 큰 걱정은 초기 냉매—염화메틸과 이산화황—가 유독하다는 점이었다. 밀폐가 형편없다 보니 더 문제였다. 1925년, 물리학자 알베르트 아인슈타인은 냉장고 펌프에서 샌 기체 때문에 일가족이 사망했다는 기사를 읽고 더 나은 냉장고를 설계하기로 결심했다. 아인슈타인이 옛 학생이었던 레오 실라르드와 함께 개발하여 1930년 11월에 특허를 낸 아인슈타인 냉장고는 카레의 기계처럼 흡수식이었다. 구동부가 없었고 가스 버너 같은 작은 열원만 있으면 작동했다.

아인슈타인 냉장고는 시판되지 않았다. 상황이 급속히 바뀌었기 때문이다. 1930년 냉장고 업계는 프레온 12라는 무독성 냉매를 도입했고, 삽시간에 모든 신형 냉장고가 프레온을 채택했다. 당시에는 그것이 신기원인 줄 알았지만, 50년 뒤 업체들은 프레온을 대체할 물질을 미친 듯이 찾아 헤매야 했다. 프레온을 비롯한 염화불화탄소 기체들이 오존층을 고갈시키는 것으로 밝혀졌기 때문이다. 1930년은 미국에서 기계식 냉장고의 판매량이 아이스박스의 판매량을 처음으로 능가한 해이기도 했다. 그즈음 냉장고 디자인은 이전의 나무 찬장을 한참 넘어섰다. 1920년대 독립형 냉장고는 대개 다리가 넷 달린 흰 서랍장처럼 보였다. 아마도 가장 유명한 제품은 제너럴 일렉트릭의 '모니터-톱'일 것이다. 다리 달린 흰 상자 꼭대기에 원통형 냉각장치가 툭 튀어나온 디자인이었다. 이후 1930년대를 거치면서 냉장고는 키가 커지고 다리가 사라져 늘씬한 금속성 아름다움을 발전시켰다.

  1926년 일렉트로룩스-서벨 사는 가스를 쓰는 연속 흡수식 냉장고를 개발했다. 이후 한동안은 가스 냉장고가 전기 냉장고보다 우세할 듯했다. 가스 냉장고의 기본 요소를 발명한 사람은 스웨덴 기술자 칼 문테르스와 발트사르 폰 플라텐이었다. 그들의 가스 냉장고는 모터가 필요하지 않았고, 더 싸고 더 조용했다. 1940년대 광고를 보면, 잘 차려입은 백인 부부가 일렉트로룩스 덕분에 흑인 하녀를 붙잡을 수 있었다고 자랑한다. "우리가 조용한 냉장고로 바꿨기 때문에 맨디가 다시 한번 우리에게 기회를 주기로 했어요." 하녀 맨디는 "어머나, 정말로 조용하네요!"라고 말한다. 조용하다는 장점에도 불구하고 서벨에는 제너럴 일렉트릭 같은 거대 전기 회사만큼의 영향력이 없었고, 결국 오늘날 가스 냉장고라는 발상은 과거의 것이 되었다. 그러나 조용한 가스식 대 웅웅거리는 전기식이라는 두 모델의 경쟁은 양쪽의 혁신을 부추겼다. 미국 냉장고들이 그렇게 빨리 그렇게 좋아진 것은 그 경쟁 때문이기도 했다. 1930년대 말 냉장고는 현대적인 부속을 이미 많이 갖추고 있었다. 푸시풀(push-pull) 방식의 문, 채소 보관용 신선칸, 얼음을 얼릴 냉동칸. 모두 요즘도 판매에 중요하게 기여하는 특징이다.

프리지데어와 일렉트로룩스가 만들면 미국이 샀다. 1926년에는 20만 대가 팔렸으나(가격은 평균 400달러), 1935년에는 150만 대가 팔렸다(평균 170달러). 미국 가정의 절반가량이 기계식 냉장고를 소유했다. 광고는 소비자들에게 냉장고를 경이롭도록 신선한 식품이 샘솟는 공간으로 상상하라고 부추겼다. 켈비네이터는 '켈비네이트'된 음식이라는 발상을 소비자들에게 선전했다.

차고 서늘한 켈비네이터 냉장고에서 꺼낸 음식은 도저히 뿌리칠 수 없습니다. 얼음처럼 차가운 오렌지를 상상해보세요. 속까지 완벽하게 차가워진 멜론이나 자몽을, 아니면 집에서 병조림한 과일을 싱그러운 즙까지 차갑게 낸다고 상상해보세요. 시리얼에 차고 상쾌한 크림을 얹는다고 상상해보세요.

다른 식품 보존기법들은 대체로 음식을 상하지 않게 구출하는 것이 목적일 뿐, 더 낫게 만들려는 것은 아니었다. 훈제 청어가 신선한 청어만큼 맛있지 않다는 것은 누구나 알았다. 썩은 청어보다는 훈제 청어가 나았을 뿐이다. 반면에 냉장고 업계는 냉장고가 보존을 넘어 음식을 바꾼다고 주장했다.

그러나 변화가 늘 좋은 쪽은 아니었다. 냉장고에 대한 흔한 불평은 음식이 신선하더라도 맛이 나빠진다는 것이었다. 1966년 식품 보관 전문가 R. C. 허친슨의 지적에 따르면, 많은 소비자들이 냉장 음식은 "고유의 맛이 사라지고 다른 맛이 난다"고 느꼈다. 그러나 사업적 관점에서는 이 문제가 꼭 골칫거리만은 아니었다. 기회일 수도 있었다. 냉장고는 랩(1953년 사란랩이라는 브랜드로 처음 발명되었다), 터퍼웨어(1946년 처음 판매되었다) 같은 새로운 식품 보관용 상품을 탄생시켰다. 1950년대 터퍼웨어 광고는 이런 말로 제품을 권했다. "이 속삭임이 들리나요? 음식 맛을 신선하게 지켜주는 터퍼웨어의 빈틈없는 약속이에요!"

터퍼웨어는 냉동식품 보관용기로도 선전되었다. 좁은 가정용 냉동실에 음식을 최대한 꽉꽉 넣도록 도와준다고 했다. 터퍼웨어가 시판될 즈음, 냉동식품 산업은 부진한 출발을 딛고서 10억 달러 규모를 향해 나아가고 있었다. 1930년대만 해도 미국 냉장고는 냉동 면에서는 형편없었다. 냉동실 공간은 냉장고 안에서 가장 차가운 증발 코일 근처의 좁은 공간을 썼는데, 식품 한두 봉지를 넣으면 꽉 찰 만큼 좁았고, 성가시게도 툭하면 얼음이 녹아서 내용물이 모두 한 덩어리로 뭉쳐졌다.

냉동식품의 잠재력이 극적으로 향상된 것은 1939년에 '이중 온도 냉장고', 즉 냉동실과 냉장실이 분리된 모델이 도입된 뒤였다. 드디어 아이스크림이나 얼음을 냉장실 내용물과는 분리된 공간에서 줄곧 영하의 온도로 보관할 수 있었다. 또다른 혁신은 증발 코일을 냉장고 뒷벽에 넣어 감춘 것이었다. 덕분에 내부가 더 고르게 냉각되었고, 성에를 긁어내는 끔찍한 수고도 사라졌다. 집에 그런 기계가 있는 사람들이 갖가지 시판 냉동식품으로 속을 채우려고 하는 것은 당연했다. 매일 아침 '신선한' 주스를 마시게 해주는 냉동 오렌지 주스 농축물(전후 미국에서 가장 성공한 냉동식품으로 1948-1949년 사이에 3,400만 리터가 팔렸다), 한겨울에도 여름 과일을 즐기게 해주는 냉동 딸기와 체리와 라즈베리, 신제품 피시스틱, 그리고 버즈아이 사 덕분에 맛보게 된 냉동 콩도 빠뜨릴 수 없었다.

1920년대에 현대적 냉동식품 산업을 창조한 클래런스 버즈아이는 "내가 한 일은 그다지 특출하지 않다.……에스키모는 수백 년 전부터 [냉동식품

을] 가지고 있었다"고 즐겨 말했다. 너무 겸손한 말이다. 과거에도 에스키모만이 아니라 많은 사람들이 얼음으로 생선과 고기를 감싸서 시장에 가지고 갈 만큼 오래 보관했던 것은 사실이다. 그러나 고깃덩어리만이 아니라 자그만 완두콩에도 적용할 수 있을 만큼 섬세한 급속 냉동기법을 개발한 사람은 버즈아이였다.

미국처럼 러시아도 땅이 광활하고 겨울이 냉혹한 나라여서 일찍부터 냉동으로 식품을 보존하는 기법이 널리 쓰였다. 땅덩어리가 좁고 겨울이 온화한 영국의 얼음 전문가 토머스 매스터스는 1844년 상트페테르부르크 얼음 시장의 경이로운 풍경을 목격하고는, "응결된 상태의 동물 수천 마리가 피라미드꼴로 쌓여" 있었고, "소, 돼지, 양, 가금류, 버터, 생선이 모두 돌처럼 딱딱하게 굳어" 있었으며, 뭔가를 사려면 "장작처럼" 도끼로 패야 했다고 적었다.

그것은 분명 콩깍지가 다 벗겨져 있어서 5분 만에 식탁에 올릴 수 있는 냉동 완두콩 봉지와는 전혀 다른 사업이었다. 상트페테르부르크의 얼음 시장은 생존을 위한 투박한 식품을 팔았다. 그것은 '데워 먹는' 미닛메이드 간편식을 냉동실에서 꺼낸 뒤 차가운 곳에서 뜨거운 곳으로 옮기는 데에 시간을 지체하지도 않고 곧장 전기 오븐에 넣는 한 세기 후의 미국 주부들과는 거리가 먼 상황이었다. 버즈아이의 혁신은 20세기 교외 가정의 생활에 잘 들어맞는 위생적인 냉동식품을 개발한 것이었다. 이제 얼음 송곳은 필요하지 않았다.

미국 농무부에서 생물학자로 일한 경력이 있는 버즈아이는 모피 사냥꾼이었다. 그의 발명은 단순한 관찰에서 나왔다. 1912-1915년에 그는 아내 엘리너와 아들 켈로그와 함께 캐나다 북동부 래브라도 지역으로 모피 사냥을 나가 있었다. 가족은 가장 가까운 주거지에서도 한참 먼 작은 오두막에서 북극의 냉기에 얼어붙은 생선과 가금류를 먹고 살았다. 버즈아이는 음식—토끼, 오리, 순록, 생선—이 봄가을보다 겨울에 더 맛있다는 사실을 깨달았고, 그것이 더 신속하게 언 탓일 것이라고 추측했다. 그는 신선한 채소도 얼려보았다. 채소는 래브라도에 아주 가끔만 운송되는 음식이었다. 그 결과, 양배추를 비롯한 채소를 소금물에 담갔다 얼리면 더 빨리 언다는 사실을 발견했다.

상트페테르부르크 시장에서 쓰는 전통적인 냉동기법은 단순히 음식을 얼음이나 눈에 파묻어 서서히 얼리는 것이었다. 그러면 굵은 얼음 결정이 맺혀 식품의 세포구조를 망가뜨림으로써 맛을 떨어뜨렸다. 천천히 얼렸던 음식을 해동하면 물이 질질 흘렀다. 고기가 특히 심각했다. 1926년 「타임스」는 천천히 얼린 소고기를 녹일 때면 "다량의 피 혹은 물"이 흐르는 경향이 있다고 불평했다.

해답은 가까이 있었다. 버즈아이는 1917년 래브라도에서 미국으로 돌아온 뒤, 단 7달러를 투자하여 선풍기, 얼음 몇 덩어리, 소금물이 든 양동이, 대구 살을 샀다. 그리고 뉴저지의 아이스크림 공장 한켠을 빌려 "래브라도의 겨울을 뉴잉글랜드에서 재현하려고" 애썼다. 그 결과 1925년, 염화칼슘 용액으로 영하 40도까지 식힌 금속 판을 써서 식품을 급속 냉각하는 기법을 개발했다. 음식 봉지를 금속 벨트 사이에 끼워 누르면 거의 즉시 얼었다. 이전의 어떤 기법보다도 빨랐다. 버즈아이가 그 기법으로 처음 얼린 것은 생선이었다. 1925년에 그는 냉동식품 업계의 제너럴 모터스나 제너럴 일렉트릭이 되겠다는 포부로 제너럴 시푸드 사를 차렸다. 그 회사와 특허는 1929년 골드만 삭스와 포스텀 사에 2,200만 달러에 매각되었다.

냉동식품은 단숨에 성공을 거두지는 못했다. 초기의 냉동 콩은 맛이 형편없었다. 콩을 비롯한 모든 채소를 일단 뜨거운 물로 데쳤다가 얼려야만 효소가 비활성화되어 상하지 않는다는 사실을 1930년에야 발견했기 때문이다. 품질이 믿음직하지 않다 보니 사람들은 냉동식품을 대단히 의심스러

위했다. 냉동식품은 질 낮은 재료, 즉 폐기해야 할 재료로 만든다는 생각이 널리 퍼져 있었다. 전환점이 된 것은 버즈아이가 실시한 광고 캠페인이었다. 그는 '프로즌 푸드(frozen food, 냉동 음식)'라는 명칭을 '프로스티드 푸드(frosted food, 서리 내린 음식)'라고 개명했다. 싸늘한 매력이 느껴지는 이름이었다. '냉동 음식'이라고 하면 굶지 못해 먹는 음식처럼 느껴지지만, '서리 내린 음식'이라고 하면 어린 시절의 환상처럼 들렸다. 작전은 통했다. 1955년 미국의 냉동식품 시장은 연간 15억 달러 규모가 되었다.

냉동식품은 영국에서도 인기였다. 급속 냉동법이 아니었다면, 완두콩이 영국인의 식단에서 이토록 중심적인 위치를 차지하지는 못했을 것이다. 하루는 소시지와 감자 튀김과 콩, 이튿날은 닭고기와 감자 튀김과 콩, 그 다음날은 파이와 감자 튀김과 콩. 영국 펍의 메뉴에 오르는 채소는 대부분 버즈아이 덕분에 등장한 것이었다. 1959년 영국에서는 냉동 콩 판매량이 처음으로 꼬투리에 든 신선한 콩 판매량을 앞질렀다. 이상한 대목은 영국 소비자들이 냉동식품을 보관할 장소가 없는데도 열렬히 사들였다는 점이다. 「타임스」는 "가게들이 다 닫았는데 갑자기 손님이 온다고 해서 식사를 더 준비해야 하는" 주부에게 그것이 "핸디캡"이라고 지적했다. 그러자 냉동식품 회사들은 그 고충을 해결하기 위해서 아무 때나 냉동식품을 구입할 수 있는 자판기를 고안했다. 내가 아는 한 실제로 설치된 것은 없었지만 말이다. 상상해보라. 절박한 주부 수백 명이 갑자기 들이닥친다는 남편의 직장 상사에게 대접할 냉동 치킨 키예프*를 급히 공수하고자 동네 모퉁이 자판기에 길게 줄 선 모습을. 1970년에도 영국에서는 종류를 불문하고 냉동고를 갖춘 가정이 3.5퍼센트에 불과했다. 나머지 가정은 냉동식품을 사면 얼음통 위 조막만 한 공간에 쑤셔넣는 수밖에 없었다. 나도 똑

---

* chicken kiev, 닭가슴살로 마늘과 버터를 싸고 빵가루를 입혀 튀긴 요리/역주

똑히 기억한다. 반쯤 남은 라즈베리 아이스크림이 녹으면서 거대한 얼음 덩어리가 되어 냉동고 천장에 들러붙었던 것을.

냉장된 미국과 냉장되지 못한 나머지 나라들 사이에는 깊은 틈이 벌어졌다. 그것은 냉장고와 냉동고 구입에 따르는 지출 문제였을 뿐 아니라 문화의 문제였다. 유럽인은 오랫동안 냉장 보관기술을 적극 거부했다. 프랑스에는 '냉장고 공포'를 의미하는 단어[figoriphobie]까지 있었다. 파리의 최대 식품 시장인 레알에서도 손님과 상인이 모두 냉장에 반대했다. 구매자들은 냉장고 때문에 상인들이 너무 큰 힘을 휘두르게 될까봐 걱정했다. 오래된 음식을 신선한 것처럼 속여서 팔 수 있을 테니까. 한편 판매자들은 이 기술이 판매기간을 늘려주므로 반겨야 마땅했는데도, 레알에 처음 냉장고가 도입되었을 때 상인들은 마치 개인적 모욕을 당한 것처럼 반응했다. 냉장고는 맛있는 치즈 고유의 특징을 죽이는 무덤이라는 것이 상인들의 주장이었다. 사실 틀린 말은 아니다. 냉장고에 차게 보관한 브리 치즈는 구식 저장실에서 최고조로 숙성되어 물컹하게 비어져나올 듯한 경이로운 치즈에 비하면 밋밋하기 그지없다.

유럽 대륙의 소비자들은 집에서 냉장고를 쓰는 일에도 열광적이지 않았다. 솔직히 그들의 식품 구입 패턴을 보면 냉장고가 필요 없었다. 1890년대 미국 아이스박스 회사들은 유럽 시장 진출을 꾀하느라 각국 영사들에게 아이스박스 수요를 알아봐달라고 부탁했는데, 영사들이 보내온 정보는 실망스러웠다. 프랑스 남부 대도시에서는 정육업자들이 겨울에는 하루에 한 번, 여름에는 하루에 두 번 도축한다고 했다. 대다수 사람들은 하루에 두 번 식재료를 구입해서 그날 다 먹었다. 주부들이 그렇게 구입하고 요리하는 데에 만족하는 한, 그리고 판매자들이 손님이 원하는 신선한 식품을 제공할 수 있는 한, 아이스박스는 오히려 거추장스러울 것이었다.

영국인도 냉장고 구입을 서두르지 않았다. 20세기 대부분의 기간에, 영국을 방문한 미국인은 물건들의 온도가 죄다 엉망인 데에 놀랐다. 방은 춥고 외풍이 심했고, 맥주와 우유는 미지근했고, 버터는 시큼했으며, 치즈는 땀을 흘렸다. 1923년 『집과 정원(House and Garden)』에 실린 기사에 따르면, "미국 가정들이 기본으로 갖춘 냉장고는 영국에서는 충분히 알려지거나 사용되지 않았다." 1920년대 냉장고가 안정적이지 못하고 유독했다는 사실을 고려하면 천천히 받아들인 것이 꼭 나쁜 일은 아니었을 것이다. 그러나 냉장고에 대한 영국인의 반감이 전적으로 합리적인 것만도 아니었다. 전기 냉장고의 안전성과 일관성이 확인된 뒤에도, 또한 대부분의 가정에 전기가 보급된 뒤에도, 영국인은 냉장고를 쓸데없는 낭비이자 퇴폐적인 물건이라고 보았다. 프리지데어는 영국 시장에 침투하는 과제를 이렇게 묘사했다. "영국인에게 얼음은 단순히 겨울철의 불편한 물질이었고, 찬 음료는 미국인들의 실수였다. 따라서 강매 전략이 필수적이었다." 미국적인 과잉의 식성을 꺼리는 태도는 전쟁 중과 전쟁 후의 실제 긴축 상황보다도 앞서 일찌감치 국가적으로 형성된 금욕적 사고방식에서 기인했다. 1948년에 영국에서 냉장고를 소유한 가정은 2퍼센트에 불과했다.

결국에는 영국인도 냉기에 대한 반감을 극복했다. 1990년대로 넘어오면, 영국의 가정은 '냉장기기'를 평균 1.4대 소유했다(냉장고든, 차고에 두는 대형 냉동고든). 1950년대 미국 냉장고처럼 화사한 파스텔 색에 큼직하고 투박한 금속 손잡이가 달린 스메그 사의 복고풍 냉장고 'FAB'에 대한 욕구는 채워질 줄 모르는 듯하다. 한마디로, 냉장고에 관한 한 영국인은 1990년대 말에야 1959년의 미국인을 따라잡았다.

냉장고 디자인은 디자이너들이 우리의 삶을 어떻게 파악하고 우리를 어떤 사람으로 보는가에 달려 있다. 1940년 미국의 한 냉장고 판매원은 "우리 사업의 50퍼센트는 과일이 아니라 여성들을 보존하는 것"이라고 말했다. 삼면 냉각에 푸시풀 손잡이 따위가 중요한 까닭은 "여성이 식료품을 한 가득 안고 올 수 있느냐 없느냐가 그녀에게 대단히 중요하기 때문"이었다. 냉장고 구입은 그처럼 욕망에 따르는 행위였지만, 한편으로는 의무에 따르는 행위였다. 냉장고 판매자들은 주부들에게 가족의 음식을 안전하게 냉장 보관하는 것은 주부의 의무라고 속삭였다.

1930년대 중반에는 탈착식 문 선반, 채소용 가습칸 등 더 많은 부속이 추가되어 더 많은 음식을 냉장 보관하도록 장려했다. 그 과정에서 식품을 최적의 조건에서 더 오래 보관한다는 냉장 보관의 취지가 무색해지기도 했다. 빵은 냉장고에 두면 더 빨리 퀴퀴해지고, 감자는 썩는다. 냉장고에 딸린 깔끔한 달걀 트레이는 달걀을 구입할 때 담아주는 종이 용기보다 기능이 떨어진다. 종이 용기가 달걀에 나쁜 냄새가 배지 않도록 더 잘 보호한다. 게다가 서늘한 기후에서는 달걀을 냉장고 밖에 두는 편이 더 낫다. 물론 금방 먹을 것일 때만. 실온에 둔 달걀은 프라이를 할 때 노른자가 터지지 않고, 케이크 반죽을 만들 때 멍울이 지지 않는다.

물론 당신의 실온과 나의 실온은 다를 수 있다. 미국인은 냉장 보관하지 않은 달걀을 위험한 음식으로 보는데, 더운 지역의 더운 달에는 실제로 위험하다. 2007년 일본에서 조사한 바에 따르면, 살모넬라 균에 감염된 달걀을 영상 10도에 6주 보관했을 때는 세균이 증식하지 않았다. 20도에 두어도 증식은 미미했다. 그러나 25도 이상에서는 세균이 걷잡을 수 없이 자랐다. 7월의 앨라배마에서는 냉장하지 않은 달걀이 치명적일 수 있다. 그리고 이제 우리에게는 커다란 미국식 냉장고가 있으니, 모두들 앨라

배마에서 사는 것처럼 행동하는 것이 합리적이겠다.

냉장고 내부도 끊임없이 진화했다. 1990년대 영국 냉장고의 내부는 상자처럼 기하학적으로 나뉘어 있었다. 많은 인구가 직사각형 용기에 담긴 즉석식품을 쌓아두고 산다는 사실을 반영한 설계였다. 그런데 내가 가전제품 전문가에게 들은 바에 따르면, 최근에는 상황이 바뀌었다. 사람들은 채소용 신선 보관실이 더 많기를 바라고, 선반이 더 다양한 형태이기를 바란다. 이것은 사람들이 '있는 재료로 요리하기'(여러분이나 내게는 이것이 원래 '요리'이다) 방식으로 회귀하고 있다는 뜻이다. 포도주 보관대도 흔한 부품이 되었다.

냉장고는 원래 우리의 배를 안전하게 채우도록 돕는 장치였으나, 이제는 만족할 줄 모르고 자꾸만 자기 배를 채워달라고 요구하는 상자가 되었다. 요즘 우리가 흔히 먹는 음식 중에는 새로 탄생한 냉장고에 넣을 물건이 필요했기 때문에 탄생한 제품들이 많다. 피시스틱이나 냉동 감자 튀김처럼 뻔한 것을 말하는 것이 아니다. 요구르트를 생각해보자. 제2차 세계대전 이전 서양에서는 요구르트를 거의 먹지 않았다. 인도와 중동에서는 요구르트가 전통 음식이었지만, 그곳에서는 필요할 때 바로 만들어 시원한 곳에 둔 채 발효시키고 응고시켰다. 영국이나 미국에서는 그런 요구르트의 상업적 잠재력이 전무했다. 냉장고가 없던 시절에 영국인이 주로 먹은 유제품 디저트는 우유에 쌀, 사고, 타피오카 따위를 넣어 직접 만든 뒤 미지근한 채로 먹는 우유 푸딩이었다. 그런데 1950년대부터 우유 푸딩의 소비는 매년 급격히 줄었고, 반면에 요구르트는 세계적으로 수십억 달러 산업으로 성장했다. 왜일까? 단순히 입맛이 바뀐 탓이라고 할 수도 있겠지만, 그것만으로는 왜 사람들이 갑자기 미지근한 우유 푸딩에 딸기 잼을 끼얹어 먹던 습관을 버리고 플라스틱 통에 든 차가운 딸기 요구르트를 선호하게 되었는지 다 설명할 수 없다.

우리가 개인적 취향이라고 생각하는 것은 사실 기술 변화의 결과일 때가 많다. 요구르트 제조업체는 사람들이 반짝거리는 새 냉장고를 사면 그 속을 채울 물건이 잔뜩 필요하다는 점을 이용했다. 예쁘고 아담한 요구르트 통은 냉장고 문 선반에 세워두면 보기가 좋았다. 맛은 거의 상관없었다(맛있는 요구르트도 있었지만, 요구르트에 밀려난 전통 푸딩보다 더 밍밍하고 들쩍지근한 제품도 많았다). 역사상 처음으로 거의 모든 사람들이 1년 내내 얼음을 구할 수 있게 되었지만, 때로 우리는 그것으로 대체 무엇을 해야 할지 몰랐다.

틀

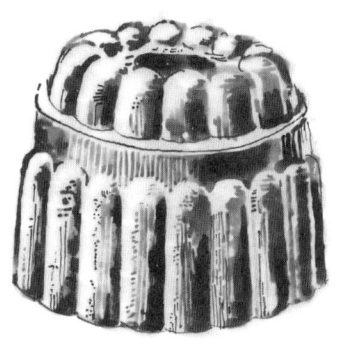

마셜 부인은 사과, 배, 복숭아, 파인애플, 포도송이, 쌓아올린 체리, 거대한 딸기, 오리, 암탉, 고니, 생선 모양의 아이스크림 틀을 팔았다. 봄베(bombe), 돔, 기둥처럼 추상적인 형태도 있었다. 마셜 부인의 틀은 값싼 백랍이나 주석으로 만들어졌다. 젤리용으로는 고급 구리도 썼다.

무엇인가를 틀로 굳힌다는 것은 재료에 완력을 적용하여 요리사의 의지를 가하는 것이다. 식품용 틀의 모양새는 가장 변덕스러운 요리 기술이다. 가열한 우유로 만든 인도의 뻑뻑한 아이스크림 '쿨피(kulfi)'는 대체 무슨 논리에서 원뿔형 틀을 쓰게 되었을까? 왜 사각형이나 육각형이 아닐까? 아무도 모르는 것 같다. 다들 "그것이 전통이니까"라고 대답할 뿐이다.

나름대로 논리가 있는 틀도 있다. 생선 무스는 생선 모양 틀에, 멜론맛 아이스크림은 멜론 모양 틀에 넣는 식이다. 그러나 당대의 취향과 관습 외에는 별다른 의미가 없는 경우도 많았다. 20세기 초에는 '투르크의 머리'라는 빵틀이 유행했다. 터번 모양으로 생겨 상당히 예쁘기는 했지만, 투르크인의 머리를 먹는다는 그 이면의 발상은 오늘날에는 아주 고약한 취향으로 느껴진다.

  틀은 우리가 꿈꾸는 환상과 근사한 것을 원하는 욕망에 따라 만들어진다. 그리고 근사함에 대한 감각은 시대에 따라 변하기 마련이다. 중세 사람들은 나무를 손으로 깎아서 수사슴과 암사슴, 멧돼지와 성인(聖人) 모양의 생강빵 틀을 만들었다. 오늘날 우리는 훨씬 더 방대한 종류의 다양한 이미지들을 사용할 수 있다. 그러나 상상력은 오히려 과거보다 더 협소할 때가 많다. 부엌 용품 가게에 가보라. 거대한 컵케이크를 닮은 대형 케이크 틀이 있을 테니까.

8
부엌

"우리가 금성의 대기 온도를 측정할 수 있고
실제로 그러면서도 수플레의 속 사정은 잘 모른다는 것은
우리 문명의 슬픈 초상입니다."
니콜라스 쿠르티, 「부엌의 물리학자」, 1968

21세기의 첫 몇 년 동안, 디자이너들 사이에는 집이란 부엌에 방이 몇 개 붙은 것이라는 농담이 돌았다. 세계적인 경기침체가 닥치기 직전이었던 2007년 「뉴욕 타임스」는 "개조 후 우울증"이라는 새로운 문화적 질병이 돌고 있다고 보도했다. 전문직 종사자들이 마침내 부엌 개조를 마치고 더 이상 수도꼭지며 물 튀김 방지판을 놓고 시시콜콜 집착할 필요가 없게 되었을 때에 겪는 우울증을 뜻했다. "사람들은 공사가 끝나면 엄청 안도감이 들 거라고 했어요." 복잡한 부엌 수리로 집이 거의 두 배로 커진 한 주택 소유주는 그렇게 말했다. 그러나 그녀는 막상 완공되고 보니 "삶이 구멍이 뚫린 듯 텅 비었다"고 불평했다. 그런 불만은 매일 무쇠 스토브를 청소하고 광을 내는 지겨운 잡일을 해야 했던 빅토리아 시대의 주부에게는 희한한 소리로 들렸을 것이다. 요즘의 화려한 부엌은 역사적으로 유례 없는 안락을, 특히 여성의 안락을 웅변한다. 부엌 기술은 안락의 원인인 동시에 결과이다. 우리는 호화로운 냉장고와 토스터가 있기 때문에 안락해졌다. 거꾸로 안락한 생활에 맞추기 위해서 냉장고와 토스터를 구입한 것

이기도 하다.

사치스럽고 번드르르한 오늘날의 전시용 부엌은 전기 냉장고를 몰랐고 가스 레인지가 흥분되는 신제품이었던 100년 전 선조들에게는 낯선 세계로 보일 것이다. 그들에게 우리의 부엌이 얼마나 미래주의적이겠는가. 갖가지 '기발한 저장' 용기, 쉭쉭거리는 에스프레소 기계, 동굴 같은 냉장고, 색깔을 맞춘 찬장과 믹서⋯⋯마호가니 찬장식 냉장고와 은 도금한 나이프 세트를 손에 넣으려고 애쓰는 에드워드 시대의 신혼부부에게 언젠가 사람들—여자뿐 아니라 남자도—이 부엌 개조를 취미처럼 생각하는 날이 온다는 사실을 어떻게 납득시키겠는가? 완벽하게 잘 돌아가는 블렌더를 단지 새 부엌 찬장의 청회색과 어울리지 않는다는 이유로 내버리는 날이 온다는 사실을? 이사할 때 예전 거주자가 설치했던 부엌을—어쩌면 몇 년밖에 되지 않았는데도—죄다 뜯어내고 몽땅 처음부터 새로 설치하는 일이 언제부터 정상이 되었을까? 붙박이든 반붙박이든 죄다 새로 갖추고 가스 레인지, 바닥, 싱크대까지 새로 장만하는 일이?

그러나 화강암과 유리와 매입형 LED 조명을 넘어서서 본다면, 요즘의 부엌 기술과 과거의 기술 사이에는 놀라운 연속성이 존재한다. 1890년대 프랑스 화학자 마르셀랭 베르틀로는 2000년이 되면 요리 행위 자체가 사라지고 인류는 알약을 먹고 살게 되리라고 예측했다. 알약 식사는 우주 시대에 대한 환상에서 빠지지 않는 요소이다. 그러나 산업화된 식품들—슬림패스트 같은 분말 음식, 식사 대용 시리얼 바—이 식탁을 잠식했음에도 불구하고 요리는 명맥을 잇고 있다. 초기 우주 탐사사업에서 먹었던 음식도 대개 알약 형태는 아니었다. 우주인들은 지구에서 멀어질수록 가정식의 맛과 질감을 갈구하는 듯했다. 우주인의 식사는 냉동 건조식일망정 부엌의 스튜와 푸딩을 최대한 흉내냈다. 우주 음식의 역사를 연구하는 제인 리바이에 따르면, 미국 항공우주국이 1965-1966년 실시한 10

회의 유인(有人) 우주
비행 사업이었던 제미니
프로젝트에서 밝혀진 중
요한 사실 중 하나는 우주비
행사들이 차가운 감자를 싫어
한다는 것이었다.

  우리는 일상의 신념에서는 스스로
를 급진적인 진보주의자로 생각하더라
도, 부엌에 들어서는 순간 대부분 보수주
의자가 된다. 우리는 칼로 재료를 자르고, 숟가락으로 젓고, 냄비로 익힌
다. 현대적인 부엌에서도 고대인이 썼던 체와 절구와 팬을 쓴다. 우리는
식사를 준비할 때 매번 최초의 원칙부터 시작하지 않는다. 대신 주변에 있
는 도구와 재료에 의존하고, 누구나 머릿속에 품고 있는 요리에 대한 규
칙과 터부와 기억에 따른다.

  이런 현상을 싫어하는 사람도 있다. '분자 요리'라는 용어의 창안자 중
한 사람인 프랑스의 과학자 에르베 티스는 우리의 요리가 '기술적 정체'를
겪고 있다고 비판한다. 2009년에 티스는 이렇게 물었다. "왜 우리는 여전
히 중세처럼 거품기, 불, 냄비로 요리할까? 인류가 태양계 밖으로 탐사선
을 보내는 시대에 어째서 이렇게 시대에 뒤진 행동이 존속할까?"

  우리는 왜 새로운 요리법으로 바꾸기를 주저할까? 새로운 음식을 시도
하는 것은 늘 위험한 일이었다는 사실이 한 이유이다. 야생에서 처음 본
유혹적인 열매를 덥석 먹었다가는 죽을 수도 있다. 우리가 부엌에서 위험
을 꺼리는 것은 과거의 그런 위험에 대한 인식이 남아 있기 때문인지도 모
른다. 그러나 특정 요리법에 대한 애착은 자기 보존의 필요를 넘어선다.
어떤 도구가 오래가는 것은 대개 유용하기 때문이다. 나무 숟가락의 역할

을 나무 숟가락보다 더 잘 해내는 도구는 없다. 그리고 우리가 어떤 요리를 특정한 도구를 써서 전통적인 방식으로 만들 때는—얕고 넓은 냄비에 발렌시아풍 파에야를 만들든, '샌드위치 케이크 틀'이라고 불리는 틀로 빅토리아풍 스펀지 케이크를 만들든—스스로를 자신이 사는 공간과, 또한 현재와 과거의 가족과 묶는 의식을 치르는 셈이다. 그런 경험은 쉽게 떨치기 힘들다. 앞에서 보았듯이, 아무리 유용하더라도 새로운 부엌 기술이 도입되면—토기, 전자 레인지, 개발도상국의 연기 없는 화덕까지도—일각에서는 옛 방식이 더 낫고 안전하다는 반감과 항의가 제기되기 마련이다(어떤 면에서는 그 말이 사실일 때도 있다).

　에르베 티스는 기술 변화에는 국지적 변화와 전역적 변화의 두 종류가 있다고 말한다. 부엌 도구의 사소한 국지적 변화는 받아들이기가 쉽다. 티스는 풍선형 거품기에 살을 몇 개 추가하여 달걀을 더 효율적으로 치도록 개선하는 일을 예로 들었다. 새 도구는 우리에게 이미 익숙한 다른 물체를 연상시킬수록 더 안전하게 느껴진다. 초기 냉장고가 빅토리아 시대의 육중한 나무 찬장을 닮았던 것, 1860년대 레몬 짜개가 묵직한 철제 고기 다지기 기구처럼 식탁에 죔쇠로 설치하는 형태였던 것은 그 때문이다. 1950년대에는 유럽의 '물리(Mouli)' 식품 분쇄기를 본떠 회전 손잡이가 달린 도구들이 숱하게 쏟아졌다. 회전식 치즈 갈이, 회전식 허브 분쇄기가 나왔고, 사람들은 열광적으로 환영했다. 사실 그것들은 원조 물리 분쇄기와는 달리 별로 훌륭한 도구가 아니었다. 허브는 짓이겨졌고, 치즈는 회전식 원통 속에 엉겨붙었다. 그러나 당시에는 회전 메커니즘이 자연스럽게 느껴졌다. 그 점이 중요했다. 사람들의 손과 뇌는 회전하는 원통으로 음식을 가공하는 움직임에 익숙해져 있었던 것이다.

　완전히 새로운 기술을 받아들이기는 훨씬 더 어렵다. 티스가 '전역적' 변화라고 칭한 것이 그런 기술이다. 우리의 선조가 토기로 요리하기로 선택했던 것, 럼퍼드 백작이 개방형 화덕 요리를 나쁜 방식으로 생각하여 버리자고 주장했던 것이 그런 전환이었다. 그런 변화는 우리의 타고난 보수성을 어지럽힌다. 달걀 흰자를 예로 들어보자. 전역적 기술 전환은 기존 거품기에 살을 추가하여 다듬는 대신, 애초에 왜 흰자를 젓는 데에 거품기를 써야 하느냐고 묻는다. 티스가 알고 싶은 것이 그 점이다. "왜 그 대신 압축기와 노즐을 써서 흰자에 공기 방울을 주입하지 않는가?" 또는 왜 우리의 창조성과 상상력을 총동원하여 지금까지 누구도 생각하지 못한 참신한 기기를 개발하지 않는가?

그러나 대부분의 사람들에게 요리는 새 도구를 창작하는 임무가 없는 상태로도 충분히 수고스럽다. 지난 몇 년은 가정요리의 작은 중흥기였다. 부분적으로는 경제침체기의 내핍에 대한 반응이었을 것이다. 그러나 더 넓게 지난 40년을 조망하면, 요리는 급격히 쇠퇴했다고 판단할 수밖에 없다. 제이미 올리버는 2008년, 「식품부(部)」라는 TV 프로그램을 제작하려고 잉글랜드 북부 로너럼으로 갔을 때, 집에 전기 오븐이 있지만 켜는 법도 모르는 사람들을 만났다. 2006년 식품기술 연구소의 조사에 따르면, 미국인의 75퍼센트는 집에서 저녁을 먹지만 손수 요리하는 사람은 3분의 1에도 미치지 않는다고 했다. 오늘날 식생활의 진정한 혁신은 그 나머지 3분의 2가 거품기와 불과 냄비로 요리하도록 만드는 것이지, 그런 기술이 구식이라고 설득하는 것이 아니다. 거품기로 흰자를 젓는 행동은 모험이라고 할 것도 없어 보인다. 그러나 사실 거품기를 쥔 사람은 수준을 떠나 요리 기술을 실천하는 소수로 남기 위해서 수많은 장애를 극복했을 것이다. 요리하지 않는 다수는 그 수준에도 도달하지 못한다. 사람들이 거품기를 재발명하지 않는 이유는 수없이 많다. "내 어머니는 그런 식으로 하지 않았다", "내게 세상의 모든 시간과 자원이 있는 줄 아느냐", 그리고 "내 풍선형 거품기는 아직 쓸 만하다"까지.

그러나 최근 몇십 년 동안 요리계에는 끊임없이 '왜 안 되지?'라고 묻는 사람들이 있었다. 아이스크림을 뜨겁게 내면 왜 안 되지? 달걀을 비닐 봉지에 진공 포장하여 수비드 열탕기에서 '스크램블'하면 왜 안 되지? 마요네즈를 튀기면 왜 안 되지? 이런 움직임은 다양한 이름으로 불린다. 분자요리, 기술-감정(感情) 요리, 하이퍼 퀴진, 전위 요리, 모더니스트 요리. 나는 '모더니스트' 요리라는 명칭을 고수하겠지만, 뭐라고 부르든 이 움직임은 부엌 기술을 철저히 재고하는 운동으로서 전자 레인지(모더니스트들이 사랑하는 기계이다) 이래 가장 대대적이다.

네이선 미어볼드는 햄버거를 먹고 싶으면 어떻게 할까? 그는 믿음직한 요리책을 꺼내거나 옛날에 어머니에게 들었던 조언을 떠올리지 않는다. 아무 생각 없이 패티를 불판에 올리지도 않는다. 미어볼드는 먼저 자신이 원하는 햄버거를 머릿속에 정확하게 그려본다. '궁극의' 햄버거란 어떤 것인지를. 미어볼드는 고기 속이 장밋빛으로 붉고, 겉은 검게 캐러멜화된 패티를 좋아한다. 그것이 누구에게나 궁극의 햄버거는 아니겠지만 최소한 미어볼드에게는 그렇다. 그런데 알고 보면 그런 상태는 통상적인 요리법으로 얻기가 거의 불가능하다. 고기를 불판에서 구우면 미어볼드가 좋아하는 수준으로 겉을 지지는 동안 속은 채 익지 않아 파리하다. 그래서 미어볼드는 막대한 부의 일부를 투자하여(그는 예전에 마이크로소프트의 최고기술 책임자였다) 실험을 거듭함으로써 자신이 원하는 결과를 낳는 기술을 발견했다.

해답은 보통 가정집 부엌에서 절대로 불가능하다고 말할 것까지는 없어도 결코 뻔한 방법은 아니었다. 고기 속이 과열되는 것을 막기 위해서는 고기가 익자마자 즉시 액화 질소에 담가 식혀야 한다. 그 다음 겉을 캐러멜화하기 위해서 기름으로 정확히 1분간 튀긴다. 그 정도면 표면은 충분히 노릇노릇해지만 열이 속까지 침투하지는 못한다. 그런데 미어볼드는 액화 질소나 기름을 쓰기에 앞서 또다른 기술을 적용한다. 수비드(sous-vide) 기법이다. 뜨뜻한 물에 고기를 30분쯤 담가 천천히 익히는 것인데, 그러면 고기는 완벽한 미디엄 레어로 연하게 익는다.

모더니스트 요리에서 수비드는 엘리자베스 시대의 꼬챙이 로스팅과 같은 존재이다. 달리 말해서, 거의 모든 재료에 두루 쓰는 기본적인 기술이다. '수비드'는 프랑스어로 '진공에서'라는 뜻이다. 실제로 재료를 진공 포장하기 때문이다. 재료를 튼튼한 비닐 봉지에 담고 진공 밀봉한 뒤, 온도가 정확하게 통제되는 뜨뜻한 수조에 담그고 최대 몇 시간을 넣어둔다(값싼 고기는 48시간이나 담가두어야 연해진다). 수비드 원리는 지난 수십 년 동안 쓰인 슬로쿠커(slow cooker)나 빅토리아 시대에 유행했던 뱅마리(중탕기)와 조금 비슷하지만, 전체적인 효과는 전혀 다르고 새롭다. 소박한 가정식을 먹고 자란 사람에게 수비드는 요리가 아닌 것처럼 보인다. 비닐에 든 음식은 의료 표본이나 포름알데히드에 뜬 뇌처럼 무섭게 느껴진다. 냄새가 전혀 나지 않는다는 점도 심란하다. 수비드 애호가들은 재료의 향이 그 조용한 봉지 속에 몽땅 갇힌다는 점을 자랑하는데, 그런 만큼 수비드에서는 음식이 익고 있음을 알려주는 보통의 감각 신호를 전혀 느낄 수 없다. 마늘이 지글지글 익으면서 나는 냄새, 리소토의 쌀알이 익으면서 톡톡 튀기는 소리를.

나는 수비드 회의주의자였다. 미학적으로 마음에 들지 않았거니와 비닐을 낭비하는 것도, 낭만이 부족한 것도 싫었다. 수비드로 요리하려면 두 가지 기기를 장만해야 하는데, 그렇지 않아도 차고 넘치는 부엌에 물건을 두 개 더해야 한다는 뜻이다. 하나는 진공 포장기이다. 음식과 관련된 기기라기보다 마치 레이저 프린터처럼 생긴 물건으로, 버튼이 달린 직사각형

플라스틱 상자이다. 재료를 두꺼운 비닐에 넣고 그 가장자리를 진공 포장기에 물리면, 기계가 공기를 쏙 빨아들여 재료를 쪼글쪼글 밀봉해준다. 두 번째 도구는 디지털 제어판으로 물 온도를 대단히 정확하게 맞출 수 있는 스테인리스스틸 수조이다. 그 수조에 쪼글쪼글 밀봉된 음식을 담그는 것이다.

나는 그 거대한 금속 **물건**을 내 조리대에 올리고 싶지 않았다. 그러다가 영국 내에 판매권을 가진 업체(수비드 수프림)로부터 하나를 빌려서 써볼 기회가 생겼다. 직접 써보니, 수비드로 익힌 음식은 다른 기술로 익힌 음식과는 질적으로 달랐다. 언제나 더 낫다고는 할 수 없었다. 수비드 방식에서 시간과 타이밍을 잘못 맞추면 참혹한 결과가 나온다. 냄비로 요리할 때처럼 도중에 조리 과정을 확인할 수 없기 때문이다. 수조를 원하는 온도에 맞추고, 재료를 진공 포장하고, 봉지를 물에 담그고, 타이머를 맞추고, 삐 소리를 기다린다. 중간에 젓거나 소스를 끼얹거나 쑤시거나 맛볼 필요가 없다. 사람의 활동은 전혀 들어가지 않는다.

그러나 수비드로 제대로 조리한 음식은 탁월하다. 초현실적이기까지 하다. 과일과 채소는 삶거나 찌거나 졸일 때와는 달리 맛이 고스란히 농축되어 있다. 아티초크는 압도적일 만큼 아티초크 맛이었다. 먹은 지 1시간 뒤에도 비누 같은 그 야릇한 맛이 혀에 남아 있을 정도였다. 냄비에서 데칠 때와는 달리 맛을 내는 화학물질이 물에 씻겨나가지 않기 때문이다. 수비드로 정확히 83도에서 2시간 익힌 사과와 퀸스는 지극히 향기로운 황금빛이었다. 질감도 졸일 때는 한번도 얻지 못한 수준으로 훌륭했다. 단단하되 거칠지 않은 것이 마치 가을을 농축한 느낌이었다. 로즈메리를 곁들인 당근은 세포 하나하나에 허브 향이 스민 듯했다. 그리고 감자! 나는 어릴 적 프랑스로 놀러 갔을 때 먹었던 완벽한 삶은 감자를 다시 맛볼 수 있기를 오랫동안 꿈꾸었다. 단단하고 노랗고 매끄러운, 감자의 플라톤적

이상과도 같은 감자를. 그런 감자가 어느 날 우리 집 부엌의 비닐 봉지에서 나타날 줄은 정말로 몰랐다.

　가정용 수비드 기계는 주로 고기 요리 도구로서 판매된다. 상자에는 온통 고깃덩어리 사진뿐이다. 판매자에 따르면, 그것은 "고기가 그만큼 비싼 음식"이며 (채식주의자를 제외한) 대부분의 사람은 겨우 채소를 익히자고 400파운드 넘게 지출하기를 원하지 않기 때문이다. 실제로 수비드로 고기와 생선을 조리하면 특별하고 신기한 결과물이 탄생한다. 질긴 고기라도 최저 온도에서 서서히 익히면—단백질이 변성되고 병원체가 죽을 만큼은 가열하되 그 이상 뜨겁게 하지는 않는다—예전에는 꿈도 꾸지 못한 연한 고기가 나온다. 난생처음으로 육즙 손실을 최소화하면서 단백질을 요리할 수 있다. 질긴 옆구리살 스테이크도 무스처럼 녹는다. 돼지 안심처럼 원래 연한 부위는 황당스러울 정도로 부드러워서 거의 젤리 같다. 팬에서 구운 스테이크는 겉은 바싹 익고, 속은—운이 좋다면—다양한 분홍빛으로 익시만, 수비드에서는 단백질이 속까지 고루 같은 정도로 익는다. 또한 수비드는 다른 방법들과는 달리 고기를 익히기 전이 아니라 익힌 후에 겉을 지진다(마지막에 지지는 단계가 없다면 수비드 고기는 창백하고 촉촉하다).

　수비드는 1960년대에 프랑스와 미국 기술자들이 식품 포장 전문회사 크라이오백을 위해서 개발한 산업용 기술로서, 처음에는 유통기한을 연장하는 기술로 쓰였다. 요즘도 진공 밀폐기법은 그 용도로 널리 쓰인다. 그런데 그 진공 밀폐기법을 은근히 익히는 기법과 결합한다면 유통기한을 연장할 뿐 아니라 더 맛있는 조리법으로도 응용할 수 있다는 사실을 1974년에 한 요리사가 발견했다. 프랑스에서 미슐랭 별 3개짜리 식당을 운영하는 피에르 트루아그로는 푸아그라 조리법에 불만이 있었다. 거위나 오리 간을 부풀린 푸아그라는 당시 미슐랭급 식당이라면 누구나 내놓아야 하는 인기 요리였다. 트루아그로의 불만은 푸아그라를 소테로 익히면 원래 무게에서 최대 50퍼센트가 준다는 사실이었다. 그는 크라이오백의 자회사인 컬리너리 이노베이션 연구소에 문제를 의뢰했다. 연구소 사람들은 트루아그로에게 푸아그라를 비닐로 여러 겹 진공 포장한 뒤 낮은 온도로 익혀보라고 조언했다. 효과가 있었다. 무게 손실이 5퍼센트로 줄어 트루아그로는 돈을 아낄 수 있었고, 맛도 더 좋았다(적어도 푸아그라를 좋아하는 사람에게는). 팬에서 익히면 녹아 사라지는 지방이 낮은 온도에서 익히면 속에 갇혔기 때문에 맛이 대단히 풍성해졌다.

그로부터 6년 전, 헝가리 출신으로 영국에서 살던 물리학자 니콜라스 쿠르티는 독자적인 발견을 하고 있었다. 1968년 쿠르티는 왕립연구소의 전통적인 금요일 밤 강연에서 "부엌의 물리학자"라는 제목으로 이야기했다. 쿠르티는 사람들이 부엌에서 과학이 할 수 있는 역할에 좀더 주목하지 않는 것이 애석하다고 했다. 쿠르티는 청중에게 피하 주사기를 보여준 뒤, 연극적인 몸짓으로 그 속에 담긴 파인애플 즙을 돼지 허릿살에 주입하여 순식간에 연하게 만들었다(파인애플에는 단백질을 분해하는 브로멜린 효소가 들어 있다). 또 전자 레인지를 써서 '뒤집힌 베이크드 알래스카'를 만들었다. 뜨거운 머랭과 살구 퓨레를 차가운 초콜릿 아이스크림으로 감싼 디저트였다. 마지막으로 쿠르티는 정확히 80도에서 8시간 익혀 환상적으로 연해진 양 다릿살을 보여주었다. 엄격하게 통제된 온도에서 은근히 오래 익힌다는 수비드의 발상이 이때 벌써 등장했던 것이다. 요즘 모더니스트 요리사들과 식품 과학자들은 쿠르티를 첨단기술 요리의 아버지로 생각한다.

그러나 1960-1970년대 음식 문화는 피하 주사기와 진공 포장을 받아들일 준비가 되어 있지 않았다. 당시에도 출장 요리 산업은 수비드를 널리 활용했지만, 그것은 어디까지나 부끄러운 비밀이었다. 여러분도 미처 의식하지 못하는 사이에 수비드 요리를 먹어본 적 있을 것이다. 출장 요리사가 기업체의 200인분 식사로 코코뱅*을 준비해야 한다면, 수비드가 대단히 간편하다. 음식을 일인분씩 봉지에 담아서 수조에서 다 익힌 뒤 필요할 때 '간편식'처럼 다시 데우면 되니까. 인건비도 준다. 그러나 그것은 요리사가 자랑스럽게 떠벌릴 일은 아니었다. 2009년에도 유명 요리사 고든 램지는 그가 소유한 식당들 중 한 곳에서 '봉지에 넣어 끓인' 음식을 내놓았다는 '폭로' 기사로 곤욕을 치렀다.

수비드는 지난 2-3년 동안 모더니스트 요리가 득세하면서 비로소 공개석상으로 나왔다. 이제 식당들은 수비드로 수박을 압축하고 셀러리를 '급속 피클화'하고 홀란데이즈 소스를 재발명한다는 사실을 자랑스레 광고한다. 이 기술을 둘러쌌던 부끄러움은 자긍심으로 바뀌었다. 과거에는 태만의 증거였으나, 이제는 요리사가 재료 고유의 맛을 더 강렬하게 살리기 위해서 깊이 고민했다는 증거이다. 수비드는 모더니스트 부엌의 각종 황당한 도구늘 중 하나일 뿐이다. 모더니스트의 부엌에는 '에스푸마', 즉 거품을 멋지게 올릴 때 쓰는 액화 질소 깡통이 딸린 휘핑기가 있고, '나노 이멀전'을 만들 때 쓰는 황당하리만치 강력한 유화기도 있다. 세계 각지에서 모더니스트 요리사들은 냉동 건조기, 원심분리기, 파코젯, 사이폰을 휘두른다. 그들은 놀이를 즐기는 아이처럼 끊임없이 묻는다. 왜 안 되지? 뜨거운 불판 대신 영하 30도로 음식을 냉각하는 '안티그리들'에 올리면 왜 안 되지? 그러면 음식 표면이 너무나 차가워져서 꼭 튀긴 것처럼 바삭해진다.

최첨단 도구를 채택한 전문가의 부엌에서는 요리 방식도 그에 따라 대대적으로 변했다. 그 옛날 에스코피에의 프랑스 요리 세계에는 요리사가 언제든지 의지할 수 있는 갖가지 기법들의 사전(辭典)이 있었다. 그 사전

---

* Coq au vin, 포도주 속 수탉이라는 뜻으로 닭고기와 채소에 포도주를 넣어 조린 프랑스 요리/역주

은 요리사의 기억에 깊게 새겨져 있다. 요리사는 언제 소테펜을 써야 하고 언제 캐서롤 그릇을 써야 하는지를 잘 알았다. 대조적으로 현대의 새로운 요리사는 요리 기술의 근본을 끊임없이 캐묻는다. 엘불리의 페란 아드리아는 요리 기법에서 그 어떤 측면도 당연시하지 않는다. 아드리아는 1년에 6개월은 식당을 닫고, 그동안 우엉을 자르는 최고의 방법이나 피스타치오를 냉동 건조하는 최고의 방법 따위를 실험으로 철저히 연구한다.

모더니스트 요리 기법들은 물론 의미가 깊다. 그러나 그것이 평범한 가정에 얼마나 응용될 수 있고 응용되어야 하는지는 두고 볼 일이다. 수비드의 자리는 있을 것 같지만, 안티그리들이나 원심분리기가 많은 가정에 자리잡을 것 같지는 않다. 매사를 늘 캐물으면서 사는 것은 지치는 일이다. 모더니스트 요리사들조차 항시 그러지는 못한다. 해체에도 한계가 있다. 엘불리에서는 오전 업무 전에 모든 요리사들이 일단 한 컵 마시고 시작하는데, 그 컵에 든 것은 새알처럼 둥글게 가공한 멜론이나 달팽이 거품 요리가 아니다. 커피이다. 고체가 아닌 액체 커피이다. 차갑지 않고 뜨거운 커피로, 좀더 맛있을지는 모르겠지만, 여느 주방에서 마시는 것과 다르지 않은 커피이다. 아드리아 밑에서 일했던 무급 견습생들에게 가장 즐거웠던 기억을 말해보라고 하면, 직원들끼리 토마토 소스 스파게티나 베샤멜 소스를 뿌린 콜리플라워 같은 평범한 음식을 먹었던 '가족' 식사를 말할 때가 많다. 예술과는 달리 음식은 산산이 해체하여 재발명하기가 썩 쉽지 않다. 모더니스트 요리는 즐거울 수 있다. 그러나 집에서 만든 식사처럼 푸근할 수 있을까?

모더니스트 요리사들이 세상 모든 어머니들의 요리에 대해 종종 놀랍도록 비판적인 태도를 취하는 것은 그 때문일지도 모른다. 미어볼드의 『모더니스트 퀴진』 1권에는 '어머니'라는 단어가 9번 나오는데, 칭찬하는 맥락인 경우는 한번도 없다. 한번은 내가 미어볼드를 만나 그의 어머니에 대한 추억을 들은 일이 있다. 그는 자신이 아홉 살 때 『방화광의 요리책(*The Pyromaniacs Cookbook*)』이라는 흥미진진한 책을 길잡이로 삼아 생애 최초의 추수감사절 요리를 준비했다면서, 어머니가 그때 부엌에 기꺼이 자기를 들였던 일을 훈훈하게 회상했다. 그러나 그의 책에 등장하는 어머니들은 알고 보면 잘못된 '상식'을(돼지고기는 바싹 익혀야 한다는 둥) 고수하는 사람들로 거듭 비판당한다. 어머니들의 상식이 합리적인 것으로 밝혀진 사례는 한번도 언급되지 않는다. 미어볼드는 과거의 어머니들과 할머니들은 "전문가들"과는 달리 "그저 자신과 가족을 위해서만" 요리했다고 말한다. "그저"라니! 가까운 사람들을 먹이는 일은 하등 중요하지 않다는 듯한 말투가 아닌가.

  모더니스트 요리는 훌륭한 음식을 만드는 유일한 방법이 아니다. 미어볼드조차도 현재 미국에서 가장 맛있는 음식들 중 몇 가지는 앨리스 워터스의 푸근한 주방에서 나온다고 인정했다. 워터스는 버클리에 있는 셰파니스 식당의 요리사 겸 주인이며 유기농 운동의 선구자이기도 하다. 워터스의 요리는 냄비와 팬을 쓰는 구식 요리이다. 워터스는 전자 레인지를 쓰지 않는다. 수비드 기계는 말할 것도 없다. 그녀는 음식에 대해서 '왜 안 되지?'라고 묻지 않고 '지금 어떤 재료가 신선하고 맛있지?'라고 묻는다. 그녀는 옥수수 같은 음식을 재발명할 필요를 느끼지 않는다. 여름 옥수수를 가장 통통한 녀석으로 골라 껍질을 벗기고 소금을 치지 않은 물에 2분 데쳐낼 뿐이다. 2011년 워터스는 라디오 프로그램에 출연하여 첨단기술 요리라는 새 물결을 어떻게 생각하느냐는 질문을 받았다. 그녀는 그것이 "진짜처럼 느껴지지" 않는다고 대답했다. "훌륭한 과학자들과 정신 나간 것 같은 과학자들의 작업이 무척 재미있다고는 생각하지만, 내게는 꼭 박물관처럼 느껴집니다. 우리가 그렇게 먹을 필요는 없다고 생각해요."

  워터스와 모더니스트들의 의견 차이는 오늘날 부엌에서 서로 다른 전략들이 공존할 수 있음을 시사한다. 먼 옛날에는 종종 신기술이 옛 기술을 쓸어버렸다. 토기는 구덩이 오븐을 대체했고, 냉장고는 아이스박스를 대신했다. 그러나 모더니스트 기기는 다르다. 수비드는 불판이나 냄비를 없애지 않을 것이다. 우리에게는 저차원적 기술이든 고차원적 기술이든 많은 선택지가 있다. 할머니처럼 요리하고 싶은가, 미치광이 과학자처럼 요리하고 싶은가? 어느 쪽이든 가능하다. 수비드 기계에 돈을 쓰기로 결정할 수도 있고, 그러지 않을 수도 있다. 세계 최고의 스테이크 대신 향긋한 요리 냄새를 선택할 수 있다. 워터스가 말했듯이 우리가 꼭 과학자들처럼 요리할 필요는 없다. 현대적인 부엌에서 맛있는 식사를 준비하는 방법은 무수히 많다. 현대의 요리 생활은 어떤 하나의 기법으로 규정되지 않는다. 그보다는 우리가 어슬렁어슬렁 부엌으로 가서 무엇을 해 먹을까 궁리할 때, 다양한 기술들 중에서 자유롭게 선택할 수 있다는 것, 그것이 핵심이다.

최첨단 부엌을 생각할 때, 우리는 장비에 정신이 팔린 나머지 현대적 주방에 진열된 가장 큰 기술은 부엌이라는 공간 자체임을 잊는다. 개별 부엌 도구는 오래된 것이 많다. 폼페이에도 우리의 것과 비슷한 냄비, 팬, 깔때기, 체, 칼, 절구가 있었다. 그러나 우리의 부엌과 비슷한 것은 없었다.

역사상 대부분의 기간에 대부분의 가정에는 요리용으로 따로 마련된 방이 없었다. 고대 그리스인은 이동식 빵 오븐이나 테라코타 화로를 이방 저방 옮기면서 아무 곳에서나 요리했다. 건축적 의미에서 부엌이라고 할 만한 공간은 따로 없었다. 고고학자들이 발굴한 고대 그리스 부엌 도구는 놀랍도록 다양하여 캐서롤, 소스팬, 클리버, 국자, 심지어 치즈 강판도 있지만, 그런 인상적인 도구들을 따로 모아둔 부엌은 없었다. 기원전 4세기 이전의 그리스 유적지에서는 고정된 화로나 부엌의 흔적을 찾아볼 수 없다.

앵글로색슨족도 부엌이 없을 때가 많았다. 요리를 주로 야외에서 했기 때문이다. 여름에는 특히 그랬다. 하늘이 부엌 천장이었고, 땅이 부엌 바닥이었다. 냄새와 연기는 공기 중으로 흩어졌다. 상자처럼 폐쇄된 우리의 부엌보다 더 자유롭고 제약 없이 요리하는 방식이었지만, 비가 오면 상당히 난감했을 것이다. 얼음장처럼 추워도, 바람이 심해도, 눈이 내려도. 부엌이 없는 집은 겨울에 빵과 치즈에 크게 의존했을 것이다.

중세 유럽 오두막은 보통 실내에 고정된 화덕이 있었다. 그러나 요리용 불을 모신 방은 또한 거실이자 침실이자 화장실이었다. 방 하나짜리 거처에서 하는 요리란 더러운 난장판에서 어떻게든 해내야 하는 한 가지 활동일 뿐이었다. 불에 올린 가마솥 속 포타주는 여느 가구나 마찬가지였다. 가난한 사람들은 오랫동안 그렇게 살았고, 지금도 세계의 수백만 명이 그렇게 살고 있다. 17세기 화가 아드리안 판 오스타더의 유화와 동판화는 네덜란드 농민의 일상을 묘사한 것이 많다. 그림 속에는 꾀죄죄한 가족이 화로에 옹기종기 모여 있다. 개가 배경에서 짖어댄다. 아기가 젖을 빤다. 냄비와 팬과 빨래 바구니가 바닥에 널려 있다. 남자들은 파이프 담배를 피운다. 벽에 식칼이 걸려 있다. 우리가 생각하는 부엌의 이미지와는 전혀 다르지만, 군데군데 요리 행위의 단서

부엌 315

를 발견할 수 있다. 숟가락이 든 그릇, 커피 포트, 팬에서 데워지는 무언가. 당연한 말이지만, 그런 공간에서 만든 음식은 오늘날의 주부가 야심차게 기획한 저녁 식사와는 전혀 다를 것이다. 양파 다지기나 달걀 풀기처럼 우리가 당연히 여기는 단순한 작업도 그런 장소에서는 쉽지 않았을 것이다.

부엌 기술이 18세기와 19세기에 여러 위대한 혁신을 겪었음에도 불구하고, 보통 사람들의 요리 생활은 크게 달라지지 않았다. 꼬챙이 회전기, 자동 칼 세척기, 도버 달걀 거품기……많은 사람들은 이런 물건을 모르고 살았다. 달걀을 풀 일이 없는데 왜 달걀 거품기가 필요하겠는가? 불꽃을 쇠살대에 가둔 것을 제외하고는, 고대부터 현대까지 가난한 사람이 택할 수 있는 요리의 가능성이 크게 달라지지 않았다. 20세기에도 스코틀랜드와 아일랜드의 가난한 오두막 거주자들은 난로에 널어둔 젖은 부츠와 빨래 옆에 용케 얹은 팬으로 식사를 준비했다. 도시의 공동 주택 거주자들은 상황이 더 나빴다. 영화배우 찰리 채플린은 어릴 때 버려진 다락에서 어머니와 형과 함께 살았다고 회상했는데, 그 '좁아 터진' 방은 가로 세로가 각각 3.5미터쯤 되었다. 한구석에 놓인 낡은 철제 침대를 셋이 함께 썼고, 탁자 위에 더러운 접시와 찻잔을 오종종 늘어두었다. 채플린은 "방 안에서 퀴퀴한 오물 냄새와 낡은 옷 냄새가 진동했다"고 회상했다. 유일한 요리 수단은 침대와 창 사이에 놓인 '작은 화로'였다.

방 하나짜리 거처에서는 부엌이 어디에도 없으면서 모든 곳에 있었다. 어디에도 없는 것은 우리가 필수적인 조리 도구라고 생각하는 물건들이 거의 없었기 때문이다. 재료를 씻을 개수대도, 작업대도, 저장고도 없었다. 거꾸로 모든 곳이 부엌이었던 것은 악취와 열기로부터 도망칠 곳이 없었기 때문이다. 나는 요리하기를 좋아하지만, 그런 환경에서라면 차라리 단념하겠다. 사람들이 밖에서 사온 음식만 먹고사는 것은 현대적인 현상이 아니다. 영국은 중세부터 모든 마을에 파이 판매상이 있어 1층과 2층에 방이 하나씩 있을 뿐 부엌 따위는 없었던 비좁은 건물 거주자들에게 먹을 것을 공급했다.

부엌이라는 호사를 누릴 때의 장점은 원한다면 요리의 현장으로부터 물리적으로 몸을 멀리 둘 수 있다는 것이다. 중세 유럽의 부잣집은 부엌을 본채와 떨어진 나무 건물로 지음으로써 그 이점을 극단적으로 추구했다. 식솔에게 필요한 모든 요리 활동—로스팅뿐 아니라 빵 굽기, 치즈 만들기도—을 별채에서 수행했다. 본채 사람들은 매연과 기름때에 시달릴 필요 없이, 또한 부엌에 불이 나서 온 집이 탈 걱정 없이 음식을 즐기기만 했다. 부엌 화재는 자주 일어났는데, 부엌에 불이 나면 본채를 어지럽히지 않고 새 부엌을 지으면 그만이었다. 별채 부엌의 유일한 단점은 음식을 식당으로 나르는 동안 식는다는 점이었다.

중세 대저택 중에는 본채의 일부로서 천장이 높고 돌바닥이 깔린 널찍한 부엌을 둔 곳도 있었다. 그런 부엌이 오늘날의 부엌과 기능적인 측면에서 가장 달랐던 점은 공동 부엌이라는 점이었다. 유명한 글래스턴베리 대수도원 주방이 좋은 예이다. 그 팔각형 주방에는 소를 통째 로스팅할 수 있을 만큼 큰 화덕이 있었다. 그런 공간에 갖추어진 설비는 대규모 수도사 집단의 식욕을 만족시켜야 했다. 그에 비하면 한 가족이나 한 사람을 먹이기 위한 우리의 맞춤부엌은 더없이 개인적인 공간인 것 같다.

그러나 수백 년 전 대저택의 다양한 요리 활동을 해내려면 방 하나로 부족할 때가 많았다. 1860년대 영국의 장원 저택에는 부엌일의 여러 부문에 각각 배정된 여러 방들이 있었다. 마치 식료품 가게들이 늘어선 시장통을 한 지붕 밑에 모아둔 것 같았다. 식품 저장실 혹은 건조 저장실에는 빵, 버터, 우유, 조리한 고기를 보관했다. 그 방은 서늘하고 건조하게 유지해야 했으므로 건축업자는 그 방과 이웃하는 벽에 화덕을 짓지 않도록 주의했다. 습식 저장실에는 날고기와 생선, 과일과 채소를 보관했다. 큰 저택에는 가금류를 매달아둘 갈고리와 손질할 때 쓸 대리석 선반이 있는 가금류 저장실이 따로 있었다. 그 밖에도 버터를 젓고 크림과 치즈를 만드는 유제품실, 벽돌 오븐이 있어 일가가 먹을 빵을 공급하는 제빵실, 훈제실 겸 베이컨을 염장하고 피클을 절이는 방으로도 썼던 곳, 환하게 밝힌 탁자에서 여럿이 함께 패스트리의 주름을 잡거나 파이 윗면 장식을 만들었던 패스트리 방이 있었다. 패스트리 방이 따로 있었다는 사실은 당시 귀족들이 건축학적으로 조각한 파이와 화려한 타르트를 얼마나 사랑했는지를 잘 보여준다.

 그중에서 가장 일하기 싫은 방은 허드렛방이라고 불린 곳이었을 것이다. 그곳은 온갖 불쾌한 잡일을 처리하는 공간이었다. 채소를 다듬고, 생선 내장을 꺼내고, 설거지를 했다. 설거지는 더운 물과 기름투성이 넝마와 비누밖에 없는 환경에서는 쉬운 일이 아니었다. 물을 공급하는 대형 구리 보일러가 공간을 압도했고, 널찍한 돌 개수대와 접시 건조용 선반들이 있었다. 그 방에서는 항상 식재료의 퀴퀴한 냄새와 비눗물의 기름때 냄새가 풍겼을 것이다. 바닥은 더러운 물이 배수구로 쓸려가도록 경사지게 만들었다.

 불쾌한 작업을 허드렛방에 죄다 밀어넣었으니, 부유한 대저택의 부엌 자체는 상당히 쾌적했다. 부엌은 오로지 요리를 위한 공간이었다. 요즘 우리가 부엌에 쑤셔넣은 빨래, 설거지, 식품 저장 기능은 담당하지 않았다. 보통 회칠을 한 흰 벽에 큼직한 창문이 나 있고 바닥에 돌이 깔린 넓은 방으로서—가로 6미터, 세로 9미터쯤 되었다—중앙에 대형 나무 탁자를 두고 각종 도마를 올려두었다. 벽에는 허드렛방과 저장실로 바로 이어지는 문이 있었다. 식기류를 보관하는 찬장이 있었고, 번쩍거리는 구리 냄비들을 진열한 선반이 있었다. 요리사들과 보조 하녀들이 다 함께 바삐 손을 놀릴 공간이 충분했다. 그들은 여러 열원에서 요리를 했고, 오븐에서 빵을 구웠고, 스튜용 스토브에서 소스를 만들었고, 중탕기로 쪘고, 불꽃에서 로스팅했다. 대저택을 방문하여 그런 부엌에 서보면, 하나같이 널찍하고 박박 씻긴 도마들에 찌릿한 부러움이 느껴진다. 자기 집의 비좁은 맞춤부엌과 비교하며 한숨짓게 된다. 그러나 한숨을 거두자. 그런 부엌은 아름답게 갖추어졌을지언정 그곳에서 요리하는 사람을 위한 것이 아니었다. 그곳은 노동의 공간이지 여가의 공간이 아니었다. 벽에는 "낭비하지 말고 바라지 말라"는 문구가 걸려 있곤 했다. 당신들을 위한 음식이 아니니 빼돌리지 말라는 경고였다. 한편 빅토리아 시대 도시에서는 그보다 더 비좁은 환경에서 부엌일을 해야 했다. 꼴사나운 요리의 현장을 시야에서 치워버리기 위해서 부엌은 벌레가 들끓는 눅눅한 지하에 설치된 경우가 많았다. 가련한 요리사들은 보이지 않는 곳에서 땀을 뻘뻘 흘리며 무쇠 화덕 위에 구부정하게 몸을 굽힌 채 요리했다.

빅토리아 시내의 부엌은 요즘의 가정집 부엌보다 식당 주방과 더 비슷하다. 20세기의 위대한 변화는 새로운 중산층 부엌의 탄생이었다. 직접 요리도 하고 먹기도 할 사람들을 위한 부엌이 탄생한 것이다. 새로운 공간은 산업시대 이전 평범한 사람들의 방 하나짜리 거실 겸용 부엌과는 달랐고, 하인들이 일하는 특권 계층의 부엌과도 달랐다. 이 공간은 위생적이었고, 바닥에는 리놀륨이 깔렸고, 가스와 전기가 공급되었다. 특히 중요한 변화는 실제 사용자의 필요를 염두에 두고 설계된 점이었다. 1893년 E. E. 켈로그 부인(아침 식사용 시리얼 거물의 아내)은 "아무리 좁고 불편한 구조의 방도 부엌으로는 '충분하다'"는 생각은 "착각"이라고 꼬집었다. 켈로그는 부엌을 "가정의 작업장"으로서 존중했던 새로운 "과학적" 여성 운동을 지지했다.

켈로그는 부엌이 온 가족의 행복을 낳는 열쇠라고 생각했다. 부엌은 가정의 중심이었다. 요즘 우리에게는 이 말이 너무나 자명하게 느껴져서 옛날에는 그렇지 않았다는 것을 이해하기조차 어렵다. 음식은 늘 삶에 필요한 요소였지만, 음식을 만드는 방은 제1차 세계대전 무렵에야 현재 형태로 나타나기 시작했다. 사람들은 늘 요리를 해왔지만, '이상적인 주방'의 개념은 상당히 현대적인 발명품이다.

'미래의 주방'은 20세기 단골 소재였다. 옛 사람들이 미래주의적 부엌이라고 생각했던 것을 요즘 사진으로 보면 어쩐지 저릿저릿한 기분이다. 사진 속 사람들은 지금은 조잡하고 케케묵은 것으로 간주될 기기들을 하염없이 응시하고 있다. 손바닥만 한 선반형 전기 오븐, 작디작은 냉장고 따위를. 어제의 미래는 오늘의 폐물이다. 미래에 대한 전망이 영영 실현되지 않은 경우도 있었다. 새 출발로 보였던 것이 사실은 막다른 골목이었던 것이다. 1926년 영국 가정박람회에 출품된 자랑스런 전시물 중에는 난로용 주전자 양옆에 소스팬이 붙은 희한한 물건이 있었다. 한 번에 세 가지를 요리함으로써 에너지를 줄이는 기적적인 기구라고 했는데, 지금 보면 그저 농담 같다.

제1차 세계대전 전야의 미래주의적 기기로는 몇 시간 전에 만든 커피도 뜨겁게 마실 수 있는 보온병, 감자 으깨는 도구, '레이지 수잔'이라고 불리는 회전반(가족이 식사할 때 여성이 시중을 들지 않아도 된다는 의미에서 '조용한 웨이트리스'라고도 불렀다), 양배추 채칼, 식품 분쇄기, 케이크 반죽 믹서, 유리문이 달려 있어서 속에서 음식이 얼마나 익었는지 살필 수 있는 오븐, 그리고 무엇보다도 등유든 석유든 가스든 현대적인 연료를 활용한 열원이 있었다.

이렇듯 노동력을 절감한다는 온갖 장치에도 불구하고, 20세기 초 부엌의 주된 에너지원은 보통 한 여성의 노동력이었다. 이상적인 주방이라는 개념은 하인을 두지 않는 새로운 중산층 생활양식의 산물이었다. 건축가들과 가정학 전문가들은 어떻게 부엌을 설계해야 여성의 육체적 부담을 줄일 수 있는지 연구했다. 1912년 크리스틴 프레더릭은 『레이디스 홈 저널(Ladies' Home Journal)』 기사에서 부엌 자체가 노동과 시간을 줄이는 도구가 될 수 있는 방법을 제안했다. 프레더릭은 당시 기업계에서 유행하던 '과학적 관리' 개념을 유심히 보았다. 당시에는 효율 전문가가 공장을 돌며 같은 일을 더 빨리 해내는 방법을 가르치곤 했다. 주방에도 같은 원칙을 적용하면 어떨까? 프레더릭은 『새로운 가정학(The New Housekeeping)』이라는 책으로 그 질문에 대답했다.

프레더릭은 키가 다른 여러 여성들의 '가정 내 동선'을 조사한 뒤, 그 자료를 바탕으로 이상적인 주방을 설계했다. 사용자가 이동을 최소화할 수 있고 몸을 수그릴 필요가 없도록 배치한 구조였다. 효율적 요리 활동이란 작업 시작 전에 적절한 도구들이 적절한 높이에 모여 있고 모든 주방용품이 '서로 간의 관계와 다른 작업과의 관계에 따라 적절히' 배치된 상태를 뜻했다. 프레더릭은 부엌을 합리적으로 배치할 경우 여성의 효율이 50퍼센트쯤 향상될 테고 그리하여 독서든 일이든 '개인적 치장'이든 다른 활동을 할 시간이 생길 것이라고 주장했다. 제대로 된 부엌은 여성에게 약간의 '독립성'과 '더 고차원적인 삶'을 줄 수 있다고 했다. 프레더릭은 가족 중 남성도 요리 당번을 맡으면 좋을 것이라는 제안은 하지 않았다. 1912년에 그 단계까지는 무리였다.

20세기 초에 등장한 또다른 합리적 주방은 빈 예술공예학교의 첫 여성 건축학도였던 마르가레테 쉬테리호츠키가 설계한 프랑크푸르트 주방이었다. 프랑크푸르트 시가 1926–1930년에 공공주택 사업으로 지은 모든 아파트에는 쉬테리호츠키의 지침에 따른 똑같은 부엌이 설치되었다. 짧은 기간 동안 찍어낸 듯이 똑같은 부엌들이 1만 개 넘게 만들어졌다. 부엌들은 똑같은 조리대와 접시 건조 선반, 똑같은 푸른색 식품 저장용 캐비닛, 똑같은 쓰레기통을 갖추고 있었다.

프랑크푸르트 주방은 비록 좁았지만(그러나 사람들이 누구 집 부엌이 더 좁은가를 두고 경쟁적으로 불평을 벌이는 오늘날 뉴욕의 주방들보다 좁지는 않았다), 디자이너가 바라는 방식이 아니라 실제 여성들이 부엌에서 움직이는 방식에 따라 설계되었다는 기특한 특징이 있었다. 1920년대 영국과 미국에서는 다목적 부엌 캐비닛이 유행한 적이 있었다. 그것은 여성의 일상을 개선하는 물건이라고 선전되었는데, 현대적인 맞춤부엌의 선배 격이었던 그 물건에는 찬장, 선반과 서랍, 접었다 폈다 하는 조리대, 밀가루나 설탕을 담는 용기들이 갖추어져 있었다. 아이스박스까지 내장된 제품도 있었다. 최대 제조업체는 인디애나 주의 후지어 사였다. '후지어'는 조리대, 식품 저장실, 식탁의 기능을 한꺼번에 수행했다. 1919년 광고에서는 환히 웃는 신혼의 여성이 "후지어 덕분에 젊게 살 수 있어요"라고 말하고 있다.

광고업자는 그 캐비닛을 사용하는 환상의 여인을 쉽게 상상할 수 있었던 모양이지만, 사실 후지어는 실제 여성에게 무엇이 필요한지를 떠올리는 점에서 상상력의 빈곤을 드러냈다. 그 캐비닛은 진지한 작업 도구라기보다 소꿉놀이 장난감이었다. 모든 것을 제한된 공간에 욱여넣다 보니 다른 가족—아이든 남편이든—이 요리와 설거지를 돕기에는 공간이 협소했다. 부엌 전체를 잘 활용할 수도 없었다. 이에 비해서 프랑크푸르트 주방에는 회전 의자가 딸려 있어(높이 조절도 가능했는데, 사람마다 키가 다르다는 사실을 건축가가 인정한 드문 사례였다) 여성은 창가에 배치된 수수한 나무 조리대에서 반대쪽 선반으로 쉽게 미끄러져 갔다가 돌아올 수 있었다.

프랑크푸르트 주방에서 최고로 멋진 점은 사무실의 서류 캐비닛을 닮은 식품 보관체계였다. 총 15개의 알루미늄 서랍이 5개씩 3줄로 단정하게 배열되어 있었다. 서랍마다 그 속에 담을 건조 재료의 이름이 새겨져 있었다. 밀가루, 설탕, 아마씨, 쌀, 콩……그리고 튼튼한 손잡이가 달려 있어 한 손으로 쉽게 꺼낼 수 있었다. 가장 근사한 부분은 서랍 뒤쪽이 스쿱처럼 좁아지는 형태라, 요리하다 말고 가령 쌀통을 꺼내서 필요한 만큼 저울이나 냄비에 바로 부을 수 있다는 점이었다. 나는 인간공학적으로 이처럼 완벽한 식재료 보관방법을 달리 본 적이 없다. 아름답고, 실용적이고, 시간을 아껴주고, 체계적인 디자인이었다. 그런 고품질의 디자인이 노동계층 거주자를 위한 민주적 부엌에 적용되었다는 점도 주목할 만하다.

쉬테리호츠키는 사회혁명가였다. 공산주의 레지스탕스 집단에 가담했던 탓에 나치 치하에서 4년간 투옥되기도 했다. 그녀의 부엌에는 여성주의적 가치가 깃들어 있다. 그녀는 제대로 된 부엌이 여성을 주부 역할에서 해빙시키고 집 밖에서 활동할 시간을 더 많이 줄 것이라고 기대했다. 그러나 프랑크푸르트 주방의 사용자들이 모두 그 부엌에서 해방감을 느낀 것은 아니었다. 어떤 사람은 전기를 써야만 하는 것을 싫어했다. 유지비가 많이 든다는 이유에서였다. 꼭 그 문제가 아니더라도 모더니즘의 기능적 미학에 반발하며 옛날의 어지럽고 산만한 부엌을 그리워하는 사람들이 있었다.

사람들이 프랑크푸르트 주방의 우수성을 깨닫는 데에는 시간이 걸렸다. 쉬테리호츠키는 공산주의자였기 때문에 고국 오스트리아에서는 의뢰를 많이 받지 못했다. 히틀러가 몰락한 뒤에도 마찬가지였다. 그녀는 여든세 살에야 빈 시가 주는 건축가 상을 받았다. 그러나 오늘날 프랑크푸르트 주방은 건축학도들의 경애를 받으며, 2011년 뉴욕 현대미술관의 주방 기술 전시회에서 핵심 작품으로 전시되었다. 그곳에서 나는 세상에서 가장 까다로운 소비자인 뉴요커들이 쉬테리호츠키의 소박한 알루미늄 저장 서랍에 감탄하며 응시하는 것을 목격했다. 그것은 그토록 풍요했던 전후의 미국 부엌들이 끝내 가지지 못한 무엇인가였다.

프랑크푸르트 주방은 폭이 1.96미터, 길이가 3.04미터로 자그마했다. 그러나 전쟁 전의 합리적인 디자이너들은 이상적 주방이 반드시 널찍해야 한다고는 생각하지 않았다. 크리스틴 프레더릭은 폭이 10피트(3.048미터), 길이가 12피트(3.656미터)인 방을 선호했다. 프랑크푸르트 주방보다 폭은 약간 넓지만 길이는 엇비슷하다. 프레더릭은 넓은 공간이 장점이자 단점이라고 보았다. 요리하는 사람이 더 많이 걸어야 하기 때문이다. 설계의 핵심은 요리 활동이 '일련의 단계로' 매끄럽게 진행되도록 작업들과 도구들을 적절히 묶는 것이었다. 프레더릭은 요리 과정에 준비, 조리, 상 차리기, 상 치우기, 설거지, 뒷정리의 여섯 단계가 있다고 파악했다. 단계마다 필요한 도구가 달랐고, 단계마다 적절한 높이와 위치에 그 도구들이 있어야 했다.

조리 기구는 한군데 몽땅 걸려 있거나 한 서랍에 뒤엉켜 있을 때가 많다. 감자으깨는 기구는 식탁에 속한 물건인데 왜 스토브 너머로 손을 뻗어야 하는가? 팬케이크 뒤집개는 스토브에서 쓰는 물건인데 왜 찬장까지 가야 하는가?

정말 왜? 프레더릭의 지적으로부터 100년이 지난 요즘도 우리의 부엌 동선이 그다지 효율적이지 않은 것은 놀라운 일이다.

한 가지 문제는 프레더릭의 합리적 주방이 이상적 주방에 대한 유일한 계획이 아니라는 점이었다. 부엌 설계에 대한 실용적 접근법은 1940년대 들어 화려한 찬장과 유선형 오븐이 있는 더 복잡한 디자인에 밀려났다. 이상적 주방은 사람들이 평소에 영위하는 생활을 더 효율적으로 만들어 주는 부엌이 아니라 전혀 다른 삶을 사는 척하게 해주는 부엌으로 바뀌었다. 이 사실은 지금도 마찬가지이다. 우리는 스스로에 대한 완벽한 이상을 투사할 장소로서 다른 방이 아닌 부엌을 골랐다. 프레더릭에게 부엌 설계의 목표는 "꼭 필요한 조리 기구와 냄비와 팬의 수가 얼마나 적은지 보여주는" 것이었던 데에 비해서, 오늘날 상업적 디자이너들의 목표는 사랑스러운 물건들을 가급적 많이 우리에게 파는 것이다. 우리가 전시장을 돌아보며 느끼는 살짝 쓰라린 부러움을 베끼는 것이다. 원두만 넣으면 컵에 커피가 척 따라지는 선홍색 에스프레소 기계 없이 어떻게 삶이 완전해진다는 말인가?

1940년대부터 이상적 주방은 여성들의 눈앞에 대롱거리는 당근이 되었다. 그것은 고된 일상에 대한 보상, 혹은 무급의 '주부'란 얼마나 행복한 삶이냐고 거짓으로 속삭이는 속임수였다. 크리스틴 프레더릭이 꿈꾼 합리적 주방은 효율을 추구하여 움직임도 기구도 적을수록 좋았던 데에 비해서 새로운 이상적 주방은 훨씬 더 호화로웠다. 그것은 잡동사니를 최대한 쑤셔넣은, 다 큰 여성들의 장난감 집이었다. 그런 부엌의 목표는 노동을 절감하는 것이 아니라 노동자가 자신이 노동하고 있음을 잊게 만드는 것이었다. 베티 프리던이 『여성적 신비(The Feminine Mystique)』에서 썼듯이, 20세기 중반 교외 주택에서는 부엌이 집을 압도하기 시작했다. 부엌은 모자이크 타일과 그르릉거리는 대형 냉장고로 아름답게 꾸며졌다. 사람들은, 특히 광고업자들은 여자들에게 집안일에서 감정적 만족을 찾고 바깥 활동의 결핍을 메울 것을 종용했다. 1930년에는 미국 여성의 50퍼센트가 유급 일자리를 가지고 있었으나 1950년에는 그 수치가 34퍼센트로 떨어졌다(2000년에는 60퍼센트였다).

20세기 중반 호화로운 부엌은 전쟁의 고생을 보상하는—혹은 잊게 만드는—방법이기도 했다. 전쟁 마지막 해였던 1944년에 리비 오언스 포드 유리 회사가 '내일의 부엌'이라는 모형 부엌을 만들었는데, 미국 전역에서 약 160만 명이 그 부엌을 관람했다고 한다. 모형 부엌이 대개 그렇듯이,

코팅 유리 찬장이 갖추어진 이 부엌의 목적은 사람들이 부러움을 느끼게 해서 판매를 늘리는 것이었다. 「워싱턴 포스트」는 그 부엌이 전후 미래에 대한 "밝은" 전망을 제공했다고 썼다. 그런 것을 위해서라면 현재를 기꺼이 견딜 만하고, 주부들은 "전후에 그런 부엌을 꿈꿀 수 있는 한, 지금은 가진 것만으로 명랑하게 꾸려나갈 수 있을 것"이라고 했다. 미국은 다른 나라에 비해서 전쟁 중에도 식량 사정이 나은 편이었지만 어쨌든 미국인들도 박탈감을 느끼며 살았다. 식량을, 특히 설탕과 고기를 배급받는 주부들에게 그런 부엌은 앞으로 올 풍요를 미리 맛보는 아찔한 체험이었다.

70년 가까이 흐른 지금도 1944년 '내일의 부엌'은 여러 측면에서 최첨단 부엌처럼 보인다. 한마디로 우리가 소유하고 싶어할 만하다. 바닥에는 짙고 매끄러운 타일이 깔렸고, 벽에는 유리로 된 멋진 물 튀김 방지판이 대어져 있다. 가장 눈길을 끄는 부분은 설계자 H. 앨버트 크레스턴 도너가 전통적인 냄비와 팬을 싹 없앴다는 점이다. 그 대신 전기로 가열하는 유리 뚜껑이 달린 기구들—수비드 수조와 조금 비슷하다—이 페달을 밟아 여닫는 미닫이 뚜껑 아래에 감춰져 있었다. 쓰지 않을 때는 전체를 닫아서 "아이의 공부 책상이나 아빠의 바"로 쓸 수 있다고 했다. 잡아당기면 나오는 채소 보관용 서랍 옆에는 뚜껑을 젖히면 나오는 싱크대가 있다. 그 편리한 위치에서 말쑥한 차림의 1940년대 주부 모델이 감자를 깎고 있다.

그러나 최첨단 부엌의 꿈은 이 대목에서 무너진다. '내일의 부엌'에서 우아한 여성이 감자를 깎는 도구가 평범한 옛날식 과도이기 때문이다. 그렇다면 그곳도 낙원은 아니다. 냄비와 팬을 넘어섰을지는 몰라도 괜찮은 필러 하나 없다니.

필러는 사소한 물건이지만, 좋은 채소 필러는 아주 최근의 발명이었다. 좋

은 필러는 1990년에야 우리의 삶에 들어왔다. 나는 이것을 현대 부엌의 가장 중요한 기술 중 하나로 꼽는다. 별것 아닌 그 작은 도구가 식사 준비를 더 쉽게 만들었을 뿐만 아니라 우리가 먹는 음식의 내용과 방식도 조용히 바꾸어놓았기 때문이다.

나의 성장기를 돌아보면, 채소 껍질 벗기기는 부엌에서 가장 성가신 작업이었다. 오랫동안 전해진 기본적인 방법은 날 끝이 뾰족한 작은 과도를 쓰는 것이다. 숙련된 주방장의 능숙한 손에서는 과도가 훌륭한 도구이지만, 칼로 엄지를 찌르지 않고 껍질만 쓱쓱 벗기려면 엄청난 집중력이 필요하다. 과도를 잘 다루지 못한다고? 운도 없지. 왜냐하면 다른 대안이 없었기 때문이다. 1906년 시어스로벅 통신판매 카탈로그에는—많은 미국인이 그 카탈로그로 모든 주방용품을 장만했다—사과 속 파는 기구와 나무 손잡이 과도는 있었지만 필러는 없었다.

필러는 20세기 중반에 등장했다. 그러나 여러 모로 사용이 불편한 물건뿐이었다. 영국에서는 손잡이에 노끈을 감은 랭커셔 필러를 주로 썼다(감자를 누구보다 사랑하는 카운티의 이름을 땄다). 조잡한 날은 손잡이에서 연장된 형태로 고정되어 있었다. 이것을 써도 감자나 사과를 단단히 쥐고 몸통을 많이 잘라내지 않으면서 껍질만 얇게 벗기기는 대단히 어려웠다.

미국과 프랑스에서 썼던 칼날 회전식 필러는 한결 나았지만, 역시 단점이 있었다. 전형적인 회전식 필러는 크롬강 손잡이에 오톨도톨한 요철이 나 있고 탄소강 날 가운데에 길쭉한 구멍이 파인 형태였다. 그 날카로운 필러는 아주 효율적이었다. 날이 채소의 모양을 따라 감싸듯이 미끄러졌다. 그러나 손이 아팠다. 채소를 힘껏 누르면 손잡이가 손바닥을 아프게 파고들었다. 대가족을 먹일 감자를 까고 나면 필러 때문에 손에 물집이 잡힐 수도 있었다. 또다른 대안은 '렉스'형 회전식 필러였다. 렉스 필러의 유선형 금속 손잡이는 쥐기가 더 편했지만, 내 생각에 사용하기는 더 어려

웠다. 손잡이 형태 때문에 보통의 회전식 필러처럼 몸 안쪽을 향해 껍질을 벗기기보다 몸 바깥쪽을 향해 벗기는 어색한 동작을 취하게 되기 때문이다.

1980년대 말, 샘 파버의 아내 벳시는 약한 관절염 때문에 채소 껍질을 까기가 평소보다 어렵다고 느꼈다. 그때 파버에게 획기적인 생각이 떠올랐다. 파버는 얼마 전에 가정용품 사업에서 은퇴한 참이었다. 왜 필러가 아파야 하지? 파버는 아내가 쉽게 쥘 수 있는 필러를 설계하면서 다른 사람들에게도 편한 도구를 만들 수 있겠다고 생각했다. 그는 그 생각을 스마트디자인 사와 의논했고, 많은 시제품을 시험하고 폐기한 끝에 1990년 샌프란시스코의 요리 전시회에서 옥소(OXO) 채소 필러를 공개했다.

옥소 필러는 수평적 사고의 개가이다. 흔히 필러를 개량하려면 날에 집중해야 한다고 생각하기 쉽지만, 파버는 요리사가 필러를 사용할 때 핵심적인 부분은 손잡이라는 사실을 간파했다. 옥소 필러는 칼날이 아주 날카롭고, 예전 회전식 필러처럼 약간 꺾여 있다. 차이점은 부드럽고 퉁퉁하고 약간 못생긴 검은 손잡이다. 손잡이의 재료는 플라스틱과 고무의 혼합물로서 억세지만 물컹하다. 위쪽에는 꼭 자전거 손잡이처럼 지느러미 같은 가느다란 날개들이 나 있는데, 압력을 흡수하기 위한 장치이다. 전체적인 모양은 손에서 헛도는 것을 막기 위해서 퉁퉁한 타원형이다. 그 손잡이는 손에 편안하게 감긴다. 성능도 뛰어나다. 채소 껍질을 종잇장처럼 얇게 벗긴다. 과일이나 채소 껍질을 벗길 때 아무리 세게 눌러도 손바닥이 아프지 않다. 돌처럼 단단한 버터넛스쿼시도, 우툴두툴한 퀸스도, 털북숭이 키위도 벗길 수 있다.

옥소 필러는 게임의 판을 바꾸었다. 지금까지 1,000억 개 넘게 팔렸으며,

무수한 경쟁자를 낳으면서 필러라는 새 시장을 열어젖혔다. 이후 톱니형 과일 필러, 날이 휜 채소 필러, Y형, C형, U형 필러 등이 온갖 색깔로 쏟아졌다. 30년 전 고급 주방용품 가게에서는 멜론 파는 기구를 20종이나 만날 수 있었겠지만—둥글게 파는 것, 타원으로 파는 것, 양끝을 쓰는 것, 세로 홈이 파인 것, 크고 작은 것—필러는 렉스와 랭커셔 2종뿐이었을 것이다. 필러는 철물이었다. 채소 껍질 벗기기가 허드렛일 하녀의 담당이었던 옛 시절의 물건이었다. 그러나 이제는 상황이 바뀌었다. 멜론 파는 기구는 지나친 허세로 판단되어 대부분 추방되었지만, 필러는 형형색색의 조합으로 판매된다. 어느 주방용품 가게 주인은 내게 자신의 가게에는 60종의 필러가 온갖 색깔로 구비되어 있다고 말해주었다.

불편하지 않은 필러는 새로운 인간공학적 부엌 기술의 한 예이다. 요즘 비가전제품 코너에 가면 인간공학적 주걱, 인간공학적 콜랜더, 부드럽고 편한 손잡이가 달린 거품기, 실리콘으로 된 소스용 붓이 있다. 인간공학은 인체의 한계와 능력에 맞게끔 기기를 설계하는 과학이다. 부엌 도구란 이론상 인간이 요리하는 것을 돕는 물건이므로 모든 부엌 도구는 인간공학에 따라야 한다. 그러나 전통적인 설계들은 오히려 부엌에서의 움직임을 이런저런 사소한 방식으로 방해할 때가 많다. 우리는 더 나은 방식을 깨달은 뒤에야 비로소 그 사실을 인식한다. 1994년에 마이크로플레인® 강판이 등장할 때까지(한 캐나다 주부가 오렌지 케이크를 만들 때 남편의 목재용 줄을 빌려 오렌지 껍질을 갈았던 데에서 탄생한 물건이다), 우리는 시트러스를 가는 것이 본질적으로 성가신 작업이라고 포기한 채 살았다. 우리는 상자형 강판의 가장 작은 구멍에 대고 레몬을 짓이기듯 문지른 뒤, 변변치 않게 갈려나온 가닥들을 숟가락으로 필사적으로 긁어냈다. 알고 보니 우리에게는 더 낫고 더 날카로운 도구가 필요했다. 마이크로플레인을 쓰면 시트러스 껍질이 민들레 보풀처럼 쉽고 우아하게 떨어진다.

인간공학적 도구에는 사람들이 자신의 도구를 손수 만들어 쓰곤 했던 산업사회 이전 방식과 가까운 것이 많은 듯하다. 그 시절의 나무 숟가락은 사용자를 위해서 특별히 깎은 물건이었기 때문에 손에 잘 맞았다. 최첨단 기기가 어쩐지 소원하게 느껴질 때가 많은 것은 기능이 아무리 인상적이더라도 인체와 드잡이를 하는 듯이 느껴지기 때문이다. 반면 인간공학적 필러와 강판은 부엌 도구에 친근함을 도입하려는 신선한 움직임이다. 음식의 문제만이 아니라 재료를 준비하는 방식의 문제도 다루겠다는 의지이다. 이런 조리 기구를 설계하는 디자이너들은 모더니스트 요리사들과 마찬가지로 '왜 안 되지?' 하는 자세로 부엌을 대한다. 차이점은 요리를 재발명하기 위해서가 아니라 요리를 더 쉽게 만들기 위해서 묻는다는 점이다.

대부분의 사람들에게는 '최첨단' 기술이냐 아니냐보다 인간공학적 기술이냐 아니냐가 현대적인 부엌을 판가름하는 기준으로 더 유용하다. 왜냐하면 우리가 도구에 궁극적으로 바라는 바는 최대한 작업을 거들어주는 것, 그리고 각자의 부엌과 몸에 잘 맞는 것이기 때문이다. 일인분을 요리하든 이인분을 요리하든 그 이상을 요리하든, 각자의 상황에 맞아야 한다. 독신자의 부엌에서는 최근 선보인 끓는 물 수도꼭지('쿠커')가 그런 도구일 수 있다. 기나긴 일과를 마치고 귀가한 사람이 파스타 일인분을 뚝딱 만들어 마음을 달래도록 도와주니까. 대가족에게는 스팀 오븐이 그런 도구일 수 있다. 시간 예약을 해두면 누가 점심을 차릴 순서인지 옥신각신하지 않고도 정해진 시간에 뜨겁고 영양이 있는 식사를 낼 수 있으니까.

최근에 나는 특이한 부엌을 방문했다. 그 집 사람들은 쓰레기와 탄소 배출을 최소화한다는 녹색 원칙에 따라 부엌을 설계하려고 노력했다. 조리대는 전부 재활용품으로 만들었다. 독일제 인덕션 레인지는 초고효율 제품이었다. 환경친화적 팬에서 나오는 음식은 모두 채식 요리였다. 과거의 부엌들과는 달리 이 부엌에서는 아무도 착취당하지 않았다. 요리는 두 사람이 공평하게 나누어서 했다. 그런데 그 부엌에서 가장 창의적인 부분은 가장 단순한 기술이었다. 그들은 식재료 깡통과 병을 보관할 선반을 제작할 때 목수에게 보통보다 훨씬 더 얕게 만들어달라고 요구했다. 그러면 음식 낭비를 줄일 수 있기 때문이다.

부엌에서 가장 인간공학적인 도구는 첨단기술일 수도 있고 아닐 수도 있다. 아일랜드식 조리대는 최근에 우리의 요리 생활에 추가된 물품이다. 그런 조리대의 목적은 요리사가 벽만 바라보지 않도록 하는 데에 있지만, 현실에서는 오히려 동선을 방해하고 요리사를 가스 레인지 뒤에 가두는 효과를 낼 때가 많다. 내 생각에는 평범한 식탁이 작업대로서 그보다 더 유용하고 식구들과 어울리기도 쉬울 것 같다. 물론 여러분의 생각은 다를 수 있을 것이다. 도구는 사용을 통해서 스스로를 정당화한다. 혹은 정당화하지 못한다. 돌아가신 나의 할머니의 한 친구 분은 얼마 전에 전기 주전자를 포기하셨다. 영국에서 전기 주전자는 반드시 필요한 부엌 기술로 인식되지만, 그분은 툭하면 퓨즈가 타는 실망스러운 제품을 수십 년 동안 무수히 겪은 나머지 이제 그만두겠다고 선언하셨다. 대신 물이 끓으면 휘파람 소리가 나는 구식 찻주전자를 장만하셨다. 그분은 그 주전자가 자신에게 더 어울린다고 말씀하신다. 우리가 왜 여태 중세처럼 거품기와 불과 소스팬을 가지고 요리하느냐고 물었던 에르베 티스의 질문에 대한 나의 대답은 바로 이것이다. 대개의 부엌에서는 대개의 경우 거품기와 불과 소스팬이 임무를 제법 잘 해내기 때문에. 우리가 바라는 것은 더 나은 거품기와 더 나은 불과 더 나은 소스팬일 뿐이다.

가끔 옛날 부엌을 재현한 모형을 볼 기회가 있다. 옛날 음식 전시회에서든, "우리 회사 오븐의 역사를 실감 나게 살펴보세요!" 하면서 부엌 용품

광고를 겸한 자리에서든. 그런데 그런 재현은 거의 다들 미묘한 실수를 저지른다. 엘리자베스 시대에 텔레비전이 있다거나 1920년대에 컴퓨터가 있다거나 하는 시대착오적 실수가 아니다. 오히려 **지나치게** 시대에 맞는다는 점이 문제이다. 모든 물건이 해당 시기 것으로만 갖추어진 것이다. 마치 전시용 부엌처럼, 모든 물건이 서로 어울린다. 1940년대 부엌이라고 하면 1940년대에 만들어지지 않은 물건은 하나도 없다. 그러나 진짜 부엌은 그렇지 않다. 우리가 실제로 거주하는 부엌에서는 옛 기술과 새 기술이 겹치고 공존한다. 1940년에 서른 살이던 주부의 부모는 19세기에 태어났을 것이다. 조부모는 빅토리아 시대 절정기를 살며 포크와 석쇠로 빵을 구웠을 것이다. 그 앞선 인생들이 여자의 부엌에 아무런 흔적도 남기지 않았을까? 샐러맨더 하나 남기지 않았다고? 할머니의 무쇠 팬 하나 없다고? 부엌에서는 옛것과 새것이 친구처럼 나란히 놓인다. 과거의 대저택 부엌에서는 새로 도입된 장비가 반드시 옛 장비를 밀어내지는 않았다. 옛 도구 위에 새 도구가 차곡차곡 쌓여, 여러 번 겹쳐 쓴 양피지처럼 그 밑에 깔린 원래의 레시피를 충분히 읽어낼 수 있었다.

   코크 애비(Calke Abbey)는 더비셔의 오래된 저택이다. 그곳에 살았던 하버 가족은 아무것도 내버리지 않았다. 저택은 이제 내셔널 트러스트의 소유로서 상당히 노후한 상태로 보존되어 있는데, 넓고 오래된 그 집 부엌은 특정 시대의 단편을 보여주는 여러 부엌들이 차곡차곡 쌓인 것이나 마찬가지이다. 그 집 사람들이 판석 깔린 방을 처음 부엌으로 개조한 것은 1794년이었다(그전에는 예배당으로 쓰였을 것이다). 같은 해에 구입한 부엌 시계가 벽에 걸려 있다. 역시 1794년 물건으로서 거대한 로스팅용 화덕이 있고, 그 꼭대기에는 기계식 꼬챙이 회전기가 설치되어 있다. 한때 그곳에서 꼬챙이에 꿰인 소고기가 돌아갔을 것이다. 그러나 1840년대의 어느 시점에 그 집 사람들은 로스팅을 포기했다. 화덕 속에 폐쇄형 무쇠 오븐을 끼워넣은 것을 보면 알 수 있다. 나중에는 그 오븐만으로 가족의 필요를 다 만족시키지 못하여, 1889년에 무쇠 스토브가 딸린 화덕을 하나 더 설치했다. 한편 반대쪽 벽에는 스튜와 소스를 만드는 용도로 쓰인 18세기 풍 벽돌 스토브가 서 있다. 그러다가 1920년대에는 오래된 레인지 옆에 현대적인 비스턴 보일러를 설치했다. 어느 단계에서도 그 집 사람들은 예전 조리 기구를 제거할 생각을 하지 않았다. 그러다가 1928년에는 아예 그 방을 쓰지 않게 되었다. 하인의 수가 갑자기 줄었기 때문이다. 대신 집 안 다른 곳에 더 기능적인 부엌을 설치했다. 그리고 옛 부엌은 1928년 상태로 지금까지 남아 있다. 녹슨 냄비와 팬이 가득한 찬장도 그대로 서 있고, 꼬챙이 회전기와 부엌 시계도 처음 설치되었던 모습 그대로 벽에 걸려 있다.

두말 하면 잔소리이지만, 그 집과는 달리 대개의 가정은 쓸모없어진 물건을 좀더 가차없이 버린다. 그래도 여전히 부엌은 옛것과 새것을 한 지붕 아래 모아두는 솜씨가 탁월하다. 앞선 요리사의 흔적을 모조리 뜯어내고 처음부터 다시 주방을 설치하는 요즘 유행은 낭비일뿐더러 슬픈 일이다. 그것은 망각의 행위이다. 요즘처럼 부엌이 세련되고, 빈틈없고, 완벽하게 갖추어진 적은 일찍이 없었으며, 요즘처럼 공허한 적도 없었다. 1910년대의 이상적인 주방은 '합리적인' 부엌이었다. 1940년대, 1950년대에는 '아름다운' 부엌이었다. 지금은 '완벽한' 부엌이다. 상아색 천장부터 석회암 마루까지 모든 것이 서로 어울리고 맞아들어야 한다. 모든 부속이 '현대적'이어야 한다. 꾀죄죄하거나 어울리지 않는 것은 당장 내버린다('꾀죄죄하게 시크한' 분위기를 추구하지 않는 한).

물론 그것은 망상이다. 아무리 빈틈없이 설계된 현대적인 부엌이라도 그곳에서 우리는 과거의 도구와 기법에 의지한다. 웍으로 오징어와 채소를 볶을 때, 혹은 호리병 모양의 호박인 버터넛스쿼시와 홍고추를 넣은 링귀네를 만들기 위해서 반짝거리는 집게를 쥘 때, 당신은 불의 변형력을 이용하여 재료를 더 맛있게 만든다는 아주아주 오래된 활동을 하는 것이다. 부엌에는 유령들이 가득하다. 비록 우리 눈에는 보이지 않지만, 그 유령들의 창의성이 없었다면 우리는 지금처럼 요리할 수 없다. 최초의 토기로 삶고 끓일 수 있게 해준 도공들, 칼을 벼렸던 대장장이들, 냉장고를 설계한 비범한 기술자들, 가스와 전기 오븐을 개척한 사람들, 저울 제작자들, 달걀 거품기와 필러를 발명한 사람들.

우리의 요리는 단순한 재료의 혼합이 아니라 과거와 현재의 기술이 만든 결과물이다. 어느 화창한 날, 나는 점심으로 간단히 오믈렛을 만들어 먹기로 했다. 프랑스식으로 돌돌 말아 통통한 황금색 타원형 오믈렛을. 요리책에 적힌 재료는 달걀, 설탕, 차가운 버터, 소금이 전부이지만 실제 재료는 그보다 많다. 내가 버터를 꺼내는 냉장고가 있고, 낡고 찌그러진 알루미늄 팬이 있다. 10년 동안 사용한 팬은 표면이 반들반들하다. 달걀을 칠 거품기도 있다. 물론 포크를 써도 괜찮다. 그리고 달걀을 **지나치게** 휘젓지 말라고 조언했던 수많은 요리책 저자들이 있다. 팬을 달구지만 달걀이 타거나 질겨질 만큼 뜨겁게 달구지는 않는 가스 레인지가 있다. 황금색으로 익은 오믈렛을 말아서 접시에 얹어주는 뒤집개가 있다. 이 모든 기술 덕분에, 혼자 즐기는 오늘 점심만큼은, 오믈렛이 잘 만들어졌다. 나는 기쁘다. 점심 식사 때문에 오후의 기분이 왕창 나빠질 수도 있고 좋아질 수도 있는 것이다.

이 식사에 들어간 재료가 하나 더 있다. 애초에 요리를 하고자 하는 충동이다. 부엌은 우리가 요리할 때에만 생기를 띤다. 기술의 진정한 추진력은 그것을 사용하려는 욕망이다. 부엌은 근사한 일이 벌어지는 공간이라는 사실을 내게 알려준 어머니가 계시지 않았다면, 오늘의 오믈렛 점심은 없었을 것이다.

커피

커피 기술은 당혹스러울 정도로 발전했다. 우리가 이 물질에 쏟는 창의성을 보면, 커피야말로 세계 요리계가 선택한 중독성 음료라고 할 만하다. 커피를 끓이는 것은 단순히 분쇄한 가루를 뜨거운 물과 섞은 뒤 찌꺼기를 거르는 일일 뿐이지만, 그 단순한 일에 쓰이는 기법은 황당할 정도로 다양하다. 16세기부터 터키에서 진하고 농후한 커피를 끓이는 데에 썼던 이브리크(ibrik)가 있는가 하면, 2008년 출시된 마이 프레시 트위스트™는 휘핑기처럼 기체 깡통이 달려 있어서 그 압력으로 수동으로 에스프레소를 뽑을 수 있는 기계이다.

두어 해 전만 해도 커피의 최첨단기술은 거대한 에스프레소 기계였다. 돈을 얼마나 쓸 수 있느냐(최고 제품은 수천 달러나 한다), 얼마나 많은 통제력을 원하느냐가 문제일 뿐이었다. 또다른 선택지는 네스프레소™처럼 캡슐로 일관된 맛을 보장하는 기계였다. 그러나 진정한 커피 중독자는 전체 과정의 물리적 측면에 일일이 개입하기를 바란다. 원두, 분쇄, 탬핑(다지기), 압력까지.

시간이 흐르자, 에스프레소 중독자들은 큰 돈을 투자하고 모든 과정을 제대로 해도 그저 그런 커피가 나올 수 있다는 사실을 깨달았다. 변수가 너무 많기 때문이다. 커피 기술의 물결은 차츰 에스프레소 기계에서 멀어졌고, 그뿐 아니라 아예 전기에서 멀어졌다. 요즘은 에어로프레스®라는 도구가 유행이다. 플라스틱 관에 공기 압력을 가해 커피를 뽑는 기발한 도구로, 필요한 것은 뜨거운 물을 끓일 주전자와 힘센 팔뿐이다. 그보다 더 세련된 것은 일본식 사이폰이다. 사이폰은 꼭 화학 실험실에 있는 물건처럼 생겼다. 두 유리 공이 위아래로 이어져 있고 그 밑에 작은 버너가 있다. 그러나 나이가 좀 지긋한 사람들은 그것이 1960년대 유행했던 코나 커피 메이커와 크게 다르지 않다는 사실을 금세 간파할 것이다.

요즘 커피의 대세는 단순한 기술이다. 우리는 커피를 맛있게 만드는 방법을 하도 골똘히 연구한 나머지 아예 한 바퀴 돌아 제자리에 왔다. 런던, 멜버른, 오클랜드에 사는 세계 최고로 전위적인 커피 전문가들은 요즘 비싼 에스프레소 기계보다 프렌치 프레스를 선호한다. 이쯤 되면 누군가 다음번 대유행을 선언하는 일도 시간문제이다. 그것은 아마도 주전자와 숟가락이 아닐까.

참고 문헌

Abend, Lisa (2011) *The Sorcerer's Apprentices: A Season in the Kitchen at Ferran Adrià's elBulli*, New York, Free Press

Aikens, Melvin (1995) 'First in the World: The Jomon Pottery of Early Japan' in William K. Barnett and John W. Hoopes (eds), *The Emergence of Pottery: Technology and Innovation in Ancient Societies*, Washington DC, Smithsonian Institution Press, pp. 11-21

Akioka, Yoshio (1979) *Japanese Spoons and Ladles*, Tokyo, New York, Kodansha International

Anderson, Atholl, Green, Kaye, and Leach, Foss (eds) (2007) *Vastly Ingenious: The Archaeology of Pacific Material Culture*, Dunedin, New Zealand, Otago University Press

Anderson, Oscar Edward (1953) *Refrigeration in America: A History of a New Technology and Its Impact*, Princeton, Princeton University Press

Anonymous (1836) *The Laws of Etiquette by 'A Gentleman'*, Philadelphia, Carey, Lea and Blanchard

Appert, Nicolas (1812) *The Art of Preserving all Kinds of Animal and Vegetable Substances for Several Years*, London, Black, Parry and Kingsbury

Arnold, Dean E. (1985) *Ceramic Theory and Cultural Process*, Cambridge, Cambridge University Press

Artus, Thomas (1996) *L'Isle des hermaphrodites* (first published in 1605), edited by Claude-Gilbert Dubois, Geneva, Droz

Artusi, Pellegrino (2004) *Science in the Kitchen and the Art of Eating Well*, foreword by Michele Scicolone, translated by Murtha Baca and Stephen Sartarelli, Toronto, University of Toronto Press

Bailey, Flora L. (1940) 'Nahavo Foods and Cooking Methods', *American Anthropologist*, Vol. 42, pp. 270-90

Bang, Rameshwar L., Ebhrahim, Mohammed K. and Sharma, Prem N. (1997) 'Scalds Among Children in Kuwait', *European Journal of Epidemiology*, vol. 13, pp. 33–9

Barham, Peter (2001) *The Science of Cooking*, Berlin, London, Springer

Barley, Nigel (1994) *Smashing Pots: Feats of Clay from Africa*, London, British Museum Press

Barnett, William K. and Hoopes, John W., (eds) (1995) *The Emergence of Pottery: Technology and Innovation in Ancient Societies*, Washington, DC, Smithsonian Institution Press

Barry, Michael (1983) *Food Processor Cookery*, Isleworth, ICTC Ltd

Barthes, Roland (1982) *Empire of Signs*, translated by Richard Howard, London, Jonathan Cape

Bates, Henry Walter (1873) *The Naturalist on the River Amazon*, 3rd edn, London, John Murray

Beard, James (ed.) (1975) *The Cooks' Catalogue*, New York, Harper & Row

Beard, Mary (2008) *Pompeii: the Life of a Roman Town*, London, Profile

Beckmann, Johann (1817) *A History of Inventions and Discoveries*, 3rd edn, 4 vols, London, Longman, Hurst, Rees, Orme and Brown

Beeton, Isabella (2000) *The Book of Household Management, A Facsimile of the 1861 edition*, London, Cassell

Beier, Georgina (1980) 'Yoruba Pottery', *African Arts*, vol. 13, pp. 48–52

Beveridge, Peter (1869) 'Aboriginal Ovens', *Journal of the Anthropological Society of London*, vol. 7, pp. clxxxvi–clxxxix

Bilger, Burkhard (2009) 'Hearth Surgery: The Quest for a Stove that Can Save the World', *New Yorker*, 21 December

Birmingham, Judy (1975) 'Traditional Potters of the Kathmandu Valley: An Ethnoarchaeological Study', *Man*, New Series, vol. 10, no. 3, pp. 370–86

Bittman, Mark (2010) 'The Food Processor: A Virtuoso One-Man Band', *New York Times*, 14 September

Blot, Pierre (1868) *Handbook of Practical Cookery for Ladies and Professional Cooks Containing the Whole Science and Art of Preparing Human Food*, New York, D. Appleton

Blumenthal, Heston (2009) *The Fat Duck Cookbook*, London, Bloomsbury

Boardman, Brenda, Lane, Kevin et al. (1997) *Decade: Transforming the UK Cold Market*, University of Oxford, Energy and Environment Programme

Bon, Ottaviano (1650) *A Description of the Grand Signor's Seraglio, or Turkish Emperours Court*, translated by Robert Withers, London, Jo. Martin and Jo. Ridley

Booker, Susan M. (2000) 'Innovative Technologies. Chinese Fridges Keep Food and the Planet Cool', *Environmental Health Perspectives*, vol. 108, no. 4 p. A164

Bottero, Jean (2004) *The Oldest Cuisine in the World: Cooking in Mesopotamia*, Chicago, University of Chicago Press

Brace, C. Loring (1977) 'Occlusion to the Anthropological Eye', in James McNamara, (ed.) *The Biology of Occlusal Development*, Ann Arbor, Michigan, Center for Human Growth and Development, pp. 179−209

— (1986) 'Egg on the Face, *f in* the Mouth, and the Overbite', *American Anthropologist*, New Series, vol. 88, no. 3, pp. 695−7

— (2000) 'What Big Teeth You Had, Grandma!' in C. Loring Brace, *Evolution in an Anthropological View*, Walnut Creek, California, Altamira, pp. 165−99

— (1984) with Shao, Xiang−Qing, and Zhang, Z. B., 'Prehistoric and Modern tooth Size in China', in F. H. Smith and F. Spencer (eds), *The Origins of Modern Humans: A World Survey of the Fossil Evidence*, New York, A. R. Liss

— (1987) with Rosenberg, Karen R., and Hunt, Kevin D., 'Gradual Change in Human Tooth Size in the Late Pleistocene and Post-Pleistocene', *Evolution*, vol 41, no. 4, pp. 705−20

Brannon, N. F. (1984) 'An Examination of a Bronze Cauldron from Raffrey Bog, County Down', *Journal of Irish Archaeology*, vol. 2, pp. 51−7

Brears, Peter (1999) *All the King's Cooks*, London, Souvenir Press

— (2008) *Cooking and Dining in Medieval England*, Totnes, Prospect Books

— (2009) 'The Roast Beef of Windsor Castle' in Ivan Day (ed.), *Over a Red-Hot Stove: Essays in Early Cooking Technology*, Totnes, Prospect Books

Brears, Peter, and Sambrook, Pamela (eds) (1996) *The Country House Kitchen 1650-1900: Skills and Equipment for Food Provisioning*, Stroud, Alan Sutton (for the National Trust)

Brown, Alton (2008) *Alton Brown's Gear for Your Kitchen*, New York, London, Stewart, Tabori & Chang

Buchanan, Robertson (1815) *A Treatise on the Economy of Fuel*, Glasgow, Brash & Reid

Buffler, Charles R. (1993) *Microwave Cooking and Processing: Engineering Fundamentals for the Food Scientist*, New York, Van Nostrand Reinhold

Bull, J. P., Jackson, D. M., and Walton, Cynthia (1964) 'Causes and Prevention of Domestic

Burning Accidents', *British Medical Journal*, vol. 2, no. 5422, pp. 1421–7

Burnett, John (1979) *Plenty and Want: A Social History of Diet in England from 1815 to the Present Day*, London, Scolar Press

— (2004) *England Eats Out: A Social History of Eating Out in England from 1830 to the Present*, London, Pearson Longman

Bury, Charlotte Campbell (1844) *The Lady's Own Cookery Book*, 3rd edn, London, Henry Colburn

Chang, K. C. (ed.) (1977) *Food in Chinese Culture: Anthropological and Historical Perspectives*, New Haven, Yale University Press

Child, Julia (2009) *Mastering the Art of French Cooking*, London, Penguin

Childe, V. Gordon (1936) *Man Makes Himself*, London, Watts

Claflin, Kyri Watson (2008) 'Les Halles and the Moral Market: Frigophobia Strikes in the Belly of Paris', in Susan R. Friedland (ed.), *Food and Morality: Proceedings of the Oxford Symposium on Food and Cookery 2007*, Totnes, Prospect Books

Claiborne, Craig (1976) 'She Demonstrates How to Cook Best with New Cuisinart', *New York Times*, 7 January

— (1981) 'Mastering the Mini Dumpling', *New York Times*, 21 June

Clarke, Samuel (1670) *A True and Faithful Account of the Four Chiefest Plantations of the English in America: to wit, of Virginia, New-England, Bermudas, Barbados*, London, Robert Clavel et al.

Codrington, F. I. (1929) *Chopsticks*, London, Society for Promoting Christian Knowledge

Coe, Andrew (2009) *Chop Suey: A Cultural History of Chinese Food in the United States*, Oxford, Oxford University Press

Coe, Sophie D. (1989) 'The Maya Chocolate Pot and its Descendants', in Tom Jaine (ed.), *Oxford Symposium on Food and Cookery 1988. The Cooking Pot: Proceedings*, Totnes, Prospect Books, pp. 15–22

Coffin, Sarah (ed.) (2006) *Feeding Desire: Design and the Tools of the Table*, New York, Assouline in collaboration with Smithsonian Cooper-Hewitt

Coles, Richard, McDowell, Derek, and Kirwan, Mark J. (eds) (2003) *Food Packaging Technology*, Oxford, Blackwell

Collins, Shirley (1989) 'Getting a handle on Pots and Pans', in Tom Jaine (ed.), *Oxford Symposium on Food and Cookery 1988. The Cooking Pot: Proceedings*, Totnes, Prospect Books, pp. 22–8

Cooper, Joseph (1654) *The Art of Cookery Refined and Augmented*, London, R. Lowndes

Coryate, Thomas (1611) *Coryats Crudities hastily gobled up in five moneths travells in France, Savoy, Italy*, London, William Stansby

Cowan, Ruth Schwartz (1983) *More Work for Mother: the ironies of household technology from the open hearth to the microwave*, New York, Basic Books

Cowen, Ruth (2006) *Relish: the extraordinary life of Alexis Soyer, Victorian Celebrity Chef*, London, Weidenfeld & Nicolson

Dalby, Andrew, and Grainger, Sally (1996) *The Classical Cookbook*, London, British Museum Press

Darby, William, Ghalioungui, Paul, and Grivetti, Louis (1977) *Food: the gift of Osiris*, London, Academic Press

David, Elizabeth (1970) *Spices, Salt and Aromatics in the English Kitchen*, Harmondsworth, Penguin

— (1994a) *Harvest of the Cold Months: The Social History of Ice and Ices*, London, Michael Joseph

— (1994b) *English Bread and Yeast Cookery*, New American Edition, Newton, Mass., Biscuit Books Inc. (first published in 1977); London, Allen Lane

— (1998) *French Provincial Cooking* (first published in 1960); London, Michael Joseph

Davidson, Caroline (1982) *A Woman's Work is Never Done: A History of Housework in the British Isles 1650–1950*, London, Chatto & Windus

Davidson, I., and McGrew, W. C. (2005) 'Stone Tools and the Uniqueness of Human Culture', *Journal of Royal Anthropological Institute*, vol. 11, no. 4, December, pp. 793–817

Day, Ivan (ed.) (2000) *Eat Drink and Be Merry: The British at Table 1600-2000*, London, Philip Wilson Publishers

— (ed.) (2009) *Over a Red-Hot Stove: Essays in Early Cooking Technology*, Totnes, Prospect Books

De Groot, Roy Andries de (1977) *Cooking with the Cuisinart Food Processor*, New York, McGraw-Hill

De Haan, David (1977) *Antique Household Gadgets and Appliances, c.1860 to 1930*, Poole, Blandford Press

Deighton, Len (1979) *Basic French Cooking* (revised and enlarged from *Ou est le garlic?*), London, Jonathan Cape

Dench, Emma (2010) 'When Rome Conquered Italy', *London Review of Books*, 25 February

Derry, T. K., and Williams, Trevor I. (1960) *A Short History of Technology: From the Earliest Times to A.D. 1900*, Oxford, Clarendon Press

Doerper, John, and Collins, Alf (1989) 'Pacific Northwest Indian Cooking Vessels', in Tom Jaine (ed.), *Oxford Symposium on Food and Cookery 1988. The Cooking Pot: Proceedings*, Totnes, Prospect Books, pp. 28–44

Dubois, Urbain (1870) *Artistic Cookery: A Practical System Suited for the Use of Nobility and Gentry and for Public Entertainments*, London

Dugdale, William (1666) *Origines Juridiciales, or Historical Memorials of the English Laws*, London, Thomas Warren

Dunlop, Fuchsia (2001) *Sichuan Cookery*, London, Penguin

— (2004) 'Cutting It is More Than Cutting Edge', *Financial Times*, 7 August

Eaton, Mary (1823) *The Cook and Housekeeper's Complete and Universal Dictionary*, Bungay, J. and R. Childs

Ebeling, Jennie (2002), 'Why are Ground Stone Tools Found in Middle and Late Bronze Age Burials?', *Near Eastern Archaeology*, vol. 65, no. 2, pp. 149–51

Ebeling, Jennie R., and Rowan, Yorke M. (2004), 'The Archaeology of the Daily Grind: Ground Stone Tools and Food Production in the Southern Levant', *Near Eastern Archaeology*, vol. 67, no. 2, pp. 108–17

Edgerton, David (2008) *The Shock of the Old: technology and global history since 1900*, London, Profile

Elias, Norbert (1994 [originally 1939]) *The Civilising Process*, translated by Edmund Jephcott, Oxford, Blackwell

Ellet, Elizabeth Fries (1857) *The Practical Housekeeper: A Cyclopedia of Domestic Economy*, New York, Stringer and Townsend

Emery, John (1976) *European Spoons Before 1700*, Edinburgh, John Donald Publishers Ltd

Ettlinger, Steve (1992) *The Kitchenware Book*, New York, Macmillan

Eveleigh, David J. (1986) *Old Cooking Utensils*, Aylesbury, Shire Publications

— (1991) '"Put Down to a Clear Bright Fire": The English Tradition of Open-Fire Roasting', *Folk Life*, 29. pp. 5–18

Falk, Dean, and Seguchi, Noriko (2006) 'Professor C. Loring Brace: Bringing Physical Anthropology ("Kicking and Screaming") into the 21st Century!' *Michigan Discussions in Anthropology*, vol. 16, pp. 175–211

Farb, Peter, and Armelagos, George (1980) *Consuming Passions: The Anthropology of*

Eating, Boston, Houghton Mifflin

Farmer, Fannie (1896) *The Boston Cooking-School Cookbook*, Boston, Little Brown and Company

— (1904) *Food and Cookery for the Sick and Convalescent*, Boston, Little Brown and Company

Feild, Rachael (1984) *Irons in the Fire: a History of Cooking Equipment*, Marlborough, Wiltshire, Crowood Press

Fernández-Armesto, Felipe (2001) *Food: A History*, London, Macmillan

Ferrie, Helke (1997) 'An Interview with C. Loring Brace', *Current Anthropology*, vol. 38, no. 5, pp. 851–917

Forbes, R. J. (1950) *Man the Maker: A History of Technology and Engineering*, London, Constable & Co.

Frederick, Christine (1916) *The New Housekeeping: Efficiency Studies in Home Management*, New York, Doubleday, Page and Company

Friedberg, Suzanne (2009) *Fresh: A Perishable History*, Cambridge, Mass., the Belknap Press of Harvard University Press

Friedland, Susan (ed.) (2009) *Vegetables: Proceedings of the Oxford Symposium on Food and Cookery 2008*, Totnes, Prospect Books

Fuller, William (1851) *A Manual: Containing Numerous Original Recipes for Preparing Ices, With a Description of Fuller's Neapolitan Freezing Machine for making ices in three minutes at less expense than is incurred by any method now in use*, London, William Fuller

Furnivall, Frederick J. (ed.) (1868) *Early English Meals and Manners*, London, Kegan Paul, Trench, Trübner & Co.

Galloway, A., Keene, Derek, and Murphy, Margaret (1996) 'Fuelling the City: Production and Distribution of Firewood and Fuel in London's Region, 1290–1400', *Economic History Review*, New Series, vol. 49, no. 3, pp. 447–72

Gillette, Mrs F. L., and Ziemann, Hugo (1887) *The White House Cookbook*, Chicago, Werner Company

Gladwell, Malcolm (2010) *What the Dog Saw: And Other Adventures*, London, Penguin

Glancey, Jonathan (2008) 'Classics of Everyday Design no. 45', *Guardian*, 25 March

Goldstein, Darra (2006) in Sarah Coffin (ed.), *Feeding Desire: Design and the Tools of the Table*, New York, Assouline in collaboration with Smithsonian Cooper-Hewitt

Gordon, Bertram M., and Jacobs-McCusker, Lisa (1989) 'One Pot Cookery and Some

Comments on its Iconography' in Tom Jaine (ed.), *Oxford Symposium on Food and Cookery 1988. The Cooking Pot: Proceedings*, Totnes, Prospect Books, pp. 55–68

Gordon, Bob (1984) *Early Electrical Appliances*, Aylesbury, Shire Publications

Gouffé, Jules (1874) *The Royal Book of Pastry and Confectionary*, translated from the French by Alphonse Gouffé, London, Sampson, Low, Marston

Green, W. C. (1922) *The Book of Good Manners: A Guide to Polite Usage*, New York, Social Mentor Publications

Hanawalt, Barbara (1986) *The Ties that Bound: Peasant Families in Medieval England*, New York and Oxford, Oxford University Press

Hård, Mikael (1994) *Machines are frozen spirit: the scientification of refrigeration and brewing in the nineteenth century*, Frankfurt and Boulder, Colorado, Westview Press

Hardyment, Christina (1990) *From Mangle to Microwave: the Mechanization of Household Work*, Cambridge, Polity Press

Harland, Marion (1873) *Common Sense in the Household*, New York, Scribner, Armstrong & Co.

Harris, Gertrude (1980) *Pots and Pans*, London, Penguin

Harrison, James, and Steel, Danielle (2006) 'Burns and Scalds', *AIHW National Injury Surveillance Unit*, South Australia, Flinders University

Harrison, Molly (1972) *Kitchen in History*, London, Osprey

Harrold, Charles Frederick (1930) 'The Italian in Streatham Place: Giuseppe Baretti (1719–1789)', *Sewanee Review*, vol. 38, no. 2, pp. 161–75

Harry, Karen, and Frink, Liam (2009) 'The Arctic Cooking Pot: Why Was It Adopted?' *American Anthropologist*, vol. 111, pp. 330–43

Helou, Anissa (2008) *Lebanese Cuisine*, London, Grub Street

Herring, I. J. (1938) 'The Beaker Folk', *Ulster Journal of Archaeology*, 3rd series, vol. 1, pp. 135–9

Hertzmann, Peter (2007) *Knife Skills Illustrated: A User's Manual*, New York, W. W. Norton

Hess, Karen (ed.) (1984) *The Virginia Housewife by Mary Randolph*, Columbia, South Caroline, University of South Carolina Press

Hesser, Amanda (2005) 'Under Pressure', *New York Times*, 14 August

Heßler, Martina (2009) 'The Frankfurt Kitchen: The Model of Modernity and the "Madness" of Traditional Users, 1926 to 1933', in Ruth Oldenziel and Karin Zachmann (eds), *Cold*

War Kitchen: Americanization, Technology, and European Users, Cambridge, Mass., MIT Press

Homer, Ronald F. (1975) *Five Centuries of Base Metal Spoons*, London, The Worshipful Company of Pewterers

Homes, Rachel (1973) 'Mixed Blessings of a Food Mixer', *The Times*, 9 August

Hosking, Richard (1996) *A Dictionary of Japanese Food*, Totnes, Prospect Books

Hughes, Bernard, and Therle (1952) *Three Centuries of English Domestic Silver 1500-1820*, London, Lutterworth Press

Hutchinson, R. C. (1966) *Food Storage in the Home*, London, Edward Arnold

Isenstadt, Sandy (1998) 'Visions of Plenty: Refrigerators in American Around 1950', *Journal of Design History*, vol. 11, no. 4, pp. 311-21

Ishige, Naomichi (2001) *The History and Culture of Japanese Food*, London, Kegan Paul

Jaine, Tom (ed.) (1989) *Oxford Symposium on Food and Cookery 1988. The Cooking Pot: Proceedings*, Totnes, Prospect Books

Jay, Sarah (2008) *Knives Cooks Love: Selection, Care, Techniques, Recipes*, Kansas City, Andrews McMeel Publishing

Kafka, Barbara (1987) *Microwave Gourmet*, New York, William Morrow

Kalm, Pehr (1892) *Kalm's Account of his Visit to England on his Way to America in 1748*, translated by Joseph Lucas, London, Macmillan

Keller, Thomas, with McGee, Harold (2008) *Under Pressure: Cooking Sous Vide*, New York, Artisan Publishers

Kinchin, Juliet, with O'Connor, Aidan (2011) *Counter Space: Design and the Modern Kitchen*, New York, Museum of Modern Art

Kitchiner, William (1829) *The Cook's Oracle and Housekeeper's Manual*, 3rd edn, Edinburgh, A. Constable & Co.

Koon, H. E. C., O'Connor, T. P., and Collins, M. J. (2010) 'Sorting the Butchered from the Boiled', *Journal of Archaeological Science*, vol. 37, pp. 62-9

Kranzberg, Melvin (1986) 'Technology and History: Kranzberg's Laws', *Technology and Culture*, vol. 27, June 1986, pp. 544-60

Kurti, Nicholas and Giana (eds) (1988) *But the Crackling is Superb: an anthology on food and drink by fellows and foreign members of the Royal Society*, Bristol, Hilger

Lamb, Charles (2011) *A Dissertation Upon Roast Pig and Other Essays*, London, Penguin

Larner, John W. (1986) 'Judging the Kitchen Debate', *OAH Magazine of History*, vol. 2, no. 1, pp. 25–6

Larson, Egon (1961) *A History of Invention*, London, Phoenix House

Leach, Helen M. (1982) 'Cooking without Pots: Aspects of Prehistoric and Traditional Polynesian Cooking', *New Zealand Journal of Archaeology*, vol. 4, pp. 149–56

— (2007) 'Cooking with Pots–Again', in Atholl Anderson, Kaye Green and Foss Leach (eds), *Vastly Ingenious: The Archaeology of Pacific Material Culture*, Dunedin, New Zealand, Otago University Press, pp. 53–68

Lemme, Chuck (1989) 'The Ideal Pot', in Tom Jaine (ed.), *Oxford Symposium on Food and Cookery 1988. The Cooking Pot: Proceedings*, Totnes, Prospect Books, pp. 82–99

Levenstein, Harvey (2000) 'Fannie Merritt Farmer', *American National Biography Online*, February, accessed 2012

Lincoln, Mary Johnson (1884) *Mrs Lincoln's Boston Cook Book: What to Do and What Not to Do in Cooking*, Boston, Roberts Brothers

Lloyd, G. I. K. (1913) *The Cutlery Trades: An Historical Essay in the Economics of Small-Scale Production*, London, Longmans Green & Co.

Lockley, Lawrence C. (1938) 'The Turn-Over of the Refrigerator Market', *The Journal of Marketing*, vol. 2, no. 3, pp. 209–13

MacDonald, John (1985) *Memoirs of an Eighteenth-Century Footman*, London, Century

McEvedy, Allegra (2011) *Bought, Borrowed and Stolen: Recipes and knives from a Travelling Chef*, London, Conran Octopus

McGee, Harold (1986) *On Food and Cooking: The Science and Lore of the Kitchen*, London, Allen and Unwin

MacGregor, Neil (2010) *A History of the World in 100 Objects*, London, Allen Lane

Mackenzie, Donald, and Wajcman, Judy (eds) (1985) *The Social Shaping of Technology: How the Refrigerator Got Its Hum*, Milton Keynes, Open University Press

McNeil, Ian (ed.) (1990) *An Encyclopedia of the History of Technology*, London, Routledge

Man, Edward Horace (1932) *On the Aboriginal Inhabitants of the Andaman Islands*, London, Royal Anthropological Institute

Marquardt, Klaus (1997) *Eight Centuries of European Knives, Forks and Spoons*, translated by Joan Clough, Stuttgart, Arnoldsche

Marsh, Stefanie (2003) 'Can't Cook. Won't Cook. Don't Care. Going Out', *The Times*, 17 November

Marshall, Mrs A. B. (1857) *The Book of Ices*, 2nd edn, London, Marshall's School of

Cookery
— (1894) *Fancy Ices*, London, Simpkin, Hamilton & Kent & Co.
— (1896) *Mrs A. B. Marshall's Cookery Book*, London, Simpkin, Hamilton & Kent & Co.
Marshall, Jo (1976) *Kitchenware*, London, BPC Publishers
Martino, Maestro (2005) *The Art of Cooking, composed by the eminent Maestro Martino of Como*, edited by Luigi Ballerini, translated by Jeremy Parzen, Berkeley and London, University of California Press
Masters, Thomas (1844) *The Ice Book*, London, Simpkin, Marshall & Co.
May, Robert (2000) *The Accomplisht Cook; or the Art and Mystery of Cookery, a facsimile of the 1685 edition*, edited by Alan Davidson, Marcus Bell, Tom Jaine, Totnes, Prospect Books
Mellor, Maureen (1997) *Pots and People That Have Shaped the Heritage of Medieval and Later England*, Oxford, Ashmolean Museum
Mintel Report (1998) *Microwave Ovens*, London, Mintel
Myers, Lucas (1989) 'Ah, youth⋯: Ted Hughes and Sylvia Plath at Cambridge and After', *Grand Street*, vol. 8, no. 4
Myhrvold, Nathan, Young Chris, and Bilet, Maxime (2011) *Modernist Cuisine: The Art and Science of Cooking*, 6 vols, Seattle, The Cooking Lab
Nakano, Yoshiko (2010) *Where there are Asians, there are Rice Cookers*, Hong Kong, Hong Kong University Press
Nasrallah, Nawal (ed.) (2007) *Annals of the Caliph's Kitchen: Translation with Introduction and Glossary*, Leiden, Brill
Newman, Barry (2009) 'To Keep the Finger out of Finger Food, Inventors Seek a Better Bagel Cutter', *Wall Street Journal*, 1 December
Nickles Shelley (2002) 'Preserving Women: Refrigerator Design as Social Process in the 1930s', *Technology and Culture*, vol. 43, no. 4, pp. 693–727
O'Connor, Desmond (2004) 'Baretti, Giuseppe Marc'Antonio (1719–1789)', *Oxford Dictionary of National Biography*, Oxford University Press
Ohren, Magnus (1871) *On the Advantages of Gas for Cooking and Heating*, London, printed for the Crystal Palace District Gas Company
Oka, K., Sakuarae, A., Fujise, T., Yoshimatzu, H., Sakata, T., and Nakata, M. (2003) 'Food Texture Differences affect Energy Metabolism in Rats', *Journal of Dental Research*, June 2003, vol. 82, pp. 491–4

Oldenziel, Ruth, and Zachmann, Karin (eds) (2009) *Cold War Kitchen: Americanization, Technology, and European Users*, Cambridge, Mass., MIT Press

Ordway, Edith B. (1918) *The Etiquette of Today*, New York, Sully & Kleinteich

Osepchuk, John M. (1984) 'A History of Microwave Heating', *IEEE Transactions on Microwave Theory and Techniques*, vol. 32, no. 9, pp. 1200–24

— (2010) 'The Magnetron and the Microwave Oven: A Unique and Lasting Relationship', *Origins and Evolution of the Cavity Magnetron (CAVMAG)*, 2010 International Conference, April, pp. 19–20

Owen, Sri (2008) *Sri Owen's Indonesian Food*, London, Pavilion

Parloa, Maria (1882) *Miss Parloa's New Cookbook*, New York, C. T. Dillingham

Parr, Joy (2002) 'Modern Kitchen, Good Home, Strong Nation', *Technology and Culture*, vol. 43, no. 4, pp. 657–67

Pierce, Christopher (2005) 'Reverse Engineering the Ceramic Cooking Pot: Cost and Performance Properties of Plain and Textured Vessels', *Journal of Archaeological Method and Theory*, vol. 12, no. 2, pp. 117–57

Plante, Ellen M. (1995) *The American Kitchen: From hearth to highrise*, New York, Facts on File

Pollan, Michael (2008) *In Defence of Eating: An Eater's Manifesto*, New York, Penguin Press

— (2009) 'Out of the Kitchen, Onto the Couch', *New York Times*, 2 August

Post, Emily (1960) *The New Emily Post's Etiquette*, New York, Funk & Wagnalls

Potter, Jeff (2010) *Cooking for Geeks: Real Science, Great Hacks and Good Food*, Sebastopol, Calif., O'Reilly Media

Power, Eileen (ed.) (1992) *The Goodman of Paris (Le Ménagier de Paris, c.1393)*, translated by Eileen Power, London, Folio Society

Pufendorf, Samuel (1695) *An Introduction to the History of the Principal Kingdoms and States of Europe*, London, M. Gilliflower

Quennell, Marjorie, and C. H. B. (1957) *A History of Everyday Things in England, Volume 1 1066-1499* (first published 1918), London, B. T. Batsford

Randolph, Mary (1838) *The Virginia Housewife or Methodical Cook*, Baltimore, Md., Plaskitt, Fite

Rath, Eric C. (2010) *Food and Fantasy in Early Modern Japan*, Berkeley, Calif., University of California Press

Reid, Susan (2002) 'Cold War in the Kitchen: Gender and the De-Stalinization of Consumer Taste in the Soviet Union under Khrushchev', *Slavic Review*, vol. 61, no. 2, pp. 211–52
— (2005) 'The Khrushchev Kitchen: Domesticating the Scientific-Technological Revolution', *Journal of Contemporary History*, vol. 40, no. 2, pp. 289–316
— (2009) '"Our Kitchen is Just as Good": Soviet Responses to the American Kitchen', in Ruth Oldenziel and Karin Zachmann (eds), *Cold War Kitchen: Americanization, Technology, and European Users*, Cambridge, Mass., MIT Press
Renton, Alex (2010) 'Sous-vide cooking: A kitchen revolution', *Guardian*, 2 September
Rios, Alicia (1989) 'The Pestle and Mortar', in Tom Jaine (ed.), *Oxford Symposium on Food and Cookery 1988. The Cooking Pot: Proceedings*, Totnes, Prospect Books, pp. 125–36
Rodgers, Judy (2002) *The Zuni Café Cookbook*, New York, W. W. Norton
Rogers, Ben (2003) *Beef and Liberty: Roast Beef, John Bull and the English Nation*, London, Chatto & Windus
Rogers, Eric (1997) *Making Traditional English Wooden Eating Spoons*, Felixstowe, Suffolk, Woodland Craft Supplies
Rorer, Sarah Tyson (1902) *Mrs Rorer's New Cookbook*, Philadelphia, Arnold & Co.
Ross, Alice (2007) 'Measurements', in Andrew F. Smith (ed.), *The Oxford Companion to American Food and Drink*, Oxford, Oxford University Press
Routledge, George (1875) *Routledge's Manuel of Etiquette*, London and New York, George Routledge & Sons
Ruhlman, Michael (2009) *Ratio: The Simple Codes Behind the Craft of Everyday Cookery*, New York, Scribner Book Company
Rumford, Benjamin, Count von (1968) *Collected Works of Count Rumford*, edited by Sanborn Brown, Cambridge, Mass., Harvard University Press
Salisbury, Harrison E. (1959) 'Nixon and Khrushchev Argue in Public as US Exhibit Opens', *New York Times*, 25 July
Samuel, Delwen (1999) 'Bread Making and Social Interactions at the Amarna Workmen's Village, Egypt', *World Archaeology*, vol. 31, no. 1, pp. 121–44
Sanders, J. H. (2000) 'Nicholas Kurti C.B.E.', *Biographical Memoirs of Fellows of the Royal Society*, vol. 46, pp. 300–315
Scappi, Bartolomeo (2008) *The Opera of Bartolomeo Scappi* (1570), translated with commentary by Terence Scully, Toronto, University of Toronto Press
Scully, Terence (1995) *The Art of Cookery in the Late Middle Ages*, Woodbridge, Boydell Press

Segre, Gino (2002) *Einstein's Refrigerator: Tales of the hot and cold*, London, Allen Lane

Seneca, Lucius Annaeus (2007) *Dialogues and Essays*, translated by John Davie, Oxford, Oxford University Press

Serventi, Silvano, and Sabban, Françoise (2002) *Pasta: The story of a universal food*, translated by Anthony Shugaar, New York, Columbia University Press

Shapiro, Laura (1986) *Perfection Salad: Women and Cooking at the Turn of the Century*, New York, Farrar, Straus and Giroux

Shephard, Sue (2000) *Pickled, Potted and Canned: The Story of Food Preserving*, London, Headline

Shleifer, Andrei, and Treisman, Daniel (2005) 'A Normal Country: Russia After Communism', *Journal of Economic Perspectives*, vol. 19, no. 1, pp. 151–74

Simmons, Amelia (1796) *American Cookery*, Hartford, Hudson and Goodwin, for the Author

Smith, Andrew F. (ed.) (2007) *The Oxford Companion to American Food and Drink*, 2 vols, Oxford, Oxford University Press

— (2009) *Eating History: 30 Turning Points in the Making of American Cuisine*, New York, Columbia University Press

Snodin, Michael (1974) *English Silver Spoons*, London, Charles Letts & Company

So, Yan-Kit (1992) *Classic Food of China*, London, Macmillan

Sokolov, Ray (1989) 'Measure for Measure', in Tom Jaine (ed.), *Oxford Symposium on Food and Cookery 1988. The Cooking Pot: Proceedings*, Totnes, Prospect Books, pp. 148–52

Soyer, Alexis (1853) *The Pantropheon or History of Food and its Preparation from the Earliest Ages of the World*, London, Simpkin, Marshall & Co.

Sparkes, B. A. (1962) 'The Greek Kitchen', *Journal of Hellenic Studies*, vol. 82, pp. 121–37

Spencer, Colin (2002) *British Food: An Extraordinary Thousand Years of History*, London, Grub Street

— (2011) *From Microliths to Microwaves*, London, Grub Street

Spencer, Colin, and Clifton, Claire (1993) *The Faber Book of Food*, London, Faber and Faber

Spurling, Hilary (ed.) (1986) *Elinor Fettiplace's Receipt Book*, London, Viking Salamander

Standage, Tom (2009) *An Edible History of Humanity*, London, Atlantic Books

Stanley, Autumn (1993) *Mothers and Daughters of Invention: Notes for a Revised History of Technology*, London, Scarecrow Press

Strong, Roy (2002) *Feast: A History of Grand Eating*, London, Jonathan Cape

Sugg, Marie Jenny (1890) *The Art of Cooking by Gas*, London, Cassell

Sydenham, P. H. (1979) *Measuring Instruments: Tools of Knowledge and Control*, London, Peter Peregrinus

Symons, Michael (2001) *A History of Cooks and Cooking*, Totnes, Prospect Books

Tannahill, Reay (2002) *Food in History* (new and updated edition), London, Review, an imprint of Headline

Tavernor, Robert (2007) *Smoot's Ear: The Measure of Humanity*, New Haven, Yale University Press

Teaford, Mark, and Ungar, Peter (2000) 'Diet and the Evolution of the Earliest Human Ancestors', *Proceedings of the National Academy of Sciences of the United States of America*, vol. 97, no. 25, pp. 13506–11

This, Hervé (2005) 'Molecular Gastronomy', *Nature Materials*, vol. 4, pp. 5–7

— (2009) *The Science of the Oven*, New York, Columbia University Press

Thoms, Alston V. (2009) 'Rocks of Ages: Propagation of Hot-Rock Cookery in Western North America', *Journal of Archaeological Science*, vol. 36, pp. 573–91

Thornton, Don (1994) *Beat This: The Eggbeater Chronicles*, Sunnyvale, Offbeat Books

Toomre, Joyce (ed.) (1992) *Classic Russian Cooking: Elena Molokhovets' A Gift to Young Housewives*, Bloomington, Ind., Indiana University Press

Toth, Nicholas, and Schick, Kathy (2009) 'The Oldowan: The Tool Making of Early Hominins and Chimpanzees Compared', *Annual Review of Anthropology*, vol. 38, pp. 289–305

Toussaint-Samat, Maguelonne (1992) *A History of Food*, translated by Anthea Bell, Oxford, Blackwell Reference

Trager, James (1996) *The Food Chronology*, London, Aurum Press

Trevelyan, G. M. (1978) *English Social History: A Survey of Six Centuries from Chaucer to Queen Victoria* (first published 1944), London, Longman

Troubridge, Lady (1926) *The Book of Etiquette*, 2 vols, London, The Associated Bookbuyer's Company

Unger, Richard W. (1980) 'Dutch Herring, Technology and International Trade in the Seventeenth Century', *Journal of Economic History*, vol. 40, no. 2, pp. 253–80

Visser, Margaret (1991) *The Rituals of Dinner: The Origins, Evolution, Eccentricities and Meaning of Table Manners*, London, Penguin Books

Vitelli, Karen D. (1989) 'Were Pots First Made for Food? Doubts from Franchti', *World*

Archaeology, vol. 21, no.1, pp. 17–29

— (1999) '"Looking Up" at Early Ceramics in Greece', in James M. Skibo and Gary M. Feinman (eds), *Pottery and People: A Dynamic Interaction*, Salt Lake City, University of Utah Press, pp. 184–98

Waines, David (1987) 'Cereals, Bread and Society: An Essay on the Staff of Life in Medieval Iraq', *Journal of the Economic and Social History of the Orient*, vol. 30, no. 3, pp. 255–85

Wandsnider, LuAnn (1997) 'The Roasted and the Boiled: Food Consumption and Heat Treatment with Special Emphasis on Pit-Hearth Cooking', *Journal of Anthropological Archaeology*, vol. 16, pp. 1–48

Weber, Robert J. (1992) *Forks, Phonographs and Hot Air Balloons: A field guide to inventive thinking*, Oxford, Oxford University Press

Webster, Thomas (1844) *An Encyclopedia of Domestic Economy*, London, Longman, Brown, Green and Longmans

Weinstein, Rosemary (1989) 'Kitchen Chattels: The Evolution of Familiar Objects 1200–1700', in Tom Jaine (ed.), *Oxford Symposium on Food and Cookery 1988. The Cooking Pot: Proceedings*, Totnes, Prospect Books, pp. 168–83

Weir, Robin and Caroline (2010) *Ices, Sorbets and Gelati: The Definitive Guide*, London, Grub Street

Weir, Robin, Brears, Peter, Deith, John, and Barham, Peter (1998) *Mrs Marshall: The Greatest Victorian Ice Cream Maker with a Facsimile of the Book of Ices 1885*, Leeds, Smith Settle Ltd for Syon House

Wheaton, Barbara (1983) *Savouring the Past: The French Kitchen and Table from 1300 to 1789*, London, Chatto & Windus

Whitelaw, Ian (1997) *A Measure of All Things: The Story of Measurement Through the Ages*, Newton Abbot, David & Charles

Wilkins, J. (1680) *Mathematical Magick or the Wonders that May be Performed by Mechanical Geometry*, London, Edward Gellibrand

Wilkinson, A.W. (1944) 'Burns and Scalds in Children: An Investigation of their Cause and First-Aid Treatment', *British Medical Journal*, vol. 1, no. 4331, pp. 37–40

Wilson, C. Anne (1973) *Food and Drink in Britain from the Stone Age to Recent Times*, London, Constable

Wolf, Burt (2000) *The New Cooks' Catalogue*, New York, Alfred A. Knopf

Wolfman, Peri, and Gold, Charles (1994) *Forks, Knives and Spoons*, London, Thames & Hudson

Wolley, Hannah (1672) *The Queen-Like Closet, or Rich Cabinet*, London, Richard Lowndes

— (1675) *The Accomplish'd lady's delight in preserving, physick, beautifying, and cookery*, London, B. Harris

Woodcock, R. Huntly, and Lewis, W. R. (1938) *Canned Foods and the Canning Industry*, London, Sir I. Pitman & Sons Ltd

Worde, Wynkyn de (2003) *The Boke of Keruynge* (The Book of Carving), with an Introduction by Peter Brears, Lewes, Sussex, Southover Press

Wrangham, Richard, with Holland Jones, James, Laden, Greg, Pilbeam, David, and Conklin-Brittain, Nancylou (1999) 'The Raw and the Stolen', *Current Anthropology*, vol. 40, no. 5, pp. 567–94

— (2009) *Catching Fire: How Cooking Made Us Human*, London, Profile

Wright, Katherine (1994) 'Ground-Stone Tools and Hunter-Gatherer Subsistence in Southwest Asia: Implications for the Transition to Farming', *American Antiquity*, vol. 59, no. 2, pp. 238–63

Yarwood, Doreen (1981) *British Kitchen: Housewifery since Roman Times*, London, Batsford

Young, Carolin (2002) *Apples of Gold in Settings of Silver: Stories of Dinner as a Work of Art*, London, Simon and Schuster

— (2006) 'The Sexual Politics of Cutlery', in Sarah Coffin (ed.), *Feeding Desire: Design and the Tools of the Table*, New York, Assouline in collaboration with Smithsonian Cooper-Hewitt

Young, H. M. (1897) *Domestic Cooking with Special Reference to Cooking by Gas*, 21st edn, Chester, H. M. Young

더 읽을 만한 책들

일반

이 책은 워낙 넓은 주제를 다루기 때문에, 나는 여러 논문에서 단행본까지 많은 이차 자료에 의지했다. 물론 일차 자료도 많이 활용했다. 옛 요리책, 기술 관련 문헌, 당시 신문을 비롯한 정기간행물, 미국의 시어스로벅이나 프랑스의 자쿠토 같은 부엌 용품 카탈로그까지. 직접 방문한 부엌들도 빠뜨릴 수 없다. 그곳들은 현재 거의 모두 내셔널 트러스트가 소유하고 있다. "참고 문헌"에 이미 내가 참고한 자료를 많이 나열했지만, 여기에서는 그중에서도 유용했던 것만 뽑아서 소개하겠다.

내가 이 주제를 생각하기 시작했을 때, 한 친구가 몰리 해리슨의 『역사 속 부엌(The Kitchen in History)』(1972)을 건네주었다. 이 책은 끝까지 가장 건설적인 참고 자료가 되어주었다. 레이철 필드의 『불 속의 철 : 요리 장비의 역사(Irons in the Fire: A History of Cooking Equipment)』(1984)에도 많이 의존했다. 이 책은 부엌 도구라는 주제에 골동품적 시각에서 접근했다.

음식의 역사에 관심 있는 사람이라면, 레이 캐너힐의 훌륭한 『역사 속 음식(Food in History)』(2002, 개정판)을 반드시 읽어야 한다. 옛 요리사들에 대해서는 마이클 시먼스의 『요리사와 요리의 역사(A History of Cooks and Cooking)』(2001)가 도발적이면서도 정보가 풍부하다. 또다른 개관적 자료로 펠리페 페르난데스아르메스토의 『음식의 역사(Food: A History)』(2001)가 있다.

"옥스퍼드 음식 및 요리 심포지엄"에도 감사한다. 앨런 데이비슨과 시어도어 젤딘이 창설한 그 연례 모임은 옛 음식을 연구하고 배울 수 있는 최고의 자리이다. 프로스펙트 북스 출판사가 펴내는 심포지엄 자료집에는 환상적인 정보가 넘친다. 프로스펙트 북스는 음식 전문 역사학자를 위한 귀중한 학술지 『프티 프로포 퀼리네어(Petits Propos Culinaires)』도 발간한다(이름은 프랑스어이지만 영어 잡지이다). 또다른 훌륭한 정기간행물은 대러 골드스타인이 편집하는 『가스트로노미카(Gastronomica)』이다. 주목할 만한 음식 전문 역사학자 이반 데이와 피터 브리어스에게도 도움을 받았다. "리즈 음식 역사 심포지엄"을 통해서 주로 발표된 그들의 연구는 역사적 요리의 기법과 장치를 강조하는 특징이 있다.

영국 요리 기술을 가정생활의 일부라는 맥락에서 바라본 책들 중에서 유용했던 것으로 캐롤라인 데이비슨의 탁월한 『여자의 일은 끝이 없다 : 1650–1950년 영국 집안일의 역사 (A Woman's Work is Never Done: A History of Housework in the British Isles 1650–1950)』(1982), 크리스티나 하디먼트의 『맹글에서 전자 레인지까지 : 집안일의 기계화(From Mangle to Microwave: The Mechanization of Household Work)』(1988)를 추천한다. 후자는 1990년대까지 아우른다. 같은 주제를 미국에서 여성주의적 시각으로 살펴본 루스 슈워츠 카원의 『엄마에게 더 많은 노동을(More Work for Mother)』(1983)도 시사점이 많다. 세 저서 모두 도구의 역사인 동시에 탁월한 사회사 연구이다.

현대 부엌 도구 안내서는 좋은 것이 아주 많다. 내가 주로 의지한 것은 제임스 비어드의 백과사전적 저서 『요리사의 카탈로그(The Cooks' Catalogue)』(1975)였다. 비어드가 여태 미국의 위대한 음식 작가로 기억되는 데는 이유가 있다. 지식과 열정이 조합된 그의 글은 언제든 읽을 가치가 있다. 버트 울프가 그 작업을 업데이트한 『새로운 요리사의 카탈로그(The New Cooks' Catalogue)』(2000)도 유용하다. 패스트리 칼에서 푸드 프로세서까지 모든 것을 알려주는 썩 괜찮은 안내서이다. 좀더 최근 책으로는 『올턴 브라운의 부엌을 위한 장비(Alton Brown's Gear for Your Kitchen)』(2008)가 좋았다. 미래주의적 부엌에 대해서는 제프 포터의 흥미진진한 『괴짜들을 위한 요리 : 진짜 과학, 위대한 시도, 그리고 맛있는 음식(Cooking for Geeks: Real Science, Great Hacks and Good Food)』(2010)이 수비드 기계를 임시변통하는 방법부터 식기세척기로 연어를 요리하는 방법까지 별의별 이야기를 들려준다.

서론

음식에 거의 혹은 전혀 관심을 기울이지 않은 전통적인 기술사 서술의 예로는 전혀 언급이 없는 에곤 라슨의 『발명의 역사(A History of Invention)』(1961), 쟁기와 탈곡기는 다루지만 조리 기구는 언급하지 않는 T. K. 데리와 트레버 I. 윌리엄스의 『기술의 짧은 역사(A Short History of Technology)』(1960), 캔 기법은 다루지만 가정의 요리 기술은 다루지 않는 R. J. 포브스의 『도구 제작자 인간(Man the Maker)』(1950) 등이 있다.

오렌지 주스의 쓴맛 제거방법 특허를 낸 린다 C. 브루스터는 오텀 스탠리가 『발명의 어머니들과 딸들(Mothers and Daughters of Invention)』(1993)에서 소개한 많은 여성 발명가들 중 한 명이다.

도기 사용과 치아가 없는 사람들의 생존력 사이의 연관성은 "참고 문헌"에 적힌 찰스 로링 브레이스의 여러 논문에서 이야기되었다. 가령 브레이스가 공저한 "후기 홍적세 이후 인간 치아 크기의 점진적 변화(Gradual Change in Human Tooth Size in the Late Pleistocene and Post-Pleistocene)"(1987) 등을 보라.

로버트 웨버의 『포크, 축음기, 열기구(Forks, Phonographs and Hot Air Balloons)』(1992)는 도구에 숨은 지적인 면이라는 주제를 훌륭하게 다루었다. 프랑스 레알 시장 사람들이 냉장을 두려워했던 일화는 키리 왓슨 클래플린의 "레알과 도덕적 시장(Les Halles and the Moral Market)"(2008)에 나온다.

영국인의 요리 습관에 대한 2011년 조사는 모든 사람이 25세까지 요리 5가지를 배우도록 하자는 캠페인 "5바이25"의 위촉으로 이루어졌다. 벽돌 굴뚝 요리가 가져온 혁명은 레이철 필드의 『불 속의 철』에서 이야기된다. 이 책에는 캔이 발명되고도 한참 동안 캔 따개가 없었던 아이러니한 현상도 소개되어 있다.

제1장

이 장을 쓸 때 가장 중요했던 자료는 톰 제인이 엮은 "1988년 옥스퍼드 음식 및 요리 심포지엄. 냄비 : 자료집(Oxford Symposium on Food and Cookery 1988. The Cooking Pot: Proceedings)"이었다. 척 렘의 '이상적 냄비'에 대한 글, 버트램 고던과 리사 제이콥스 매커스커의 한 솥 요리에 대한 글, 소피 D. 코의 마야 초컬릿 단지에 대한 글 등등 훌륭한 글이 많이 실렸다.

초기 토기에 대한 인류학적, 고고학적 문헌은 방대하다. 가령 토기의 기원에 대해서는 수많은 문헌 중 윌리엄 바넷과 존 후프스가 엮은 『토기의 출현(The Emergence of Pottery)』(1995)을 보라. 인류학자와 고고학자는 구덩이 오븐에도 집착하므로, 그 문헌 또한 방대하다. 내게는 특히 루앤 윈드스나이더의 "구운 것과 삶은 것(The Roasted and the Boiled)"(1997)이 유용했다. B. A. 스파크스의 "그리스 부엌(The Greek Kitchen)"(1962)은 그리스 토기의 취사 용도를 살펴보고, 카렌 D. 비텔리의 연구는(특히 "단지는 음식용으로 만들어졌는가?[Were Pots First Made for Food?]"[1989]) 고대 단지가 모두 조리용으로 쓰이지는 않았던 이유를 살펴본다. 빅토리아 시대 '바트리 드 퀴진'과 펫워스의 수집품에 대한 정보는 주로 피터 브리어스와 파멜라 샘브룩이 엮은 『장원 주택 부엌(The Country House Kitchen)』(1996)에서 얻었다.

거트루드 해리스의 『냄비와 팬(Pots and Pans)』(1980)에는 논스틱 팬 요리의 단점을 비롯하여 여러 재미난 이야기가 들어 있다.

제2장

중국 부엌칼의 역사와 그 칼이 중국 요리에 미친 영향에 대해서는 K. C. 창의 『중국 문화 속 요리(Food in Chinese Culture)』(1977)를 보라. 그중에서도 앤더슨과 창의 에세이를 권한다. 중국 부엌칼의 사용법에 대한 실용적 안내로는(그렇게 다듬은 재료로 만들 수 있는 레시피도 많이 들어 있다) 후크시아 던롭의 『쓰촨 요리(Sichuan Cookery)』(2001)와 2004년 에세이 "칼질이란 단순히 자르는 것 이상(Cutting It is More Than Cutting Edge)"을 보라.

유럽의 카버에 대해서는 피터 브리어스의 글에서 도움을 얻었다. 유럽 문명의 일부인 나이프와 식기에 대해서는 마거릿 비서의 『식사의 의식(The Rituals of Dinner)』(1991)을 즐겁게 읽었고, 세라 코핀이 엮은 『욕망을 먹이다(Feeding Desire)』(2006)에서 식기 관련 글도 좋았다.

찰스 로링 브레이스는 생산력 넘치는 학자이다. 그가 피개교합을 비롯하여 인류 치열의 여러 측면을 논한 논문들 중 일부는 "참고 문헌"에 소개했다.

어떤 칼을 사고 어떻게 쓰면 좋은가 하는 실용적인 면은 세라 제이의 『요리사들이 사랑하는 칼(Knives Cooks Love)』(2008), 피터 허츠먼의 『도해로 설명한 칼질 (Knife Skills Illustrated)』(2007), 알레그라 맥이브디의 『산 것, 빌린 것, 훔친 것(Bought, Borrowed and Stolen)』(2011)을 보라. 내가 지금 쓰는 칼은 탄소강 칼날에 로즈우드 손잡이가 달린 것으로, 오리건 주 와일드파이어 사 제품이다. 추천해준 맥이브디에게 감사하다.

제3장

이반 데이에 대해서 알고 싶다면 www.historiccookery.com을 보라. 데이가 인용된 부분은 대개 저자가 그와 직접 대화한 내용이다. 데이비드 에블레이의 "맑고 밝은 불에 넣어라(Put Down to a Clear Bright Fire)"(1991)는 영국 로스팅 전통에 대한 최고의 자료이다. 같은 저자의 책 『옛 조리 도구(Old Cooking Utensils)』(1986)도 참고하라.

근대 이전 화롯불의 위험에 대해서는 바버라 해너발트의 『중세 가족의 유대(The Ties that Bound)』(1986), 레이철 필드의 『불 속의 철』에 의지했다. 후자는 영국 요리를 풍부한 땔감의 산물로 설명했다.

개발도상국에서 무연 난로가 미친 영향에 대한 뛰어난 보고서로는 2009년 12월 『뉴요커』에 실렸던 버크하트 빌저의 "화덕 수술(Hearth Surgery)"을 보라.

전자 레인지의 잠재력에 대해서는 바버라 카프카의 『전자 레인지 요리(Microwave Gourmet)』(1987)를 보라. 네이선 미어볼드 등의 『모더니스트 퀴진(Modernist Cuisine)』(2011)에는 집에서 따라해서는 안 되는 전자 레인지 실험들이 소개되어 있다.

제4장

이 장은 레이 소콜로프의 "계량에는 계량으로(Measure for Measure)"(1989)에서 발상을 얻었다. 미국의 컵 계량 체계를 탁월하고도 도발적으로 다룬 에세이이다. 부엌의 계량만이 아니라 일반적인 측정의 역사에 대해서는 P. H. 시드넘의 『측정 도구(*Measuring Instruments*)』(1979), 로버트 태버너의 『스무트의 귀 : 인간적 측정(*Smoot's Ear: The Measure of Humanity*)』(2007), 이언 화이트로의 『모든 것의 측정(*A Measure of All Things*)』(2007)을 보라.

패니 파머에 대해서는 로러 샤피로의 탁월한 책 『완벽한 샐러드(*Perfection Salad*)』(1986), 앤드루 스미스의 『역사를 먹다(*Eating History*)』(2009), 하비 레벤스타인의 "온라인 미국 국립 전기(American National Biography Online)"(2000)의 파머 항목, 파머 자신의 책들을 참고하라.

모더니스트들의 계량에 대해서는 헤스턴 블루멘탈의 『팻덕 요리책(*The Fat Duck Cookbook*)』(2009), 네이선 미어볼드 등의 『모더니스크 퀴진』(2011)을 보라. 주디 로저스의 현명한 발언은 『주니 카페 요리책(*The Zuni Café Cookbook*)』(2002)의 40, 41쪽에 나온다. 여담이지만 이 책 전체가 역사상 가장 뛰어난 요리책으로 꼽을 만하다.

제5장

초기의 제분 도구에 대한 문헌 중 캐서린 라이트의 "맷돌 도구들…(Ground-Stone Tools…)"(1994), 제니 이블링과 요크 M. 로완의 "일상적인 제분 활동의 고고학(The Archaeology of the Daily Grind)"(2004)이 특히 유용했다.

엘리자베스 시대의 달걀 흰자 사랑에 대해서는 힐러리 스펄링이 엮은 『엘리너 프티플레이스의 요리책(*Elinor Fettiplace's Receipt Book*)』(1986), C. 앤 윌슨의 『석기시대에서 현재까지 영국의 음식과 음료(*Food and Drink in Britain from the Stone Age to Recent Times*)』(1973) 등을 보라.

19세기 미국의 달걀 거품기에 대한 수집가용 안내서로는 돈 손턴의 『할 수 있으면 저어봐 : 달걀 거품기 연대기(*Beat This: The Eggbeater Chronicles*)』(1994)가 있다. 키베 만드는 법은 아니사 헬루의 『레바논 요리(*Lebanese Cuisine*)』(2008)를 참고하라.

제6장

숟가락에 관한 숱한 학술서들 가운데 존 에머리의 『1700년 이전 유럽의 스푼(*European Spoons Before 1700*)』(1976)은 실용적 지식과 감식안의 조합이 독보적이다.

포크에 대해서는 세라 코핀이 엮은 『욕망을 먹이다』(2006) 중 대러 골드스타인과 캐롤린 영의 글을 보라.

젓가락과 중국 요리를 접한 유럽인의 반응에 대해서는 앤드루 코의 『참수이(*Chop suey*)』(2009)를 추천한다. 일본의 젓가락에 대해서는 리처드 호스킹의 『일본 요리 사전(*A Dictionary of Japanese Food*)』(1996), 이시게 나오미치의 『일본 요리의 역사와 문화(*The History and Culture of Japanese Food*)』(2001)가 특히 유용했다.

제7장

미국 냉장기법에 대한 최고의 책은 개관적이면서도 경이롭도록 학술적인 오스카 앤더슨의 『미국의 냉장(*Refrigeration in America*)』(1953)이다.

이른바 '부엌 논쟁'에 대해서는 많은 문헌이 있다. 가령 "참고 문헌"에 소개한 수전 레이드의 글들, 뤼트 올덴질과 카린 자흐만이 엮은 『냉전의 부엌(*Cold War Kitchen*)』(2009)이 있다.

얼음의 역사는 엘리자베스 데이비드의 『추운 계절의 수확(*Harvest of the Cold Months*)』(1994), 토머스 매스터스의 『얼음의 책(*The Ice Book*)』(1844)을 보라. 마셜 부인과 아이스크림 기술에 대해서는 로빈 위어 등이 엮은 『마셜 부인 : 빅토리아 시대의 위대한 아이스크림 제조가와 그녀의 1885년 '아이스크림 책' 영인본(*Mrs Marshall: The Greatest Victorian Ice Cream Maker with a Facsimile of the Book of Ices 1885*)』(1998)을 보라.

아인슈타인의 냉장고 설계에 대해서는 지노 세그레의 『아인슈타인의 냉장고(*Einstein's Refrigerator*)』(2002)를 보라.

제8장

에르베 티스의 부엌 기술에 대한 견해는 『오븐의 과학(*The Science of the Oven*)』(2009), "분자 요리(Molecular Gastronomy)"(2005)에 나와 있다.

수비드의 짧은 역사와 활용에 대해서는 음식 전문 저술가 어맨더 헤서의 "압력하에(Under Pressure)"(2005), 토머스 켈러의 『압력하에(*Under Pressure*)』(2008), 알렉스 렌턴의 "수비드 요리(Sous-vide cooking)"(2010)를 보라.

네이선 미어볼드와 앨리스 워터스가 출연한 라디오 프로그램은 괴짜경제학 유의 팟캐스트로서 2011년 1월 26일 첫 방영된 「웨이터, 내 수프에 물리학자가 들었어요!(Waiter, There's a Physicist in my Soup!)」이다.

감사의 말

제7장의 제사(題詞)로 인용한 윌리엄 카를로스 윌리엄스의 "할 말이 있는데"는 영국 및 영연방 저작권을 가지고 있는 카카넷 출판사의 허가를 얻어 『시전집 : 1권, 1909-1939』(2000)에서 인용했다(미국에서는 1938년 저작권을 가지고 있는 뉴디렉션즈 출판사의 허가를 얻었다).

나는 2008년 사망한 비범한 팻 캐버너에게 정말로 감사하고 싶다. 나는 팻이 내 에이전트였다는 사실에 언제까지나 감사할 것이다. 나를 펭귄 출판사의 헬렌 콘퍼드에게 소개한 사람도 팻이었다. 이 책을 쓰자는 생각은 헬렌에게서 나왔다. 헬렌은 더 이상 바랄 수 없을 만큼 성실하고 통찰력 있는 편집자이다. 요즘 편집자는 편집을 하지 않는다는 말이 있지만, 헬렌이 그 반례이다. 그 밖에도 펭귄 출판사의 패트릭 러플런, 페넬로피 보글러, 리사 시먼즈, 레베카 리, 클레어 메이슨, 루스 핑크니, 타린 암스트롱, 그리고 프리랜서 교정자로서 재치 있는 감각으로 나를 여러 차례 구원해준 제인 로버트슨에게 감사한다.

팻은 내게 두 유능한 에이전트도 소개해주었다. 런던 유나이티드 에이전츠의 세라 발라드, 뉴욕 조이 파냐멘타 에이전시의 조이 파냐멘타이다. 결정적인 단계마다 폭넓게 지원하고 조언한 두 사람에게 깊이 감사한다. 유나이티드 에이전츠의 라라 휴스영, 조 로스, 제시카 크레이그, 캐럴 맥아더에게도 감사한다.

인내와 격려와 지적인 판단으로 편집을 진행한 베이직 북스의 라라 헤이머트에게도 고맙다. 역시 베이직 북스의 식구인 케이티 오도넬, 미셸 제이콥, 케이틀린 그라프, 미셸 웰시호르트, 시스카 슈리펠, 그리고 미국판의 교정을 세심하게 해준 미셸 원에게 특히 고맙다.

애너벨 리는 촉박한 기간 내에 아름다운 삽화를 그렸다. 내 실제 부엌 도구들이 애너벨의 그림 절반만큼만 예뻐도 좋겠다. 캐롤린 영은 고맙게도 음식 전문 역사학자의 시선으로 원고를 읽었다. 그러나 책에 남은 오류가 있다면 물론 내 책임이다. 나는 집필 초기 단계에 BBC 라디오 4채널의 '푸드 프로그램' 중 도구에 대한 방송에 출연했는데, 집필의 발상을 다듬는 데에 큰 도움이 되었다. 실란 딜런과 딜리 발로에게 감사한다. 잡지 『스텔라』에서 내 칼럼을 담당하는 유능한 편집자 엘프리다 파운올에게도 고맙다. 우리 가족 데이비드, 톰, 타샤, 레오에게도 사랑과 감사를 보낸다. 가족은 내가 희한한 새 기기들을 집에 들이는 것을 참아주었고, 지루한 대저택 부엌 방문도 함께 견뎌주었다. 톰이 제목에 대한 의견을 주었던 것도 고맙다(결국 톰의 제안이 채택되지는 않았지만).

자료 조사는 대부분 케임브리지 대학교 도서관과 캔버라의 오스트레일리아 국립대학교에서 했다(봅 구딘에게 감사한다). 마지막으로 다양한 도움과 조언과 지원을 제공했던 분들에게 감사한다. 알레시의 매슈 블레어, 캐서린 블라이스, 에이미 브라이언트, 데이비드 버넷, 샐리 부처, 존 카디외, 멜리사 칼라레수, 트레이시 케일로, 케임브리지 요리학교, 이반 데이, 케이티 드러먼드, 캐서린 던컨존스, 콘잘로 질, 소피 해나, 클레어 휴스, 트리스트럼 헌트, 톰 제인, 비반 키드론, 미란다 랜드그라프, 존 루이스의 프레데리카 라티프, 레그리, 에스더 맥닐, 앤 맬컴, 앤시어 모리슨, 애나 머피, 존 오셉추크, 케이트 피터스, 스티머 트레이딩의 벤 필립스, 세라 레이, 타인 로셰, 미리 루빈, 케이시 런치먼, 리사 런치먼, 루스 런치먼, 개리 런치먼, 헬렌 사베리, 애비 스콧, 옥소의 베나 샤, 개러스 스테드먼 존스, 에어로비의 알렉스 테넌트, 로버트와 이사벨 툼스, 마크 터너, 로빈 위어, 제이 윌리엄스, 앤드루 윌슨, 에밀리 윌슨.

역자 후기

최근 음식에 대한 책이 갈수록 많이 나오고 인기를 끈다. 삶에서 먹는 것보다 중요한 활동은 없으므로 음식에 대한 관심은 결코 새삼스럽지 않지만, 그 점을 감안하더라도 요즘은 '음식 문화'라는 표현이 제법 어색하지 않을 만큼 단순히 끼니를 해결하는 문제를 넘어선 이야기가 오간다. 이유는 여러 가지일 것이다. 대부분의 사람들이 굶주림을 걱정해야 하는 처지를 벗어남으로써 그냥 먹는 것이 아니라 더 맛있는 것을 더 즐겁게 먹는 데에 관심을 가지게 된 탓도 있을 테고, 간편식품과 외식이 정착함으로써 도리어 손수 하는 요리의 가치가 새롭게 인식된 탓도 있을 것이며, 세계 각국의 음식이 도입되고 외국 식재료를 구하기가 쉬워짐으로써 시야가 넓어지고 호기심이 자극된 탓도 있을 것이다.

이 책의 저자에 따르면, 영국에서도 사정이 비슷한 모양이다. 그러나 늘 많이 나왔던 레시피 책에 더해 요리의 역사, 유명 요리사 이야기, 식재료 이야기 등등이 가세하는 와중에도 어쩐지 계속 빈 부분이 있었다. 요리와 식사를 중심으로 한, 곧 광의의 식탁에 관한 역사이다. 사실 우리가 무엇을 어떻게 먹느냐는 우리가 가진 도구와 기술에 의존한다. 생선이 잡히는 나라에서 생선을 먹는 것은 당연하더라도, 생선을 염장하거나 말려서 오래 보존하는 기술이 있느냐 없느냐에 따라서 먹는 방식은 크게 달라진다. 아침에 토마토를 갈아 마시는 것은 지극히 간단한 일로 생각되지만, 블렌더라는 도구가 없다면 생각지도 못할 일이다. 음식의 역사는 재료와 입맛 못지않게 기술과 도구에 좌우되었다.

이 책은 바로 그 지점으로 눈을 돌려, 우리가 식탁에 올려두고 사용하는 갖가지 기술과 도구의 역사를 살펴보았다. 기술이라고 해서 뭔가 번쩍거리고 복잡한 것만을 생각할 필요는 없다. 멀게는 인류가 불을 피워 날재료를 익히기 시작한 것도 기술이고, 가깝게는 좁은 부엌의 조리대와 개수대에 갖가지 조리도구를 인체공학적으로 잘 배치하는 것도 기술이다. 이 책은 그중에서도 냄비, 불, 칼, 계량 도구, 식사 도구 등등 가장 핵심적인 기술을 골라 여덟 개의 장에 주제별로 배치했다.

음식 칼럼니스트로 활발하게 활동하고 있는 저자는 예전에 정치사상사를 전공하고 대학에서 연구원으로 일했다고 하는데, 그런 경력이 있는 사람답게 식탁의 미시사를 꼼꼼하게 잘 추적하여 흥미롭고 희한한 일화들을 중심으로 펼쳐놓았다. 그리고 현재 영국의 이름난 요리사들과 역사학자들을 직접 만나 취재한 내용을 곁들였다. 그 덕분에 인류가 처음 토기를 빚어 냄비로 썼던 선사시대부터 과학적인 조리법을 추구하는 '모더니스트' 요리가 각광받는 오늘날까지 시대를 종횡무진 누비는 잡학 정보가 책에 가득하다.

시계가 흔하지 않았던 때에 서양 사람들이 조리 시간을 어떻게 쟀는지 아는가? (답 : '주기도문을 몇 번 외우라'는 식으로 쟀다.) 손으로 음식을 먹는 문화에서 가장 먹기 힘든 음식이 무엇인지 아는가? (답 : 흘리기 쉬운 음식이 아니라 뜨거운 음식이다.) 절구, 체, 부엌칼처럼 고대부터 거의 변하지 않은 도구가 있는가 하면 전자 레인지, 자동으로 빵이 튀어나오는 토스터, 오븐에 내장된 온도계처럼 우리가 언뜻 짐작하기보다 훨씬 더 최근 들어서야 등장한 도구도 있다. 캔이 발명되고도 한참 지난 뒤에야 캔 따개가 발명되는 바람에 한동안 끌과 정, 낫 따위로 캔을 열었다는 이야기에서는 기술이 늘 직선적으로만 발전하지는 않음을 알 수 있다. 게다가 기술은 문화에 의존한다. 오늘날 식탁에서 쓰는 서양식 나이프는 사실 칼로서는 빵점이다. 전혀 날카롭지 않으니까. 나이프는 사회학자 노베르트 엘리아스가 말한 '문명화 과정'을 통해서 유순하게 길들여진 물건으로서, 우리가 식탁의 역사를 살필 때 문화와 풍습까지 폭넓게 보아야 한다는 사실을 잘 보여준다. 오늘날 흔히 쓰이는 풍선 모양 거품기가 상당히 늦게서야 퍼졌다는 사실에서는 부엌 노동력의 역사를 읽을 수 있다. 하인을 잔뜩 거느렸던 옛날 상류층 주방에서는 구태여 달걀을 더 쉽게 풀 방법을 고민할 필요가 없었던 것이다. 한 사람의 팔이 지치면 다음 사람이 나서면 되니까.

책의 또다른 매력은 저자가 요리와 음식을 대하는 태도이다. 저자는 음식에 관한 글을 직업적으로 쓰는 사람이지만 어디까지나 소박한 가정 요리사의 입장을 벗어나지 않는다. 자신도 늘 이런저런 조리 기구를 흥분하여 사들이고는 대부분 몇 번 안 쓰고 찬장에 처박기 일쑤라고 고백한다. 코르동블루에서 요리를 배운 시어머니의 르크루제 냄비를 태울까봐 걱정하는 모습은 어찌나 귀여운지. 그래서 이 책은 요리 전문가나 애호가만이 아니라 요리가 너무 어렵고 귀찮다고 느끼는 사람도 마음 편히 읽을 수 있다. 저자는 '요리를 하고 먹는 것은 얼마나 중요하고 즐거운 일인가, 그 활동에 동서고금의 인간들이 얼마나 많은 창의성을 발휘했는지 아는가' 하고 신나서 이야기하면서도 한편으로는 '요리가 삶에 맞춰야지, 삶을 요리에 맞춰서는 주객전도'라고 말한다.

게다가 누구나 무엇인가 먹는 이상, 책에서 흥미가 가는 음식이나 도구를 하나쯤은 발견하지 않을까. 내가 그랬다. 요리에 젬병인 내가 이 책을 옮겨도 될까 갸우뚱하면서 책장을 넘기던 중, 서론과 맨 마지막 장에 커피 이야기가 나오는 것을 보았다. 저자는 인스턴트 커피, 전기 커피 메이커, 프렌치 프레스, 에스프레소 기계를 거쳐 지금은 사이폰이라는 기구를 넘본다고 했다. 그러면서 자신을 비롯한 많은 사람들은 도대체 왜 알고 보면 이토록 단순한 작업에 이토록 집착하며 창의성을 발휘하는 것일까 하고 혀를 끌끌 차며 웃는다. 커피를 사랑하는 내가 저자에게 단박에 호감을 느낀 순간, 그리고 이 책은 틀림없이 재미있을 것이라고 확신한 순간이었다.

2013년 10월
옮긴이 김명남

인명 색인

가넷 Garnett, T. 197
골드스타인 Goldstein, Darra 236-237
구달 Goodall, Jane 232
구페 Gouffé, Jules 177, 204-205
그레구아르 Grégoire, Marc 64
그레이닝 Groening, Matt 26
그로트 Groot, Roy Andries de 218
글라스 Glasse, Hannah 53

나카노 요시코 中野嘉子 73
나폴레옹 Napoléon 270
노르드발 Nordwall, Joachim 257
닉슨 Nixon, Richard 260-262

던 Donne, John 241
(도리스)데이 Day, Doris 261
(이반)데이 Day, Ivan 108-111, 115-116, 120-122, 126, 132, 279-280
데이비드 David, Elizabeth 62, 168, 221-222
도너 Doner, H. Albert Creston 326
동킨 Donkin, Bryan 271
듀랜드 Durand, Peter 271
드사게르 Desaegher, Armand 62
딕슨 Dickson, Tom 216

라 바렌 La Varenne 101
랜돌프 Randolph, Mary 129
램 Lamb, Charles 111
램지 Ramsay, Gordon 311
랭엄 Wrangham, Richard 112
런델 부인 Rundell, Mrs 163
럼퍼드 백작 Rumford, Count Benjamin Thompson 57, 127-129, 134, 138, 305
레니에르 Reynière, Grimod de la 85
레이너 Rayner, Louisa 118
렘 Lemme, Chuck 66-68
로던 Roden, Claudia 252
로러 Rorer, Sarah Tyson 165, 178-179
로슨 Lawson, Nigella 107
로저스 Rodgers, Judy 187-188
루이 13세 Louis XIII 94
루이 14세 Louis XIV 95
룰먼 Ruhlman, Michael 171-172
리바이 Levi, Jane 302
리슐리외 Richelieu 94, 237
리어 Lear, Edward 255
리치 Leach, Helen M. 35
링컨 부인 Lincoln, Mrs 166

마르크스 Marx, Karl 244

마르티노 Martino, Maestro 101, 170-171
마셜 부인 Marshall, Mrs 278-284, 299
마시 Marsh, Albert 150
매스터스 Masters, Thomas 291
매슬로 Maslow, Abraham 22
맥도널드 Macdonald, John 123
(더글러스)맥아더 MacArthur, Douglas 255-256
(빌)맥아더 McArthur, Bill 256
메이 May, Robert 173
몰로호베츠 Molokhovets, Elena 173
무어 Moore, Thomas 275
문테르스 Munters, Carl 288
미어볼드 Myhrvold, Nathan 69-70, 179-180, 186, 306-307, 312-313

바레티 Baretti, Giuseppe 97
바르트 Barthes, Roland 247
바이런 Byron, George Gordon 283
바햄 Barham, Peter 282
배리 Barry, Michael 219
버그 Bergh, Henry 124
버럴 Verrall, William 55
버즈아이 Birdseye, Clarence 290-293
베르됭 Verdun, Pierre 213-214
베르슈 Berchoux, Joseph 85
베르틀로 Berthelot, Marcelin 302
베이컨 Bacon, Francis 277, 282
본 Bon, Ottaviano 253
뷰캐넌 Buchanan, Robertson 57
브레이스 Brace, Charles Loring 101-105
브레턴 Breton, Nicholas 242
브루스터 Brewster, Linda J. 15

브리야사바랭 Brillat-Savarin, Jean Anthelme 114-115
브리어스 Brears, Peter 52-53
브리얼리 Brearley, Harry 12, 98
블랑 Blanc, Raymond 225
블로 Blot, Pierre 57
블롱 Belon, Pierre 282
블루멘탈 Blumenthal, Heston 181-183, 186, 282
비서 Visser, Margaret 253
비어드 Beard, James 60
비처 Beecher, Catharine 165
비턴 여사 Beeton, Mrs 51, 59, 135, 173, 279
비트먼 Bittman, Mark 219
빙킨 Wynkyn, Jan van 92-94

사전트 Sargent, John Singer 278
서머빌 Somerville, Thomas 124
성 베드로 다미아노 Saint Peter Damian 239
세네카 Seneca, Lucius Annaeus 194
셰익스피어 Shakespeare, William 14
소얀킷 So Yan-kit 248
소콜로프 Sokolov, Ray 155
손데이머 Sontheimer, Carl 212-213, 220
수그 Sugg, William 142
수아예 Soyer, Alexis 45, 141
쉬테리호츠키 Schutte-Lihotzky, Margarete 321, 323
스미스 Smith, Delia 168
가넷 Garnett, T. 197
스카피 Scappi, Bartolomeo 84

스타 Starr, Frederick 200
스트라이트 Strite, Charles 150
스필러 Spieler, Marlena 222
슬레이터 Slater, Nigel 39
시먼스 Simmons, Amelia 163-164
실라르드 Szilard, Leo 287
싱클레어 Sinclair, Upton 276

아드리아 Adrià, Ferran 16, 194, 312
아르투시 Artusi, Pellegrino 171
아르튀 Artus, Thomas 240
아리스토텔레스 Aristoteles 12
아이젠하워 Eisenhower, Dwight David 260
아인슈타인 Einstein, Albert 287
아페르 Appert, Nicolas 22, 270-271
아피시우스 Apicius 157, 170, 200-201, 205
앙리 3세 Henri III 240
앙리 4세 Henri IV 240
앤더슨 Anderson, E. N. 87-88
앨프릭 Aelfric 266
얀 Yan, Martin 90
에디슨 Edison, Thomas 142
에머리 Emery, John 235
에스코피에 Escoffier, Georges August 84, 86, 311
엘리아스 Elias, Norbert 95
엘리자베스 1세 Queen Elizabeth I 242
엡스타인 Epstein, Lois 261
영 Young, H. M. 140
예이츠 Yeates, Robert 271
오를레앙 공작 Duc d'Orléans 233

오베크 Aubecq, Octave 62
오브리 Aubrey, John 123, 277
오스타더 Ostade, Adriaen van 315
올리버 Oliver, Jamie 174, 305
와이어스 Wyeth, Nathaniel J. 275
와일더 Wilder, Laura Ingalls 274
요울 Youl, Ellen 141
우드 Wood, Kenneth 217
울리 Wolley, Hannah 169, 268
울프 Wolfe, Elsie de 253
워링 Waring, Fred 215
워싱턴 Washington, George 161
워터스 Water, Alice 313-314
월크 Wolke, Robert L. 65
(토머스)웹스터 Webster, Thomas 53, 141
(플레처)웹스터 Webster, Fletcher 246-247
위어 Weir, Robin 279-281
윌리엄스 Williams, Turner 207
윌킨슨 Wilkinson, John 'Iron-Mad' 136
이시게 나오미치 石毛直道 250
이턴 Eaton, Mary 173, 202

제퍼슨 Jefferson, Thomas 161
존스턴 Johnston, Herbert 217
존슨 Johnson, Nancy 279-280
존슨 Jonson, Ben 241
차일드 Child, Julia 54-55, 212-213, 221
찰스 1세 Charles I 229
찰스 2세 Charles II 228-230
채플린 Chaplin, Charles Spencer 316
카디외 Cadieux, John 174-175
카레 Carré, Ferdinand 286-287
카렘 Careme, Marie-Antoine 84-85

카원 Cowan, Ruth Schwartz 24
카프카 Kafka, Barbara 144
캄 Kalm, Pehr 125, 138
케년 Kenyon, Kathleen 38
켈로그 Kellogg, E. E. 319
코드링턴 Codrington, Florence 247-248
코리에이트 Coryate, Thomas 241-242, 244
콜린스 Collins, Shirley 214-215
쿠르티 Kurti, Nicholas 310
쿠퍼 Cooper, Joseph 202
크란츠버그 Kranzberg, Melvin 23
(리처드)크롬웰 Cromwell, Richard 229, 242
(올리버)크롬웰 Cromwell, Oliver 229, 242
크루프 Krupp, Friedrich 98
클루버 Kluber, H. H. 81
클린턴 Clinton, Bill 255
키치너 Kitchiner, William 56-57
키케로 Cicero 46

테오도르 Theodore 137
톰프슨 Thompson, Flora 49
튜더 Tudor, Frederic 274
트레비식 Trevithick, Richard 285
트루아그로 Troisgros, Pierre 309-310
티스 This, Hervé 29, 303-305, 331

파머 Farmer, Fannie Merritt 151-153, 163-164, 166-169, 173, 179, 183
(벳시)파버 Farber, Betsey 328
(샘)파버 Farber, Sam 328
파스퇴르 Pasteur, Louis 269, 271
팔로아 Parloa, Maria 166
페르난데스-아르메스토 Fernandez-Armesto, Felipe 148
포스트 Post, Emily 97, 243
포시도니오스 Posidonios 103
포플라프스키 Poplawski, Stephen J. 215
프란카텔리 Francatelli, Charles Elmé 116
프레더릭 Frederick, Christine 321, 324-325
프리던 Friedan, Betty 325
플라텐 Platen, Baltzar von 288

할랜드 Harland, Marion 206-209, 211
허친슨 Hutchinson, R. C. 289
헤로도토스 Herodotos 32-33
헨더슨 Henderson, Fergus 232
헨델 Händel, Georg Friedrich 229
헨리 8세 Henry VIII 123, 251
헬루 Helou, Anissa 223
호스킹 Hosking, Richard 250
후앙칭헤 黃瀞億 144
흐루쇼프 Khrushchev, Nikita 260-263
히틀러 Hitler, Adolf 323